贩卖毒品罪基本问题研究

FANMAI DUPIN ZUI JIBEN WENTI YANJIU

温登平 ◎ 著

中国政法大学出版社

2021·北京

声　明　1. 版权所有，侵权必究。
　　　　　2. 如有缺页、倒装问题，由出版社负责退换。

图书在版编目（CIP）数据

贩卖毒品罪基本问题研究/温登平著. —北京：中国政法大学出版社，2021.12
ISBN 978-7-5764-0195-0

Ⅰ.①贩… Ⅱ.①温… Ⅲ.①毒品－刑事犯罪－研究－中国 Ⅳ.①D924.364

中国版本图书馆CIP数据核字(2021)第269254号

出 版 者	中国政法大学出版社
地　　址	北京市海淀区西土城路 25 号
邮　　箱	fadapress@163.com
网　　址	http://www.cuplpress.com （网络实名：中国政法大学出版社）
电　　话	010-58908435(第一编辑部) 58908334(邮购部)
承　　印	固安华明印业有限公司
开　　本	880mm×1230mm　1/32
印　　张	12.5
字　　数	280 千字
版　　次	2021 年 12 月第 1 版
印　　次	2021 年 12 月第 1 次印刷
定　　价	56.00 元

序

　　毒品犯罪是司法实践中常见的一种犯罪类型，其中，贩卖毒品罪可以说是毒品犯罪中的主罪。以往在我国毒品犯罪的研究成果中，研究犯罪学性质的论著居多，刑法教义学性质的研究较少。温登平的《贩卖毒品罪基本问题研究》一书，在大量收集资料的基础上，对贩卖毒品罪进行了深入而系统的研究，是我国关于贩卖毒品罪研究的前沿性成果，值得嘉许。

　　随着我国刑法教义学的发展，对个罪的刑法教义学研究也取得了进展。刑法教义学从刑法总论的犯罪论到刑法各论的个罪论，是必然的发展趋势。在本书中，温登平以贩卖毒品罪的定罪量刑中的疑难问题为基本线索，结合刑法规定、司法解释和刑法理论进行了十分细致的论述。这里值得指出的是，本书并不是简单地将犯罪论体系套用在贩卖毒品罪上，而是对贩卖毒品罪的司法认定中存在疑难和刑法理论上具有争议的问题进行探讨。因此，本书不仅对贩卖毒品罪的司法实务具有一定的参考价值，而且对贩卖毒品罪的理论研究具有一定的推动作用。

　　在我国，法律规定不仅包括刑法的规定，而且还包括司法解释的规定。这主要是因为刑法规定是极为简约的，而案件本身则是十分复杂的。为了适应司法实践的需要，我国最高司法机关（包括审判机关和检察机关）往往颁布大量司法解释，以弥补刑法立法之不足。在贩卖毒品罪中也是如此，它是司法解释较为多的一个罪名。尤其是，对于毒品犯罪的定罪量刑，最高人民法院还采取了座谈会纪要的方式发布有关意见，指导司法机关办理毒品犯罪案件。严格来说，座谈会纪要并不是司法解释，但它对于统一意见，解决司法实务中的疑难问题具有不可替代的功能。这主要是因为正式的司法解释具有内容和体例上的严格要求，其规定以条文的形式呈现，并且在程序上也较为严格。而有些个罪处理中的疑难问题较为琐碎，上升为条文比较困难。尤其是某些争议较大的问题，在没有提出统一观点的情况下，不方便制定司法解释。但为了及时指导司法机关办案，只能在召开座谈会的基础上，以纪要的形式颁布会议精神，这对于各级司法机关正确处理疑难问题具有一定的参考价值。我国学者把座谈会纪要等文件称为准司法解释，即虽无司法解释之名，但有司法解释之实，这是具有一定道理的。座谈会纪要在处理毒品犯罪案件中的作用表现得尤其明显。早在2000年4月4日，最高人民法院就印发了《全国法院审理毒品犯罪案件工作座谈会纪要》（因为该次会议在南宁召开，因此称为《南宁会议纪要》），该纪要指出："会议总结交流了近年来各地法院审理毒品犯罪案件的经验，分析了当前我国毒品犯罪的严峻形势，研究探讨了审理毒品犯罪案件中遇到的问题，对人民法院依法严厉打击毒品犯罪活动，正确适用法律审理毒品犯罪案件提出了具体意见。"此后，2007年12月18日最高人民法院、最高人民检察院、公安部颁布了《办理毒品犯罪案件适用法律若干问题的意见》，这是一个正式的司法解释，它就办理毒品犯罪案件中遇到的一些突出法律适用问题提出了意见。但该司法解释条文较少，不能完成解决毒品犯罪案件中出现的各种问题。为此，2008年12月1日最高人民法院又印发了《全国部分法院审理毒品犯罪案件工作座谈会纪要》（因为该次会议在大连召开，因此称为《大连会议纪要》），该纪要指出："对人民法院审理毒品犯罪案件尤其是毒品死刑案件具体适用法律的若干问题统一了认识"。此后，2015年5月18日又印发了《全国法院毒品犯罪审判工作座谈会纪要》（因为该次会议在武汉召开，因此称为《武汉会议纪要》）。2016年4月6日最高人民法院又颁布了《关于审理毒品犯罪案件适用法律若干问题的解释》，这也是一个最高人民法院的正式司法解释，该司法解释主要涉及毒品犯罪定罪量刑中的问题，例如数额和情节等问题。除此以外，在上述时间中，最高人民法院、最高人民检察院和公安部还先后颁布了对毒品犯罪的具体司法解释。由此可见，毒品犯罪的司法解释和准司法解释数量多，密度大，对毒品犯罪的法律适用起到了重要作用。如果说，司法解释是最高司法机关经过严格程序制定颁布的规范性文件，那么，纪要等则并不代表最高司法机关的意见，例如《大连会议纪要》只是对毒品犯罪适用法律，尤其是死刑适用中的疑难问题经过讨论以后达成的"共识"。值得注意的是，座谈会纪要只是与会者的共识，而不是最高人民法院的意见。因此，纪要的法律效力远不及司法解释。正如林维教授指出："这些纪要属于最高人民法院内部文件，先前的情况是外人并不能及时阅读。但是在司法实践中，这些文件成为大众具有认知并且要求法院予以遵守的规则。但是我们往往忽略，即由于同样原因，这些会议纪要并非司法解释，因此并不具有强制遵守的效力。"[1]最高人民法院在发布这些纪要的通知中，一般都要求各级人民法院"认真贯彻执行"或者"参照执行"等。

温登平在本书中对贩卖毒品罪的司法解释和座谈会纪要都进行了仔细梳理，并以此作为讨论贩卖毒品罪疑难问题的规范根

---

〔1〕 林维："论准司法解释的形成和发展"，载陈兴良主编：《刑事法评论》（第11卷），中国政法大学出版社2002年版，第341页。

据。例如，本书在探讨部分毒品去向不明时的行为性质和毒品数量计算存在的问题时指出，在去向不明的毒品数量系主要部分的情况下，对这部分去向不明的毒品，被告人通常辩称已被其吸食。如果确有证据证明这部分去向不明的毒品已被吸食，即使数量很大，也不应计入被告人贩卖的数量，因为吸毒不构成犯罪。这也正是《大连会议纪要》中相关规定已经明确解决的情形，即"被告人购买了一定数量的毒品后，部分已被其吸食的，应当按能够证明的贩卖数量及查获的毒品数量认定其贩毒的数量，已被吸食部分不计入在内"。但是，实践情况往往是，仅有被告人的供述证明这部分毒品被吸食，没有其他证据印证。在这种情况下，本书援引《武汉会议纪要》的规定，"对于有吸毒情节的贩毒人员，一般应当按照其购买的毒品数量认定其贩卖毒品的数量，量刑时酌情考虑其吸食毒品的情节；购买的毒品数量无法查明的，按照能够证明的贩卖数量及查获的毒品数量认定其贩毒数量；确有证据证明其购买的部分毒品并非用于贩卖的，不应计入其贩毒数量"。也就是说，只要有证据能够证明被告人所购毒品的确切数量，无论能够证明的贩卖数量及查获的毒品数量与其购买的毒品数量之间存在多大差距，都按照其购买的毒品数量认定其贩毒数量，仅仅在量刑时酌情考虑去向不明的毒品可能部分被其吸食的情节。换言之，如果行为人以"自我吸食"作为其并非从事贩毒行为的抗辩理由，将无法得到司法机关的支持。由此可见，这些会议纪要对于解决贩卖毒品罪认定中的一些细节问题，具有不可低估的参考价值。本书不仅严格以我国刑法关于贩卖毒品罪的规定作为讨论的规范依据，而且在吃透这些准司法解释的基础上，对贩卖毒品罪司法认定中的疑案问题进行分析，使得本书内容具有可信性。

在本书中，温登平还对某些在刑法理论上存在争议的问题进行了评析，提出了个人见解。例如，如何理解以贩卖为目的的购买行为的性质，其究竟是贩卖毒品罪的实行行为还是预备行为，这是一个具有分歧的理论问题，同时也是一个法教义学的解释问题。在毒品交易中，存在出售方和买受方，其各自的行为分别为：卖出和买进。根据对贩卖毒品罪中的贩卖行为的一般理解，卖出行为当然属于本罪的实行行为，对此是没有争议的。单纯的买入行为，例如以自吸为目的的购买，不属于贩卖毒品罪的实行行为，这也是没有疑问的。那么，以出卖为目的的买入行为的性质如何界定呢？从客观形式来看，这是一种购买行为，不同于出卖行为，似不能认定为是贩卖行为。如果应当处罚，只能作为本罪的预备犯进行处罚。这种观点就是预备行为说。而另外一种观点则认为，贩卖毒品罪的贩卖不仅包括卖出，而且包括为卖出而买入的行为，因此，以出卖为目的的买入行为在性质上属于本罪的实行行为而非预备行为。对于这个问题，我国司法实践中一般都是按照实行行为来认定的。1994年12月发布的《关于执行〈全国人民代表大会常务委员会关于禁毒的决定〉的若干问题的解释》规定，"贩卖毒品，是指明知是毒品而非法销售或者以贩卖为目的而非法收买毒品的行为"。这一司法解释虽然已经失效，但其将以贩卖为目的而非法收买毒品的行为直接认定为贩卖毒品罪的实行行为的结论还是被司法机关所遵循。在本书中，温登平主张预备行为说，认为我国刑法分则中的"贩卖"是指出卖或者出售、销售，不能要求买进后再卖出，否则便不当地缩小了处罚范围。《刑法》第347条第1款中的"贩卖"只要求单纯出卖，而不要求先买进毒品后再卖出毒品。贩卖毒品是有偿转让毒品的行为，"以销售为目的而购买毒品的行为"不是贩卖毒品罪的实行行为，至多属于预备行为。应该说，这一观点具有一定的道理。贩卖不同于买卖：如果刑法规定买卖，则买入和卖出的行为均为实行行为。但在贩卖的情况下，刑法评价的对象主要是出卖，因而该出卖行为具有构成要件行为的性质。如果说以出卖为目的买入，则客观上实施了买入行为，不具备出卖的构成要件行为，当然也就不能评价为本罪的实行行为。但由于行为人主观上具有出卖的目的，因而尽管尚未着手实施实行行为，但可以认定为预备行为。在此，刑法教义学的结论与司法实践的做法之间就存在一定的差异。温登平坚持刑法教义学的立场，这是需要勇气的。

  本书对贩卖毒品罪的论述可谓全面系统，几乎涉及本罪的所有问题。其中，既包括刑法问题，例如以贩养吸行为的性质、代购毒品行为的性质、居间介绍行为的性质等；又包括证据法问题，例如诱惑侦查、控制下交付、明知的推定等。本书对贩卖毒品罪论述，分析之细致、阐述之深入、篇幅之巨大，都是令人称道的。从目前坊间已经出版的关于毒品犯罪的著作来看，基本上都是对毒品犯罪全部罪名的论述，而本书只是选择其中最为重要的贩卖毒品罪进行研究，写就本书，这在理论深度上是其他著作无法比拟的，值得向读者推荐。

  是为序。

陈兴良[1]

谨识于北京海淀锦秋知春寓所

2021 年 4 月 15 日

---

[1] 北京大学博雅讲席教授，博士生导师。

编写说明

为了节省篇幅，本书对部分内容进行了省略处理。①略去全国人大和全国人大常委会制定的有关法律法规中的"中华人民共和国"字样，例如《刑法》《禁毒法》等。②"全国人民代表大会"简称为"全国人大"，"全国人民代表大会常务委员会"简称为"全国人大常委会"，"人民政府"简称为"政府"。③除最高人民法院外，"人民法院"简称"法院"，"最高人民法院"简称"最高法"。除最高人民检察院外，"人民检察院"简称"检察院"，"最高人民检察院"简称"最高检"，"最高人民法院、最高人民检察院"简称"两高"。④政府职能部门，例如，"国家食品药品监督管理局"简称"国家食药监局"；等等。

温登平

2021年10月29日

目 录

引言：我国毒品犯罪的刑事立法和司法实践 / 001

一、当前我国毒品犯罪的特点 / 003

二、我国毒品犯罪的刑事立法及存在的问题 / 012

三、毒品犯罪的司法实践及存在的问题 / 034

第一章 毒品的概念界定与毒品的范围 / 042

一、我国毒品犯罪立法关于毒品概念的规定 / 044

二、关于毒品概念的立法例和理论观点 / 047

三、毒品的特点、毒品犯罪的保护法益与毒品概念的界定 / 052

四、本书的观点 / 071

第二章 贩卖毒品罪中的"贩卖"的理解与认定 / 076

一、"以销售为目的而购买毒品的行为"的性质 / 077

二、居间介绍买卖毒品与代购毒品行为的性质与理解 / 088

三、互易毒品行为的性质 / 114

四、通过物流寄送毒品行为的性质 / 126

第三章　贩卖毒品罪的主观方面及其认定 / 131
　　一、贩卖毒品罪中对事实的"明知" / 131
　　二、特殊案件的证明责任分配与推定 / 141
　　三、国内在犯罪认定中采用推定方法的规定及其理解 / 153
　　四、贩卖毒品案件中适用推定的规则 / 167

第四章　"以贩养吸"型毒品犯罪的性质与数量的认定 / 188
　　一、"以贩养吸"型毒品犯罪的概念、特点和有关规定 / 189
　　二、"以贩养吸"人员运输毒品行为的性质与毒品数量的认定 / 192
　　三、从"以贩养吸"人员的住所、车辆等查获毒品行为的性质与毒品数量的认定 / 197
　　四、"以贩养吸"人员部分毒品去向不明时的行为性质与毒品数量的认定 / 214

第五章　贩卖毒品罪的既遂与未遂 / 218
　　一、贩卖毒品罪的既遂与未遂的区分标准 / 219
　　二、贩卖假毒品行为与贩卖毒品犯罪的既遂、未遂认定 / 234
　　三、"诱惑侦查"与贩卖毒品犯罪的既遂、未遂认定 / 240
　　四、"控制下交付"与贩卖毒品犯罪的既遂、未遂认定 / 245

第六章　贩卖毒品案件中的正犯与共犯的区分
　　　　——特别以居间介绍和代购毒品行为为例 / 249
　　一、居间介绍买卖毒品行为的性质 / 250
　　二、代购毒品行为的性质 / 263
　　三、居间介绍和代购行为原则上属于贩卖毒品罪的帮助行

为 / 282

第七章　贩卖毒品数量计算方法的随意化及其限制 / 285

　一、从涉毒人员的住所、车辆等查获毒品的行为性质与数量的认定 / 286

　二、部分毒品去向不明时的行为性质与毒品数量的认定 / 299

　三、吸毒者、代购者运输毒品行为的性质与数量认定 / 303

第八章　毒品种类、纯度与毒品数量的计算 / 309

　一、关于毒品种类、纯度和数量计算的规定及存在的问题 / 311

　二、不同种类毒品的数量计算 / 315

　三、混合毒品的数量计算 / 322

　四、不同纯度毒品的数量计算 / 326

第九章　贩卖毒品案件中侦查手段的非法制化及其规制
　　　　——以"诱惑侦查"和"控制下交付"为例进行说明 / 345

　一、诱惑侦查的非法制化及其规制概说 / 347

　二、提供机会型诱惑侦查的处理 / 365

　三、犯意引诱型诱惑侦查的处理 / 368

　四、数量引诱型诱惑侦查的处理 / 380

　五、控制下交付的非法制化及其规制 / 382

引言：我国毒品犯罪的刑事立法和司法实践

毒品是全球性公害。根据联合国 2020 年 6 月发布的《2020 年世界毒品报告》，2018 年吸毒人员约有 2.69 亿人，占全球 15 岁~64 岁人口的 5.3%，其中约有 3560 万人患有吸毒病症。就我国而言，自 20 世纪 80 年代以来，在国际毒潮的凶猛冲击下，我国曾经基本禁绝的毒品死灰复燃，并且迅速滋长蔓延。根据《2018 年中国毒品形势报告》的统计，截至 2018 年年底，我国现有吸毒人数 240.4 万人，其中，35 岁以上 114.5 万名，占 47.6%；18 岁到 35 岁 125 万名，占 52%；18 岁以下 1 万名，占 0.4%。

毒品通常可以分为三类，即传统毒品、合成毒品与新精神活性物质，分别以海洛因、甲基苯丙胺和氯胺酮为代表。其中，海洛因会导致强烈的生理依赖与心理依赖，对心血管系统的影响最普遍，可引发心脏功能退化、心律失常，严重的可引起心源性猝死。[1]甲基苯丙胺会对人体重要器官和精神系统造成损害，其中尤以精神系统损害为甚，会导致吸食者人格变异、精神偏执与人际关系破裂。[2]氯胺酮会引发幻觉、错觉、过度兴奋、烦躁不

---

[1] 参见白延智、张宪武："海洛因依赖的危害及美沙酮维持治疗概述"，载《内蒙古医科大学学报》2014 年第 S1 期。

[2] 参见胡早秀、于建云、李桢："甲基苯丙胺的毒性及危害"，载《中国药物滥用防治杂志》2005 年第 4 期。

安、认知障碍等症状，并对长期滥用者造成大脑永久性损伤。[1]除此之外，"毒品和犯罪是一对孪生兄弟，毒品引起的社会犯罪不断增加"。[2]毒品不仅耗尽吸食者的钱财，威胁其生命健康，而且导致吸毒人员婚姻破裂，家庭失和，未成年子女无人管教，引发吸毒人员为筹措毒资进行盗窃、诈骗、抢劫等一系列次生犯罪，严重影响了人类社会的有序和谐发展。

"保持公众的健康，是维持发展健全的社会的重要基础。"[3]毒品犯罪是侵害公众（不特定或者多数人）的健康的犯罪。[4]我国1997年《刑法》分则第六章"妨害社会管理秩序罪"第七节"走私、贩卖、运输、制造毒品罪"规定了12个罪名（包括6个单一罪名，6个选择性罪名），打击重点是走私、贩卖、运输、制造毒品罪，而贩卖毒品罪是其中的核心罪名。2018年，全国共破获毒品犯罪案件10.96万起，其中，走私、贩卖、运输毒品案件7万件，占毒品犯罪案件总量的63.87%；抓获犯罪嫌疑人13.74万名，缴获各类毒品67.9吨；查处吸毒人员71.7万人次，处置强制隔离戒毒27.9万人次，责令社区戒毒社区康复24.2万人次。[5]

近些年来，中央领导高度重视国内毒品滥用及其引发的毒品等犯罪高发问题。2014年6月，中央政治局常委会会议、国务院

---

[1] 参见李云鹏："氯胺酮滥用及危害问题调查"，载《中国药物依赖性杂志》2016年第1期。

[2] 蔺剑：《毒品犯罪的定罪与量刑》，人民法院出版社2000年版，第19页。

[3] [日]大塚仁：《刑法概说（各论）》，冯军译，中国人民大学出版社2003年版，第474页。

[4] 参见[日]西田典之：《日本刑法各论》，王昭武、刘明祥译，法律出版社2020年版，第376页。

[5] 参见国家禁毒委员会办公室："2018年中国毒品形势报告"，载http://www.nncc626.com/2019-06/17/c_1210161797.htm，访问时间：2020年1月5日。

常务会议分别听取禁毒工作专题汇报，习近平总书记、李克强总理分别对禁毒工作作出重要指示和批示。中共中央、国务院首次印发《关于加强禁毒工作的意见》及其贯彻落实分工方案。2014年至2016年，国家禁毒委在时隔10年后连续3年召开全国禁毒工作会议，部署加强禁毒工作。2017年6月，习近平总书记、李克强总理等中央领导同志会见全国禁毒工作先进代表，习近平总书记发表了重要讲话。2020年6月，全国禁毒工作先进集体和先进个人表彰会议在北京召开，习近平总书记作出重要指示，强调必须一如既往、坚决彻底地把禁毒工作深入进行下去。坚持厉行禁毒方针，打好禁毒人民战争，完善毒品治理体系，深化禁毒国际合作，推动禁毒工作不断取得新成效，为维护社会和谐稳定、保障人民安居乐业作出新的更大贡献。

一、当前我国毒品犯罪的特点

当前我国毒品犯罪主要有下列几个特点：

（一）毒品犯罪案件数量持续快速增长

近年来我国毒品犯罪总体上呈上升趋势，主要体现在以下四个方面：其一，从毒品犯罪案件数量和涉案人数看，司法机关破获的毒品犯罪案件数量与抓获的犯罪嫌疑人人数逐年递增；其二，从毒品种类看，传统毒品滥用稳中有降，但新型毒品滥用增长明显；其三，从毒品犯罪的行为类型看，制造毒品犯罪显著增多，易制毒化学品违法犯罪活动突出；其四，毒品引发的社会问题非常严重。

1. 吸毒人数逐年增长。根据国家禁毒委历年发布的《中国禁毒形势报告》，我国新发现的吸毒人数在快速增长。2009年新发现吸毒人员仅为 8.7 万人，2015 年新增吸毒人数高达 53.1 万人。截止到 2007 年年底，全国吸毒人员数据库中登记的吸毒人员总数仅为 95.7 万人；截止到 2018 年底，我国现有吸毒人数 240.4 万人。2018 年，全国查获复吸人员滥用总人次 50.4 万人次，其中滥用合成毒品 28.9 万人次，占总数的 57.3%；滥用阿片类毒品 21.2 万人次，占总数的 42.1%。

2. 毒品犯罪案件逐年上升。从最高法公布的数据看，近年来毒品犯罪也呈逐年上升趋势。例如，2007 年至 2013 年，全国法院审结毒品犯罪案件数从 2007 年的 38 500 件增至 2013 年的 95 216 件，增长 1.47 倍，年均增长 16.27%；犯罪分子人数从 2007 年的 43 360 人增至 2013 年的 99 486 人，增长 1.29 倍，年均增长 14.81%。同时，毒品犯罪案件在全部刑事案件中所占的比例，也从 2007 年的 5.34% 增至 2013 年的 9.98%。[1] 2012 年至 2016 年，全国法院一审结案毒品犯罪案件从 2012 年的 7.6 万件增至 2016 年的 11.8 万件，增幅为 54.12%；生效判决涉及人数从 8.1 万人增至 11.6 万人，增幅为 43.09%。[2] 判处 5 年以上重刑的毒品犯罪案件比例为 21.9%，毒品犯罪案件各年度重刑（5 年以上）率均高出全部刑事案件重刑率十几个百分点。其中，云南的毒品犯罪的重刑率为 71.08%，高出全国总体重刑率 49.17 个百分点。

---

[1] 参见高贵君、马岩、李静然："当前我国毒品犯罪的主要特点与加强禁毒工作的对策和建议"，载《人民法院报》2014 年 6 月 26 日，第 5 版。

[2] 参见《人民法院禁毒工作白皮书》(2012–2017)。

表 0-1 部分毒品犯罪案件一审
刑事判决数量一览表（2014 年~2019 年）

年度	刑事判决数量（件）	毒品犯罪判决数量（件）	走私、贩卖、运输、制造毒品罪（件）	容留他人吸毒罪（件）	非法持有毒品罪（件）	非法种植毒品原植物罪（件）
2019 年	1 041 300	72 614	49 342	18 301	3891	2659
2018 年	979 778	87 732	57 213	24 673	5982	2167
2017 年	976 425	99 504	63 364	29 427	8249	1624
2016 年	899 878	97 935	61 226	31 276	8620	971
2015 年	870 752	110 137	69 520	34 636	10 287	860
2014 年	817 430	86 275	61 839	18 844	8252	692

数据来源：中国裁判文书网，统计数字截至 2020 年 10 月 1 日。

3. 传统毒品与新型毒品叠加。近几年来，毒品种类和数量迅速增加，不仅鸦片、吗啡、大麻、可卡因、海洛因等传统毒品危害不减，一些新型毒品如冰毒、麻古、摇头丸、氯胺酮（K 粉）、甲卡西酮（浴盐）等的泛滥形势也日益严重。根据《2018 年中国毒品形势报告》的统计，截至 2018 年年底，在现有 240.4 万名吸毒人员中，滥用冰毒人员 135 万名，占 56.1%，冰毒已取代海洛因成为我国滥用人数最多的毒品；滥用海洛因 88.9 万名，占 37%；滥用氯胺酮 6.3 万名，占 2.6%。大麻滥用继续呈现上升趋势，截至 2018 年年底，全国滥用大麻人员 2.4 万名，同比上升 25.1%。根据国家毒品实验室的监测，我国 2018 年全年新发现新精神活性物质 31 种。

4. 毒品引发的社会问题非常严重。吸毒行为主要有以下危害：

（1）对人体自身会产生巨大的机理损伤，例如破坏神经系统、引起器官病变、改变人格、传播疾病、造成死亡等。联合国毒品与犯罪问题办公室发布的《世界毒品报告》显示，2018年注射吸毒的约有1130万人，注射吸毒者感染艾滋病毒的超过100万人，患丙型肝炎的有550万人。在2014年，大约20.7万人由于滥用毒品而死亡。到了2017年，因吸毒死亡的人数达到58.5万，其中一半死于丙型肝炎引起的肝病，而注射吸毒者的丙型肝炎大多仍未得到治疗。

（2）吸毒引发的吸毒病症会加深贫困者的社会经济劣势，增加失业、贫困和无家可归的风险，助长劣势的恶性循环。据估计，2018年注射吸毒的约有1130万人，全球艾滋病毒感染约有10%是注射吸毒造成的。注射吸毒者感染艾滋病毒的超过100万人，患丙型肝炎的有550万人。2017年，因吸毒死亡的约有58.5万人，其中一半死于丙型肝炎引起的肝病，而注射吸毒者的丙型肝炎大多仍未得到治疗。

（3）吸毒行为容易导致或衍生其他违法犯罪活动。长期吸毒会使人狂躁、敌意感强、攻击性强和行为失控，在毒理作用和外部因素刺激下，容易发生暴力攻击、自杀自残、毒驾肇事等极端案件。国外的研究表明，吸毒人员比非吸毒人员更有可能成为罪犯。[1]国内的数据也证明了这一点。例如，在2015年，全国发

---

[1] 参见［美］亨利·布朗斯坦主编：《毒品与社会手册》，时杰等译，法律出版社2019年版，第334~336页。

生的因滥用毒品导致肇事肇祸案件336起，查获涉案吸毒人员349名。另一方面，吸毒者为维持药物摄入而衍生性地产生贩卖、走私、制造等毒品犯罪，或者诱发盗窃、抢劫等其他刑事犯罪。例如，在2015年，全国破获吸毒人员引发的刑事案件17.4万起，占刑事案件总数的14%。

（二）毒品犯罪呈蔓延态势，毒品犯罪高发省份相对集中

1. 毒品犯罪呈蔓延态势。从地域分布情况看，我国毒品犯罪已突破以往高发于边境、沿海地区的地域化特征，逐步向周边及内陆地区多渠道、全方位蔓延。具体来说，广东的毒品犯罪案件数量自2007年至2013年一直位居全国首位，是全国最大的毒品制造地和集散、消费市场。例如，2018年全年共破获制毒案件42起，打掉制毒窝点28个，缴获毒品1.65吨。云南是缅北毒品向我国渗透的主要通道，大宗毒品犯罪案件多，海洛因和甲基苯丙胺片剂的缴获量居全国之首，目前仍是国内毒品最主要的来源地。广西中越边境地区已成为"金三角"毒品走私入境的第二大通道，并由此贩往周边及内地省份。辽宁受境外毒品渗透影响和本地毒品消费刺激，近几年毒品犯罪数量也呈快速增长之势。[1]

2. 毒品犯罪高发省份相对集中。从地域分布看，我国毒品犯罪已突破以往主要分布于边境、沿海地区的地域性特征，遍及全国所有省份，但案件高发地主要集中在华南、西南、华东和华中地区。广东的毒品犯罪案件数量近年来一直居全国首位，云南是缅北毒品向我国渗透的主要通道，近年来案件数量增速减缓，但

---

〔1〕参见高贵君、马岩、李静然："当前我国毒品犯罪的主要特点与加强禁毒工作的对策和建议"，载《人民法院报》2014年6月26日，第5版。

大宗毒品犯罪案件多发，海洛因和甲基苯丙胺片剂的缴获量居于高位。广西中越边境地区已成为"金三角"毒品走私入境的第二大通道。江苏、浙江、湖南、湖北等地受其他省份毒品渗透影响和本地毒品消费刺激，毒品犯罪数量居高不下。四川、重庆、福建、辽宁、海南、甘肃等省市的毒品犯罪也呈多发态势，各自的地域性特征较为明显。[1]

表0-2 全国部分省（自治区、直辖市）走私、贩卖、运输、制造毒品案件一审判决数量一览表（2014年~2019年度）

	2014年（件）	2015年（件）	2016年（件）	2017年（件）	2018年（件）	2019年（件）
全国	61 839	69 520	61 226	63 364	57 213	49 342
广东	9540	10 777	9476	8461	6646	5570
云南	4683	5433	5430	6191	6922	4919
四川	3072	4306	4222	5092	4802	4656
广西	4104	4454	4533	3537	3915	3057
贵州	4994	4797	4239	4341	3127	2223
湖南	3314	3559	3206	3316	4670	3208
重庆	3900	3351	3254	3266	2877	3314
浙江	2991	3965	2753	2591	2232	2698
湖北	2673	3553	2914	2952	3039	3478
福建	2159	2758	2055	2996	1939	1526

数据来源：中国裁判文书网，统计数字截至2020年10月1日

---

[1] 参见胡云腾、方文军："论毒品犯罪的惩治对策与措施"，载《中国青年社会科学》2018年第5期。

(三) 新型毒品层出不穷，合成毒品所占比例迅速上升

从毒品种类看，涉案毒品种类多样化，海洛因、甲基苯丙胺仍是最主要的涉案毒品，但海洛因所占比例逐年下降，甲基苯丙胺所占比例不断增长，涉新精神活性物质犯罪案件有所增多。

1. 海洛因、甲基苯丙胺仍是最主要的涉案毒品，但海洛因所占比例逐年下降，甲基苯丙胺所占比例不断增长。例如，2007至2013年，全国法院审结的毒品犯罪案件中，涉海洛因案件比例从77.7%降至39.01%，涉甲基苯丙胺案件比例从11.58%增至44.51%，涉甲基苯丙胺（包括冰毒和片剂）案件比例不断提高。在云南、广东、新疆、甘肃等地，海洛因在涉案毒品中仍占较高比例，但呈下降趋势。在辽宁、吉林等地，甲基苯丙胺在涉案毒品中居于主导地位。在江苏、湖北等地，近年来甲基苯丙胺的比例迅速上升并逐渐反超海洛因，成为最主要的涉案毒品。

2. 新型毒品犯罪总体呈上升趋势，其中涉氯胺酮犯罪所占比例最大，涉甲卡西酮、曲马多、芬太尼、恰特草等新类型毒品犯罪时有发生。新精神活性物质（New Psychoactive Substances，简称 NPS）是不法分子为逃避打击对管制毒品进行化学结构修饰得到的毒品类似物。新精神活性物质直接破坏大脑功能，导致神经中毒反应和精神分裂症状，毒理作用较传统毒品更为强烈。

新精神活性物质具有种类多样性和快速更新性等特征，国际麻醉品管理局《2015年年度报告》显示，截至2015年10月，全球共检测发现了602种新精神活性物质，与2014年10月报告的

388 种物质相比,一年之内就增加了 55%。[1] 2015 年 9 月,公安部、国家食药监局、国家卫计委和国家禁毒办联合制定了《非药用类麻醉药品和精神药品列管办法》,加强对新精神活性物质的管制。根据国家毒品实验室的监测,2017 年全国新发现新精神活性物质 34 种,2018 年全年新发现新精神活性物质 31 种,迄今国内已累计发现 260 余种。2018 年 6 月,最高法召开新闻通气会公布的孙小芳走私、贩卖毒品案,涉案毒品"4-氯甲卡西酮"就属于新精神活性物质。2021 年 5 月 11 日,公安部、国家卫健委和国家药监局联合发布《关于将合成大麻素类物质和氟胺酮等 18 种物质列入〈非药用类麻醉药品和精神药品管制品种增补目录〉的公告》,决定正式整类列管合成大麻素类新精神活性物质,并新增列管氟胺酮等 18 种新精神活性物质。

(四)走私、制造毒品等源头毒品犯罪呈加剧之势

从毒品来源看,走私毒品和国内生产制造毒品犯罪均呈加剧之势。

1. 走私毒品犯罪呈加剧之势。当前,国际毒潮持续泛滥,"金三角""金新月"及南美等境外毒源地对我国的渗透加剧,云南、广东、广西等边境、沿海地区的毒品走私入境犯罪仍保持高位。其中,云南、广西边境受"金三角"毒品渗透形势严峻,我国境内 80% 以上的海洛因、90% 以上的甲基苯丙胺片剂主要从以上两个地区入境。2018 年,我国共缴获"金三角"各类毒品 29.6 吨,同比上升 17.6%,其中晶体冰毒 4.6 吨、氯胺酮 1.4

---

[1] 参见黄新洁:"欧洲毒品问题的新趋势和变化",载《中国药物依赖性杂志》2015 年第 6 期。

吨,分别占两类毒品全国缴获总量的43.6%和23.9%,同比分别增长4.2倍和35倍。此外,新疆、吉林边境毒品走私入境屡有发生,境外毒品经空运、物流寄递渠道直接走私入境的情况也比较突出。

2. 境内制造甲基苯丙胺、氯胺酮等合成毒品犯罪迅速增长。目前全国多数省份都发现了制毒活动。例如,2013年全国破获制造毒品犯罪案件773起,同比增长33.5%,境内制造的甲基苯丙胺晶体、氯胺酮的缴获量与入境毒品缴获量已基本持平。受制造毒品犯罪增长影响,麻黄碱、羟亚胺、邻氯苯基环戊酮等制毒物品流入非法渠道的形势严峻,走私、非法买卖制毒物品犯罪呈上升趋势,从2007年的55件增至2013年的260件,增长3.73倍。[1] 全国法院一审审结制毒物品犯罪案件数从2012年的145件增至2017年的290件,增长了1倍。制毒物品缴获量也大幅增长,且新的制毒原料、制毒方法不断出现。一些地方出现了专门为制毒活动提供化学品和设备的犯罪团伙,形成代理采购、按需打包、套餐供应的销售模式。在犯罪方式上,贩毒活动科技化、智能化手段增多,利用QQ、微信、支付宝、比特币等在线支付方式进行交易,以及利用物流寄递渠道进行运输的毒品犯罪案件时有发生。[2]

(五)零包贩卖毒品等末端毒品犯罪增长迅速

末端犯罪是与源头犯罪相对的概念,主要是指与毒品消费环

---

[1] 参见高贵君、马岩、李静然:"当前我国毒品犯罪的主要特点与加强禁毒工作的对策和建议",载《人民法院报》2014年6月26日,第5版。

[2] 参见胡云腾、方文军:"论毒品犯罪的惩治对策与措施",载《中国青年社会科学》2018年第5期。

节直接关联的犯罪类型,包括零包贩卖毒品,引诱、教唆、欺骗、强迫他人吸毒及非法持有毒品数量较大等。近年来,受毒品消费市场持续膨胀影响,零包贩卖毒品(涉案毒品10克以下的贩毒案件)、容留他人吸毒、非法持有毒品等案件数量增长迅速。零包贩毒是毒品流向吸毒人员的末端环节,引诱、教唆、欺骗、强迫他人吸毒犯罪直接导致吸毒人员数量增长,容留他人吸毒及非法持有毒品犯罪在一定程度上反映出毒品消费和交易的活跃程度,社会危害不容忽视。且不少吸毒人员为获得吸毒所需资金而涉足毒品犯罪,进一步加剧了毒品犯罪的严峻形势。[1]

(六)毒品再犯和特殊群体涉毒犯罪较为突出

2007年至2013年,在判决生效的毒品犯罪中,毒品再犯为59 899人、占12.69%,比例较高。在毒品再犯中,有部分人员在缓刑、假释考验期或者暂予监外执行期间再次实施毒品犯罪。同时,部分地区的孕妇、哺乳期妇女及艾滋病、乙肝、癌症病人等特殊群体涉毒犯罪较为突出,对其羁押、送监执行均存在困难,而流散社会再犯率高,不利于有效打击毒品犯罪。[2]

二、我国毒品犯罪的刑事立法及存在的问题

我国的禁毒立法,"是根据毒品犯罪的发展趋势和禁毒斗争的实际需要不断完善的",[3]迄今为止,"以《刑法》为主线,

---

[1] 参见高贵君、马岩、李静然:"当前我国毒品犯罪的主要特点与加强禁毒工作的对策和建议",载《人民法院报》2014年6月26日,第5版。

[2] 参见高贵君、马岩、李静然:"当前我国毒品犯罪的主要特点与加强禁毒工作的对策和建议",载《人民法院报》2014年6月26日,第5版。

[3] 崔敏主编:《毒品犯罪发展趋势与遏制对策》,警官教育出版社1999年版,第305页。

同时辅之以行政法规和地方性法规,形成了互相配套的法律、法规体系"。[1]有的学者将其概括为"一部禁毒专门法典、两部涉毒处罚法律、三部毒品管制法律法规、若干戒毒措施管理规范、一系列附属禁毒规范"。[2]除此之外,还有各地制定的数量庞大的禁毒规范性文件和我国签署的国际公约。有关禁毒的行政法律法规,主要有《禁毒法》(2008年6月1日起施行)、《强制戒毒办法》(1995年1月12日发布,自2011年6月26日起废止)、《麻醉药品和精神药品管理条例》(2005年11月1日起施行)、《戒毒条例》(2011年6月26日起施行)等。

(一)我国刑法等关于毒品犯罪的规定

1.1979年之前我国关于毒品犯罪的规定。早在中华人民共和国成立之初,就针对鸦片等毒品犯罪发布了有关法律法规及政策。例如,1950年2月,政务院发布了《关于严禁鸦片烟毒的通令》,明确规定全国禁绝种植罂粟,对于贩运、制造、售卖鸦片烟毒等行为进行"从严治罪",所涉烟土毒品一律没收。同时,对于散存于民间的烟土毒品一律限期缴出,逾期不缴的,将没收烟土毒品并对涉案人员治罪。1952年4月,中共中央发布《关于肃清毒品流行的指示》,强调从严惩处制造毒品者、集体大量贩毒者、主犯、惯犯和拒不坦白者。内务部发布《关于贯彻严禁烟毒工作的指示》。

2.1979年之后关于毒品犯罪的刑事立法。自1979年以来,

---

[1] 梅传强:"回顾与展望:我国禁毒立法之评析",载《西南民族大学学报(人文社科版)》2008年第1期。

[2] 靳澜涛:"我国禁毒立法体例的反思与重构",载《北京警察学院学报》2017年第5期。

我国有关毒品犯罪的刑事立法日益完善。

（1）1979年《刑法》关于毒品犯罪的规定。1979年《刑法》第171条规定："制造、贩卖、运输鸦片、海洛因、吗啡或者其他毒品的，处五年以下有期徒刑或者拘役，可以并处罚金。一贯或者大量制造、贩卖、运输前款毒品的，处五年以上有期徒刑，可以并处没收财产。"

（2）1982年《关于严惩严重破坏经济的罪犯的决定》对贩毒罪的法定刑的修改。1982年3月，第五届全国人大常委会第二十二次会议通过了《关于严惩严重破坏经济的罪犯的决定》，第1条对1979年《刑法》第171条贩毒罪的法定刑进行了修改，将贩卖毒品罪的法定最高刑修改为死刑。"情节特别严重的，处十年以上有期徒刑、无期徒刑或者死刑，可以并处没收财产。"

（3）1987年《海关法》对走私毒品行为的规定。1987年1月，第六届全国人大常委会第十九次会议通过了《海关法》。该法第47条规定，运输、携带、邮寄国家禁止进出口的毒品、武器、伪造货币进出境的，以牟利、传播为目的运输、携带、邮寄淫秽物品进出境的，或者运输、携带、邮寄国家禁止出口的文物出境的，构成走私罪。《海关法》和1988年1月第六届全国人大常委会第二十四次会议通过的《关于惩治走私罪的补充规定》，将走私毒品犯罪的法定最高刑提高到死刑。

（4）1990年《关于禁毒的决定》对毒品犯罪的规定。1990年12月，第七届全国人大常委会第十七次会议审议通过了《关于禁毒的决定》。这是中华人民共和国第一部详细规定毒品犯罪及其刑罚的单行刑法，规定了下列罪名：走私、贩卖、运输、制造毒品罪（第2条），非法持有毒品罪（第3条），包庇毒品犯罪分子罪（第 4 条第 1 款），窝藏毒品、毒赃罪（第 4 条第 1 款），掩饰隐瞒毒赃性质、来源罪（第 4 条第 1 款），非法运输、携带制毒物品进出境罪（第 5 条第 1 款），非法种植毒品原植物罪（第 6 条），引诱、教唆、欺骗他人吸毒罪（第 7 条第 1 款），强迫他人吸毒罪（第 7 条第 2 款），容留他人吸毒并出售毒品罪（第 9 条），非法提供麻醉药品、精神药品罪（第 10 条第 2 款）。该决定还将走私、贩卖、运输、制造毒品罪的法定最高刑提高到死刑。

（5）1997 年《刑法》对毒品犯罪的规定。1997 年 3 月，第八届全国人大第五次会议对 1979 年《刑法》作出修订，将《关于禁毒的决定》的全部内容吸收到刑法中，同时，在总结近年来禁毒斗争实践经验的基础上，增加了非法买卖、运输、携带、持有毒品原植物种子、幼苗罪，1997 年《刑法》分则第六章第七节"走私、贩卖、运输、制造毒品罪"，从制造、运输、买卖毒品到持有毒品等各个环节，规定了 11 个条文，共 12 个罪名，编织了较为严密的刑事法网。

（6）2007 年《禁毒法》对毒品犯罪的规定。2007 年 12 月，第十届全国人大常委会第三十一次会议审议通过了《禁毒法》，这是我国第一部具备统一禁毒法典形式的禁毒法。该法共七章 71 条，内容涉及毒品管制、戒毒措施、法律责任等。其中，第六章"法律责任"规定了各类毒品违法犯罪行为的法律责任。但是，该法除第 61 条外，都是对《刑法》《治安管理处罚法》等原有法律法规规定的重申；在处罚规定上，大多表述为"构成犯罪的，依法追究刑事责任；尚不构成犯罪的，依照有关法律、行政法规的规定给予处罚"。即便是第 61 条，也只是规定为"容留他人吸食、注射毒品或者介绍买卖毒品,构成犯罪的,依法追究刑事责任;尚不构成犯罪的……",并未改变1997年《刑法》关于毒品犯罪的定罪量刑的规定。

(7) 2015年《刑法修正案(九)》对毒品犯罪的规定。2015年8月,第十二届全国人大常委会第十六次会议通过了《刑法修正案(九)》。其中,《刑法修正案(九)》第41条对1997年《刑法》第350条第1款、第2款进行了修改,将原来的:"非法运输、携带制毒原料或配剂进出境或在境内非法买卖上述物品",修改为:"非法生产、买卖、运输制毒原料、配剂或携带上述物品进出境",确立了非法生产、买卖、运输制毒物品、走私制毒物品罪。该规定进一步确定了对于毒品犯罪进行源头治理的方针。同时,"数量大"等数量标准修改为"情节较重""情节严重""情节特别严重"等情节标准,使刑事法网更加严密。

(二) 我国刑法等关于毒品犯罪规定的特点

1. 毒品犯罪的范围逐步扩大,毒品的种类日益扩张。1979年《刑法》规定的毒品犯罪只有"制造、贩卖、运输毒品罪"一个罪名,毒品种类仅限于"鸦片、海洛因、吗啡或者其他毒品"。1986年通过的《治安管理处罚条例》规定,非法种植罂粟等毒品原植物的,给予拘留、罚款等行政处罚;构成犯罪的,依法追究刑事责任。

1990年通过的《关于禁毒的决定》,主要有三大变化:其一,扩大了毒品的范围。例如,第10条第2款规定的非法提供麻醉药品、精神药品罪的对象是国家管制的麻醉药品和精神药品。其二,将毒品犯罪的对象从毒品扩大到毒品之外。例如,第4条第1款规定的毒赃;第5条第1款规定的醋酸酐、乙醚、三氯甲烷等制毒物品；第6条规定的罂粟、大麻等毒品原植物。其三，将毒品犯罪分子、吸毒人员等纳入调整范围。例如，第4条第1款规定，包庇实施了走私、贩卖、运输、制造毒品等行为的犯罪分子的，构成包庇毒品犯罪分子罪。第7条规定了引诱、教唆、欺骗他人吸毒罪和强迫他人吸毒罪。

1997年《刑法》主要有下列变化：[1]其一，第352条规定了非法买卖、运输、携带、持有毒品原植物种子、幼苗罪，将毒品原植物种子、幼苗纳入毒品犯罪的调整范围。其二，第357条第1款规定："本法所称的毒品，是指鸦片、海洛因、甲基苯丙胺（冰毒）、吗啡、大麻、可卡因以及国家规定管制的其他能够使人形成瘾癖的麻醉药品和精神药品。"该规定扩大了毒品的范围，将甲基苯丙胺（冰毒）纳入毒品的范围，与海洛因同等对待。同时，将《关于禁毒的决定》中的"国务院规定管制"修改为"国家规定管制"。

由于部分种类毒品例如吗啡在医学上也可以作为麻醉药物加以使用，2007年通过的《禁毒法》第2条第2款规定："根据医疗、教学、科研的需要，依法可以生产、经营、使用、储存、运输麻醉药品和精神药品。"在严厉打击毒品犯罪的同时，不妨碍正常的医疗、教学和科研活动。

---

[1] 不过，相对于国外毒品犯罪立法而言，我国毒品犯罪的处罚范围依然比较狭窄。

表0-3 1997年《刑法》规定的毒品犯罪的犯罪对象的范围

	条文	罪名	犯罪对象
1	第347条	走私、贩卖、运输、制造毒品罪	毒品
2	第348条	非法持有毒品罪	毒品
3	第349条	包庇毒品犯罪分子罪	毒品犯罪分子
4	第349条	窝藏、转移、隐瞒毒品、毒赃罪	毒品、毒赃
5	第350条	非法生产、买卖、运输制毒物品、走私制毒物品罪	制毒物品
6	第351条	非法种植毒品原植物罪	毒品原植物
7	第352条	非法买卖、运输、携带、持有毒品原植物种子、幼苗罪	毒品原植物种子、幼苗
8	第353条第1款	引诱、教唆、欺骗他人吸毒罪	吸毒人员
9	第353条第2款	强迫他人吸毒罪	吸毒人员
10	第354条	容留他人吸毒罪	吸毒人员
11	第355条	非法提供麻醉药品、精神药品罪	麻醉药品、精神药品
12	第355条之一	妨害兴奋剂管理罪	兴奋剂

2. 扩大毒品犯罪主体的范围。

（1）降低毒品犯罪中自然人犯罪主体的责任年龄。1979年《刑法》第14条规定："已满十六周岁的人，应当负刑事责任。已满十四周岁不满十六周岁的人，犯杀人、重伤、抢劫、放火、惯窃罪或者其他严重破坏社会秩序罪，应当负刑事责任。"由于1979年《刑法》规定的制造、贩卖、运输毒品罪的基本法定刑是5年有期徒刑，法定最高刑是15年有期徒刑，而杀人、重伤、抢劫、放火等罪的法定最高刑是无期徒刑或者死刑。因此，已满 14 周岁不满 16 周岁的人不能构成毒品犯罪。

1992 年 5 月，最高法作出《关于已满 14 周岁不满 16 周岁的人犯走私、贩卖、运输、制造毒品罪应当如何适用法律问题的批复》（法复〔1992〕3 号），明文规定已满 14 周岁不满 16 周岁的人，犯走私、贩卖、运输、制造毒品罪，且具有《关于禁毒的决定》第 2 条第 1 款和第 2 款规定的情形之一的，属于 1979 年《刑法》第 14 条第 2 款规定的"其他严重破坏社会秩序罪"，应当负刑事责任。

1997 年《刑法》第 17 条规定，已满 14 周岁不满 16 周岁的人犯贩卖毒品罪的，应当负刑事责任，将已满 14 周岁不满 16 周岁的人纳入贩卖毒品罪的调整范围。同时，将走私、运输、制造毒品罪的主体范围限定在 16 周岁以上。

（2）将从事生产、运输、管理、使用国家管制的麻醉药品、精神药品的人员纳入毒品犯罪的调整范围。《关于禁毒的决定》第 10 条规定，依法从事生产、运输、管理、使用国家管制的麻醉药品、精神药品的人员违反国家规定，向吸食、注射毒品的人提供国家管制的麻醉药品、精神药品的，构成非法提供麻醉药品、精神药品罪。

（3）将毒品犯罪主体从自然人扩大到单位。1987 年《海关法》第 47 条规定，运输、携带、邮寄国家禁止进出口的毒品进出境的，构成走私罪。"企业事业单位、国家机关、社会团体犯走私罪的，由司法机关对其主管人员和直接责任人员依法追究刑事责任；对该单位判处罚金，判处没收走私财物、物品、走私运输工具和违法所得。"这不仅是我国刑法上首次规定单位犯罪，也有利于惩治以单位名义实施的走私毒品犯罪。1988 年《关于惩治走私罪的补充规定》也对单位实施毒品犯罪作出了规定。

1990 年《关于禁毒的决定》规定，非法运输、携带制毒物品进出境罪（第 5 条第 1 款），制造毒品罪（第 5 条第 2 款）和非法提供麻醉药品、精神药品罪（第 10 条第 2 款）的主体既可以是自然人，也可以是单位。

1997 年《刑法》第 30 条明文规定了单位犯罪。具体来说，走私、贩卖、运输、制造毒品罪（第 347 条），走私制毒物品罪（第 350 条），非法买卖制毒物品罪（第 350 条），非法提供麻醉药品、精神药品罪（第 355 条）的主体既可以是自然人，也可以是单位。

3. 注重源头治理。根据 2012 年修订的《治安管理处罚法》第 72 条的规定，对于向他人提供毒品以及自身吸食、注射毒品的，予以行政处罚。1997 年《刑法》规定的"非法种植毒品原植物罪""非法买卖、运输、携带、持有毒品原植物种子、幼苗罪""容留他人吸毒罪"等罪名，均属于从源头治理毒品犯罪。

4. 罪名体系日益严密（新增罪名）。1979 年《刑法》规定的毒品犯罪只有"制造、贩卖、运输毒品罪"一个罪名。1990 年《关于禁毒的决定》规定了下列罪名：走私、贩卖、运输、制造毒品罪（第 2 条），非法持有毒品罪（第 3 条），包庇毒品犯罪分子罪（第 4 条第 1 款），窝藏毒品、毒赃罪（第 4 条第 1 款），掩饰隐瞒毒赃性质、来源罪（第 4 条第 1 款），非法运输、携带制毒物品进出境罪（第 5 条第 1 款），非法种植毒品原植物罪（第 6 条），引诱、教唆、欺骗他人吸毒罪（第 7 条第 1 款），强迫他人吸毒罪（第 7 条第 2 款），容留他人吸毒并出售毒品罪（第 9

条),非法提供麻醉药品、精神药品罪(第10条第2款)。

1997年3月,第八届全国人大第五次会议对1979年《刑法》作出修订,将《关于禁毒的决定》的全部内容吸收到刑法中,又增加了非法买卖、运输、携带、持有毒品原植物种子、幼苗罪,并对窝藏毒品、毒赃罪和掩饰、隐瞒毒赃性质、来源罪进行了调整。2020年12月,第十三届全国人大常委会第二十四次会议通过的《刑法修正案(十一)》第44条增设了妨害兴奋剂管理罪(《刑法》第355条之一)。最终体现为刑法分则第六章第七节"走私、贩卖、运输、制造毒品罪",该节共12个条文,12个罪名,形成了较为系统的毒品犯罪罪名体系。

5. 对毒品犯罪的处罚非常严厉。除了少数国家和地区对大麻等"软性毒品"采取合法化策略外,各国刑法对于毒品犯罪均采取入罪处理。与国外刑法规定相比,我国刑法对毒品犯罪的处罚可谓非常严厉。

(1)刑罚种类覆盖死刑、自由刑和财产刑。1979年《刑法》第171条规定:"制造、贩卖、运输鸦片、海洛因、吗啡或者其他毒品的,处五年以下有期徒刑或者拘役,可以并处罚金,一贯或者大量制造、贩卖、运输前款毒品的,处五年以上有期徒刑,可以并处没收财产。"第161条和第118条规定,对于走私毒品的,基本法定刑是3年以下有期徒刑或者拘役,可以并处没收财产;对于以走私为常业的,走私数额巨大或者走私集团的首要分子,处3年以上10年以下有期徒刑,可以并处罚金。此外,按照海关法律法规的规定,可以没收走私物品,并处以罚款。对于国家工作人员利用职务上的便利走私毒品的,根据《刑法》第119条的规定,从重处罚。

1982年3月,第五届全国人大常委会第二十二次会议通过了《关于严惩严重破坏经济的罪犯的决定》,对1979年《刑法》第171条贩毒罪的法定刑进行了修改,该决定第1条不但将贩卖毒品罪的起刑点从5年有期徒刑提高为10年有期徒刑,而且将法定最高刑修改为死刑。"情节特别严重的,处十年以上有期徒刑、无期徒刑或者死刑,可以并处没收财产。"关于走私毒品犯罪,上述决定第1条规定,走私鸦片等毒品的,处7年以上有期徒刑,并处罚金或者没收财产;情节特别严重的,处无期徒刑或者死刑,并处没收财产;情节较轻的,处7年以下有期徒刑,并处罚金。此外,对于国家工作人员利用职务便利贩卖毒品,情节严重的,或者走私毒品的,从重处罚。

1990年《关于禁毒的决定》首次规定对毒品犯罪的再犯从重处罚,第11条规定:"因走私、贩卖、运输、制造、非法持有毒品被判过刑,又犯本决定之罪的,从重处罚。"此外,对于国家工作人员实施毒品犯罪的,引诱、教唆、欺骗或者强迫未成年人吸食、注射毒品的,从重处罚。

1997年《刑法》基本上接受了1990年《关于禁毒的决定》有关毒品犯罪处罚的规定。走私、贩卖、运输、制造毒品罪的法定最高刑是死刑,非法持有毒品罪的法定最高刑是无期徒刑。

此外,在1997年《刑法》分则第六章第七节有关毒品犯罪的12个罪名中,除第349条规定的"包庇毒品犯罪分子罪"和"窝藏、转移、隐瞒毒品、毒赃罪"外,其余10个罪名均规定了罚金刑或没收财产刑,而且大多数规定为"并处"。

(2)无论涉案毒品数量多少,一概追究刑事责任。为贯彻从严打击毒品犯罪的政策,1997年《刑法》第347条规定:"走私、贩卖、运输、制造毒品,无论数量多少,都应当追究刑事责任,予以刑事处罚。"当然,数量比较少的,不作为犯罪处理。有关司法解释确定了相应的数量标准。

(3) 涉案毒品的数量原则上不折算纯度。1997年《刑法》第357条第2款规定:"毒品的数量以查证属实的走私、贩卖、运输、制造、非法持有毒品的数量计算,不以纯度折算。"[1]

(4) 对于毒品犯罪的再犯,从重处罚。1997年《刑法》第356条规定:"因走私、贩卖、运输、制造、非法持有毒品被判过刑,又犯本节规定之罪的,从重处罚。"2008年12月《全国部分法院审理毒品犯罪案件工作座谈会纪要》(法[2008]324号,简称《大连会议纪要》)规定,对于同时构成累犯和毒品再犯的被告人,应当同时引用关于累犯和毒品再犯的条款,从重处罚。

表0-4 1997年《刑法》规定的毒品犯罪的法定刑

	条文	罪名	法定刑	
			生命刑、自由刑	财产刑
1	第347条	走私、贩卖、运输、制造毒品罪	3年以下有期徒刑、拘役或者管制	并处罚金
			3年以上7年以下有期徒刑	并处罚金
			15年有期徒刑、无期徒刑或者死刑	并处没收财产
2	第348条	非法持有毒品罪	3年以下有期徒刑、拘役或者管制	并处罚金
			3年以上7年以下有期徒刑	并处罚金
			7年以上有期徒刑或者无期徒刑	并处罚金

---

[1] 如后文所述,毒品的纯度在司法实践中是影响定罪和量刑的重要因素。

续表

条文	罪名	法定刑	
		生命刑、自由刑	财产刑
3 第349条	包庇毒品犯罪分子罪	3年以下有期徒刑、拘役或者管制	
		3年以上10年以下有期徒刑	
4 第349条	窝藏、转移、隐瞒毒品、毒赃罪	3年以下有期徒刑、拘役或者管制	
		3年以上10年以下有期徒刑	
5 第350条	非法生产、买卖、运输制毒物品、走私制毒物品罪	3年以下有期徒刑、拘役或者管制	并处罚金
		3年以上7年以下有期徒刑	并处罚金
		7年以上有期徒刑	并处罚金或者没收财产
6 第351条	非法种植毒品原植物罪	5年以下有期徒刑、拘役或者管制	并处罚金
		5年以上有期徒刑	并处罚金或者没收财产
7 第352条	非法买卖、运输、携带、持有毒品原植物种子、幼苗罪	3年以下有期徒刑、拘役或者管制	并处或者单处罚金
8 第353条第1款	引诱、教唆、欺骗他人吸毒罪	3年以下有期徒刑、拘役或者管制	并处罚金
		3年以上7年以下有期徒刑	并处罚金

续表

	条文	罪名	法定刑	
			生命刑、自由刑	财产刑
9	第353条第2款	强迫他人吸毒罪	3年以上10年以下有期徒刑	并处罚金
10	第354条	容留他人吸毒罪	3年以下有期徒刑、拘役或者管制	并处罚金
11	第355条	非法提供麻醉药品、精神药品罪	3年以下有期徒刑或者拘役	并处罚金
			3年以上7年以下有期徒刑	并处罚金
12	第355条之一	妨害兴奋剂管理罪	3年以下有期徒刑或者拘役	并处罚金

(三) 毒品犯罪刑事立法的完善

据统计，迄今为止国际社会缔结的有关禁毒的公约有17个，仍然有效的有3个，分别是《1961年麻醉品单一公约》(第36条和第37条)、[1]《1971年精神药物公约》(第22条)和《1988年联合国禁止非法贩运麻醉药品和精神药物公约》(第3条至第9条)。[2] 其中，《联合国禁止非法贩运麻醉药品和精神药物公约》在前两个公约的基础上，对于有关毒品犯罪的规制和打击进行了规定，其犯罪种类基本上涵盖了各国法律中关于毒品犯罪种类的总和。我国1988年12月签署、全国人大常委会1989年9月批准我国为该公约缔约国。

本书认为，应当参酌国际公约和国外立法，对《联合国禁止

---

〔1〕 该公约于1985年9月21日对中国生效。

〔2〕 我国政府于1988年12月20日签署该公约，于1989年12月23日交存加入书，公约于1990年11月11日对中国生效。

非法贩运麻醉药品和精神药物公约》中有关修改国内法规定的条文予以遵守和执行,进一步完善我国毒品犯罪刑事立法。

1. 摒弃单一刑法典立法模式,采取多元立法模式。综观世界各国禁毒立法,主要有三种模式:第一种模式是集刑事、行政、实体、程序等于一体的综合性禁毒法,如美国、德国等。第二种模式是刑事或行政、组织等专门性禁毒法,例如英国针对刑罚和程序的毒品交易法、针对行政处罚的滥用药物法等。第三种模式是没有就禁毒进行专门立法,禁毒法律规定散见于有关法律中,如法国有关禁毒的法律规定散见于刑事诉讼法、刑法等法律中。[1]

关于毒品犯罪的刑事立法,除了我国采取的刑法典一元模式外,目前域外主要有特别刑法一元模式、刑法典与特别刑法二元模式、刑法典与特别刑法和附属刑法三元模式等立法模式。

(1) 特别刑法一元模式。英国、新加坡、加拿大、印度、埃及、澳大利亚等多数具有普通法传统的国家,没有刑法典或者在刑法典中无毒品犯罪的相关规定,而是颁布禁毒的单行法规。例如,英国现行的禁毒法律是《滥用毒品法》(1971年制定、1979年修订)、《贩毒罪法》(1986年)等。在这些禁毒法律中,毒品被分为A、B、C三类,犯罪行为的处罚依毒品所属类别的不同而有所区别。规定的毒品犯罪主要有:非法种植大麻植物罪,制造毒品罪,非法贩卖、提供毒品罪,非法持有毒品罪,非法为制造或吸食毒品提供场所罪等。再如,新加坡现行的禁毒法律是《滥

---

[1] 参见姚建龙:"反思《中华人民共和国禁毒法》的'有禁无罚'",载《政治与法律》2008年第7期。

用毒品法》（1973 年制定、1985 年修订）。该法将毒品按其危害程度分为三类，并具体规定了各类毒品犯罪，主要包括：滥用毒品罪（提供场所、教唆或者引诱等行为）、运输毒品罪、贩卖毒品罪、制造毒品罪、走私毒品罪、种植毒品罪、提供方便进行毒品犯罪、在境外教唆或引诱他人贩卖或吸食毒品罪等。

（2）刑法典和特别刑法二元模式。日本、韩国、法国等国在刑法典中规定了部分毒品犯罪，同时以特别刑法的方式规定有关毒品犯罪。以日本为例，《日本刑法》第二编第十四章规定了"关于鸦片烟的犯罪"。关于毒品犯罪的特别刑法主要是：其一，《大麻控制法》（1948 年）引入法律推断概念，即非法持有大麻 100 克以上的，法律推断为贩卖毒品；其二，《兴奋剂控制法》（1951 年）规定了精神药品犯罪最高刑期为终身监禁；其三，《鸦片法》（1954 年）增加了财产刑的适用；其四，《麻醉品及精神药品控制法》（1955 年）将麻醉犯罪最高刑期提高到终身监禁；其五，《毒品资金洗钱防治法》（1990 年）规定，各部门发现有来源不明、可疑的现金交易时，有义务呈报政府，并规定了具体的呈报程序；其六，《麻醉药及安眠药等取缔特例法》（1991 年）和《麻醉药及安眠药等取缔的部分修改法》（1991 年）规定了对非法收益的没收由任意没收改为必要没收，将没收范围由有形物扩大到无形财产，且对没收财产的保障、追征及对外国人的没收等问题作了规定；突破了已往刑法典的规定，将为毒品犯罪提供资金的预备犯予以处罚；等等。

（3）刑法典、特别刑法和附属刑法三元模式。

我国在 1997 年之前采取刑法典与附属刑法二元模式，但在 1997 年之后采取了刑法典一元模式。此外，还制定了《禁毒法》

(2007年制定，2008年施行) 等行政法律法规。以《禁毒法》为例，该法分为7章，对禁毒工作方针、领导体制、工作机制、保障机制、法律责任、禁毒宣传教育、毒品管制、戒毒措施和国际合作等作出了明确规定。但是，该法除了第61条就"容留他人吸食、注射毒品或者介绍买卖毒品"作出规定之外，没有设置独立的刑法规范和行政处罚规范。为此，有的学者批判《禁毒法》是"有禁无罚"的软法。[1]可以说，至少就禁毒领域而言，目前我国并没有真正的附属刑法。

从世界范围看，"刑事立法的双轨制已为世界普遍接受，即在刑法内只规定一些已经类型化且社会危害性较为严重的法定犯，而把其他法定犯规定在行政法规特别是经济法规中，并采用具有独立罪名和法定刑的法定犯立法模式"。[2]在行政法律中规定独立的刑事责任条款，能够更好地协调行政责任与刑事责任的关系。[3]行政刑法立法方式的改革，"就是要在行政刑法规范中直接规定罪名与法定刑，变现行的依附性规范为独立性规范"。[4]

就禁毒立法体例而言，可以考虑将禁毒刑法规范从刑法典中独立出来，纳入《禁毒法》，使其融合禁毒刑法规范和禁毒行政法规范。这种立法体例主要有以下优势：其一，使《禁毒法》成

---

[1] 参见姚建龙："反思《中华人民共和国禁毒法》的'有禁无罚'"，载《政治与法律》2008年第7期。

[2] 郭晶：《刑事领域中法定犯问题研究》，黑龙江人民出版社2009年版，第106页。

[3] 参见刘艳红、周佑勇：《行政刑法的一般理论》，北京大学出版社2008年版，第173页。

[4] 张明楷："行政刑法辨析"，载《中国社会科学》1995年第3期。

为独立于刑法之外的特别处罚法,破解长期以来刑法一元模式的困局,形成"二元结构"的制裁体系。正如储槐植教授所言,法定犯时代的到来,要求改变现有的将法定犯和自然犯规定在一部刑法典中的做法,刑法立法模式从单轨制转向双轨制。[1]其二,无需进行单独的行政刑法实体立法,不存在理论瓶颈与司法运作障碍,能够以最低的立法成本顺应"行政刑法时代"的到来。其三,顺应了国际上"人身自由罚司法化"的大趋势,实现行政处罚重罚的司法化。其四,落实涉毒违法行为的法律责任,使《禁毒法》更符合其禁毒专门法的定位。同时,刑法分则条款中大量存在的空白罪状可以得到进一步缩限。[2]

2. 加强毒品犯罪的全过程治理。毒品的生产、运输、买卖和消费等,是一个相互联系的系统,其中任何一个环节的变化,都会对其他环节产生影响。因此,为了全面控制毒品犯罪,应当对毒品生产、运输、买卖和消费的每一个环节都进行有效控制。

《联合国禁止非法贩运麻醉药物和精神药物公约》(1988年)第3条规定,各缔约国应采取必要的措施将明知其用途是非法种植、生产或制造麻醉药品或精神药品而制造、运输或分销设备、材料或公约规定管制的物质以及明知其被用于或将被用于非法种植、生产或制造麻醉药品或精神药品而占有设备、材料或公约规定管制的物质的行为确定为其国内法中的刑事犯罪。上述公约规定的犯罪,大致可以归纳为:制造、提供、贩卖、运输、走私毒

---

〔1〕 参见李运平:"储槐植:要正视法定犯时代的到来",载《检察日报》2007年6月1日,第3版。

〔2〕 参见靳澜涛:"我国禁毒立法体例的反思与重构",载《北京警察学院学报》2017年第5期。

品罪,非法种植毒品原植物罪,非法占有、购买毒品罪,制造、运输、分销制毒物品、设备罪,转换、转让毒赃罪,隐瞒、掩饰毒赃罪,非法获取、占有、使用毒赃罪,非法占有制毒设备、物品罪,鼓动、引诱他人实施毒品犯罪行为罪,鼓动、引诱他人吸毒罪,非法占有、购买毒品供自己消费罪等。

从世界各国毒品犯罪立法看,基本上对毒品犯罪进行全过程治理。例如,在德国,有关毒品犯罪的立法集中体现在《麻醉药品法》,该法"参酌了毒品问题在犯罪学与刑事政策学上的探讨意见,对于贩卖毒品等行为的处罚,依行为人的犯罪动机、毒品数量、获利多寡、是否实际使他人健康受损以及是否属于帮派分子等因素,来区分犯罪类型,并且以之作为法定刑轻重的依据……如此一来,一方面可以充分展现罪责原则的精神;另一方面,可以避免法官在量刑决定上流于主观与恣意,或是不同法官之间形成过大的量刑个人差"。[1] 关于毒品犯罪的罪名设计,各国主要规定了下列罪名:吸毒罪(但首次吸食毒品的,可以免予刑事处罚,只科处罚款),非法持有毒品罪,非法种植、生产、销售毒品罪,非法提供毒品罪,以盗窃、欺骗方式购买毒品罪,广告毒品罪等。[2]

我国1997年《刑法》分则第六章"妨害社会管理秩序罪"规定的毒品犯罪,共12个罪名,涵盖了从源头的非法种植毒品原植物等行为,到制造、走私、贩卖、运输毒品,再到末端的引

---

[1] 王皇玉:《刑罚与社会规训——台湾刑事制裁新旧思维的冲突与转变》,元照出版公司2009年版,第199~200页。

[2] 参见曲玉珠:"德国禁毒立法与戒毒方法概述",载《德国研究》1998年第3期;陈伟:"对我国毒品犯罪刑罚适用问题的反思",载《理论探索》2017年第2期。

诱、教唆、欺骗他人吸毒,强迫他人吸毒、容留他人吸毒等犯罪行为,构建了较为严密的毒品犯罪体系。但是,并未完全涵盖上述犯罪行为。例如,关于通过非货币形式交易毒品行为的性质,对于通过非货币物质利益进行交换的,如通过劳务等交换毒品的,一般认定为贩卖毒品罪;但对于非物质利益例如用毒品来充抵嫖资等,则往往不认定为贩卖毒品罪。通常是根据提供毒品的数量来判断,如果毒品数量较大,达到最低数量标准的,以非法持有毒品罪论处;未达到数量标准的,只能进行治安处罚。

(1) 毒品犯罪的"源头治理"。从源头治理毒品犯罪,主要体现在刑法规定了非法买卖、运输、携带、持有毒品原植物种子、幼苗罪,非法种植毒品原植物罪,走私制毒物品罪,非法买卖制毒物品罪等。例如,《刑法》第350条第1款规定了走私制毒物品罪和非法买卖制毒物品罪,第2款还规定"明知他人制造毒品而为其提供制毒物品的,以制造毒品罪的共犯论处"。但是,最初刑法没有规定走私、运输、制造、非法买卖制毒设备、材料的犯罪,也没有规定非法制造、运输制毒物品的犯罪。

为此,最高法2008年12月印发的《大连会议纪要》规定:"购进制造毒品的设备和原材料,开始着手制造毒品,但尚未制造出粗制毒品或者半成品的,以制造毒品罪的未遂论处。""两高"、公安部2009年6月发布的《关于办理制毒物品犯罪案件适用法律若干问题的意见》(公通字[2009]33号)规定:"为了制造毒品或者走私、非法买卖制毒物品犯罪而采用生产、加工、提炼等方法非法制造易制毒化学品的,根据《刑法》第二十二条的规定,按照其制造易制毒化学品的不同目的,分别以制造毒品、走私制毒物品、非法买卖制毒物品的预备行为论处。""明知他人实施走私或者非法买卖制毒物品犯罪,而为其运输、储存、代理进出口或者以其他方式提供便利的,以走私或者非法买卖制毒物品罪的共犯论处。"2015年8月通过的《刑法修正案(九)》增设了非法制造、运输制毒物品罪。

(2)毒品犯罪的"末端治理"。为有效打击毒品犯罪,不仅要重视对毒品犯罪的"源头治理",还应当重视"末端治理"。例如,1997年《刑法》规定了引诱、教唆、欺骗他人吸毒,强迫他人吸毒、容留他人吸毒、包庇毒品犯罪分子罪,窝藏、转移、隐瞒毒品、毒赃罪等。再如,2001年12月通过的《刑法修正案(三)》将毒品犯罪规定为洗钱罪的上游犯罪之一。

为切断毒品犯罪的利益根源,要考虑将其他与毒品有关的行为规定为犯罪。"所有的市场(无论是合法市场还是非法市场)的动力都来自于利益,毒品犯罪的最终驱动力,当然也是毒品本身带来的巨额非法利益,而这些利益来自于毒品的消费者。"[1]《联合国禁止非法贩运麻醉药物和精神药物公约》第3条规定,各缔约国应采取可能必要的措施将非法使用麻醉药品或精神药品的行为确定为其国内法中的刑事犯罪。

目前,法国、日本、韩国、英国等将无偿提供毒品和吸毒行为作为犯罪论处,例如,《法国刑法》第222-37条规定:"非法运输、持有、提供、转让、取得或者使用毒品的,处10年监禁,并处7 500 000欧元罚金。"第222-39条规定:"向他人非法转让或提供毒品,供其个人消费的,处5年监禁,并处75 000欧元

---

〔1〕 莫洪宪:"毒品犯罪的挑战与刑法的回应",载《政治与法律》2012年第10期。

罚金。"此处的"转让"不要求存在金钱交易，无偿转让毒品供个人使用的，也可以构成本罪。再如，日本《大麻控制法》第24条之二第1款规定："擅自持有、转让或者受让大麻的，处5年以下惩役。"第2款规定："以营利目的犯前款之罪的，处7年以下惩役，或者根据情形处7年以下惩役和200万元以下罚金。"其中，"转让"是指将对毒品的法律上的或者事实上的处分权限授予对方，并且，将毒品的持有转移给对方。"受让"是指从相对方接受对毒品的法律上或者事实上的处分权限，并且接受毒品的持有的转移。

在我国香港地区、澳门地区，也将无偿提供毒品行为和单纯的吸毒行为规定为犯罪。例如，香港地区《危险药物条例》第8条规定了吸毒罪；澳门地区第17/2009号法律《禁止不法生产、贩卖和吸食麻醉药品及精神药品》第14条规定了吸毒罪。但是，我国1997年《刑法》未将无偿提供毒品和吸毒纳入犯罪的范畴。

3. 适当延长毒品犯罪的追诉时效。追诉时效期限是法律规定的对犯罪人追究刑事责任的期限。由于毒品犯罪的性质较为严重，多数国家都规定了较重的法定刑，因而无论采取何种标准，毒品犯罪的追诉时效都相对较长。但是，考虑到现在有些毒品犯罪采用跨国化、集团化的犯罪方式，犯罪的策划、指挥、实行及犯后藏匿都有周密安排且跨越较大的空间范围，案件侦破耗时长，侦查犯罪、抓获罪犯有较大的困难和障碍。如果不对毒品犯罪的追诉时效予以特别规定，容易放纵毒品犯罪人。[1]《联合国

---

〔1〕 参见张旭、刘芳："国际禁毒立法研究"，载《法制与社会发展》2000年第2期。

禁止非法贩运麻醉药品和精神药物公约》（1988年）第1条第1款规定了生产、制造、提炼、配制、提供、兜售、分销、出售麻醉品或精神药物等犯罪行为。第3条第8款规定"各缔约国应酌情在其国内法中对于按本条第1款确定的任何犯罪，规定一个长的追诉时效期限，当被指称的罪犯已逃避司法处置时，期限应更长"。

三、毒品犯罪的司法实践及存在的问题

（一）有关毒品犯罪的法律文件及其特点

根据《最高人民法院关于司法解释工作的规定》《最高人民检察院司法解释工作规定》的规定，法院在审判工作中具体应用法律的问题，由最高法作出司法解释；对检察工作中具体应用法律的问题，由最高检进行解释。根据2007年最高法发布的《关于司法解释工作的规定》（法发〔2007〕12号）第6条的规定，司法解释的形式分为"解释""规定""批复"和"决定"四种。

1. 有关毒品犯罪的司法解释。2005年4月，最高检公诉厅出台了《毒品犯罪案件公诉证据标准指导意见（试行）》；2005年，云南省高院、省检察院、省公安厅出台了《关于毒品案件证据使用若干问题的意见（试行）》；2007年12月，"两高"、公安部联合发布《办理毒品犯罪案件适用法律若干问题的意见》（公通字〔2007〕84号）；2008年12月，最高法发布《全国部分法院审理毒品犯罪案件工作座谈会纪要》（法〔2008〕324号，以下简称《大连会议纪要》）；等等。但是，根据前述规范性法律文件的规定，制定司法解释需要经过比较严格的程序，要经过立项、起草、报送、讨论、发布、施行与备案等环节。

2. 有关毒品犯罪的其他法律文件。主要是三个"座谈会纪要",分别是:其一,最高法 2000 年 4 月《全国法院审理毒品犯罪案件工作座谈会纪要》(法〔2000〕42 号)(以下简称《南宁会议纪要》,2008 年废止);[1]其二,《大连会议纪要》;其三,最高法 2015 年 5 月《全国法院毒品犯罪审判工作座谈会纪要》(法〔2015〕129 号)(以下简称《武汉会议纪要》)。

根据前述规范性法律文件的规定,"两高"制定的司法解释,应当以"两高"公报的形式颁布,而且最高法的司法解释只能采取"解释""规定""批复""决定"等形式,最高检的司法解释只能使用"解释""规定""批复""意见""规则"等名称。但这并不意味着,以"两高"各厅室的名义发布的规范性文件,以省级法院、检察院的名义制定的规范性文件,或者"两高"就某问题发布的座谈会纪要等规范性文件,不具有法律效力。从司法实践看,对办理案件的法官、检察官而言,这些规范性文件基本上同法律、司法解释具有同等效力,甚至在对法律、司法解释的规定存在不同的理解时,这些规范性文件被很多法官、检察官优先适用。

(二)从严惩处毒品犯罪的政策

刑事政策是指国家和社会根据犯罪态势对犯罪行为和犯罪人运用刑罚和其他处罚措施,期望以此有效地实现预防和惩罚犯罪

---

〔1〕 根据《最高人民法院关于废止 1997 年 7 月 1 日至 2011 年 12 月 31 日期间发布的部分司法解释和司法解释性质文件(第十批)的决定》,《南宁会议纪要》已经废止。

目的的方略。[1]"刑事政策给予我们评价现行法律的标准,它向我们阐明应当适用的法律,它也教导我们从它的目的出发来理解现行法律,并按照它的目的具体适用法律。"[2]尽管实践已经表明,严刑峻法对于毒品犯罪的遏制作用是有限的,但面对如此严峻的毒品犯罪发展态势,无论是国家决策层还是最高司法机关,都很难放弃对毒品犯罪的严打高压政策。

我国禁毒工作强调"打源头"与"打市场"并重,前述最高法出台的3个毒品犯罪会议纪要均强调,要依法从严惩处毒品犯罪。例如,《大连会议纪要》提出要"严厉打击'严重'毒品犯罪",《武汉会议纪要》则主张"从严惩处毒品犯罪",2017年发布的《中国禁毒报告》明确宣称要"始终保持对毒品犯罪的严打高压态势",2018年发布的《中国毒品形势报告》提出要"着力构建全覆盖毒品预防教育、全环节管理服务吸毒人员、全链条打击毒品犯罪、全要素监管制毒物品、全方位监测毒情态势、全球化禁毒国际合作的'六全'中国特色毒品治理体系",等等。

对毒品犯罪采取从严惩处的政策,主要体现在下列几个方面:

1. 注重对源头毒品犯罪的惩处。源头毒品犯罪主要是指走私毒品、制造毒品、大宗贩卖毒品以及走私、非法生产、买卖制毒物品等犯罪。此类犯罪的主要特点是分别导致毒品从无到有、从少到多、从境外走私到境内、从毒源地扩散到消费地,具有相对

---

[1] 参见储槐植:"刑事政策的概念、结构和功能",载《法学研究》1993年第3期。

[2] [德]弗兰茨·冯·李斯特:《德国刑法教科书》,徐久生译,法律出版社2000年版,第2页。

更大的社会危害性。因而，对这些犯罪要依法严惩，对其中罪行严重、社会危害大的犯罪分子，要依法判处重刑乃至死刑。为从源头上遏制毒品犯罪，最高法2016年4月发布的《关于审理毒品犯罪案件适用法律若干问题的解释》（法释〔2016〕8号），根据《刑法修正案（九）》对制毒物品犯罪的修订，下调了全部33种列管制毒物品的定罪量刑数量标准，并按照"数量+其他情节"的原则，对该罪各量刑档次的适用标准作出新规定，整体加大了对制毒物品犯罪的惩处力度。[1]

2. 依法严惩严重毒品犯罪分子。关于毒品犯罪，最高法先后印发了前述三个会议纪要。其中，《武汉会议纪要》规定，对于累犯、毒品再犯，即使本次毒品犯罪情节较轻，也要体现从严惩处的精神，尤其对于曾因实施严重暴力犯罪被判刑的累犯、刑满释放后短期内又实施毒品犯罪的再犯，以及在缓刑、假释、暂予监外执行期间又实施毒品犯罪的再犯，应当严格从重处罚。

根据最高法2016年4月发布的《关于审理毒品犯罪案件适用法律若干问题的解释》（法释〔2016〕8号）的规定，对于向多人贩卖毒品或者多次走私、贩卖、运输、制造毒品的，利用、教唆未成年人非法持有毒品或者向在校学生贩卖毒品的，以及国家工作人员走私、贩卖、运输、制造、非法持有毒品的，应认定为相关犯罪"情节严重"，法定刑升格。前述司法解释还细化了28种毒品定罪量刑的数量标准，厘定了先前没有明细规定的一些情节，并新增了甲卡西酮、曲马多、安钠咖等12种新型毒品定

---

〔1〕参见胡云腾、方文军："论毒品犯罪的惩治对策与措施"，载《中国青年社会科学》2018年第5期。

罪量刑的数量标准；针对当下实践中高发且未能有效控制的氯胺酮和美沙酮等毒品类型，下调了此类毒品在刑罚适用中的数量标准。

有关统计数据显示，2017年全国法院一审审结毒品犯罪案件11.32万件，同比下降3.74%，毒品犯罪案件数量在2015年达到最高值后，近两年有所回落，但仍处于高位。在2017年，全国法院判处5年以上有期徒刑、无期徒刑至死刑的毒品犯罪分子21 733人，重刑率为21.93%，高出同期全部刑事案件重刑率7.89个百分点。[1]

3. 对毒品犯罪分子规范和限制适用缓刑、减刑、假释等。由于我国近代史上曾饱受毒品危害，加之长期以来意识形态化的渲染，对于毒品及其危害普遍存在"妖魔化"的认识，从而想当然地将毒品犯罪纳入最严重罪行的范畴，并为毒品犯罪配置并大量适用死刑。[2]在毒品犯罪案件中，累犯、毒品再犯的比例较高，部分再犯系在缓刑、假释考验期或者暂予监外执行期间再次实施毒品犯罪。为确保刑罚的执行效果，法院严格规范和限制对毒品犯罪的缓刑适用，对于毒品再犯一般不适用缓刑，对于不能排除多次贩毒嫌疑的零包贩毒被告人、因认定构成贩卖毒品等犯罪的证据不足而认定为非法持有毒品罪的被告人，以及实施引诱、教唆、欺骗、强迫他人吸毒犯罪或者制毒物品犯罪的被告人，亦严格限制缓刑适用。同时，法院坚持从严把握毒品罪犯的减刑条

---

[1] 2018年6月26日，最高人民法院举行"6.26"国际禁毒日人民法院禁毒工作新闻通气会，最高人民法院刑五庭副庭长马岩介绍了人民法院2017年开展禁毒工作的相关情况。

[2] 参见何荣功：《毒品犯罪的刑事政策与死刑适用研究》，中国人民公安大学出版社2012年版，第106页。

件,并对严重毒品罪犯的假释作出严格限制,对于具有毒枭、职业毒犯、累犯、毒品再犯等情节的毒品罪犯,一律从严掌握减刑条件,适当延长减刑起始时间、间隔时间,严格控制减刑幅度,延长其实际执行刑期;对于刑法未禁止假释的前述毒品罪犯,严格掌握假释条件。[1]

(三) 毒品犯罪司法实践中存在的异常现象

"毒品本身是一种消费品和依赖性物质,其拥有庞大的吸食人群,并在一定范围内形成了毒品的亚文化。对于毒品的控制,只能从其产生、传播、吸食的过程入手,遵循堵源截流的基本方针,控制供给和需求。"[2]但是,当前司法实践中,毒品犯罪存在诸多异常现象。有学者指出:"这些现象包括:侦破毒品犯罪中存在的'特情引诱'问题、认定毒品犯罪中以'推定明知'代替'明知'的认定问题、将毒品犯罪的未完成形态认定为完成形态、随意估计毒品数量、死刑过多,出现认定范围'宽'而处刑'严'的问题。"[3]

以贩卖毒品罪为例,[4]主要存在下列问题:其一,由于对毒品的概念界定不清,导致毒品犯罪的调整范围不够清晰。其二,贩毒行为范围的扩大化,将"以销售为目的的购买毒品"认定为贩卖毒品罪,对贩卖毒品行为的有偿性的认定泛化。其三,贩卖毒

---

[1] 参见胡云腾、方文军:"论毒品犯罪的惩治对策与措施",载《中国青年社会科学》2018年第5期。

[2] 高巍:《中国禁毒三十年——以刑事规制为主线》,上海社会科学院出版社2017年版,第64页。

[3] 李邦友:"惩处毒品犯罪的'宽'与'严'",载《华中科技大学学报(社会科学版)》2006年第6期。

[4] 我国《刑法》第347条规定的"走私、贩卖、运输、制造毒品罪"是选择性罪名,本书仅研究其中的贩卖毒品罪。

品罪主观方面的认定不严格,对"明知"的理解和认定标准不一。其四,对"以贩养吸"型贩卖毒品犯罪没有进行深入研究。其五,贩卖毒品罪既遂标准的提前化,认为只要行为人基于贩卖毒品的意思购买毒品,就属于贩卖毒品罪的实行行为;只要贩毒人员与他人进行联系,准备毒品交易,就构成贩卖毒品罪的既遂。其六,贩卖毒品罪的正犯与共犯的界定不清楚,关于居间介绍买卖毒品行为和代购毒品行为的性质,特别是在居间介绍者或者代购者从中"牟利""获利"或者变相加价的场合,贩卖毒品罪的正犯与共犯界定不清。其七,贩毒数量计算方法的随意化,将从涉毒人员的住所、车辆等查获的毒品,部分毒品去向不明时的毒品均认定为贩卖毒品罪的毒品数量;在贩卖多种毒品特别是毒品的纯度存在差异时,不考虑毒品的纯度问题。其八,毒品犯罪案件侦查手段的非法治化,大量使用"诱惑侦查"手段,不仅未考虑适用非法证据排除规则,而且往往一概认定为贩卖毒品罪的既遂。其九,刑罚适用的重刑化。毒品犯罪案件判处 5 年有期徒刑以上刑罚的重刑率远远高于同期全部刑事案件重刑率,同时,未能将刑罚适用与毒品犯罪的预防、惩治进行有效的结合,适用重刑的效果并不理想。

为此,应当注意发挥刑法解释学(教义学)在贩卖毒品罪刑法适用中的作用。既要以刑事政策作为刑法教义学的引导,更要注重通过刑法教义学对刑事政策的边界加以控制,将宏大抽象的价值判断与细致入微的法律解释结合起来。"我们运用精致的概念精心构建了教义学,而教义学中这种体系化的精工细作是否会导致在深奥的学理研究与实际收益之间产生脱节。若只是涉及顺序、均衡和对材料的掌握,对于什么是'正确的'体系的讨论,也许只有很少的实益。"[1]刑法适用不仅涉及法条语言文字的理解，也需要将价值判断与法律解释结合起来，以刑事政策所代表的价值取向来填充法律解释过程中的价值判断内容。[2]

---

〔1〕 [德]克劳斯·罗克辛："刑事政策与刑法体系"，蔡桂生译，载陈兴良主编：《刑事法评论》（第26卷），北京大学出版社2010年版，第247页。
〔2〕 参见劳东燕："刑事政策与刑法解释中的价值判断——兼论解释论上的'以刑制罪'现象"，载《政法论坛》2012年第4期。

第一章　毒品的概念界定与毒品的范围

毒品犯罪的对象是毒品。由于毒品存在严重的危害性，包括我国在内的世界各国和国际社会严厉打击本国和跨国的毒品犯罪。但是，吸毒人员增长迅速。根据《中国禁毒报告》的统计，全国新发现登记吸毒人数从 2000 年的 8.5 万名到 2015 年的 53.1 万名，15 年间增长了 5 倍。截至 2018 年年底，我国现有吸毒人数 240.4 万名。另一方面，随着社会的发展，出现各种新情况、新问题。例如，最高法 2016 年 4 月发布的《关于审理毒品犯罪案件适用法律若干问题的解释》（法释〔2016〕8 号）对 34 种（类）毒品的定罪量刑标准进行了明确，其余的毒品只能模糊地归入兜底性规定，即第 35 类"上述毒品以外的其他毒品"。对于新出现的具有成瘾性的麻醉品，是否将其列入毒品的范围予以取缔？

毒品的种类多，范围广，分类方法不尽相同。[1]第一代毒品是通过罂粟提取的鸦片，俗称"大烟"，可以继续合成吗啡（强效镇痛药），然后通过吗啡合成海洛因。这些毒品属于植物类、

---

[1] 从毒品的来源看，可以分为天然毒品和半合成毒品，前者如鸦片、海洛因等，后者如冰毒、麻果。从自然属性看，可以分为麻醉药品和精神药品。从时间顺序看，可以分为传统类毒品、合成类毒品和新型类毒品。关于第一代毒品、第二代毒品和第三代毒品的区分，只是一种通俗的说法。

抑制类毒品,服用之后使人昏昏欲睡。第二代毒品以冰毒、麻果为主,属于合成类毒品。它脱离了第一代毒品受到天气、土壤、气候的影响,纯合成,且不容易被发现,在实验室内即可完成。其中,冰毒是甲基苯丙胺的晶状体,麻果是甲基苯丙胺的片剂状。这些毒品的特点就是服用之后非常亢奋。第三代毒品,例如神仙水(γ-羟基丁酸,中枢神经麻醉剂)、甲卡西酮等,即新精神活性物质(NPS)。新精神活性物质是指没有被《1961年麻醉品单一公约》和《1971年精神药品公约》列管,但具有滥用潜力,可以引起公共健康风险的精神活性物质。由于其化学结构可以人为设计与合成,因此称为"策划药";由于绝大部分新精神活性物质都是在实验室研究与合成得到的,因此称为"实验室化合物"。根据化学结构,可以分为九大类:合成大麻素类;合成卡西酮类;苯乙胺类;色胺类;氨基茚满类;哌嗪类;氯胺酮及苯环利啶类;植物类;其他类。相比传统毒品和合成毒品,这些物质一方面具有类似列管毒品的麻醉、兴奋或致幻作用,另一方面能逃避法律的管制。新精神活性物质往往具有更强的精神活性和成瘾性,严重损害滥用者的身体健康,严重危害公共安全。在2014年确定的新型精神活性物质种类总数中,类阿片新型精神活性物质仅占2%,但到2018年,这一数字已上升至9%。类阿片新型精神活性物质中有许多是芬太尼的类似物,其药效和危害已得到证明,如在北美导致了过量死亡事件。

由于目前我国《禁毒法》第2条第1款和《刑法》第357条第1款仅仅是列举了"鸦片、海洛因、甲基苯丙胺(冰毒)、吗啡、大麻、可卡因"等六种较为常见的毒品,既没有严格意义上的毒品目录,也没有建立毒品分级制度,对吸毒行为的管制乃至毒品犯罪的认定、量刑难以根据不同种类设置不同的刑事或行政处罚方法。例如，如何认识和理解部分国家对吸食大麻等毒品的合法化？等等。本书尝试围绕毒品的概念界定、毒品的分级和毒品犯罪的范围等问题展开研究，求教于各位同仁。

一、我国毒品犯罪立法关于毒品概念的规定

中华人民共和国成立之初，政务院于1950年2月颁布了《关于严禁鸦片烟毒的通令》（以下简称《通令》），《通令》使用"鸦片烟毒及其他毒品"表述，但并未对毒品下定义。

（一）我国刑法中毒品概念的演变

1. 1979年《刑法》中的毒品概念。1979年《刑法》第171条规定："制造、贩卖、运输鸦片、海洛因、吗啡或者其他毒品的，处五年以下有期徒刑或者拘役，可以并处罚金。一贯或者大量制造、贩卖、运输前款毒品的，处五年以上有期徒刑，可以并处没收财产。"相比前述《通令》而言，1979年《刑法》增加了海洛因和吗啡两种毒品。但是，1979年《刑法》仅仅是通过列举的方式规定鸦片、海洛因和吗啡属于毒品，然后规定兜底性条款"其他毒品"，并未对毒品犯罪的范围进行明确界定。

2. 1990年《关于禁毒的决定》中的毒品概念。进入20世纪80年代以来，随着我国禁毒形势的日益严峻，为适应打击毒品犯罪的需要，参照1988年《联合国禁止非法贩运麻醉药品和精神药物公约》，在1990年3月，第七届全国人大常委会第十七次会议通过《关于禁毒的决定》，将毒品概念归纳为"国务院规定管制的其他能够使人形成瘾癖的麻醉药品和精神药品"，并增加了大麻和可卡因。

根据这一界定，毒品具有自然属性和法律属性。其一，毒品的自然属性是指毒品所具有的物理、化学性质及其对人体所能产生的作用，具体表现为对人体的毒害性和使人对其产生依赖性。依赖性，又称成瘾性，是毒品的本质特征，是区分毒品与其他药物的重要标志。依赖性主要包括生理依赖性和心理依赖性。其二，毒品的法律属性强调毒品是国家法律管制的物品。《关于禁毒的决定》明文规定，毒品是"国务院规定管制"和"能够使人形成瘾癖"的"麻醉药品和精神药品"。

3. 1997年《刑法》中的毒品概念。20世纪80年代后期，甲基苯丙胺（冰毒）在我国开始蔓延。为适应禁毒新形势，1997年《刑法》第357条规定："毒品，是指鸦片、海洛因、甲基苯丙胺（冰毒）、吗啡、大麻、可卡因以及国家规定管制的其他能够使人形成瘾癖的麻醉药品和精神药品。"

4. 2008年《禁毒法》中的毒品概念。2008年6月施行的《禁毒法》第2条第1款将毒品定义为"鸦片、海洛因、甲基苯丙胺（冰毒）、吗啡、大麻、可卡因，以及国家规定管制的其他能够使人形成瘾癖的麻醉药品和精神药品"。同时，该条第2款将依据医疗、教学、科研需要而依法生产、经营、使用、储存、运输的麻醉药品和精神药品排除在毒品范围之外。

（二）对上述立法例的评析

我国禁毒立法对于毒品概念的界定，具有以下几个特点：其一，对于毒品的界定，采取了"国家规定管制""能够使人形成瘾癖"与"麻醉药品和精神药品"三个定义要素。其中，"国家规定管制"体现了毒品的法律属性，"能够使人形成瘾癖"体现了毒品的自然属性。其二，从1990年全国人大常委会《关于禁毒的决定》到 2007 年颁布的《禁毒法》，都是采用"列举 + 概括"的定义方式，先列举几种典型的毒品种类，然后加上"国家规定管制的其他……"这一兜底性规定。其三，将毒品分为"麻醉药品和精神药物"。毒品本身具有自然属性和法律属性双重属性，将毒品分为"麻醉药品和精神药物"，显然主要是从自然属性进行的划分。其四，有关毒品的法律法规采取了授权立法模式，通过"国家规定管制的……麻醉药品和精神药品"这一条款，将毒品种类的立法权授予国务院等行政机关。对此，高巍教授认为，《关于禁毒的决定》中所规定的"国务院规定的管制"，包括国务院和国务院所属部门的规定。[1]

但是，这种立法模式可能存在外延界定不周、划分标准单一、刑事责任模糊、行政处遇僵化等现实困境。[2]例如，"将毒品界定为精神药物和麻醉药物的主要依据在于毒品的自然属性，而未能纳入法律属性的考量，导致我国对于不同成瘾性、危害性的毒品在法律性质的界定上并无差异。就行政处遇而言，对应的戒毒周期和具体戒毒措施也没有明确的差别化处遇。就刑事责任而言，难以依据具体的罪量标准划分不同涉毒行为的犯罪性质和刑事责任，只能以司法裁量作出隐含的分级对待"。[3]

---

[1] 参见高巍：《中国禁毒三十年——以刑事规制为主线》，法律出版社 2011 年版，第 70 页。

[2] 参见靳澜涛："毒品概念界定的立法模式比较与选择"，载《甘肃理论学刊》2017 年第 3 期。

[3] 靳澜涛："我国禁毒立法体例的反思与重构"，载《北京警察学院学报》2017 年第 5 期。

二、关于毒品概念的立法例和理论观点

（一）国际公约、条约关于毒品的界定

从国际社会对毒品的界定看，大多采取列举概括式。一般分为世界各国所达成的国际禁毒公约和各个国家的特殊立法对毒品的评判。以国际禁毒公约为例，截至目前有10多个，"至今仍然有效和执行的主要是1971年2月以来联合国通过的3个国际禁毒公约。此外，还有一些一般性的国际条约也包含有禁毒条款"。[1]我国已经先后加入了这3个国际禁毒公约，但声明保留的条款除外。

根据有关禁毒公约的规定，"麻醉药品"是指《1961年麻醉品单一公约》及《修正1961年麻醉品单一公约的1972年议定书》附表一或附表二所列的任何天然或合成物质。"精神药物"是指《1971年精神药物公约》附表一、二、三和四所列的任何天然或合成物质或任何天然材料。

（二）各国、地区立法关于毒品的界定

就各国关于毒品的立法而言，对毒品表述既有概括式规定，也有列举式规定，还有概括列举式规定，其中以列举概括式居多。[2]

1. 对毒品采用列举式规定。例如，联合国《1961年麻醉品单一公约》第1条规定："称'麻醉品'者，谓附表一、二内的

---

［1］ 参见林欣主编：《国际刑法问题研究》，中国人民大学出版社2000年版，第83页。

［2］ 以下内容，具体参见武清华、张小华："我国毒品定义之重构"，载《云南警官学院学报》2012年第6期。

任何物质,不论其为天然产品或合成品。"美国《管制物质法》第 802 条(6)规定:"'管制物质'(controlled substance)是指列举在本法案 B 部分之下的附表 I、II、III、IV 或 V 中的任意一种药物、其他物质或直接先驱体(immediate precursor)。这一术语不包括蒸馏酒、酒、麦芽饮料或者烟草以及其他按照 1986 年《国内税收法案》的'标题 E'(Subtitle E of the Internal Revenue Code of 1986)当中进行定义和使用的物质。"[1]英国 1971 年《滥用毒品法》第 2 条第 1 款 a 规定:"管制毒品(controlled drug)是指业已为被本法附表 2 第 I、II、III 部分列举的任何物质或制品。"[2]并将毒品分为甲、乙、丙三级。其中,甲级毒品包括可卡因、海洛因、鸦片等,乙级毒品包括安非他明、大麻、可待因等,丙级毒品包括苯非他明、匹吗啉等。我国香港地区采用"危险药品"这一概念,《危险药物条例》第 134 章第 2 条规定:"危险药物"(dangerous drug)是指任何在该条例附表 1 第 I 部分中所指明的药物或物质(包括酯、醚、盐、制剂、混合剂、提取物及其他物质)。

  列举式定义停留于形式上的定义,缺乏对毒品定义要素的规定,使其难以揭示毒品本质的自然属性,"无法与其他药品或嗜好品相区别"。[3]公民对于附件中"列举物质非法性"仅具有较粗浅的认识,无法明确国家对毒品否定评价的正当性,也难以保障违法性预测可能。由于在毒品定义要素中缺乏客观性要素,使得毒品列管缺乏统一、科学的标准。只能通过在目录中逐一添附

---

[1] Controlled Substance Act, 802 (6).
[2] Misuse of Drugs Act, Controlled drugs and their classification, 2 (1) (a).
[3] 蒋和平:《毒品问题研究》,四川大学出版社 2005 年版,第 61 页。

的方式扩大管制范围，缺乏相对的弹性或前瞻性。在实践中，对毒品的列管速度滞后于毒品种类的扩张速度，特别是难以涵盖刻意规避管制的新型"策划毒品"。[1]

有鉴于此，采取列举式定义方法的国家也对毒品进行抽象归纳。例如，新西兰1975年制定的《毒品滥用法》将毒品定义为"任何改变人的正常行为方式的物质、用于制作毒品的物质和含有有毒物质的混合物，并具有吸食成瘾性。"[2]

2. 对毒品进行明确列举，并进一步扩大毒品的范围。主要有两种立法模式。

第一种立法模式是，对毒品进行明确列举，并定期更新所列举的目录。

第二种立法模式是，对毒品进行明确列举，同时以扩大解释的方式对毒品概念的外延进行扩张。前已述及，美国《管制物质法》第802条（6）对"管制物质"（controlled substance）的概念和范围作出了规定。为适应打击毒品犯罪的需要，1988年颁布的《类似物质管理条例》规定，假如某一新药物（兴奋剂、镇静剂、幻觉剂）的化学结构是相似于现行美国受管制的某一种毒品化学结构式，或者该药物毒理作用（兴奋、镇定、幻觉）对于人的中枢神经的效果类似于或是大于受到管制的某一种毒品的毒理效果，则美国联邦缉毒局可以引用该条例之规定对行为人进行刑事追诉。

3. 对毒品进行概括列举式规定。采取概括式立法的国家（地

---

[1] 参见靳澜涛："论毒品定义要素的立法选择"，载《江南大学学报（人文社会科学版）》2017年第6期。

[2] 刘建宏主编：《外国禁毒法律概览》，人民出版社2015年版，第41页。

区）较为重视毒品定义要素的价值，重视惩罚毒品正当性依据的说明。许多国家（地区）在禁毒立法中将"成瘾性"作为毒品定义要素之一，且大多建立于医学标准之上。例如，我国2005年出台的《麻醉药品和精神药品管理条例》第3条将"麻醉药品与精神药品目录"的制定、调整和公布再授权给药监部门、公安部门和卫生部门。由于在具体要素的选择上缺乏明确解释，过度依赖医学标准，导致法律定义在解释论上缺乏规范性。既然毒品是一个法律意义上的"规范概念"，决定了立法定义中的成瘾性要素远高于医学认定标准。这导致单纯从成瘾性角度很难区分毒品、烟草与酒精，难以合理揭示毒品管制的正当性。因此，虽然概括式立法模式对于毒品定义要素作出了说明，但过于重视毒品的自然属性，使其难以符合法律定义要素的规范性要求。[1]

（三）我国刑法理论关于毒品概念的主要观点

关于毒品概念的界定，刑法学界主要有三种定义方式：[2]

1. 列举式定义方法。这种方法仅仅逐一列举毒品的具体种类，不对毒品的本质特征做概括式的说明。例如，《刑事法学大辞书》将毒品定义为"长期吸食、注射后能使人逐渐成瘾的制品，如鸦片、海洛因、吗啡、高根、金丹等"。[3]这种定义比较具体、明确，但不能反映出毒品的全部种类，也没有指出毒品的实质特征，更无法与其他药品或嗜好品相区别。

---

〔1〕参见靳澜涛："论毒品定义要素的立法选择"，载《江南大学学报（人文社会科学版）》2017年第6期。

〔2〕以下内容，具体参见许桂敏："扩张的行为与压缩的解读：毒品犯罪概念辨析"，载《河南省政法管理干部学院学报》2008年第5期。

〔3〕杨春洗等主编：《刑事法学大辞书》，南京大学出版社1990年版，第664页。

2. 概括式定义方法。这种方法不具体列举毒品的名称，而是直接指明毒品的本质特征。例如，有的观点认为，毒品是"吸食后能使人成瘾上瘾并有害其身体的麻醉物品"。[1]有的观点认为，毒品是指根据国际公约规定的受控制的麻醉品和精神药品。[2]这种定义将毒品概括为麻醉药品或精神药品，有些定义也概括了毒品的特征，但该种法律特征不明确，甚至将毒品与有毒药品混为一谈，使毒品范围有扩大化之嫌。

3. 列举加概括式定义方法。这种方法既明文列举毒品的具体种类，也概括毒品的本质特征，便于实践中认定和操作。例如，《刑法》（1997 年）第 357 条规定："本法所称的毒品，是指鸦片、海洛因、甲基苯丙胺（冰毒）、吗啡、大麻、可卡因以及国家规定管制的其他能够使人形成瘾癖的麻醉药品和精神药品。"《禁毒法》（2008 年）第 2 条的规定与此完全相同。但是，根据其定义，鸦片、海洛因、冰毒、吗啡、大麻、可卡因是毒品，国家规定管制的其他能使人成瘾癖的麻醉药品和精神药品也是毒品，国际公约规定的受控制的麻醉药品和精神药品也是毒品。前者是一国法律的规定，后者是国际社会的统一标准，虽然概念明确，但是因其附着的内容过多，范围广泛而不易了解。

---

[1] 马克昌等主编：《刑法学全书》，上海科学技术文献出版社 1993 年版，第 729 页。

[2] 参见崔敏主编：《毒品犯罪发展趋势与遏制对策》，警官教育出版社 1999 年版，第 34 页。

三、毒品的特点、毒品犯罪的保护法益与毒品概念的界定

前述对毒品概念的界定,与毒品的特点以及各国乃至国际社会对毒品的评价有关,更与本国刑法如何理解毒品犯罪的保护法益、如何划定毒品犯罪的范围息息相关。既不能将毒品的范围限定为明文列举的几类毒品,导致无法涵盖新出现的毒品类型,也不能随意扩大毒品的范围,导致刑事法网无所不包。应当严格区分毒品与合法的药品,采取"抽象概括+明文列举"式的立法模式。

(一)毒品的基本特点与毒品概念的界定

如何界定毒品的概念,如何理解《刑法》第357条规定的"国家规定管制的其他能够使人形成瘾癖的麻醉药品和精神药品",需要认真研究。界定毒品的概念,首先应当认真研究毒品的特点。有的观点认为毒品有药物依赖性(成瘾性)和严重的社会危害性两个特点;[1]有的认为毒品有依赖性(成瘾性)、毒害性和违法性三个特点。[2]本书主张毒品有三个特点,分别是有害性(成瘾性、依赖性)、违法性和滥用性。

1. 毒品属于药品:"麻醉药品和精神药品"。毒品属于"药品",可以分为麻醉药品或者精神药品。但是,作为人类治疗疾病的精神药品和麻醉药品,不能称之为毒品,而是药品。在"麻

---

[1] 参见武清华、张小华:"我国毒品定义之重构",载《云南警官学院学报》2012年第6期。

[2] 参见赵秉志、于志刚:《毒品犯罪》,中国人民公安大学出版社2003年版,第3~4页。

醉药品和精神药品"的范围问题上，目前的禁毒法律体系主要有下列不足：

（1）在目前的规范性文件中，2005年国务院颁布的《麻醉药品和精神药品管理条例》对麻醉药品与精神药品的管制作出了规定。根据该条例第3条的规定，条例附设毒品品种目录，也就是《麻醉药品品种目录》和《精神药品品种目录》。这样，《刑法》《禁毒法》和《麻醉药品和精神药品管理条例》分别从行政管理、行政处罚和刑事处罚等多个方面形成了对"麻醉药品和精神药品"的制裁体系。尽管之前颁布的《麻醉药品管理办法》和《精神药品管理办法》对"麻醉药品和精神药品"的含义进行限定，但是，作为这两个办法的替代的《麻醉药品和精神药品管理条例》并未对"麻醉药品和精神药品"进行限定。[1]

（2）众所周知，精神类药品与毒品没有绝对的界限，精神类毒品是国家管制的精神类药品，用于医学目的则是药品；如果不是用于医用，而是非法滥用，则属于毒品。由于精神类药品与毒品在概念和范围上的交叉性，导致毒品概念存在一定的模糊性，致使大众对毒品的认识不明确。同时，也导致在惩罚毒品犯罪过程中存在一定的不确定性，损害了司法的权威。

（3）目前我国"麻醉药品和精神药品"的范围已经急剧扩张。《非药用类麻醉药品和精神药品列管办法》（2015年）第3条第1款规定："麻醉药品和精神药品按照药用类和非药用类分类列管，除麻醉药品和精神药品管理品种目录已有列管品种外，

---

[1] 参见包涵："规范视野下毒品定义要素的批判与重构"，载《公安学研究》2019年第3期。

新增非药用类麻醉药品和精神药品管制品种由本办法附表列示。非药用类麻醉药品和精神药品管制品种目录的调整由国务院公安部门会同国务院食品药品监督管理部门和国务院卫生计生行政部门负责。"

根据该规定，"非药用类的麻醉药品和精神药品"也属于上位法所规定的"麻醉药品和精神药品"，将毒品类型分为"药用类"与"非药用类"两类，扩大了原有的麻醉药品与精神药品的概念。在实践中，某些个案援引《非药用类麻醉药品和精神药品列管办法》的附表《非药用类麻醉药品和精神药品管制品种增补目录》作为认定毒品的规范性文件，引起了巨大的争议。[1] 为此，最高检 2019 年 4 月发布的《最高人民检察院关于〈非药用类麻醉药品和精神药品管制品种增补目录〉能否作为认定毒品依据的批复》规定："2015 年 10 月 1 日起施行的公安部、国家食品药品监督管理总局、国家卫生和计划生育委员会、国家禁毒委员会办公室《非药用类麻醉药品和精神药品列管办法》及其附表《非药用类麻醉药品和精神药品管制品种增补目录》，是根据国务院《麻醉药品和精神药品管理条例》第三条第二款授权制定的，《非药用类麻醉药品和精神药品管制品种增补目录》可以作为认定毒品的依据。"《非药用类麻醉药品和精神药品列管办法》和附

---

[1] 河南省濮阳市中级人民法院审理的赵某、杜某亮等涉嫌制造、贩卖毒品一案，涉及 α-PVP 这一被列入《非药用类麻醉药品和精神药品管制品种增补目录》的物质。在审查起诉阶段，河南省禁毒办同河南省公安厅、省检察院、省法院于 2018 年 8 月 6 日联合发布了《关于印发〈关于非药用类麻醉药品和精神药品有关问题的座谈纪要〉的通知》（豫禁毒通 [2018] 12 号），将《关于非药用类麻醉药品和精神药品有关问题座谈纪要》印发给省辖市禁毒办、各级法院、检察院、公安局。该纪要规定："α-PVP 应当认定为受国家管制的毒品。"对此，徐昕、朱明勇等五位律师向全国人大常委会提出申请，要求对该纪要进行审查。

设目录制定后，不仅没有为毒品管制和毒品犯罪审理提供帮助，反而需要通过各省制定会议纪要或通过司法解释来明确其效力，显然并不妥当。

不仅如此，《刑法》第 96 条规定："本法所称的违反国家规定，是指违反全国人民代表大会及其常务委员会制定的法律和决定，国务院制定的行政法规、规定的行政措施、发布的命令与决定。"可见，"违反国家规定"只能是违反"全国人大和常委会制定的法律和决定以及国务院制定的行政法规、规定的行政措施以及发布的命令与决定"。按照这一标准，有些禁毒法律法规及其规定存在瑕疵。其一，《麻醉药品和精神药品管理条例》第 3 条规定："麻醉药品与精神药品的目录由国务院药品监督管理部门会同国务院公安部门、国务院卫生主管部门制定、调整并公布。"这一规定将具有法律保留性质的授权层级扩大到了药品监督管理部门、公安部门、卫生主管部门，违背了《刑法》对于"违反国家规定"的要求。其二，2015 年 10 月颁布的《非药用类麻醉药品和精神药品列管办法》增补了 116 种毒品，属于列管毒品的目录，但是该《办法》是由公安部、国家卫计委、国家食药监总局和国家禁毒委制定发布的，文件的发布文号是"公通字〔2015〕27 号"，显然违反了上述《麻醉药品和精神药品管理条例》第 3 条的规定。[1]

2. 毒品的有害性："能够使人形成瘾癖"（成瘾性、依赖性）。从药品的功能看，毒品能够使人形成瘾癖，严重损害吸毒

---

〔1〕 参见包涵："论毒品的定义要素与授权列管原则"，载《北京联合大学学报（人文社会科学版）》2017 年第 3 期。

者的身体健康。很多立法例以"成瘾性"作为毒品的定义要素，例如，《刑法》第357条第1款与《禁毒法》第2条第1款中的"使人形成瘾癖"，美国《管制物质法》（Controlled Substance Act）第802条（1）中的"成瘾"（addict），等等。

根据美国精神医学学会制定的"The Diagnostic and Statistical Manual of Mental Disorders"（《精神障碍诊断与统计手册》，简称DSM）的定义，"成瘾性"是指"物质滥用"和"物质依赖"。其中，"物质滥用"是指"未达生理依赖或心理依赖，但呈现反复的功能损害或危险的不良物质使用形态"，"物质依赖"则是在"物质滥用"的基础上，呈现"耐受性、阶段症状，并且企图减少使用却一再失败"的结果。"物质依赖"又分为"生理依赖"及"心理依赖"，主要表现为"耐受性"（tolerance）以及"戒断反应"（withdraw）。[1]在医学上判断"成瘾性"的目的在于确定物质对于人或者社会所起到的生理或心理作用，以此标记"疾病"或者"障碍"的确诊表现，并作为治疗的前提。例如，DSM-5判断"成瘾"总共有11项标准，包括"心理依赖""生理依赖""社会功能损害"以及"危险使用"四个方面，满足2-3项为轻

---

[1] 参见唐心北："DSM-5诊断标准的改变Part II——DSM-5中物质及成瘾疾患（Substance and Addictive Disorders）之主要改变"，载《DSM-5通讯》2011年第4期。

度成瘾，4-5项为中度成瘾，6项以上为重度成瘾。[1]但是，这些诊断标准大多是行为或心理倾向判断，用以诊断具有相关行为的人的行为是否"成瘾"，从而对应其病理状况以及后续的医学诊疗，不能以此对应法律上的规范后果。原因在于，不仅毒品可以"成瘾"，很多其他的不具有法律惩戒后果的物质也可以"成瘾"，例如烟草和酒精。从这个角度上看，医学上的"成瘾性"不宜作为毒品的本质属性。

或许是考虑到这一因素，在1964年，世界卫生组织（WHO）将成瘾性（addiction potential）修订为依赖性（dependence potential）。依赖性体现为"生理依赖"与"精神依赖"，无论哪种依赖，都建立在医学标准基础上。美国精神医学会确立的物质依赖性标准（DSM-IV-TR Criteria for Substance Dependence），将"耐药性、戒断症状、反复施用、减少必要社交"等作为考察依赖性的标准，意在说明成瘾或者依赖是通过物质使用而产生的生理或心理现象。[2]

---

[1] 该诊断标准包括：①不依个人意愿摄取物质；②对戒除或控制物质使用有持续意愿或者有多次不成功的努力经验；③花费许多时间从取得该物质的必要活动、使用此物质以及从物质作用中恢复过；④渴望使用该物质；⑤因物质使用而不愿从事学业或工作等义务；⑥明知使用该物质将会造成人际关系问题，仍继续使用；⑦因物质使用而放弃或减少重要的社会、职业或休闲活动；⑧明知会造成危险，仍重复使用该物质；⑨明知会造成身体或心理问题，仍持续使用该物质；⑩需显著增加物质使用量以达到所想要的效果；⑪必须使用更大量的该物质以缓和或避免戒断症状。其中1~4项属于心理依赖，5~7项属于社会功能损害，8~9项属于危险使用，10~11项属于生理依赖。参见美国精神医学学会编著：《精神障碍诊断与统计手册》，张道龙等译，北京大学出版社2016年版，第570页以下。

[2] American Psychiatric Association, *American Psychiatric Association practices guidelines for the treatment of psychiatric disorders compendium 2006*, p. 307. 以上内容，转引自包涵："论毒品的定义要素预授权列管原则"，载《北京联合大学学报（人文社会科学版）》2017年第3期。

是否产生法律上认定的"依赖",既有物质本身的自然属性,也有人类的社会属性或者文化属性,例如烟草、酒精也具有相当程度的成瘾性,而且实证研究也表明,接触烟草与酒精的人群当中,一部分将会成为吸毒的高危群体,但是几乎没有立法例将烟草、酒精与毒品并列管制。不仅如此,甚至在对待某些国际上通认毒品的态度上,也存在这个问题,典型的就是对于大麻的管制。在1972年,美国国立大麻与药物滥用调查委员会(The National Commission on Marijuana and Drug Abuse)所作的报告认为,"没有确信的证据证明大麻会导致人的犯罪欲望,使人发疯或者丧失动机,或者大麻是其他种类毒品的门槛,大麻不会对人体造成致命损害,甚至高剂量也无法对器官或组织造成损伤"。[1] 1994年3月,德国联邦宪法法院对大麻管制的合宪性专门作了解释,认为下级法院针对大麻管制"并无直接证据证明大麻使用与身体健康之间具有损害关联"而提起的违宪审查并无不妥,只是根据德国《麻醉药品法》的规定,少量地持有和使用大麻一般都作不起诉处理,因此裁定大麻管制仍旧是适当的。[2]

为此,国外有关毒品和麻醉品的立法对"成瘾性"进行了适度限制。例如,美国《管制物质法案》第802条(1)规定:"'成瘾'(addict)是指习惯性地使用毒品(narcotic drug),对公共道德、健康、安全造成危害,或者由于使用毒品形成瘾癖而丧失自我控制能力。"其中,"习惯性地使用毒品"属于医学上的成

---

[1] 施奕晖:"施用毒品行为刑事政策与除罪化之研究",中正大学犯罪防治研究所2012年博士学位论文。

[2] 参见魏志胜:"毒品授权与定义之横解纵剖",高雄大学2013年硕士学位论文。以上内容,转引自包涵:"论毒品的定义要素预授权列管原则",载《北京联合大学学报(人文社会科学版)》2017年第3期。

瘾性判断，"对公共道德、健康、安全造成危害"是添附了其他法律层面上的含义，以医学上的"成瘾"可能引发的社会危害扩充了"成瘾"的内涵，以便搭建"成瘾"与"法律责任"之间的对应关系。[1]

我国公安部和卫生部2011年联合发布的《吸毒成瘾认定办法》第2条规定，"吸毒成瘾，是指吸毒人员因反复使用毒品而导致的慢性复发性脑病，表现为不顾不良后果、强迫性寻求及使用毒品的行为，同时伴有不同程度的个人健康及社会功能损害"。其中，"吸毒人员因反复使用毒品而导致的慢性复发性脑病，表现为不顾不良后果、强迫性寻求及使用毒品的行为"是从医学角度对"成瘾性"所作的判断，而"同时伴有不同程度的个人健康及社会功能损害"则是从吸毒后的个体或社会危害来描述"成瘾性"。2016年修订的《吸毒成瘾认定办法》将该条当中的"同时"改为"常"，其中的差异在于，修订前的规定将"吸毒导致的后果"附属于成瘾的医学解释，而修订后的规定则将医学上的成瘾与吸毒导致的社会危害等同视之，以社会危害这一吸毒行为的衍生后果作为"成瘾"的判断内容，体现了立法者维护社会秩序的考虑。这与美国《管制物质法案》的立法旨趣相仿，其目的都在于确立法律意义上的"成瘾"标准，以便赋予其规范的含义。[2]

不仅如此，《吸毒成瘾认定办法》（2016年修订）第3条第1

---

[1] 以上内容，参见包涵："规范视野下毒品定义要素的批判与重构"，载《公安学研究》2019年第3期。

[2] 参见包涵："规范视野下毒品定义要素的批判与重构"，载《公安学研究》2019年第3期。

款规定:"吸毒成瘾认定,是指公安机关或者其委托的戒毒医疗机构通过对吸毒人员进行人体生物样本检测、收集其吸毒证据或者根据生理、心理、精神的症状、体征等情况,判断其是否成瘾以及是否成瘾严重的工作。"第 12 条规定:"承担吸毒成瘾认定工作的戒毒医疗机构及其医务人员,应当依照《戒毒医疗服务管理暂行办法》的有关规定进行吸毒成瘾认定工作。"第 18 条规定:"戒毒医疗机构及其医务人员应当依照诊疗规范、常规和有关规定,结合吸毒人员的病史、精神症状检查、体格检查和人体生物样本检测结果等,对吸毒人员进行吸毒成瘾认定。"

3. 毒品的违法性:"国家规定管制"。从药品受到的管制看,毒品被纳入国家规定管制的范围。

(1)"国家管制"或者"国家规定管制"要素的性质与地位。根据我国颁布的相关法规和加入的 3 个国际禁毒公约,世界范围内被禁用和限制使用的麻醉药品有 128 种,精神药品有 104 种,共 232 种。[1]但是,只有不合法的麻醉药品和精神药品才是毒品,合法的麻醉药品和精神药品是药品,而不是毒品。例如,在用于正当的医学镇痛的场合,吗啡就不是毒品,而是药品。我国《禁毒法》(2008 年)第 2 条第 2 款也规定,根据医疗、教学、科研的需要,依法可以生产、经营、使用、储存、运输麻醉药品和精神药品。但是,"国家管制"并非毒品的本质属性,而是立法者对于业已管制毒品的法律态度。"不应将国家的管制态度作为毒品管制的正当性来源,而应当将这一要素作为授权的合法性来源。意即,国家管制是毒品基于其实质定义要素而受到规范的

---

[1] 参见邹伟主编:《毒品犯罪的惩治与防范》,西苑出版社 1999 年版,第 5 页。

结果,而非原因。"[1]因此,在毒品的定义要素当中,首要的应当是毒品基于成瘾性而引发的社会危害,其次是基于法律管制费效比而考虑的滥用规模、历史渊源等要素,"国家管制"则应当排除在外。[2]

(2) 国外对毒品"国家管制"的法律规定和实际操作方法。例如,美国《管制物质法》802(9)(D)规定,只要符合"司法部长经过调查发现并经正当程序确认的具备滥用潜力且具有对中枢神经系统产生兴奋、抑制或致幻作用的任意物质",都可视为"抑制剂或兴奋剂"。同时,《管制物质法》811(c)对于管制某一物质的决定性要素也做了抽象的归纳。[3]

由于毒品种类繁多,《管制物质法》设置了分级附表,将毒品分为Ⅰ到Ⅴ级,并且在每一级附表中进行了符合该级别属性毒品的列举,同时还授权司法部长(Attorney General)根据上文所述的毒品定义要素,在履行适当程序之后,对新兴的物质进行列管。这一规定的正当性在于,毒品的定义要素与列表规定在同一法案当中,无需授权其他立法机构,且司法部长进行列管的程序

---

[1] 包涵:"规范视野下毒品定义要素的批判与重构",载《公安学研究》2019年第3期。

[2] 参见包涵:"论毒品的定义要素与授权列管原则",载《北京联合大学学报(人文社会科学版)》2017年第3期。

[3] Controlled Substance Act, 811(c):管制或移除管制的决定性要素对某一药物或其他物质实施管制或移除管制,司法部长应当考虑如下要素:①实质或相对的成瘾潜力;②若可以证实,其药理作用的科学证明;③关于该药物或物质目前科学的认知状况;④其滥用的历史和现状;⑤滥用该物质的范围、持续时间以及显著程度;⑥对公共健康可能存在的任何风险;⑦其生理与心理的依赖性;⑧该物质的直接前驱体是否已在本节中作为管制物质予以列管。

也经过了该法案的明确授权。[1]

(3) 我国对毒品"国家管制"的法律规定和实际操作方法。1997年《刑法》第357条以空白刑法的方式,将毒品的列管交由"国家管制的麻醉药品与精神药物"进行授权立法。但是,刑法并未规定授权列管毒品的具体机关,以及该机关具有何种列管毒品的资质和条件。根据《刑法》第96条的规定,"违反国家规定,是指违反全国人民代表大会及其常务委员会制定的法律和决定,国务院制定的行政法规、规定的行政措施、发布的命令与决定"。显然,《刑法》对于类似"国家管制"的"违反国家规定",明确了其层级只能是"全国人大、全国人大常委会以及国务院";在授权立法的规范类型上,只能是"全国人大和常委会制定的法律和决定以及国务院制定的行政法规、规定的行政措施以及发布的命令与决定"。[2]

实际上,《麻醉药品和精神药品管理条例》将列管目录的制定、调整与公布权授予了"国务院药品监督管理部门、国务院公安部门以及国务院卫生主管部门",并由上述部门适时公布《麻

---

[1] 参见包涵:"论毒品的定义要素与授权列管原则",载《北京联合大学学报(人文社会科学版)》2017年第3期。

[2] 参见包涵:"论毒品的定义要素与授权列管原则",载《北京联合大学学报(人文社会科学版)》2017年第3期。

醉药品品种目录》和《精神药品品种目录》。[1]不难发现，目前的授权立法模式存在瑕疵，被授权管理毒品品项的《麻醉药品和精神药品管理条例》，是以"国务院令第442号"的形式作出的，这一规范性文件从层级和形式上符合"国家管制"的要求。其第3条规定："麻醉药品与精神药品的目录由国务院药品监督管理部门会同国务院公安部门、国务院卫生主管部门制定、调整并公布。"这实际上将具有法律保留性质的授权层级扩大到了药品监督管理部门、公安部门、卫生主管部门。这一授权显然违背了刑法对于"国家管制"的层级要求。

不仅如此，我国的禁毒立法并未明确列管毒品的具体要素，只有《非药用类麻醉药品和精神药品列管办法》（2015年10月颁布）对列管毒品的具体要素作出规范，该要素与美国《管制物质法案》的规定极其相似，但也添加了我国的特有要素（例如"非法制造、贩运或者走私活动情况"）。[2]值得注意的是，在美

---

[1]《麻醉药品和精神药品管理条例》（国务院令第442号）第3条规定："本条例所称麻醉药品和精神药品，是指列入麻醉药品目录、精神药品目录（以下称目录）的药品和其他物质。精神药品分为第一类精神药品和第二类精神药品。目录由国务院药品监督管理部门会同国务院公安部门、国务院卫生主管部门制定、调整并公布。上市销售但尚未列入目录的药品和其他物质或者第二类精神药品发生滥用，已经造成或者可能造成严重社会危害的，国务院药品监督管理部门会同国务院公安部门、国务院卫生主管部门应当及时将该药品和该物质列入目录或者将该第二类精神药品调整为第一类精神药品。"

[2]《非药用类麻醉药品和精神药品列管办法》第6条规定："国家禁毒办认为需要对特定非药用类麻醉药品和精神药品进行列管的，应当交由非药用类麻醉药品和精神药品专家委员会（以下简称专家委员会）进行风险评估和列管论证。"第7条第2款规定："专家委员会应当对拟列管的非药用类麻醉药品和精神药品进行下列风险评估和列管论证，并提出是否予以列管的建议：（一）成瘾性或者成瘾潜力；（二）对人身心健康的危害性；（三）非法制造、贩运或者走私活动情况；（四）滥用或者扩散情况；（五）造成国内、国际危害或者其他社会危害情况。"

国的立法当中,《管制物质法案》是国会立法,不存在授权正当性的问题,且授权司法部长进行列管,也是属于国会立法规范;另外,列管的物质应当通过"联邦公报"(Federal Register)予以公告,以此来保障公民对于法律约束的知晓。[1]反观我国立法,负有列管职能的专家委员会,在进行风险评估与列管论证之后,由"国家禁毒办建议公安、食品药品监督管理以及卫生计生行政部门予以列管"。[2]只考虑了专家的专业认识,[3]几乎没有考虑普通公民的认识能力,也没有设计公告程序。[4]

应当认为,"国家规定管制"只能用来解释毒品管制是基于复杂的授权立法来进行的,而且这一授权性立法还必须遵守法律保留原则,严格限制在"国家"这一立法层面。根据《立法法》和《刑法》的规定,"国家规定管制"最低应该限定在国务院这一层次,但是,2015年颁布的《非药用类麻醉药品和精神药品列管办法》(以下简称《2015年办法》)等将制定主体限定为"公安部、卫计委、食药总局和国家禁毒委员会办公室",确实有恣

---

[1] Controlled Substance Act, 811 (h) (1) (A):临时列管令的生效:司法部长将含有管制该物质意图和管制背景在内的公告发布在《联邦公报》之日起30日内生效。

[2]《非药用类麻醉药品和精神药品列管办法》第8条规定:"对专家委员会评估后提出列管建议的,国家禁毒办应当建议国务院公安部门会同食品药品监督管理部门和卫生计生行政部门予以列管。"

[3]《非药用类麻醉药品和精神药品列管办法》第7条第1款规定:"专家委员会由国务院公安部门、食品药品监督管理部门、卫生计生行政部门、工业和信息化管理部门、海关等部门的专业人员以及医学、药学、法学、司法鉴定、化工等领域的专家学者组成。"

[4] 参见包涵:"论毒品的定义要素与授权列管原则",载《北京联合大学学报(人文社会科学版)》2017年第3期。

意授权低位阶的立法层级、扩大管制机关之嫌。[1]

与《刑法》相比，《2015年办法》有以下不同之处：其一，从立法根据看，《2015年办法》第1条规定："根据《中华人民共和国禁毒法》和《麻醉药品和精神药品管理条例》等法律、法规的规定，制定本办法。"显然，其立法根据是《禁毒法》和《麻醉药品和精神药品管理条例》等上位法。其二，从立法宗旨和规范保护目的看，《2015年办法》用大量的篇幅规定麻醉药品与精神药品的生产、运输、管理等行政管理事项。相对而言，《刑法》的目的在于惩罚毒品犯罪，只是在毒品认定上，将《麻醉药品和精神药品管理条例》附设的目录，作为认定毒品的基础。

4. 毒品的滥用性。"滥用性"是指"非以医疗为目的，在未经医师处方或指示下，不适当或过度地强迫使用药物，导致个人身心健康受损及影响社会与职业适应，甚至危及社会秩序"。[2]

有的立法例将"滥用性"作为毒品的定义要素。例如，美国《管制物质法》（Controlled Substance Act）第811条（c）规定，"滥用该物质的范围、持续时间以及显著程度"，是"在附表中予以管制或解除管制的决定性要素"（Factors determinative of control or removal from schedules）。"滥用性"凸显了毒品可能产生或者集聚社会危害的可能性，滥用性的评估与判断，使得成瘾性的物

---

[1] 参见包涵："规范视野下毒品定义要素的批判与重构"，载《公安学研究》2019年第3期。

[2] 杨士隆等：《药物滥用、毒品与防治》，五南图书出版股份有限公司2012年版，第18页。

质被法律管制进而否定评价具有了正当性。[1]

在我国，无论是《刑法》还是《禁毒法》，均未将"滥用性"作为毒品的定义要素。不过，在部分下位法中将其作为定义要素。例如，《麻醉药品和精神药品管理条例》第17条规定："国务院药品监督管理部门应当组织医学、药学、社会学、伦理学和禁毒等方面的专家成立专家组，由专家组对申请首次上市的麻醉药品的社会危害性和被滥用的可能性进行评价，并提出是否批准的建议。"

有无必要将"滥用性"作为毒品的定义要素呢？对此，联合国《1961年麻醉品单一公约》第3条"管制范围的变更"第3款规定："遇通知所涉及的物质不在附表一或附表二之内时，(iii)如世界卫生组织断定该项物质与附表一或附表二内的麻醉品易受同样滥用或易生同样恶果，或可改制成为麻醉品者，应将此项断定通知委员会；委员会得依照世界卫生组织的建议，决议将该项物质加入附表一或附表二内。"其并没有将"滥用性"和"成瘾性"并列作为相应的考察要素。但是，《1971年精神药物公约》第2条"物质之管制范围"第4项规定："倘世界卫生组织认定：(一)有关物质具有性能引起1.成瘾之依药性，与2.中枢神经系统之兴奋或抑郁，以致造成幻觉、或对动机机能、或对思想、或对行为、或对感觉、或对情绪之损害，或3.与附表一、附表二、附表三或附表四内物质之同样滥用与同样恶果，以及(二)业已有充分证据，证明有关物质正被或可能被滥用，从而构成公

---

[1] 参见包涵："规范视野下毒品定义要素的批判与重构"，载《公安学研究》2019年第3期。

共卫生与社会之问题,故须将该项物质置于国际管制之下时,则世界卫生组织应将对该项物质所作之判断,包括其滥用范围与可能、其危害公共卫生与社会问题之严重程度、该项物质在医药治疗上所具效用之大小,连同依据其判断认为宜就有关管制措施提具之任何适当建议,一并通知委员会。"显然,世界卫生组织将"滥用性"视为与"成瘾性"并列的要素,在决定是否需要管制时进行考察。可见,对于麻醉药品来说,只需要有滥用性就可以进行管制;但是,对于精神药物来说,则需要同时具备滥用性与成瘾性两个要素。[1]

  本书认为,应当从"物质"本身所具备的一般性特征当中去探寻毒品的定义要素,而不应当以该物质所产生的结果或者引发的现象作为定义要素本身。立法者以及公约的制定者,首要的考虑仍旧是物质的自然属性,一种物质只有具备了成瘾性,在这一基础上再被滥用,才能够纳入已经划定了边界的"毒品"当中。"成瘾"与"滥用"可能会有一定程度的独立性,在属性上是相互区隔的。换言之,具有"成瘾性"的物质不一定会被滥用,被滥用的物质也不一定具有"成瘾性",但这些属性可以在法律介入管制时予以调整或平衡,特别是在建立了毒品分级制度的法域,滥用性是以法律后果等方式予以体现的,在这个前提下,"滥用性"没有成为毒品定义要素而独立存在的价值。相反,若某种物质不具有已经具有确切定义的"成瘾性",但其已经被滥用或具有滥用潜力,也不能划到"毒品"的范畴,而应当归于其

---

[1] 参见包涵:"规范视野下毒品定义要素的批判与重构",载《公安学研究》2019年第3期。

他类别的物质加以管制。[1]

不过,由于"滥用性"(abuse)的内涵不明确,具有多义性且带有污名化特征,而且存在被"错误使用"(misuse)的可能,因此,世界卫生组织在"国际疾病分类诊断标准"(ICD-10)中删掉了"滥用",代之以"错误使用",以减轻主观上的价值判断和可能存在的污名化。[2]相对而言,"滥用性"更多地强调基于"非医疗目的"使用物质,突出了"使用目的",也就是从"使用者"的主观方面对物质功能进行描述;而"成瘾性"强调物质的自然属性,也就是"麻醉药品和精神药品"具备能使人形成的生理或心理上的相应作用。[3]

(二)毒品的危害性与毒品概念的界定

对于吸毒这类国民自己决定侵害自己身体健康的行为,国家进行干预的正当性根据是什么呢?这里涉及国家保护对国民自己决定权的干预。众所周知,毒品不仅能够使人形成瘾癖,而且严重危害人的身体健康。"毒品的危害性"是指毒品本身的危害性,还是指过度吸食毒品等导致的危害性,存在不同观点。

1. 在日本,通说认为毒品犯罪的保护法益是公众的身体健康,毒品犯罪是以公众的身体健康为保护法益的抽象危险犯。[4]

---

[1] 参见包涵:"规范视野下毒品定义要素的批判与重构",载《公安学研究》2019年第3期。

[2] See American Psychiatric Association, *Quick Reference to the American Psychiatric Association Practice Guidelines for the Treatment of Psychiatric Disorders*, Arlington: Amer Psychiatric Pub Inc., 2006, p. 307.

[3] 参见包涵:"规范视野下毒品定义要素的批判与重构",载《公安学研究》2019年第3期。

[4] 参见[日]大谷实:《刑法讲义各论》,黎宏译,中国人民大学出版社2008年版,第385页。

因此，只要行为人实施制造、走私、运输、贩卖、非法持有毒品等行为，就具有使毒品扩散开来并滥用的危险，对不特定或者多数人的健康产生威胁，就具有处罚的必要性。即便是成年人购买毒品自己吸食，或者将毒品无偿赠与他人，也侵害了公众的身体健康或者具有侵害公众身体健康的危险，具有处罚的必要性。

2. 在我国，关于毒品犯罪的保护法益的观点，主要有：其一，国家对毒品的管制说。例如，梅传强教授等认为，毒品犯罪的保护法益是国家对毒品的管制。[1]其二，国民的身体健康说。例如，高巍教授认为："贩卖毒品行为的犯罪化依据不是因为其造成了毒品的蔓延和流通，而是其危害了人民的健康。"[2]

有的学者将毒品本身的危害性与过量使用后所造成的危害性混同，[3]还有的学者认为毒品犯罪的本质是具有导致"二次犯罪"的危险，毒品犯罪可能引发其他各种犯罪。[4]这种说法并不妥当。毒品本身的毒害性是在一般状态下使用而产生的，指其物质结构和属性能够改变人体组织机能的正常状态，不同于以大量使用为特征的滥用。[5]例如，蔡鸿文对台北、台中等7个城市的914名毒品罪犯进行问卷调查的结果显示，吸毒者在吸毒以前具有犯罪前科的比例高达62.7%，甚至有31.6%的人认为是前科行

---

〔1〕参见梅传强、徐艳："毒品犯罪司法实践中的疑难问题探究"，载《河南司法警官职业学院学报》2005年第2期。

〔2〕谢秋凌、高巍："论贩卖毒品罪之目的"，载《云南大学学报（法学版）》2006年第1期。

〔3〕参见杨鸿：《毒品犯罪研究》，广东人民出版社2002年版，第5页。

〔4〕参见赵秉志、于志刚：《毒品犯罪》，中国人民公安大学出版社2003年版，第47~48页。

〔5〕参见高巍：《贩卖毒品罪研究》，中国人民公安大学出版社2007年版，第55页。

为引发吸毒的。在他的研究中，吸毒引发暴力犯罪的比例仅占12.4%，这与许多媒体所宣传的大相径庭。[1]

罗克辛教授指出："出售毒品等物品的刑事可罚性的正当性在于，如果没有刑事可罚性，就会出现无法控制该项物品传播的局面。"[2]刑法应该关注吸毒成瘾可能导致的社会弊害，以"犯罪前置化"（Vorverlegung）来惩罚涉毒行为，从而实现社会防卫功能。所以，成瘾本身可能并不是毒品受到管制的直接因素，而是因为成瘾所引发的社会危害性才导致了法律介入毒品管制。[3]

（三）我国禁毒法律法规关于毒品犯罪的规定

1.《禁毒法》对涉毒行为的规定。2007年12月，第十届全国人大常委会第三十一次会议通过了《禁毒法》。该法第59条到第69条对涉及禁毒的违法犯罪进行了规定，其中列举的部分行为与1997年《刑法》规定的犯罪行为是相同的。同时，对于需要给予治安管理处罚的行为，也作出了规定。

该法所列举的行为主要有：走私、贩卖、运输、制造毒品；非法持有毒品；非法种植毒品原植物；非法买卖、运输、携带、持有未经灭活的毒品原植物种子或者幼苗；非法传授麻醉药品、精神药品或者易制毒化学品制造方法；强迫、引诱、教唆、欺骗他人吸食、注射毒品；向他人提供毒品；包庇走私、贩卖、运输、制造毒品的犯罪分子，以及为犯罪分子窝藏、转移、隐瞒毒

---

[1] 参见蔡鸿文：《我国台湾地区毒品犯罪实证分析研究》，台湾地区警察大学刑事警察研究所2001年版，第129~133页。

[2] [德]克劳斯·罗克辛：《德国刑法学总论》（第1卷），王世洲译，法律出版社2005年版，第17页。

[3] 参见包涵："论毒品的定义要素与授权列管原则"，载《北京联合大学学报（人文社会科学版）》2017年第3期。

品或者犯罪所得财物等。

2.《刑法》对毒品犯罪的规定。1997年《刑法》关于毒品犯罪的罪名有：走私、贩卖、运输、制造毒品罪（第347条），非法持有毒品罪（第348条），包庇毒品犯罪分子罪和窝藏、转移、隐瞒毒品、毒赃罪（第349条），走私制毒物品罪和非法买卖制毒物品罪（第350条），非法种植毒品原植物罪（第351条），非法买卖、运输、携带、持有毒品原植物种子、幼苗罪（第352条），引诱、教唆、欺骗他人吸毒罪（第353条第1款），强迫他人吸毒罪（第353条第2款），容留他人吸毒罪（第354条），非法提供麻醉药品、精神药品罪（第355条），妨害兴奋剂管理罪（第355条之一）等。

四、本书的观点

（一）毒品的概念界定

从违反规范的层面看，毒品犯罪是指违反禁毒法律、法规，非法进行走私、贩卖、运输、制造毒品等破坏禁毒管制活动，应受刑罚处罚的行为。[1]不过，"毒品犯罪是一个外延极广的概念，在许多国家，毒品犯罪并不是刑法学的概念，而是犯罪学的概念"。[2]实质上的毒品犯罪，是指实施与毒品相关的具有危害社会的应受制裁的行为。

毒品之所以进入法律视野并被严格管制，不仅仅基于其化学

---

[1] 参见许桂敏："扩张的行为与压缩的解读：毒品犯罪概念辨析"，载《河南省政法管理干部学院学报》2008年第5期。

[2] 赵秉志、于志刚主编：《毒品犯罪疑难问题司法对策》，吉林人民出版社2000年版，第19页。

结构、药理性质、医疗效用等自然属性,还掺杂了泛滥历史、滥用规模、社会容忍度、司法资源等人文因素。[1]毒品定义要素作为揭示毒品概念的基本逻辑要件,既要尽可能地剥离非理性因素的干扰,还原毒品最本质的客观属性,也要充分考虑毒品的滥用规模、历史渊源、社会容忍度等人文属性,体现法律定义要素的客观性与规范性。[2]联合国早在1978年的《控制麻醉品滥用今后活动的综合性多学科纲要》中就曾指出,毒品的定义"不是以医学或者科学的定义加以划定的,而是从法律的意义上确认为,列入了由国内法或国际法律确定的名单的某种药物"。

根据《刑法》第357条的规定,毒品是"国家规定管制的能够使人形成瘾癖的麻醉药品和精神药品",但是实践中出现的新型毒品大多是实验室制得的,有些本身具有药用功效,"药品"与"毒品"差别不大。同时,诸如"小树枝""跳跳糖"等第三代毒品,本身检验不出毒品成分但在人体内能够释放毒品成分,使吸食者获得吸毒体验。因此,应当充分考虑新型毒品的特点,重新审视毒品的定义和界分。[3]

综上,毒品是指直接作用于人的中枢神经系统,使之兴奋或抑制、导致精神快感或幻觉、重复使用后普遍能产生较强信赖性并对身体或心理造成损害的并为法律所明确规定的物质。或者说,毒品是指鸦片、吗啡、可卡因、冰毒等具有违法性和有害性

---

[1] 参见靳澜涛:"论毒品定义要素的立法选择",载《江南大学学报(人文社会科学版)》2017年第6期。

[2] 参见靳澜涛:"论毒品定义要素的立法选择",载《江南大学学报(人文社会科学版)》2017年第6期。

[3] 参见胡江、于浩洋:"我国毒品犯罪刑事立法四十年的回顾与前瞻",载《贵州警官职业学院学报》2019年第1期。

被国家禁止和限制使用的容易形成瘾癖的麻醉药品和精神药品。[1]

（二）毒品的范围界定

迄今为止，我国《麻醉药品品种目录》管制的药品为 123 种，《精神药品品种目录》管制的药品为 132 种，共计 255 种。但很多其他具有极强成瘾性、被人们滥用、具有极大社会危害性的新型毒品如苯丙胺类化合物，未被纳入药品管制目录。

毒品大体上可分为镇定类和兴奋类，除了毒瘾特别严重的以外，一般而言很少有人既吸食镇定类毒品又吸食兴奋类毒品。例如，吸食海洛因的人通常不吸食冰毒，吸食冰毒的人通常也不吸食海洛因。当然，冰毒和麻古的主要成分是甲基苯丙胺，同时吸食冰毒和麻古极为普遍，可视为同一种类。长期吸食毒品的人也可能改变"口味"。[2]

根据常见的被滥用的毒品对人体作用的差异，还可以将毒品分为以下四类：其一，镇静剂，属于能减弱人的心理活动能力的毒品。主要有鸦片、吗啡、海洛因、可待因等天然毒品和美沙酮、巴比妥酸盐、笨巴比妥等合成毒品。其二，兴奋剂，属于能使人情绪亢奋的毒品。主要有古柯、可卡因等天然毒品和安非他命、甲基苯丙胺、美特拉嗪等合成毒品。其三，幻觉剂，属于能使人产生幻觉或错觉的毒品。主要有麦司卡林、致幻蘑菇菌等天然毒品和二甲基色胺、麦角酸二乙酰胺等合成毒品。其四，既是

---

[1] 参见许桂敏："扩张的行为与压缩的解读：毒品犯罪概念辨析"，载《河南省政法管理干部学院学报》2008 年第 5 期。

[2] 参见王登辉、罗倩："贩卖毒品罪若干基础理论辨正"，载《中国刑事法杂志》2016 年第 2 期。

镇静剂，又是幻觉剂的毒品。主要包括大麻花顶或果实、大麻叶、大麻树脂、大麻油等。如果小剂量服用大麻，其作用类似镇静剂；如果大剂量服用，能起到幻觉剂的作用。

表1-1 毒品类型、作用及对应种类一览表

毒品类型	作用	毒品种类
镇静剂	属于能减弱人的心理活动能力的毒品。	鸦片、吗啡、海洛因、可待因等天然毒品；美沙酮、巴比妥酸盐、笨巴比妥等合成毒品。
兴奋剂	属于能使人情绪亢奋的毒品。	古柯、可卡因等天然毒品；安非他命、甲基苯丙胺、美特拉嗪等合成毒品。
幻觉剂	属于能使人产生幻觉或错觉的毒品。	麦司卡林、致幻蘑菇菌等天然毒品；二甲基色胺、麦角酸二乙酰胺等合成毒品。
镇静剂+幻觉剂	如果小剂量服用大麻，其作用类似镇静剂；如果大剂量服用，能起到幻觉剂的作用	大麻花顶或果实、大麻叶、大麻树脂、大麻油等。

此外，《麻醉药品和精神药品管理条例》第17条第2款规定："国务院药品监督管理部门应当组织医学、药学、社会学、伦理学和禁毒等方面的专家成立专家组，由专家组对申请首次上市的麻醉药品和精神药品的社会危害性和被滥用的可能性进行评价，并提出是否批准的建议。"《非药用类麻醉药品和精神药品列管办法》第7条第2款规定："专家委员会应当对拟列管的非药用类麻醉药品和精神药品进行下列风险评估和列管论证，并提出是否予以列管的建议：……（二）对人身心健康的危害性；……（五）造成国内、国际危害或者其他社会危害情况。"

关于毒品的概念界定和毒品犯罪的限定，理论界已有学者进行较为深入的讨论，但无论是理论还是实践仍然存在很多争议，本书的讨论不过是蜻蜓点水而已，对很多问题的讨论还比较浅显，有待将来进一步展开深入研究。

第二章 贩卖毒品罪中的"贩卖"的理解与认定

毒品犯罪不仅严重危害公众的身体健康，而且还衍生出其他犯罪，严重危害社会秩序，因此，从制造、运输、买卖毒品到持有、吸食毒品等各个环节，我国刑法分别规定了相应的罪名。其中，贩卖毒品是刑法打击的重点之一。一般认为，贩卖毒品罪中的"贩卖"是指行为人明知是毒品而非法销售或者以贩卖为目的而非法收买的行为。[1]但是，以贩卖为目的购买毒品行为、"居间介绍"买卖毒品、互易毒品行为、通过物流公司寄递毒品行为等是否属于"贩卖"毒品，该如何认定和处理，还存在很大争议。

对于如何理解"贩卖"，仍然应当以该用语本身所具有的客观含义为依据，并根据刑法所描述的犯罪类型的本质以及刑法规范的保护目的予以理解，使得用语的规范意义与犯罪的本质、规范的目的等相对应。[2]正如魏德士所指出的："一般说来，任何能被解释和需要解释的法律概念都不再是日常用语意义上的概念，因此不能按照日常的理解来解释这些概念，而必须根据法律

---

[1] 参见最高人民法院《关于执行〈全国人民代表大会常务委员会关于禁毒的决定〉的若干问题的解释》（已失效）。

[2] 参见张明楷：《刑法分则的解释原理》（下），中国人民大学出版社2011年版，第811页。

确定的保护目的来进行解释。这种规范性的解释可能会明显地背离日常使用的词语意思。"[1]

本书认为,《刑法》第347条规定的贩卖毒品罪仅限于明知是毒品而非法销售,而且是有偿转让毒品的行为。[2]具体来说,是指行为人将毒品交付给对方,并从对方获得物质利益。就此而言,成立贩卖毒品罪中的"贩卖"需要具有交付性和有偿性两个条件。上述几种情形是否具备交付性和有偿性,能否认定为贩卖毒品罪,需要进一步研究。

一、"以销售为目的而购买毒品的行为"的性质

(一)界定"以销售为目的而购买毒品的行为"的学说

成立贩卖毒品罪,要求行为人实施贩卖行为,即向他人有偿转让毒品。但是,最高法1994年12月发布的《关于执行〈全国人民代表大会常务委员会关于禁毒的决定〉的若干问题的解释》(法发[1994]30号)(已失效)规定:"贩卖毒品,是指明知是毒品而非法销售或者以贩卖为目的而非法收买毒品的行为。"最高检、公安部2012年5月联合发布的《关于公安机关管辖的刑事案件立案追诉标准的规定(三)》也有相同规定。这两个司法解释均主张只要具备"买进"或者"卖出"毒品行为之一,即可构成"贩卖"毒品,不要求同时具备"买进"和"卖出"毒品行为。

对于行为人"卖出"毒品的行为,认定为贩卖毒品争议不

---

[1] [德]魏德士:《法理学》,丁小春、吴越译,法律出版社2005年版,第92页。

[2] 参见张明楷:《刑法学》(下),法律出版社2016年版,第1142页。

大。存在争议的是，如何界定"以销售为目的而购买毒品的行为"的性质？对此，刑法理论上存在着实行行为说与预备行为说的对立，前者认为"以销售为目的而购买毒品"属于贩卖毒品罪的实行行为，后者则认为其不是贩卖毒品罪的实行行为，至多属于预备行为。

1. "实行行为说"。该说认为，贩卖毒品行为既包括有偿转让毒品行为，也包括以出卖为目的购买毒品行为。该说是我国传统刑法理论的通说。例如，高铭暄教授等认为："贩卖毒品，是指有偿转让毒品或者以卖出为目的而非法收购毒品的行为。……以卖出为目的而非法收购毒品的行为，也应认定为贩卖毒品。"[1] 何荣功教授认为："将'以卖出为目的而非法收买毒品的行为'解释为贩卖毒品的实行行为，是贩卖毒品罪的特性决定的，属于扩张解释，并不违反罪刑法定原则。"[2] 换言之，如果行为人主观上具有贩卖毒品的故意，只要实施购买毒品的行为，不以是否进入交易环节、是否达成交易协议、毒品是否交付给卖方等为标准，即便毒品被警方查获，没有卖出，也成立贩卖毒品罪的既遂。

该说也是司法实践的通说。例如，张军大检察官等认为："贩卖毒品是指有偿转让毒品或者以贩卖为目的而非法收购毒品。"[3] 赵拥军法官认为，贩卖毒品罪的既遂标准可以分为两种

---

[1] 高铭暄、马克昌主编：《刑法学》，北京大学出版社、高等教育出版社2017年版，第594页。

[2] 何荣功：《毒品犯罪的刑事政策与死刑适用研究》，中国人民公安大学出版社2012年版，第176页。

[3] 张军主编：《刑法[分则]及配套规定新释新解》（下），人民法院出版社2011年版，第1509页。

类型：其一，以贩卖为目的，只要实施了非法收买毒品的行为的，就可以认定为贩卖毒品罪既遂；其二，出售并非以非法收买方式获得的毒品或者非法收买仅用于自己吸食的毒品之后，产生贩卖毒品故意而出售的，只要将毒品带到与购毒者约定的地点开始交易的，即为既遂。[1]实践中也这样处理。例如，高某某贩卖毒品案。2013年2月6日，西城分局某派出所民警配合禁毒中队在北京市西城区某饭店内将涉嫌贩卖毒品的高某某抓获，在高某某所住房间的行李箱中查获海洛因3袋，重550克。辩护人提出高某某不属于贩卖毒品罪的辩护意见，但法院认为，"高某某购买大量毒品，并向他人贩卖，因此其被查获的550克毒品海洛因应认定为其犯罪的数量，涉案毒品虽未流入社会，但高某某的行为已经严重侵犯了国家对毒品的管理制度，妨害了社会管理秩序"，构成贩卖毒品罪。[2]

2. "预备行为说"。该说认为，贩卖毒品的核心是出卖、转让毒品，"以销售为目的而购买毒品"是为了进一步实施出卖行为的准备行为，不是贩卖毒品罪的实行行为，不成立贩卖毒品罪。该说目前是我国刑法理论上的有力说。例如，张明楷教授认为，我国刑法只规定了贩卖毒品罪，未规定购买毒品罪，单纯的收买毒品的行为不是刑法调整的对象。购买毒品的行为不是贩卖毒品罪的实行行为。行为人出于贩卖目的而非法购买毒品的，属

---

[1] 参见赵拥军："从毒贩住处等地查获的毒品数量计入贩卖数量应允许反证推翻——兼论贩卖毒品罪的既遂应当区别行为方式的不同进行认定"，载《法律适用》2015年第4期。

[2] 参见北京市第二中级人民法院刑事判决书，案号是（2014）二中刑初字第52号。

于贩卖毒品罪的预备行为。[1]黎宏教授也认为,如果行为人只买不卖,仅供自己吸食的,不属于贩卖。[2]

在实践中,也有判决坚持此说。例如,林某某、张某某走私、运输毒品案。被告人林某某与被告人张某某于 2014 年 9 月 18 日将毒品从云南孟连运输至昆明后,从昆明火车站准备乘车前往怀化时被执勤民警查获,共查获海洛因 350 克,甲基苯丙胺片剂 0.3 克。尽管检察机关指控两位被告人构成走私、贩卖、运输毒品罪且系共同犯罪,但法院认为:"被告人林某某、张某某共谋将海洛因 350 克、甲基苯丙胺片剂 0.3 克从缅甸国携带进入中国境内并准备运往怀化,其行为已触犯国家刑法,构成走私、运输毒品罪,且系共同犯罪。""公诉机关关于二被告人犯贩卖毒品罪的指控,与本院查明的事实不符,故本院对以上公诉意见不予支持和采纳。"[3]

(二)对主张"以销售为目的而购买毒品的行为"属于贩卖毒品罪的实行行为的反思

1. 主张"以销售为目的而购买毒品的行为"属于贩卖毒品罪的实行行为的可能的理由。

(1)目前,我国刑法理论和司法实务的通说之所以主张将"以销售为目的而购买毒品"作为贩卖毒品罪论处,与毒品犯罪的侦查难度较大有关。由于毒品犯罪较为隐蔽,很多场合难以准确把握毒品是否在犯罪行为人之间进行了交付,过分强调交易成

---

[1] 参见张明楷:《刑法学》(下),法律出版社 2016 年版,第 1143 页。
[2] 参见黎宏:《刑法学各论》,法律出版社 2016 年版,第 458 页。
[3] 参见昆明铁路运输中级法院刑事判决书,案号是 (2015) 昆铁中刑初字第 43 号。

功,可能导致对毒品犯罪的打击不力。有关指导性案例指出:"对为贩卖而非法购买毒品而言,由于贩卖毒品所致的严重的社会危害性,不可能等到行为人转手以后才予以打击;而对于非法持有毒品而言,实践中又常常很难查清毒品的来源。"[1]另一方面,毒品犯罪的侦查大多采用诱惑侦查、控制下交付等方法,将出卖行为作为贩卖毒品罪的实行行为,采用交付行为说作为认定贩卖毒品罪既遂的标准,导致认定贩卖毒品罪难度加大,可能出现放纵犯罪的问题。

(2)通说主张将"以销售为目的而购买毒品"作为贩卖毒品罪论处,既与我国现行毒品犯罪立法法网不够严密有关,也与对毒品犯罪的法益界定有关。在我国,虽然可以对单纯的吸毒行为和无偿向他人提供毒品采取(强制)戒毒措施或者其他行政处罚手段,但由于刑法并未将其规定为犯罪,无法定罪判刑,导致出现法律漏洞。为此,只能将贩卖毒品罪的保护法益界定为国家毒品管理制度,对"贩卖"进行扩大解释,以便将更多的涉毒行为纳入刑法调整范围。例如,如果行为人最初以销售为目的购买少量毒品,但在购买毒品之后并未出售,而是自己吸食或者毒品去向不明的,根据"实行行为说"的观点,既然行为人已经购买毒品,就应当成立贩卖毒品罪的既遂。而根据前述"预备行为说"的观点,则只能认定为贩卖毒品罪的预备、中止(预备阶段的中止),不构成犯罪。之所以出现这么大的差异,主要是因为,目前刑法理论通说的观点认为,贩卖毒品罪的保护法益是国家对毒

---

[1] "苏某清贩卖毒品案[第208号]",载中华人民共和国最高人民法院刑事审判第一、二、三、四、五庭主办:《中国刑事审判指导案例》(第5卷),法律出版社2017年版,第334页。

品的管理制度,因此只要行为人卖出毒品或者以贩卖为目的购买毒品,就构成贩卖毒品罪的既遂。[1]

(3) 从实践看,无论是"以贩养吸"的零星贩卖,还是大宗贩卖,或者居间购买毒品,购买毒品作为贩卖毒品的前提条件,频繁出现在毒品交易过程中,特别是对那些自己不吸毒的行为人而言,通常是为了出卖毒品而购买毒品。[2]这种假定通常是成立的,但要获得证据支持却存在一定的难度。

2. 对前述"实行行为说"的反思。关于毒品犯罪侦查难度较大的问题,目前无论是刑法理论,还是有关司法解释,都分别从理论基础、权力来源以及实际操作等各个方面支持甚至鼓励侦查机关采用诱惑侦查、控制下交付等特情手段。例如,公安部2001年6月印发的《刑事特情工作规定》规定,刑事特情是公安机关侦查部门领导和指挥的、同刑事犯罪活动作斗争的特殊的秘密工作力量。最高法2000年印发的《南宁会议纪要》(已废止)、2008年印发的《大连会议纪要》等多次强调,"运用特情侦破毒品案件,是依法打击毒品犯罪的有效手段"。并对特情手段的类型及其法律适用作出了明文规定。从实践看,也大量采用诱惑侦查等特情手段,已经显著降低了毒品犯罪的侦查难度。

对于采用"特情手段"侦查的案件,根据有关调研数据,约占50.5%的法官认为在公安机关控制下交付完成的毒品犯罪应当认定为买卖双方均既遂;约占29.3%的法官认为买卖双方均未

---

[1] 参见高铭暄、马克昌主编:《刑法学》,北京大学出版社、高等教育出版社2017年版,第594页。

[2] 参见胡海:"对贩卖毒品罪既遂标准之从严刑事政策的审视与重构",载《学术界》2016年第2期。

遂；约占20.2%的法官认为买方未遂、卖方既遂。[1]但是，实践中大多以犯罪既遂论处。例如，郎某某贩卖毒品案。证人方某（西城分局禁毒中队民警）证言证实：2013年7月24日下午，一名群众反映有人贩卖毒品。当日17时50分许，举报人和郎某某联系，并告诉郎某某会有一个穿红色半袖上衣、黑色短裤的人和他见面。于是我穿红色半袖上衣、黑色短裤在某会馆门前停车场等待郎某某。18时许，一名戴墨镜男子骑电动自行车进了停车场，问我是不是等人，我说是，他问我是那个事吗，我说是。然后男子带我到边上的小花园，把随身的包打开，里面有几包白色可疑晶体，我就站起来，把背包斜挎在身上，同事就过来把该男子抓获了。尽管辩护人提出警方采取了特情引诱措施，但法院认为，"根据在案证据可以证实，被告人郎某某持有大量毒品待售，且具有明确的贩卖毒品的犯意，其对此亦予以供认，并非系被引诱才实施的犯罪，上述辩护意见不能成立，本院不予采纳"。[2]

对于刑法上处罚漏洞的填补，不仅受制于罪刑法定原则的约束，也难以突破法律解释方法的极限。其一，按照通说也就是"实行行为说"的理论逻辑，行为人单纯购买毒品的行为、购买毒品并吸食毒品的行为，以及无偿向他人提供毒品的行为等，也都侵害了毒品管理制度，具有处罚的必要性。但是，我国刑法并未将前述行为规定为犯罪。其二，按照通说的理论逻辑，将导致着手时间和既遂时间的提前化，毒品犯罪从此既不存在预备阶段

---

[1] 参见烟台市中级人民法院课题组："关于毒品犯罪案件法律适用问题的调研报告"，载《山东法官培训学院学报（山东审判）》2016年第4期。

[2] 参见北京市第二中级人民法院刑事判决书，案号是（2014）二中刑初字第100号。

和实行阶段的区分，也没有未遂犯与既遂犯的区分，只要行为人实施毒品犯罪，就成立毒品犯罪的既遂。后文所讨论的居间介绍买卖毒品行为、无偿代购毒品行为等，也将一概成立毒品犯罪的实行犯。

目前的司法实践就是如此，只要行为人以贩卖为目的而实施了收买毒品的行为，不考虑是否进入交易环节、是否达成交易协议、毒品是否交付给买方等，即便毒品被警方查获，没有卖出，也成立贩卖毒品罪的既遂。[1]例如，李某某等贩卖毒品案。被告人李某某于2013年1月24日，收取聂某某、刘某某毒资5万元、史某某毒资3.75万元，从广东省佛山市为聂某某、刘某某购买并带回冰毒200克，为史某某购买并带回冰毒150克。在蓬莱市于庄高速路口收费站，被告人李某某被龙口市公安局查获，携带毒品被当场扣押。李某某的辩护人提出"被告人系以贩养吸，最后一次犯罪未遂"的辩护意见，但是法院认为："李某某在最后一次犯罪过程中已经收取同案犯巨额毒资，且购入毒品，相关交易已经完成大部分环节，属于犯罪既遂。"[2]法院系统的有关调研报告也认为，贩卖毒品罪未遂形态已经名存实亡。[3]

但是，按照《刑法》第23条关于犯罪未遂的规定，上述情形应当属于"由于犯罪分子意志以外的原因而未得逞"，构成贩

---

[1] 参见李启新、冯磊："走私、贩卖、运输、制造毒品罪既未遂问题探讨"，载《中国检察官》2006年第7期；袁江华："贩卖毒品罪既遂与未遂的区别及认定"，载《人民司法》2008年第12期。

[2] 参见山东省烟台市中级人民法院刑事判决书，案号是（2013）烟刑一初字第104号。

[3] 参见烟台市中级人民法院课题组："关于毒品犯罪案件法律适用问题的调研报告"，载《山东法官培训学院学报（山东审判）》2016年第4期。

卖毒品罪的未遂犯。因此,通说即"实行行为说"的观点是不可取的,对有关案件的处理方式和结论是错误的。

(三)本书的观点:"以销售为目的而购买毒品的行为"是贩卖毒品罪的预备行为

本书认为,我国刑法分则中的"贩卖"'是指出卖或者出售、销售,不能要求买进后再卖出,否则便不当地缩小了处罚范围。《刑法》第347条第1款中的"贩卖"只要求单纯出卖,而不要求先买进毒品后再卖出毒品。贩卖毒品是有偿转让毒品的行为,"以销售为目的而购买毒品的行为"不是贩卖毒品罪的实行行为,至多属于预备行为。主要理由是:

1. 解释和适用刑法既要考虑刑法条文可能具有的含义,也要考虑具体犯罪的保护法益。"对构成要件的解释必须以法条的保护法益为指导,而不能仅停留在法条的字面含义上。换言之,解释一个犯罪的构成要件,首先必须明确该犯罪的保护法益,然后在刑法用语可能具有的含义内确定构成要件的具体内容。"[1]贩卖毒品罪是威胁、侵害公众身体健康的抽象危险犯,[2]在行为人为了出售而购买毒品,但尚未出卖的场合,还未达到贩卖毒品罪所要求的危险程度,没有危及公众的身体健康,因而不成立贩卖毒品罪。否则,如果认为贩卖毒品罪侵害的法益是国家对毒品的管理制度或者管理秩序,[3]不考虑行为人事后是否实际出卖毒品,凡

---

[1] 张明楷:"实质解释论的再提倡",载《中国法学》2010年第4期。
[2] 参见[日]西田典之:《日本刑法各论》,王昭武、刘明祥译,法律出版社2013年版,第328页。
[3] 参见高铭暄、马克昌主编:《刑法学》,北京大学出版社、高等教育出版社2017年版,第594页。

是购买毒品的,即便是购买毒品用于自己吸食的,都侵害了贩卖毒品罪的保护法益,成立贩卖毒品罪,可能会导致处罚范围的不当扩大化和处罚的提前化。

2. 从语言文字的含义看,"贩卖"通常是指先买后卖。但是,"贩卖的毒品既可能是自己制造的,也可能是自己所购买的,还可能是通过其他方法取得的"。[1]"贩卖"毒品的重点在于出卖,并不意味着必须先行购买,然后再出售。有的观点认为:"在贩卖的情况下,包含为卖而买,其购买行为只能依附于卖而成为犯罪,不以出卖为目的的购买,则不构成犯罪。"[2]根据这种观点,只要行为人是出于出卖的目的购买毒品,其在出卖毒品前被查获的,由于已经着手实行犯罪,也至少构成贩卖毒品罪的未遂犯。但是,应当根据贩卖毒品罪的法益对"贩卖"的含义进行限制解释。"我国刑法分则中的'贩卖'一词,只能被规范地解释为出卖或者出售、销售,而不能要求买进后再卖出(当然,该行为也符合贩卖的条件),否则便不当地缩小了处罚范围……(《刑法》第347条第1款中)'贩卖',只要求单纯出卖,而不要求先买进毒品后再卖出毒品。……即使认为将'贩卖'解释为出售属于扩大解释,也不能认为是任意的,而是以刑法的正义理念、处罚的必要性等为依据的。"[3]"贩卖实际上应当包括'买'和'卖'两个行为阶段,以卖出为目的而买得仅仅是贩卖行为的

---

[1] 高铭暄、马克昌主编:《刑法学》,高等教育出版社、北京大学出版社2017年版,第594页。

[2] 陈兴良:"相似与区别:刑法用语的解释学分析",载《法学》2000年第5期。

[3] 张明楷:《刑法分则的解释原理》(下),中国人民大学出版社2011年版,第819~820页。

第一个行为阶段。完整的贩卖毒品行为应该是以贩卖为目的购得毒品，然后再将毒品卖出。"[1]"一个完整的贩卖毒品行为应该是以贩卖为目的购得毒品，然后将毒品顺利卖出，'为贩卖而购买'的行为是'贩卖'行为的准备行为，不应将其作为实行行为来看待。"[2]换言之，贩卖毒品罪本质上是"出卖毒品罪"，购买毒品的行为不是贩卖毒品罪的实行行为，至多是贩卖毒品的预备行为。

3. 关于吸毒者实施的购买毒品行为，在认定时应当注意防止变相对吸毒本身追究刑事责任。尽管贩毒者和购毒者是对向关系，但是我国《刑法》第347条仅规定了贩卖毒品罪，未规定购买毒品罪。我国刑法也不处罚单纯的吸毒行为。"……对于不能查明买方购买毒品的真实用途的案件，不能以系贩卖毒品者的帮助犯为由，认定为贩卖毒品罪的共犯……该种情形一般应当以非法持有毒品罪定罪处刑。"[3]另一方面，将"以销售为目的而非法收买毒品"行为理解为贩卖毒品罪的实行行为，存在将预备行为正犯化的嫌疑。即便可以对预备行为以正犯处理，由于改变了刑法分则规定的构成要件，原则上也只能通过刑事立法来实现，而不能以司法解释或者学理解释来实现。

着手实行是判断行为人是否进入实行阶段的标志，也是判断行为人有无可能成立未遂犯、既遂犯的标志。因此，对于以销售

---

〔1〕 陈贺评、宁积宇："以毒品交付作为贩卖毒品罪既遂标准"，载《检察日报》2009年10月12日，第3版。

〔2〕 顾静薇、张小蓓："贩卖毒品时放弃交易是否未遂"，载《人民检察》2012年第6期。

〔3〕 上海市高级人民法院《关于审理毒品犯罪案件具体应用法律若干问题的意见》第3条第1项。

为目的购买毒品,尚未出售的,由于行为人并未进入贩卖毒品罪的实行阶段,不能成立贩卖毒品罪的既遂犯或者未遂犯,至多成立贩卖毒品罪的预备犯;如果持有毒品数量达到法定标准的,同时成立非法持有毒品罪,属于二罪的想象竞合,从一重罪处断。考虑到刑法以处罚实行行为为原则,以处罚预备行为为例外;以处罚既遂犯为原则,以处罚未遂犯为例外,处罚预备犯则是例外中的例外。因此,对于单纯购买毒品,已经吸食或者确定将用于吸食的毒品,没有实施后续的出售行为,所持有的毒品数量达不到相关罪名的数量要求的,可不以犯罪论处。

二、居间介绍买卖毒品与代购毒品行为的性质与理解

我国刑法理论和实践主张严格区分居间介绍买卖毒品、代购毒品和居中倒卖毒品行为。不过,在实践中,有些犯罪人被抓获之后往往辩称自己是居间介绍者,而不是贩卖毒品者,以减轻罪责;有些场合,例如居间介绍者出于牟利目的或者变相加价的场合,难以界分居间介绍、代购毒品和居中倒卖行为的性质。特别是,有关司法解释同时采用上述几个概念。为此,需要对这些概念进行研究。

(一)居间介绍买卖毒品行为的性质

居间介绍买卖毒品行为,一般是指行为人为贩毒者与购毒者达成毒品交易,提供交易信息、介绍交易对象、协调交易价格、数量,从中予以引荐、沟通、撮合等,提供各种帮助,以促成毒品交易的行为。居间介绍行为主要包括行为人为贩毒者出卖毒品寻找购毒者的居间行为、行为人为购毒者购买毒品介绍贩毒者的

居间行为，以及行为人既为贩毒者出卖毒品寻找购毒者，同时又为购毒者购买毒品介绍贩毒者的"双重居间"行为。

从实践看，"居间介绍"买卖毒品案件的侦查流程大致是：民警在现场抓获交易毒品的 A、C，而 B 是其介绍人。实践中 B 可能在现场被一并抓获，也可能前期介绍 A、C 搭上线后就没有再去交易现场。后一种情况下，B 到案后如实供述的可能性极小。在我国当前的毒品流通环节中，越是接近消费层面，越是处于"卖方市场"而非"买方市场"。所以，除非卖家所持毒品货色太差、价格太高，通常情况下都是买家"求购"而非卖家"兜售"。对于有购毒渠道的居间介绍人而言，"为贩毒者介绍联络购毒者"往往是隐性的，"为购毒者介绍联络贩毒者"大多是显性的。一旦 B 被抓获后竭力辩解自己的行为属于后者，"希望或放任"前者的主观故意，以及 A 可能曾经说过"有要货的人可以来找我"，都难以取得证据证明。至于"明知购毒者以贩卖为目的购买毒品，受委托为其介绍联络贩毒者"，先要查明购毒者有贩卖意图，还要证明居间人对此"明知"，侦查难度进一步提高。[1]

关于居间介绍买卖毒品和代购毒品行为的性质，主要存在非法持有毒品罪说、贩卖毒品罪共犯说与折中说的对立。

1. 非法持有毒品罪说。该说认为，居间介绍买卖毒品的行为不构成贩卖毒品罪，至多构成非法持有毒品罪。主要理由是：其一，从刑法规定看，正如刑法并未将居间介绍卖淫行为规定为犯罪，刑法也没有明文将居间介绍买卖毒品行为规定为贩卖毒品

---

〔1〕 参见李崇涛："涉罪居间交易毒品行为的定性与证明"，载《山东警察学院学报》2020 年第 3 期。

罪；其二，从居间行为看，居间人只不过是提供信息，未参与具体的贩毒行为；其三，从主观方面看，居间介绍者没有与贩毒者形成共同的贩毒故意；其四，从法益侵害程度看，与走私、贩卖毒品行为相比，居间介绍行为的危害性较小，如果将其作为贩卖毒品罪论处，可能导致罪刑不均衡。[1]

不过，其一，尽管居间介绍人并未实际实施贩卖毒品的行为，但行为人为贩卖毒品和购买毒品牵线搭桥，增加了侵害公众身体健康的危险。其二，即便认为居间介绍者缺乏帮助贩毒者的故意，但只要行为人的行为促进了贩毒者的贩毒行为及其结果（危险结果），完全可以构成贩卖毒品罪的片面的帮助犯。其三，从刑法规定看，我国刑法分则对预备犯的规定并不完备，对于片面帮助犯也缺乏明文规定。但并不妨碍将具有处罚必要性的犯罪行为纳入刑法调整范围。

2. 贩卖毒品罪共犯说。该说认为，对于居间介绍买卖毒品行为，无论居间介绍者是受购毒者之托购买毒品，还是受贩毒者之托贩卖毒品，均构成贩卖毒品罪的共犯。主要理由是，居间人为吸毒者、购毒者还是贩卖者提供信息，通过自己的行为使贩毒者与购毒者之间得以进行交易，符合刑法有关共同犯罪的规定，应当以贩卖毒品罪的共犯论处。[2]例如，张明楷教授认为："居间介绍者在毒品交易中处于中间人地位，发挥介绍联络作用，通常与交易一方构成共同犯罪，但不以牟利为要件。……居间介绍者

---

[1] 参见左仰东、张建兵："提供'毒源'信息能否认定为居间介绍买卖毒品"，载《法治论丛》2010年第3期。

[2] 参见车志平："不以营利为目的居间介绍买卖毒品的行为性质之辨析"，载《中国检察官》2011年第20期。

受贩毒者委托,为其介绍联络购毒者的,与贩毒者构成贩卖毒品罪的共同犯罪;明知购毒者以贩卖为目的购买毒品,受委托为其介绍联络贩毒者的,与购毒者构成贩卖毒品罪的共同犯罪。"[1] 殷芳保认为,代购者明知他人贩卖毒品但仍然为其提供帮助,将毒品转移给购买者,在客观上促成了毒品交易。即便代购毒品者并未从毒品交易中牟利或者变相加价代购毒品,都应当以贩卖毒品罪的共犯论处。[2]

有的司法解释坚持这一立场,例如,最高法1994年12月发布的《关于执行〈全国人民代表大会常务委员会关于禁毒的决定〉的若干问题的解释》第2条第4款规定:"居间介绍买卖毒品的,无论是否获利,均以贩卖毒品罪的共犯论处。"再如,《大连会议纪要》第2条规定,对于"代购者从中牟利,变相加价贩卖毒品的,对代购者以贩卖毒品罪定罪。明知他人实施毒品犯罪而为其居间介绍、代购代卖的,无论是否牟利,都应以相关毒品犯罪的共犯论处"。

3. 折中说。该说认为,对于居间介绍买卖毒品行为的,不能一概而论。其中,又有不同观点。

第一种观点主张根据居间介绍者是否具有帮助他人贩卖毒品的意图进行判断。如果购毒者购买毒品是为了贩卖,居间介绍人帮助其联系上家的行为促成贩卖毒品行为的完成,双方具有贩卖毒品的共同故意,成立贩卖毒品罪的共犯;如果购毒者仅以吸食

---

[1] 张明楷:《刑法学》(下),法律出版社2016年版,第1148页。
[2] 参见殷芳保:"不以牟利为目的代购毒品也应认定为共犯",载《检察日报》2014年5月21日,第3版。

为目的，一般与购毒者构成非法持有毒品的共同犯罪。[1]主要理由是，居间介绍人为贩卖毒品的购毒者介绍贩毒者，主观上与购毒者具有为了贩卖而购入毒品的共同故意，客观上介绍贩毒者与购毒者实施了购买毒品的行为，因此其与购毒者构成贩卖毒品罪的共犯。例如，李静然法官认为："居间介绍者受哪一方交易主体委托，与哪一方存在犯罪共谋，并有更加积极、密切的联络交易行为，就认定其与哪一方构成共同犯罪。居间介绍者受贩毒者委托，为其介绍联络购毒者的，与贩毒者构成贩卖毒品罪的共同犯罪。居间介绍者明知购毒者以贩卖为目的购买毒品，受委托为其介绍联络贩毒者的，与贩毒者构成贩卖毒品罪的共同犯罪……居间介绍者受以吸食毒品为目的的购毒者委托，为其介绍贩毒者的，不能因为其行为客观上促进了贩毒者的贩卖行为而简单认定为贩毒者的共犯，……毒品数量达到较大以上的，居间介绍者与购毒者构成非法持有毒品罪的共犯。"[2]

有关司法解释坚持这一观点，例如《武汉会议纪要》规定："居间介绍者受贩毒者委托，为其介绍联络购毒者的，与贩毒者构成贩卖毒品罪的共同犯罪；明知购毒者以贩卖为目的购买毒品，受委托为其介绍联络贩毒者的，与购毒者构成贩卖毒品罪的共同犯罪；受以吸食为目的的购毒者委托，为其介绍联络贩毒者，毒品数量达到刑法规定的最低数量标准的，一般与购毒者构成非法持有毒品罪的共同犯罪；同时与贩毒者、购毒者共谋，联

---

〔1〕参见烟台市中级人民法院课题组："关于毒品犯罪案件法律适用问题的调研报告"，载《山东法官培训学院学报（山东审判）》2016年第4期。

〔2〕李静然："居间介绍买卖毒品的认定与处罚"，载《人民司法（案例）》2016年第17期。

络促成双方交易的,通常认定与贩毒者构成贩卖毒品罪的共同犯罪。"

第二种观点主张区分是居间介绍行为还是居中倒卖行为,认为居间介绍行为成立贩卖毒品罪的共犯,居中倒卖行为成立贩卖毒品罪的正犯或者运输毒品罪。从实践看,有些毒品犯罪分子为获取较轻的刑事处罚,往往辩称自己是居间介绍人,将居间介绍和直接贩卖毒品混淆起来。为此,《武汉会议纪要》第2条规定:"居间介绍者在毒品交易中处于中间人地位,发挥介绍联络作用,通常与交易一方构成共同犯罪,但不以牟利为要件;居中倒卖者属于毒品交易主体,与前后环节的交易对象是上下家关系,直接参与毒品交易并从中获利。"对于代购者为托购者代购毒品,在运输过程中被查获,没有证据证明托购者、代购者是为了实施贩卖毒品等其他犯罪,毒品数量达到较大以上的,对托购者、代购者不再作为非法持有毒品罪的共犯,而是作为运输毒品罪的共犯论处。

第三种观点主张根据代购者是否具有牟利目的或者营利目的,分别认定为贩卖毒品罪或者其他毒品犯罪,或者无罪。例如,肖晚祥认为:"对于居间介绍买卖毒品的行为是否构成贩卖毒品罪,要分别不同情况对待:对于为卖家介绍买主或在买卖双方之间介绍、撮合,促成毒品交易的,不论介绍人有没有牟利的目的,是否实际获利,都应当以贩卖毒品罪处罚。因为在这种情况下,介绍人明知卖主有贩卖毒品的故意,仍然为其寻找、介绍买主,显然是贩卖毒品的共犯。如果介绍人仅仅是为买家介绍卖主,则要看介绍人是否有牟利的目的,没有牟利目的的,不构成贩卖毒品罪;具有牟利目的的,则可以构成贩卖毒品罪。……如果仅仅是单纯地为买主介绍卖主的行为,从性质上说是一种购买毒品的帮助行为,主行为(即购买者的行为)尚不构成贩卖毒品罪,则帮助行为更加不应该构成。但如果行为人以牟利为目的为买家介绍卖主,则其行为性质已发生了变化,其社会危害性及行为人的人身危险性已不同于单纯的介绍卖主的行为,而具有对其进行刑法评价的独立要素,故应以贩卖毒品罪论处。"[1]

有的司法解释也坚持这一观点。例如,《大连会议纪要》规定:"代购者从中牟利,变相加价贩卖毒品的,对代购者应以贩卖毒品罪定罪。"《武汉会议纪要》规定:"行为人为吸毒者代购毒品,在运输过程中被查获,没有证据证明托购者、代购者是为了实施贩卖毒品等其他犯罪,毒品数量达到较大以上的,对托购者、代购者以运输毒品罪的共犯论处。行为人为他人代购仅用于吸食的毒品,在交通、食宿等必要开销之外收取'介绍费''劳务费',或者以贩卖为目的收取部分毒品作为酬劳的,应视为从中牟利,属于变相加价贩卖毒品,以贩卖毒品罪定罪处罚。"最高检、公安部2012年5月联合发布的《关于公安机关管辖的刑事案件立案追诉标准的规定(三)》第1条也规定:"有证据证明行为人以牟利为目的,为他人代购仅用于吸食、注射的毒品,对代购者以贩卖毒品罪立案追诉。"

上述将牟利事实或目的作为代购行为构成贩卖毒品罪的成立条件的观点,所考虑的重点是行为人是否获利,而非行为是否危害了公众健康这一保护法益。但是,刑法的目的是保护法益不受

---

[1] 肖晓祥:"贩卖、运输毒品罪的司法认定",载游伟主编:《华东刑事司法评论》(第3卷),法律出版社2003年版,第104页。

侵犯，而不是防止行为人获利。同样，判断代购毒品的行为是否成立犯罪的根据在于这种行为是否危害公众健康，而不在于行为人是否牟利。[1]因此上述观点不妥当。

4. 本书的观点。从上述学说和司法解释、司法实践等来看，关于判断居间介绍买卖毒品和代购毒品的性质，主要坚持以下两个标准：其一，行为人居间介绍或者代购毒品的目的，是为了帮助单纯吸毒者，还是为了帮助贩毒者和为了贩毒而购买毒品的购毒者。如果结论是肯定的，则构成贩卖毒品罪的共犯；反之，则可能构成非法持有毒品罪。其二，行为人居间介绍或者代购毒品是否具有牟利目的，是否变相加价、从中牟利或者赚取了差价。

从居间的含义看，民法上的居间包括媒介居间和报告居间（指示居间）。媒介居间是指居间人为订约媒介，介绍双方订立合同，即斡旋于交易双方之间，从而促成双方的交易。报告居间是指居间人为委托人报告订约机会，即居间人接受委托人的委托，寻找和指示其可与委托人订立合同的相对人，进而为委托人提供订约机会。

有关居间介绍买卖毒品和代购毒品的性质界定，应当根据贩卖毒品罪的成立要件以及行为人在犯罪中所起的作用等进行判断。媒介居间行为应当构成贩卖毒品罪的共犯。至于报告居间行为，则需要具体分析。其一，为购毒者寻觅和指示贩毒者的居间行为，没有超出购买行为的通常范围，只能评价为购买，而不能评价为出卖。既然吸毒者购买毒品的行为不受处罚，那么，也不

---

[1] 参见张明楷："代购毒品行为的刑法学分析"，载《华东政法大学学报》2020年第1期。

应当处罚帮助吸毒者寻觅、指示贩卖者的行为。[1]其二,如果代购者与吸毒者之间不存在有偿交付毒品的事实,只是帮助吸毒者将毒品从上家转交给吸毒者,或者单纯为吸毒者指示、寻找上家,即使多次实施该行为,也不可能成立贩卖毒品罪的共犯。[2]

本书认为,就居间介绍买卖毒品行为而言,需要注意以下几点:

(1)从客观方面看,居间介绍行为本质上是帮助行为。在居间介绍买卖毒品的场合,需要进一步区分居间介绍行为人是帮助购毒者购买毒品(对购毒者提供帮助),还是为了贩毒者贩卖毒品(对贩毒者提供帮助)。如果居间介绍行为人基于帮助单纯吸毒者购买毒品,为其提供购买毒品的来源,购毒者购毒数量不大,居间介绍者也没有从中牟利的,由于我国刑法并不处罚单纯的吸毒行为,原则上不以犯罪论处。但是,如果居间介绍人是为了帮助贩毒者贩卖毒品,或者是为了帮助购毒者购买毒品,即便购买毒品者只是单纯吸毒,如果行为人多次为购毒者提供购买毒品的来源,购毒者购买毒品的数量较大,或者居间介绍者从贩毒者、购毒者处获得一定利益的(包括金钱、免费吸食毒品等在内),根据居间者在贩卖毒品罪中所起的作用,认定为贩卖毒品罪正犯或者帮助犯。

(2)从主观方面看,无论是"受贩毒者委托",还是"明知购毒者以贩卖为目的购买毒品",要构成贩卖毒品罪共同犯罪,

---

[1] 参见张明楷:"代购毒品行为的刑法学分析",载《华东政法大学学报》2020年第1期。

[2] 参见张明楷:"代购毒品行为的刑法学分析",载《华东政法大学学报》2020年第1期。

都要求居间介绍者与贩毒者或以贩卖为目的的购毒者具有犯意联络。换言之，居间人必须认识到上家或下家实施的是贩毒行为，并希望或者放任发生危害结果。原则上，居间介绍者与哪一方交易主体存在犯意联络，并有更加密切的交互行为，就认定其与哪一方构成共同犯罪；如果与两方均有犯意联络及较为密切的交互行为，通常认定与贩毒者构成贩卖毒品罪的共同犯罪。

（3）关于居间人在共同犯罪中的地位和作用，取决于居间介绍者的参与程度。"居间人一般实施的是提供交易信息、介绍交易对象等帮助行为，即使是对交易的发起和达成参与程度较深、起重要作用的行为，也需要与毒品交易主体的行为一起作为一个整体来评价。"[1]对于行为人居间介绍，帮助贩毒者贩卖毒品的，根据其在贩卖毒品过程中所起的作用，原则上以贩卖毒品罪的共犯论处；对于在交易过程中起到重要作用的，可以贩卖毒品罪的正犯论处。

一般来说，居间介绍者不是毒品交易的一方主体，其行为对促成交易起次要、辅助作用，如为毒品交易主体提供交易信息、介绍交易对象等，对能否达成交易没有决定权，在共同犯罪中处于帮助犯地位，通常应当认定为从犯。但是，如果行为人对毒品交易的发起和达成起到重要、直接、积极作用，例如居间介绍者教唆他人实施贩卖毒品犯罪，或者居间介绍者在整个毒品交易过程中"穿针引线"，积极促成交易，超出居间介绍地位的，也可

---

[1] 周芹、石晓琼："毒品犯罪若干法律适用问题探讨——以《武汉会议纪要》为视角"，载《湖北警官学院学报》2017年第2期。

以认定为主犯。[1]《武汉会议纪要》也坚持这一观点。"居间介绍者实施为毒品交易主体提供交易信息、介绍交易对象等帮助行为，对促成交易起次要、辅助作用的，应当认定为从犯；对于以居间介绍者的身份介入毒品交易，但在交易中超出居间介绍者的地位，对交易的发起和达成起重要作用的被告人，可以认定为主犯。"

（4）注意区分居间介绍者与居中倒卖者。其一，居间介绍人不是毒品交易的主体，而居中倒卖者是通过毒品交易赚取差价，位于上下游毒品犯罪中的中间环节，属于交易的主体。其二，居间介绍人需要与毒品交易主体在存在犯意联络的基础上，实施共同行为，才能构成贩卖毒品罪。而居中倒卖者一般具有牟取非法利益的主观故意，其行为完全符合贩卖毒品罪的构成要件，可以独立构成此罪。其三，由于居中倒卖者既有贩卖毒品行为，也有贩毒的故意，同时也具有对他人的贩毒行为、非法持有毒品行为，具有帮助行为和帮助故意，因此既构成独立的贩卖毒品罪，也与上下游贩毒人员、吸毒人员构成贩卖毒品罪和非法持有毒品罪等的共犯。[2]应当根据想象竞合的处理方法，认定为贩卖毒品罪的正犯。

（二）代购毒品行为的性质

代购毒品是行为人受购毒者委托代为购买毒品，行为人是购买毒品的代理人，因此代购行为本质上是行为人帮助他人购买毒

---

[1] 参见李静然："居间介绍买卖毒品的认定与处罚"，载《人民司法（案例）》2016年第17期。

[2] 参见周芹、石晓琼："毒品犯罪若干法律适用问题探讨——以《武汉会议纪要》为视角"，载《湖北警官学院学报》2017年第2期。

品。从实践看，代购行为存在数量大小、次数多少以及有偿无偿等区分。代购毒品者往往通过低价购入、高价卖出的方式赚取差价，以实现牟利目的。一般认为，居中倒卖者属于毒品交易主体，直接参与毒品交易，本质上属于牟取利益的代购毒品。

在实践中，代购毒品案的侦查流程大致是：公安人员一般是在B向C销售毒品时抓获二人，此时人赃俱获，客观证据最多，涉案双方通常也会交代"有毒品交易"的基本事实。在案证据一般有：B的供述，C的交代，扣押的毒资，查获的毒品及重量、鉴定等衍生材料，公安机关"破案说明""抓获经过"等其他文书。显而易见，能够用于认定毒品交易行为性质的证据只有双方交代，而可以预料的是：其一，关于涉案毒品是"仅用于C吸食"还是"为了实施贩卖毒品等其他犯罪"，利益趋同的B、C会不约而同地否定后者、辩称前者。二者说法得到"印证"，没有反证则会被采信。其二，经验丰富的B往往按需进货、现购现卖，或者虽然手中有货但在接到C的"求货"电话时故意声称自己没货，从而告诉C"我去帮你问问哪里有货"。归案后B辩称自己"不是贩卖毒品而是代购"，此时C刻意配合B也好，就其所知的"实际"情况交代也好，双方说法印证，没有反证则会被采信，B的行为性质已有"代购"的色彩。其三，B进一步辩称涉案毒品是自己在A处帮C购买，购毒金额就是C支付的金额，自己没有赚取任何差价。这一情况C不知情，实践中要么是B完全虚构了A，要么是A客观存在但一般没有到案，在案证据仅有B的供述。关于B"代购毒品是否牟利"的情节存疑，只能作出有利于B的处理，采信其辩解。最终，B的行为不能被认定为"独立贩卖"或"居中倒卖"毒品，只能以不构成贩卖毒品罪的

"代购"行为处理。[1]

1. 关于代购毒品行为性质的观点。刑法理论和司法实践大多主张根据代购人是否具有牟利目的进行判断,如果行为人具有牟利目的,构成贩卖毒品罪;否则,根据毒品数量判断是否成立非法持有毒品罪。具体来说,行为人为他人代购仅用于吸食的毒品,在交通、食宿等必要开销之外收取介绍费、劳务费,或者以贩卖为目的收取部分毒品作为酬劳的,应视为从中牟利,属于变相加价贩卖毒品,以贩卖毒品罪论处。

代购行为可以分为有偿代购和无偿代购两种情形。在第一种情形中,代购者代购毒品转交购买毒品者并赚取利润,其本质就是一种贩卖毒品的情况,因此,对于有偿代购毒品的行为应当认定为贩卖毒品行为。在第二种情形中,无偿代购显然是一种帮助购买毒品的行为,对此,如果是偶尔为一人代购毒品,一般不认定为犯罪,但是如果为多人代购毒品,则代购者的主观恶性、社会危害性均达到刑罚标准,应当认定为贩卖毒品犯罪的共犯。[2]

多数司法解释采纳这一观点。例如,《大连会议纪要》第2条规定,对于"代购者从中牟利,变相加价贩卖毒品的,对代购者应以贩卖毒品罪定罪。明知他人实施毒品犯罪而为其居间介绍、代购代卖的,无论是否牟利,都应以相关毒品犯罪的共犯论处"。代购毒品数量超过《刑法》第348条规定的最低数量标准的,对托购者、代购者以非法持有毒品罪论处。《武汉会议纪要》

---

[1] 参见李崇涛:"涉罪居间交易毒品行为的定性与证明",载《山东警察学院学报》2020年第3期。

[2] 参见张剑:"居间、代购代购毒品行为如何区分情形具体认定",载《检察日报》2009年6月22日,第3版。

第 2 条规定:"行为人为他人代购仅用于吸食的毒品,在交通、食宿等必要开销之外收取'介绍费''劳务费',或者以贩卖为目的收取部分毒品作为酬劳的,应视为从中牟利,属于变相加价贩卖毒品,以贩卖毒品罪定罪处罚。""居中倒卖者属于毒品交易主体,与前后环节的交易对象是上下家关系,直接参与毒品交易并从中获利。"换言之,只有为他人代购仅用于吸食的毒品的,才需要根据是否从中牟利判断能否认定为贩卖毒品罪;如果明知托购者实施贩卖毒品犯罪而为其代购毒品的,无论是否牟利,均应以贩卖毒品罪的共犯论处;如果代购者从代购行为中牟利,无论其为他人代购的毒品是否仅用于吸食,均构成贩卖毒品罪。[1]

上述三个会议纪要对于代购毒品行为的规定,主要有以下三点:其一,行为人为他人代购用于吸食的毒品,不以营利为目的,数量超过刑法所规定数量的最低标准,构成犯罪的,应以非法持有毒品罪对代购者定罪;没有证据证明代购者是为了实施贩卖毒品罪而为吸毒者代购毒品,毒品数量较大的,则以运输毒品罪的共犯对代购者进行处罚;其二,代购者在为吸毒者购买毒品过程中从中牟利,加价变卖毒品的,或者在必要开销之外收取额外费用,或者为了贩卖而收取部分毒品作报酬的,应视为代购者从中牟取利益,认定为贩卖毒品罪;其三,为他人居间介绍、代购代卖毒品且明知他人实施毒品犯罪的,无论行为人是否牟利,都应以买入者所犯毒品犯罪的共犯论处。

此外,最高检、公安部 2012 年 5 月联合发布的《关于公安

---

〔1〕参见高贵君等:"《全国法院毒品犯罪审判工作座谈会纪要》的理解与适用",载《人民司法》2015 年第 13 期。

机关管辖的刑事案件立案追诉标准的规定（三）》第1条第4款规定："有证据证明行为人以牟利为目的，为他人代购仅用于吸食、注射的毒品，对代购者以贩卖毒品罪立案追诉。不以牟利为目的，为他人代购仅用于吸食、注射的毒品，毒品数量达到本规定第二条规定的数量标准的，对托购者和代购者以非法持有毒品罪立案追诉。明知他人实施毒品犯罪而为其居间介绍、代购代卖的，无论是否牟利，都应以相关毒品犯罪的共犯立案追诉。"

实践中也坚持这种观点。例如，于某某等人贩卖毒品案。公诉机关指控被告人于某某先后两次向石某某贩卖甲基苯丙胺约65克，应当以贩卖毒品罪追究于某某的刑事责任。于某某辩解其是应石某某要求，为石某某买的毒品，并没有获利。法院经审理认为，被告人于某某第一次贩卖给石某某40克甲基苯丙胺的行为属加价贩卖，有证人袁某、石某某的证言相证实，应认定其行为构成贩卖毒品罪。第二次帮助石某某购买25克甲基苯丙胺，是应石某某要求所买，系石某某出资，于某某并未获利，应认定于某某系代购行为，不宜认定为贩卖毒品。〔1〕

2. 关于"代购蹭吸"的性质的观点。"代购蹭吸"是实践中较为常见的一种形态。"代购蹭吸"是指行为人为了达到自身吸食毒品的目的，为他人代购毒品，购毒者主动为代购者提供部分毒品，或者代购者主动收取部分毒品作为酬劳。能成立"代购蹭吸"的情形，前提是不收取相关酬劳费用。对"蹭吸"能否认定为以牟利为目的的一种变相收取酬劳的情形，《大连会议纪要》

---

〔1〕 参见山东省烟台市中级人民法院刑事判决书，案号是（2013）烟刑一初字第96号。

和《武汉会议纪要》均未作出明确规定。

关于"代购蹭吸"行为的性质,主要存在下列几种观点:

(1)贩卖毒品罪说。该说认为,行为人为他人代购仅用于吸食的毒品,"蹭吸"或者收取部分毒品作为酬劳的,应视为从中牟利,以贩卖毒品罪定罪处罚。[1]但是,"蹭吸"是为了满足自身吸食毒品的需求,不宜认定为牟利行为;而且,如果对以吸食为目的的托购者认定非法持有毒品罪,对"蹭吸"的代购者认定贩卖毒品罪,也会导致处罚失衡。[2]

(2)非法持有毒品罪说。此说认为,"蹭吸"是为了满足自身吸食毒品的需要,不宜认定为牟利行为;而且,如果将以吸食为目的的托购者认定为非法持有毒品罪,对"蹭吸"的代购者认定为贩卖毒品罪,将会导致处罚失衡。但行为人"蹭吸"数量达到法定标准的,可以构成非法持有毒品罪。[3]主要理由是,在"为吸毒者代购毒品"的场合,"代购者并不具有独立的交易地位,即便行为人主观上出于代购牟利目的,也不宜认定为属于毒品的贩卖行为(或变相贩卖行为)。若为他人代购毒品数量超过刑法第348条规定数量最低标准,宜按照非法持有毒品罪认定"。[4]最高检、公安部2012年5月联合发布的《关于公安机关管辖的刑事案件立案标准的规定(三)》第1条规定,不以牟利

---

〔1〕 参见周光权:《刑法各论》,中国人民大学出版社2016年版,第434页。

〔2〕 参见高贵君等:"《全国法院毒品犯罪审判工作座谈会纪要》的理解与适用",载《人民司法》2015年第13期。

〔3〕 参见刘吉如、孙铭、习明:"代购毒品部分用于自己吸食的行为定性",载《中国检察官》2013年第6期。

〔4〕 梁彦军、何荣功:"贩卖毒品罪认定中的几个争议问题",载《武汉大学学报(哲学社会科学版)》2013年第5期。

为目的，为他人代购仅用于吸食、注射的毒品，毒品数量达到本规定的第2条规定的数量标准的，托购者和代购者以非法持有毒品罪立案追诉。

(3) 折中说。此说认为，要根据双方事前有无约定进行判断。如果双方有约定或者托购者之前已经明确承诺给予代购者一定量的毒品吸食的，应认定为获取利益，成立贩卖毒品罪；反之，如果事先没有约定或者承诺，只是托购者事后允许代购者免费吸食，则不能认定为贩卖毒品罪。[1]

(4) 无罪说。此说认为，如果代购者为他人代购毒品的目的是为了"蹭吸"，即满足自身吸食毒品的需求，不宜认定为牟利行为。主要理由是：其一，因为吸毒人员获得毒品通常需要支付金钱等对价，而"蹭吸"使作为吸毒者的代购者省去了该笔费用，可以把"蹭吸"视为一种牟利行为。但是，贩卖毒品行为的本质特征是促进毒品的流通，而"蹭吸"者是为了满足自身吸食毒品的需要，没有通过"蹭吸"造成毒品从托购者向下一环节流通。其二，"蹭吸"者的代购行为客观上为贩毒者提供了帮助，但不能简单地据此认定为贩毒者的共犯。吸毒者自行购买毒品时客观上也为贩毒者提供了帮助，但不能将吸毒者认定为贩卖毒品罪的共犯。同样道理，也不能将蹭吸者认定为贩卖毒品罪的共犯。其三，托购者本身是吸毒人员，"蹭吸"仅是代购者的酬劳，如果托购少量毒品的行为不构成犯罪，则打击"蹭吸"这一从属

---

[1] 参见廖天虎："代购毒品行为的刑法学分析"，载《广西大学学报（哲学社会科学版）》2016年第2期。

行为就有变相打击吸毒行为之嫌。[1]目前我国刑法不认为吸毒行为构成犯罪。不仅如此，如果将以吸食为目的的托购者认定为非法持有毒品罪，将"蹭吸"的代购者认定为贩卖毒品罪，也会导致处罚失衡。[2]

当然，如果代购者已有多次"蹭吸"行为，或者二者已有事先约定、事后默契，只要代购者帮忙代购，托购者即以毒品相邀，特别是，代购者与毒品上家熟识，多次从同一毒品上家为他人代购毒品，客观上为毒品上家贩卖毒品提供了较大的帮助的，可以认定代购者的"代购蹭吸"行为与毒品上家构成贩卖毒品罪的共犯。[3]

3. 本书的观点：贩卖毒品罪说。

（1）无论代购者是否在代购毒品活动中牟利或者变相加价，代购毒品行为均可能构成贩卖毒品罪。《大连会议纪要》规定，代购毒品并从中牟利或者变相加价的贩卖毒品的，代购者构成贩卖毒品罪。《武汉会议纪要》也规定，行为人为吸毒者代购仅用于个人吸食的毒品，只要没有证据证明托购者、代购者是为了实施贩毒等犯罪，在交通食宿等开销外收取报酬或者以贩卖为目的收取部分毒品作为酬劳的，属于从中牟利或者变相加价贩卖毒品，构成贩卖毒品罪。最高检、公安部2012年5月联合发布的《关于公安机关管辖的刑事案件立案追诉标准的规定（三）》第1

---

[1] 参见方文军："吸毒者实施毒品犯罪的司法认定"，载《法律适用》2015年第10期。

[2] 参见高贵君等："《全国法院毒品犯罪审判工作座谈会纪要》的理解与适用"，载《人民司法》2015年第13期。

[3] 参见方文军："吸毒者实施毒品犯罪的司法认定"，载《法律适用》2015年第10期。

条规定:"有证据证明行为人以牟利为目的,为他人代购仅用于吸食、注射的毒品,对代购者以贩卖毒品罪立案追诉。"

但是,本书认为,前述刑法理论和司法解释关于代购毒品和"代购蹭吸"行为的性质界定不准确,代购毒品和"代购蹭吸"行为既符合非法持有毒品罪、运输毒品罪的构成要件,[1]也符合贩卖毒品罪的构成要件,属于想象竞合,应当以贩卖毒品罪论处。主要理由是:

第一,判断"代购蹭吸"行为的性质的关键在于"代购",而不是有无"蹭吸"。"代购"毒品行为本身就符合贩卖毒品罪等的构成要件。判断"代购蹭吸"行为的危害性大小,应当以实施了何种类型的"代购"行为、"代购"的毒品种类和数量等作为主要标准。至于有无"蹭吸"等牟取非法利益的动机、目的和客观效果,不是贩卖毒品罪的成立条件。刑法理论和实践中将有无"蹭吸"和"蹭吸"的毒品数量等作为认定是否构成贩卖毒品罪的观点和做法,属于在刑法规定之外增加犯罪成立条件,必然导致处罚漏洞。

第二,是否将"代购蹭吸"认定为贩卖毒品罪,关键在于"代购蹭吸"行为是否符合贩卖毒品罪中"贩卖"行为的有偿性和交付性标准。在代购者多次为托购者购买毒品的场合,即便代购者没有帮助贩毒者贩卖毒品的故意,客观上也对贩毒行为起到了帮助作用,能够成立片面的帮助犯。但是,这种思路属于"一

---

[1]《刑法》第347条第1款规定:"走私、贩卖、运输、制造毒品,无论数量多少,都应当追究刑事责任,予以刑事处罚。"当然,对于涉嫌毒品犯罪数量较少,情节显著轻微的,根据《治安管理处罚法》和《禁毒法》的规定予以行政处罚即可,不宜作为运输毒品罪处罚。

叶障目,不见泰山"。实际上,代购毒品存在牟取利益和不牟取利益,牟取金钱、财物和财产性利益等多种类型。只不过,在"代购蹭吸"的场合,与代购者不牟取任何利益、托购者提供金钱等有所不同,托购者主动或者被动提供部分毒品供代购者吸食,作为代购行为的报酬。除此之外,"代购蹭吸"与其他代购毒品行为没有任何差别。前已述及,代购毒品行为属于贩卖毒品罪的实行行为,根据刑法的规定,无论贩卖毒品数量有多少,均应以贩卖毒品罪论处。

第三,根据《武汉会议纪要》的规定,行为人为他人代购仅用于吸食的毒品,在交通、食宿等必要开销之外收取"介绍费""劳务费",或者以贩卖为目的收取部分毒品作为酬劳的,属于变相加价贩卖毒品,以贩卖毒品罪定罪处罚。从实践看,毒品犯罪嫌疑人为规避"牟利行为"这一要件,往往也会选择当场分食或者收取部分毒品作为酬劳的方式获取利润。特别是,"零包贩毒"人员大多属于"以贩养吸"人员,本身对毒品有着固定的需求,其从下家收取现金后再购买毒品和收取部分毒品作为酬劳并用于自己吸食,二者并没有实质区别,都是其牟利的一种方式。[1]

(2)代购毒品行为可能构成贩卖毒品罪的正犯。主要理由是:

第一,尽管代购毒品行为形式上看起来只是帮助他人购买毒品,但是,代购行为客观上也起到了促进毒品贩卖、流通的作用,至少可以构成贩卖毒品罪的(片面的)帮助犯。"代购者明

---

[1] 参见庞勃、张勇:"代购毒品案件证据收集和法律适用",载《人民法治》2018年第12期。

知他人贩卖毒品却仍然为其提供帮助，将毒品转移给购买者，在客观上促成了毒品交易。所以，代购毒品与代卖毒品一样，其本质上都是贩卖毒品罪的帮助行为，处理方式应当一致。既然司法实践中将代卖毒品行为无一例外地认定为贩卖毒品罪（共犯），那么代购毒品行为也应当认定为贩卖毒品罪（共犯）。"[1]当然，代购者既可能出于牟利、贩卖、蹭吸等目的，也可能出于亲情、友情（哥们义气）、爱情而为他人代购毒品，但无牟利目的不等于无所企图。代购毒品促进了毒品非法流通，与出卖毒品具有相同的社会危害性，应当受到刑法的否定评价。要求代购者具有牟利目的才可构成贩卖毒品罪的观点，是站不住脚的。[2]

第二，与居间介绍不同的是，代购者在整个毒品交易中通常具有相对独立的地位，是代购者亲自与贩毒者进行毒品交易，买入毒品并提供对价，然后将毒品交付给购毒者。因此，无论购毒者是为了自己吸食、赠与他人还是准备将来贩卖毒品，在此之前代购者已经实施了比较完整的贩毒行为，在毒品交易中起到重要作用，应当成立贩卖毒品罪的正犯。

（3）代购毒品行为也可能构成贩卖毒品罪的共犯（帮助犯）。《大连会议纪要》规定："明知他人实施毒品犯罪而为其居间介绍、代购代卖的，无论是否牟利，都应以相关毒品犯罪的共犯论处。"最高检、公安部2012年5月联合发布的《关于公安机关管辖的刑事案件立案追诉标准的规定（三）》也规定："明知他人实

---

〔1〕殷芳保："不以牟利为目的代购毒品也应认定为共犯"，载《检察日报》2014年5月21日，第3版。

〔2〕参见王登辉、罗倩："贩卖毒品罪若干基础理论辨正"，载《中国刑事法杂志》2016年第2期。

施毒品犯罪而为其居间介绍、代购代卖的,无论是否牟利,都应以相关毒品犯罪的共犯立案追诉。"此外,《关于公安机关管辖的刑事案件立案追诉标准的规定(三)》第1条还规定:"有证据证明行为人以牟利为目的,为他人代购仅用于吸食、注射的毒品,对代购者以贩卖毒品罪立案追诉。"

第一,有的观点认为,尽管"蹭吸"者的代购行为客观上为贩毒者提供了帮助,但不能简单地据此认定为贩毒者的共犯,因为吸毒者自行购买毒品时客观上也为贩毒者提供了帮助,但此时吸毒者属于购买毒品的"下家",故不能将吸毒者认定为贩毒者的共犯。托购者本身是吸毒人员,"蹭吸"仅是代购者的酬劳,如果托购少量毒品的行为不构成犯罪,追究"蹭吸"这一从属行为就有变相打击吸毒行为之嫌。因此,原则上不宜对"蹭吸"行为追究刑事责任。[1]这种观点是不正确的。由于我国刑法并未规定处罚吸毒行为,所以单纯的吸毒行为不成立犯罪。之所以不能以贩毒者的共犯(贩卖毒品罪的教唆犯或者帮助犯)处罚单纯购买和吸食毒品的行为,主要是因为,虽然购毒者的行为在客观上为贩毒者贩卖毒品提供了帮助,但这种行为只是侵害了行为人自己的身体健康,而没有侵害公众的身体健康这一贩卖毒品罪的保护法益。相反,代购毒品者是帮助托购者购买毒品,侵害了公众的身体健康这一超个人的法益,即便存在托购者的承诺,也不能阻却代购者代购毒品行为的违法性和责任。因此,代购毒品者应当成立贩卖毒品罪。

---

[1] 参见方文军:"吸毒者实施毒品犯罪的司法认定",载《法律适用》2015年第10期。

第二,有的观点认为,为了特定人吸食而代购毒品的行为原则上不构成贩卖毒品罪的共犯。理由是:既然为了自己吸食而购买毒品的行为不可能与上家构成贩卖毒品罪的共犯,那么,为了特定人吸食而代购毒品的行为,也不可能成立贩卖毒品罪的共犯。这是因为,为自己吸食而购买毒品和为了特定人吸食而代购毒品,对贩卖毒品的正犯(上家)所起的作用完全相同。不能认为,前者对贩卖毒品的正犯所起的促进作用小,后者对贩卖毒品的正犯所起的作用大。[1]不过,如果代购行为对贩卖毒品的正犯起到了超出购买范围的促进作用,可以构成贩卖毒品罪的教唆犯或者帮助犯。一般来说,受贩卖毒品的正犯的委托、指派、指使,为正犯寻找购买者、为正犯派送毒品给吸毒者、帮助正犯从吸毒者处收取毒资等行为,均成立贩卖毒品罪的帮助犯。[2]

第三,如果将代购毒品的行为认定为贩卖毒品,那么,能否将吸毒者认定为贩卖毒品罪的教唆犯呢?根据立法者意思说,当代购毒品的行为属于贩卖毒品的正犯时,要求他人为自己代购毒品的行为,属于购买行为,但刑法并不处罚购买行为。即便该行为超过了单纯购买的范围,根据实质说,由于吸毒者受到公安机关的管控,自己难以直接购买,要求他人为自己代购毒品的行为缺乏期待可能性,因而不应以贩卖毒品罪论处。[3]

---

[1] 参见张明楷:"代购毒品行为的刑法学分析",载《华东政法大学学报》2020年第1期。

[2] 参见张明楷:"代购毒品行为的刑法学分析",载《华东政法大学学报》2020年第1期。

[3] 参见张明楷:"代购毒品行为的刑法学分析",载《华东政法大学学报》2020年第1期。

（三）"以牟利为目的"居间介绍或者代购毒品并"从中牟利"的性质

1. 关于居间介绍或者代购毒品是否"以牟利为目的""从中牟利"的观点。《大连会议纪要》规定："有证据证明行为人不以牟利为目的，为他人代购仅用于吸食的毒品，毒品数量超过刑法第三百四十八条规定的最低数量标准的，对托购者、代购者应以非法持有毒品罪定罪。代购者从中牟利、变相加价贩卖毒品的，对代购者应以贩卖毒品罪定罪。"显然，该纪要以代购毒品者是否具有"牟利目的"作为区分贩卖毒品罪与非法持有毒品罪的标准之一。为吸食毒品者代购毒品，不以牟利为目的的，不成立贩卖毒品罪。

理论上也有观点主张成立贩卖毒品罪必须具备牟利目的。[1]例如，赵秉志教授等认为，"贩卖毒品罪要求以牟利目的为犯罪构成要件"。[2]高巍教授等认为："贩卖毒品罪之主观方面应该以具有牟利目的为必要条件……牟利目的为贩卖毒品罪之故意内容。"[3]

2. 成立贩卖毒品罪不需要具有"牟利目的"或者"从中牟利"。众所周知，贩卖毒品是高风险、高利润的犯罪行为，贩卖毒品者通常具有牟利目的，但是成立贩卖毒品罪不需要具有"牟利目的"或者"从中牟利"，主要理由是：

---

[1] 参见于志刚：《毒品犯罪及相关犯罪认定处理》，中国方正出版社1999年版，第107页。

[2] 赵秉志、李运才："论毒品共同犯罪的死刑限制"，载《南都学坛》2010年第5期。

[3] 谢秋凌、高巍："论贩卖毒品罪之目的"，载《云南大学学报（法学版）》2006年第1期。

(1)贩卖毒品罪的保护法益是公众的身体健康这一超个人法益,而不是财产犯罪。只要行为人的行为具有侵害公众健康的危险,就能够成立犯罪。

(2)毒品犯罪对公众身体健康的危害,主要与行为人的行为以及毒品的种类(成瘾性)、数量、销售对象等有关,与行为人是否基于牟利目的实施贩卖毒品行为无关。贩卖毒品与走私、运输、制造毒品行为的危害具有相当性,至少贩卖毒品行为的危害性并不低于其他类型的毒品犯罪行为,如果在贩卖毒品的场合要求具有"牟利目的",实际上提高了贩卖毒品行为成立犯罪的门槛,不利于保护法益。

(3)在解释和适用刑法时,不能将熟悉的与必须的混为一谈。[1]刑法规范是立法者对犯罪事实进行类型化、规范化的结果,众所周知,毒品犯罪具有高度隐秘性,增加"以牟利为目的"这种主观要件,显然会进一步提高打击贩卖毒品犯罪的难度。[2]为此,立法者在规定贩卖毒品罪时,有意略去"牟利目的"要件或者认为不需要认定这一要件,以降低证明难度。

(4)对于吸毒者将原本准备用于自己吸食或者赠予他人的毒品,以购买价有偿转让给他人的场合,尽管没有从中营利或者牟利,也属于贩卖毒品。[3]若要求具有"牟利目的"这一主观要件,必然导致对犯罪的放纵。例如,张某某、何某某等贩卖毒品案。被告人张某某辩护说其只是帮忙代购毒品,只得了1000元

---

〔1〕参见张明楷:《刑法分则的解释原理》(上),中国人民大学出版社2011年版,第9页。

〔2〕参见黎宏:《刑法学各论》,法律出版社2016年版,第460页。

〔3〕参见黎宏:《刑法学各论》,法律出版社2016年版,第458页。

好处费，不属于贩卖毒品犯罪，对此，法院认为："被告人张某某以牟利为目的代购毒品，实际上相当于变相加价出售毒品，是帮助提供毒品的行为，理应以贩卖毒品罪论处。"[1]事实上，即便张某某并未从中牟利，也为他人的贩毒行为提供了帮助，可以成立贩卖毒品罪。

（5）上述司法解释的规定实际上将贩卖毒品行为的有偿性与牟利目的混为一谈，或者是将贩卖毒品的动机与犯罪目的相混淆。[2]贩毒行为的有偿性是主张贩毒者与购毒者之间进行有对价的交易，至于主观上是否具有牟利目的，客观上是否能够从中牟取一定的利润，则在所不问。

有关司法解释为了强调"牟利目的"或者"从中牟利"等的重要性，不厌其烦的详细列举并区分"交通费""食宿费""劳务费""好处费""必要开销"以及"变相加价"等，必然不妥当地提高认定犯罪的难度，导致难以对公众身体健康这一法益提供有效保护。例如，刘某芳贩卖毒品罪一案中，二审法院青岛中院认为："刘某芳为杨某双两次代购用以吸食的毒品的行为，因现无证据证实其从中牟利，故不应认定其构成贩卖。"对此，有法官认为："为他人代购用于吸食的毒品，且没有从中牟利的，不能认定为贩卖毒品罪；证明行为人是否具有牟利目的的举证责任应当由公诉机关承担，举证不能的，应当依法认定行为人不具有牟利目的；不能因为代购者的行为客观上起到帮助上线贩卖毒

---

[1] 参见广东省河源市中级人民法院刑事判决书，案号是（2014）河中法刑一初字第15号。

[2] 参见高艳东："贩卖毒品罪基本理论问题探析"，载《云南警官学院学报》2004年第1期。

品的作用，就认定其构成贩卖毒品罪。……刘某芳的行为虽然在客观上促成了卖毒者的贩毒活动，但其主观上并没有帮助卖毒者贩卖毒品的故意，其目的在于帮助托购者杨某双购买毒品用于吸食，故对刘某芳不能以贩卖毒品罪的共犯论处。"[1]不难看出，这种论证的起点是错误的，论证逻辑前后矛盾，结论自然也是不妥当的。

当然，从实践看，对于行为人明知他人是为了贩卖毒品而为其代购毒品的，即便没有从中牟利、获利或者变相加价，也可以根据具体案情成立贩卖毒品罪的帮助犯或者实行犯。例如，李某某等贩卖毒品案。自2012年5月至2013年1月27日期间，被告人李某某多次收取被告人聂某某、史某某、刘某某的毒资，从佛山购买冰毒带回龙口，交给三人贩卖。其中为聂某某购买冰毒约270克，另附送冰毒61.71克；为史某某购买冰毒约180克；为刘某某购买冰毒约100克；自购冰毒87.23克，合计698.94克。法院认为，"被告人李某某明知被告人聂某某、史某某、刘某某实施贩毒行为而收取其毒资，为其代购大量冰毒，用于三人贩卖"，构成贩卖毒品罪。[2]

三、互易毒品行为的性质

在实践中，在贩毒者之间或者吸毒者之间存在以不同种类的

---

[1] 刘世明等："刘某芳贩卖毒品案［第1014号］——为吸食者代购少量毒品的行为如何定性以及特情引诱情节对毒品犯罪案件的定罪量刑是否具有影响"，载中华人民共和国最高人民法院刑事审判第一、二、三、四、五庭主办：《刑事审判参考》（总第99集），法律出版社2014年版，第92～97页。

[2] 参见山东省烟台市中级人民法院刑事判决书，案号是（2013）烟刑一初字第104号。

毒品进行互易，或者以同种类毒品之中纯度较高的毒品交易纯度较低的毒品的现象。还有以毒品还债、以毒品偿还嫖资等现象。对此该如何处理，存在不同观点。对不同种类毒品交易的定性和毒品交易数额的认定，争议也比较大。

本书认为，互易毒品行为可以分为狭义和广义两个层次。狭义的互易毒品是指吸毒者相互之间交换毒品的行为，例如行为人甲以自己持有的海洛因与乙持有的冰毒进行交换；广义的互易毒品，不仅包括吸毒者相互以毒品交换毒品这种狭义的互易毒品行为，而且包括以物品与其他财物甚至非财产性利益进行交换的行为。关于互易毒品行为是否属于贩卖毒品，也涉及是否满足贩卖毒品罪中"贩卖"的有偿性和交付性两个要件。

(一) 单纯互易毒品行为的性质

在狭义的互易毒品的场合，互易毒品的双方均以从对方取得毒品的实际控制为目的，一方交付和转移自己的毒品，作为自己取得另一方的毒品的对价。狭义的互易毒品行为既可以分为特殊互易毒品行为与单纯互易毒品行为，也可以分为类别、质量以及纯度不同的毒品的互易与类别、质量以及纯度相同的毒品的互易。[1]特殊互易毒品行为，又称为价值互易或者补足金的互易，是指交易双方不仅互易毒品，而且一方向另一方支付一定数额的金钱作为差价补偿。[2]对此，显然应当认定为贩卖毒品罪。存在争议的是，如何界定单纯互易毒品行为的性质，以及如何计算毒

---

[1] 从司法实践看，也存在以毒品与制毒物品（例如麻黄素等）进行物物交易的案件。

[2] 参见孙万怀："互易毒品行为的刑法性质评析"，载《法律科学（西北政法大学学报）》2009年第2期。

品数量。

1. 单纯互易毒品行为的性质。关于如何界定单纯互易毒品行为的性质，主要有下列几种观点：

第一种观点认为，单纯的互易毒品行为构成贩卖毒品罪，主要理由是该行为可能使毒品流通给他人或者社会；反之，如果行为人出于吸食或者收藏等目的进行互易，则不构成贩卖毒品罪。[1]例如，何荣功教授认为："互易毒品的场合，同样促进了毒品的流通，交易双方都是有偿交易，符合贩卖毒品罪的本质，应当认定为成立贩卖毒品罪。"[2]根据这种观点，一切互易毒品的行为均促进了毒品的流通，如果互易毒品的双方均以毒品进行交易，则双方当事人都构成贩卖毒品罪。

《联合国禁止非法贩运麻醉药品精神药物公约》也坚持这种立场。该公约第3条"犯罪和制裁"第1款规定："各缔约国应采取必要的措施将下列行为确定为刑事犯罪：违反《1961年公约》、经修正的《1961年公约》或《1971年公约》的规定，生产、制造、配制、提供、兜售、出售……任何条件交付麻醉药品或精神药物。"据此，任何形式的提供或者交付毒品行为都是联合国明确要求各国犯罪化的行为。既包括无偿提供，也包括互易毒品行为等。

第二种观点认为，单纯的互易毒品行为不构成贩卖毒品罪。例如，孙万怀教授认为："以毒品代为清偿，实际上是建立在买

---

[1] 参见阮能文："毒品互易的定性和定量分析"，载《中国检察官》2016年第12期。

[2] 何荣功：《毒品犯罪的刑事政策与死刑适用研究》，中国人民公安大学出版社2012年版，第182页。

卖基础之上的,这种代物清偿实际上效力等同于清偿。也就是说虽然交付了毒品,但是本质上还是居于收买方的地位,不能认为是出卖方的地位,因此,不能认定为构成贩卖毒品罪。"[1]

该说的主要理由是:其一,买卖要求购买者支付价款,单纯的互易毒品只是以物易物,不存在价款,因此不成立买卖关系。[2]其二,单纯互易毒品与赠予毒品行为类似,只不过是以互相向对方赠予毒品为前提。[3]其三,将单纯的互易理解为"贩卖"行为,超越了"贩卖"一词的可能的文义范围,会导致任何形式的转移毒品占有、支配的行为均可能成为贩卖毒品罪。[4]

第三种观点认为,以流通为目的的毒品交易行为应认定为贩卖毒品罪,其余毒品互易行为不构成贩卖毒品罪。主要理由是,刑法之所以惩罚贩卖毒品行为,是因为贩毒行为促进了毒品的流通和扩散,危害了公众的身体健康。但是,在自己吸食或者收藏等场合,互易毒品行为并未危害公众的身体健康。[5]

根据这种观点,互易毒品行为是否构成贩卖毒品罪,取决于行为人主观上是否具有将互易取得的毒品卖出或者赠与给他人的目的或者行为。如果行为人具有前述主观目的或者后续实施卖出

---

[1] 孙万怀:"互易毒品行为的刑法性质评析",载《法律科学(西北政法大学学报)》2009年第2期。

[2] 张洪成教授认为,我国刑法明确将交易限定为必须至少一方提供的对价可以货币化,在毒品与毒品进行交易的场合,由于均不能货币化,所以不能成立贩卖毒品罪。参见张洪成:《毒品犯罪争议问题研究》,法律出版社2011年版,第118页。

[3] 参见孙万怀:"互易毒品行为的刑法性质评析",载《法律科学(西北政法大学学报)》2009年第2期。

[4] 参见孙万怀:"互易毒品行为的刑法性质评析",载《法律科学(西北政法大学学报)》2009年第2期。

[5] 参见阮能文:"毒品互易的定性和定量分析",载《中国检察官》2016年第12期。

或者赠与行为的，构成贩卖毒品罪；否则，不构成犯罪或者仅构成非法持有毒品罪。

第四种观点主张根据互易毒品的类别、性质等进行界定，认为互易毒品行为应当仅限于类别、质量等不同的毒品之间的交换，行为人单纯为了吸食而彼此交换质量相当的毒品的，不构成贩卖毒品罪。[1]例如，刘艳红教授认为："根据具体情况，将以买卖关系为基础的高纯度与低纯度毒品、硬性毒品与软性毒品以及相同纯度但数量不等毒品间的互易，作为贩卖毒品罪处理，其他情况的互易毒品行为不作为犯罪处理。"[2]

判断单纯互易毒品行为要否成立贩卖毒品罪，需要考虑下列几个问题：[3]其一，单纯互易毒品行为是否具有有偿性？贩卖是一种有偿转让行为或者对价销售行为。在毒品交易中，作为毒品的对价，既可以是金钱，也可以是实物等。如果以毒品交换毒品，尽管具有对价性，但难以认为具有贩卖毒品罪的有偿性。其二，单纯互易毒品行为是否具有侵害公众身体健康的危险？毒品犯罪是以公众的身体健康为保护法益的抽象的危险犯，贩卖毒品罪的保护法益主要是公众的身体健康。具体来说，成立贩卖毒品罪要求行为人出卖的是毒品，通过交付毒品获得对价，并使得毒品在社会上流通开来，危及公众的身体健康。

本书认为，吸毒者之间单纯互易毒品行为属于"贩卖"毒

---

[1] 参见刘艳红、梁云宝："互易毒品行为定性'相对说'之提倡——兼与孙万怀教授商榷"，载《法律科学（西北政法大学学报）》2011年第1期。

[2] 刘艳红、梁云宝："互易毒品行为定性'相对说'之提倡——兼与孙万怀教授商榷"，载《法律科学（西北政法大学学报）》2011年第1期。

[3] 参见温登平："贩卖毒品罪中贩毒行为的有偿性的理解与认定"，载《河南警察学院学报》2016年第2期。

品，可以构成贩卖毒品罪。主要理由是：其一，贩卖是一种有偿转让行为。销售毒品的对价，既可以是金钱，也可以是实物，或者以毒品抵扣债务、支付劳务费。作为毒品的对价，既可以是合法流通物，也可以是限制流通物或者禁止流通物。其二，在市场经济条件下，货币成为购买货物、服务等的主要甚至唯一支付手段，采用"商品——货币——商品"的交易方式。在单纯互易毒品的场合，双方行为人采用"商品—商品"的交易方式，各自以自己持有的毒品作为与对方持有的毒品进行交换的对价，双方既是购买者，同时也是出卖者（贩卖者），不能否认该行为仍然是商品交易行为。其三，刑法设置贩卖毒品罪，是通过打击在公众中以交易方式扩散毒品的行为，以保护公众的身体健康。成立贩卖毒品罪，要求行为人认识到自己出卖的是毒品，通过交付毒品获得对价，并使得毒品在社会上流通开来，危及公众的身体健康。吸毒者之间就不同种类的毒品进行互易的，至少严重侵害对方的身体健康；贩毒者之间为了调剂各自的毒品种类、数量等相互交易毒品的，进一步增加了危害公众身体健康的抽象危险，因此均应当认定为贩卖毒品罪。[1]

2. 单纯互易毒品行为的毒品种类和数量的计算。在互易毒品案件中，关于如何认定涉案毒品的种类和数量，主要有两种观点：一种观点认为，在毒品交易中，双方持有的毒品都脱离了各自的控制和支配，具有流入到社会上造成危害的可能性，因此，应当将交易双方各自持有的用于交换的毒品累加起来作为贩卖毒

---

[1] 参见张明楷：《刑法学》（下），法律出版社2016年版，第1143页。

品行为的数额。[1]另一种观点则认为,原则上应当分别按照行为人交付给对方的毒品数量作为定罪量刑的标准,而不能累加计算;但是,如果行为人是以贩卖为目的非法购买毒品,则将其换取对方毒品的行为同时评价为贩卖毒品罪,此时累加计算毒品数量。[2]

本书认为上述两种观点均不妥当。单纯互易毒品的吸毒人员构成毒品犯罪的同时犯、对向犯,至于各自构成什么罪名,要否处罚,以及涉嫌毒品犯罪的数量等,需要分别进行判断。其一,如果行为人持有的毒品数量较大,至少就其所持有的毒品(种类和数量)成立非法持有毒品罪,但不能将对方持有的毒品计算在内。其二,如果行为人的行为构成贩卖毒品罪,则只能就自己现在持有的毒品(种类和数量)成立非法持有毒品罪,就交付给对方的毒品(种类和数量)成立贩卖毒品罪,进行并罚。

主要理由是:其一,单纯互易毒品的双方只是同时犯、对向犯,而不是共同犯罪。根据责任主义的基本原理,行为人只能就自己的行为承担罪责,而不能适用"部分行为全部责任"的原理,因此不能将他人持有的毒品(种类和数量)计算在内。其二,对于行为人持有的毒品(种类和数量),无论是用于自己吸食还是将来赠予他人或者贩卖给他人,至少成立非法持有毒品罪。对于对方交付的毒品(种类和数量)也成立非法持有毒品罪。其三,贩卖毒品罪的实行行为是贩卖,即有偿转让,为了将

---

[1] 参见高艳东:"贩卖毒品罪基本理论问题探析",载《云南警官学院学报》2004年第1期。

[2] 参见阮能文:"毒品互易的定性和定量分析",载《中国检察官》2016年第12期。

来出卖而购买毒品的行为属于贩卖毒品罪的预备行为,因此单纯购买毒品的行为原则上不能成立贩卖毒品罪。[1]如果能够将行为人将毒品交付给对方的互易行为评价为贩卖毒品,则行为人对于将毒品(种类和数量)交付给对方的行为成立贩卖毒品罪、对于持有对方交付的作为对价的毒品(种类和数量)的行为成立非法持有毒品罪。对于行为人持有交付前的毒品(种类和数量)和持有对方交付的作为对价的毒品(种类和数量),可以累加计算,成立非法持有毒品罪。非法持有毒品罪处罚的是行为人控制、支配毒品的状态,贩卖毒品罪处罚的是行为人与他人进行交易,将毒品置于流通领域,危害公众的身体健康的行为。因此,应当对行为人构成的非法持有毒品罪与贩卖毒品罪进行并罚。

(二)用毒品与其他财物或者财产性利益进行交换行为的性质

在实践中,除了直接贩卖毒品、用毒品与毒品互易等情形外,还存在用其他财物交换毒品、用毒品作为劳动报酬的情形。关于用毒品与其他财物或者财产性利益进行交换是否成立贩卖毒品罪,主要存在肯定说与否定说两种观点。

1. 肯定说,该说认为可以成立贩卖毒品罪。贩卖是有偿转让,行为人交付毒品既可能是获得金钱,也可能是获得其他物质利益。[2]以毒品易货即以毒品为流通手段交换其他物品,或者以毒品支付劳务费或者偿还债务的,也是贩卖毒品的行为。[3]无论

---

[1] 构成贩卖毒品罪的预备犯与非法持有毒品罪的想象竞合犯,从一重罪处断。
[2] 参见张明楷:《刑法学》(下),法律出版社2016年版,第1143页。
[3] 参见黎宏:《刑法学各论》,法律出版社2016年版,第458页;王作富主编:《刑法分则实务研究》(下),中国方正出版社2013年版,第1438页。

是以毒品制作原料与毒品进行交换、不同种类毒品之间的相互交换，还是其他物质与毒品的相互交换，[1]只要是实质上的有偿转让，就可以构成贩卖毒品罪。[2]

例如，指导性案例［第463号］庄某根等非法买卖枪支、贩卖毒品案。在该案中，关于被告人刘某平、郑某在非法买卖枪支、弹药过程中以毒品冲抵部分价款行为的性质，存在不同意见。裁判理由认为："贩卖的本质就是一种有偿的转让行为，即毒品的交易存在对价，但这种对价的体现形式，不应仅仅局限于金钱，也可以是以毒品易货，或是以毒品抵债等，因为这些转让形式实质上均属于有偿转让，转让人都通过国家法律禁止的不法行为取得了经济上的利益，毒品都流入了社会，其社会危害与典型的换取金钱的贩卖行为在法益侵害上没有本质的区别，应当成立贩卖毒品行为。"[3]

2. 否定说，该说认为单纯以毒品折抵工资的行为是以毒品折抵还债的行为，不是贩卖行为，不以贩卖毒品罪论处。但是，如果是贩卖毒品，买受方无能力支付价金从而选择了代物清偿，效力等同于清偿，不影响出卖方的性质，其行为关系不属于互易，可以将提供毒品行为认定为贩卖毒品罪。[4]

---

［1］参见吴情树："论贩卖毒品罪认定的三个争议问题——以真实案例为研究素材"，载《福建警察学院学报》2016年第1期。

［2］参见肖晚祥："贩卖、运输毒品罪的司法认定"，载游伟主编：《华东刑事司法评论》（第3卷），法律出版社2003年版，第103页。

［3］"庄某根、刘某平、郑某非法买卖枪支、贩卖毒品案［第463号］"，载中华人民共和国最高人民法院刑事审判第一、二、三、四、五庭主办：《中国刑事审判指导案例》（第5卷），法律出版社2017年版，第371~372页。

［4］参见孙万怀："互易毒品行为的刑法性质评析"，载《法律科学（西北政法大学学报）》2009年第2期。

3. 本书的观点。以毒品与他人的财物或者财产性利益进行交换者构成贩卖毒品罪，获得毒品的另一方持有毒品数量较大，达到《刑法》第348条规定的最低标准的，可能构成非法持有毒品罪。主要理由是：其一，此种毒品交易中交付毒品的行为人是将毒品作为一种商品，根据毒品交易的黑市价格，进行折算后交付给对方，相当于以毒品代替了本应支付的现金。前述否定论者主张"以实物折价不属于互易毒品"的观点是自相矛盾的。其二，交付毒品的行为人主观上具有用毒品换取物质利益的故意，客观上也牟取了经济利益。其三，这种毒品交易具有侵害公众的身体健康或者国家的毒品管理制度的危险或者实害。

当然，如果行为人用于交换的其他财物属于违禁物，刑法就相关违禁物的买卖、持有明文规定了独立的罪名的，还有可能另外成立相关的犯罪，与贩卖毒品罪进行并罚。例如，行为人以毒品折抵部分非法购买枪支的价款的，可能同时构成贩卖毒品罪与非法买卖枪支罪，应当实行并罚。

（三）用毒品与其他非财产性利益进行交换行为的性质

对于贩卖毒品所获取的对价，是否仅限于财产性利益？行为人以毒品作为嫖资、作为贿赂物等，是否构成贩卖毒品罪？对此，也存在争议。

第一种观点认为不构成贩卖毒品罪。例如，王登辉等认为，"以毒品与性服务交换的，以及先免费提供毒品供他人（通常是妇女）吸食以博得好感，后提出发生性关系要求的"，不是贩卖毒品。[1]主要理由是：其一，作为支付手段的行为必须是刑法所允许的买卖行为，否则无法成立贩卖，而在毒品与其他非物质利益进行交换这个行为中，毒品本身是不受法律保护的，另外一方的非物质利益也不属于受法律保护的范畴，由于不存在成立买卖的前提条件，不可能成立贩卖毒品罪。[2]其二，将自己的毒品作为嫖娼代价交付或作为行贿物送给他人，供接受者或其亲属吸食，换取非物质利益的，交付行为不属于以物质交换为内在特征的买卖关系，因此不构成贩卖毒品罪。[3]

第二种观点则认为，贩卖毒品罪的"贩卖"不以现实的金钱对价为必要，"还包括以物易物的转让方式，如以毒品制作原料与毒品进行交换，不同种类毒品之间的相互交换，其他物质与毒品的相互交换或者以劳务与毒品之间的交换等"。[4]

本书认为上述第二种观点较为妥当，以毒品与其他非财产性利益进行交换的行为可以成立贩卖毒品罪。主要理由是：其一，要成立刑法上的贩卖，刑法没有规定作为支付手段的行为必须是刑法和其他法律法规所允许的买卖行为。对刑法上的"贩卖"进行此种限制解释显然违反罪刑法定原则，必然导致对犯罪的放纵。其二，刑法也没有明文规定将贩卖毒品罪中毒品的对价限定于财产性利益，从实践看非财产性利益事实上也可以成为对价。

---

[1] 王登辉、罗倩："贩卖毒品罪若干基础理论辨正"，载《中国刑事法杂志》2016年第2期。

[2] 参见张洪成："论几类特殊毒品流通行为的法律认定"，载《周口师范学院学报》2012年第3期。

[3] 参见高贵君主编：《毒品犯罪的审判理论与实务》，人民法院出版社2009年版，第202页。

[4] 吴情树："论贩卖毒品罪认定的三个争议问题——以真实案例为研究素材"，载《福建警察学院学报》2016年第1期。

在行为人以毒品作为嫖资的场合，实际上是将毒品作为卖淫者提供性服务的对价，具有有偿性。其三，实践中关于如何区分财产性利益与非财产性利益，并不非常明确。将毒品作为嫖资或者作为贿赂物，在某种程度上也可以认为是毒品与财产性利益的交易。其四，在行为人将毒品作为贿赂物交付给他人，以谋取不正当利益的场合，是将毒品作为职务行为的对价，既侵害了公职人员职务行为的公正性和社会对这种公正的信赖，也具有侵害公众的身体健康的危险，构成行贿罪与贩卖毒品罪的想象竞合犯。

当然，关于"贩卖"的理解，不仅要结合毒品犯罪侵害的法益是公众健康来考虑该行为处罚的必要性，还必须结合"贩卖"一词的通常含义，不仅是指有偿的转让，而且这种转让必须是以流通为目的转让毒品的所有权。如果不是以流通为目的来转让毒品的所有权，只是出于某种原因而将毒品质押给他人，并约定日后取回，因为没有想让毒品流入社会、危害公众健康的主观故意，难以认定为贩卖毒品罪。

不过，从立法论的角度看，鉴于毒品犯罪严重危害公众的身体健康，应当编织严密的刑事法网予以严厉的打击。诚如孙万怀教授所言："将犯罪行为不仅仅局限于贩卖，而是将扩展到流通环节中，无论是买卖还是互易，无论是有偿的还是无偿的，无论是支付对价的还是附条件的交易，只要是提供毒品造成毒品流通和扩散并且达到定量的要求的，均应该上升为犯罪，而且具有罪质的相当性。"[1]这实际上主张将提供毒品行为纳入刑法的调整范围。

---

[1] 孙万怀："互易毒品行为的刑法性质评析"，载《法律科学（西北政法大学学报）》2009年第2期。

四、通过物流寄送毒品行为的性质

（一）以物流寄送毒品案件的特点和存在的问题

1. 以物流寄送毒品案件的特点。"物流贩毒"（邮包贩毒）是指毒品犯罪分子以走私、贩卖、运输毒品为目的，利用寄递邮包、航空快件快递、物流集装箱（大邮包）运输等方式，进行毒品走私、贩卖、运输等犯罪活动的总称。其中，寄递邮包贩毒是指毒品犯罪分子将毒品藏匿于邮寄物品中，利用邮寄快递部门将邮寄物品寄递到目的地的一种毒品贩运方式。主要通过航空器、铁路、公路等渠道寄递邮寄物品。航空快递贩毒是指毒品犯罪分子将藏有毒品的快件交付给航空快递企业托运，航空快递企业利用航空运输将其送交指定地点或收件人的一种毒品快速贩运方式。物流集装箱（大邮包）输运贩毒是指毒品犯罪分子将藏匿有毒品的货物或大邮包交由运输公司托运到目的地，从而达到走私、贩卖、运输毒品的目的。

近年来，随着快递业、物流行业的发展，以物流寄递方式交付毒品案件的数量呈逐步上升趋势，这类案件有以下几个特点：其一，人货分离，侦查难度大。犯罪分子将毒品夹藏在寄递的合法货物中，采取人货分离的方式完成毒品的交接和转移，规避了人带货的风险。由于伪装方式相当隐蔽，增加了公安机关打击、抓获毒贩的难度。其二，寄送快递费用低，快递送达的时间短，快捷高效，犯罪的费用成本和运输效率使寄递迅速成为犯罪分子贩卖、运输毒品的首选方式。其三，收寄信息匿名化。犯罪分子寄送快递时，往往不如实填写有关信息，物流公司也不会查验寄收人的身份证件并登记备案，公安机关即使缴获毒品也无法确认寄收者的真实身份，无法侦破案件。其四，收寄地点较为集中。从目前查获的案件来看，国内毒品邮包发出地主要集中在云南、广东、广西、四川等地，收寄地则遍布全国各地，以经济较发达地区为主。

2. 以物流寄送毒品案件存在的问题。从实践看，以物流寄送只是行为人购买毒品的一种方式，对于行为人以物流寄送方式购买毒品并贩卖的，毫无疑问可认定为贩卖毒品罪。但是，下列问题存在争议：其一，对于购毒者和代收者接收毒品的行为，在没有证据证明其有相关毒品犯罪故意的情况下，应当认定为非法持有毒品罪还是运输毒品罪？其二，物流、快递公司工作人员疏于职守，致使他人得以利用物流服务寄送毒品的，要否承担刑事责任，以及承担何种刑事责任？本书仅讨论第一个问题。

（二）购买毒品者和代收毒品者的行为性质

1. 购买毒品者和代收毒品者的行为性质。关于购买毒品者和代收毒品者的行为性质，存在着运输毒品罪的共犯说、贩卖毒品罪说和非法持有毒品罪说等观点的对立。

（1）运输毒品罪的共犯说。此说认为，贩毒者通过物流寄递方式交付毒品的行为因购毒者的购买、送货要求而发生，购毒者提供收件地址、电话等信息，购毒者与贩毒者有通过物流寄递方式运输毒品的共同犯罪故意，且提供地址、电话等行为实质帮助了贩毒者运输毒品犯罪的完成，购毒者应是运输毒品罪的共犯。实践中以该意见处理此类案件的做法较为普遍。[1]

---

[1] 参见边锋、袁俊峰：" 购毒者接收寄递毒品的性质 "，载《人民司法（案例）》2018 年第 17 期。

（2）贩卖毒品罪说。此说认为，购买毒品者和代收毒品者构成贩卖毒品罪。进一步说，关于通过物流寄递毒品案件的既遂与未遂，有的观点主张以行为人实际取件作为既遂标准；也有观点认为，应当根据不同的送达方式认定购买毒品行为对毒品获得控制、处分权的时间点。对于自行提货的，只要包含毒品的快递达到快递公司或者取货点，就构成贩卖毒品罪的既遂。即便行为人在接到取件通知后没有取件，或者在取件时被警方抓获，也构成贩卖毒品罪的既遂。[1]

（3）非法持有毒品罪说。此说认为，贩毒者通过物流寄递方式运输毒品的行为应视为毒品交付行为，对购毒者不应再认定为运输毒品罪；购毒者接收物流寄递的毒品，没有证据证明其有实施走私、贩卖毒品等犯罪的故意，毒品数量较大的，应认定为非法持有毒品罪。[2]《武汉会议纪要》规定："购毒者接收贩毒者通过物流寄递方式交付的毒品，没有证据证明其是为了实施贩卖毒品等其他犯罪，毒品数量达到刑法第三百四十八条规定的最低数量标准的，一般以非法持有毒品罪定罪处罚。代收者明知是物流寄递的毒品而代购毒者接收，没有证据证明其与购毒者有实施贩卖、运输毒品等犯罪的共同故意，毒品数量达到刑法第三百四十八条规定的最低数量标准的，对代收者以非法持有毒品罪定罪处罚。"

2. 本书的观点。本书主张区分购毒者和代收者的行为，分别

---

[1] 参见邵宁："以邮寄方式购进毒品的犯罪形态认定"，载《中国检察官》2018年第14期。

[2] 参见李静然："非法持有毒品罪的司法疑难问题探析"，载《法律适用》2014年第9期；边锋、袁俊峰："购毒者接收寄递毒品的性质"，载《人民司法（案例）》2018年第17期。

进行处理。就购买者或者代收者而言，到物流公司或者收货点取得毒品，由于其尚未着手实施贩卖行为，对于达到数量最低标准的，只能认定为非法持有毒品罪。

（1）对于购毒者而言，如果有证据证明属于为了贩卖而购买、委托他人寄递，应当以贩卖毒品罪论处，而不宜以运输毒品罪（共犯）论处。主要理由是：其一，贩卖毒品行为的本质是交付。无论是通常的直接交付还是通过物流寄递，都是贩毒者向购毒者交付毒品的方式。当然，如果"没有证据证明其是为了实施贩卖毒品等其他犯罪"，数量达到《刑法》第348条规定的最低数量标准的，对购毒者以非法持有毒品罪定罪处罚。否则，不以犯罪论处。其二，无论是贩毒者本人亲自运输毒品的行为，还是通过物流、快递公司的寄递行为，将其认定为贩卖毒品罪，已经对犯罪进行了充分评价。如果另外构成运输毒品罪，则存在过度评价的问题。其三，构成运输毒品罪的共同犯罪，要求两个以上行为人不仅有意思沟通或者联络，还要在运输行为中相互配合。但是，通过物流寄送毒品的，贩毒者和购毒者仅仅就买卖毒品达成合意，在寄递毒品过程中没有意思联络，所以不能认定为运输毒品罪的共犯。

（2）对于代收者而言，原则上应当以非法持有毒品罪论处。主要理由如下：其一，购毒者、代收者具有接收物流寄递方式交付的毒品的行为，构成非法持有毒品罪。如果有证据证明代收者非法持有较大数量的毒品，且是为了进行贩卖、运输等其他毒品犯罪，则认定为贩卖毒品等罪。其二，对于代收者，如果"没有证据证明其是为了实施贩卖毒品等其他犯罪"，仅仅是代替购毒者收取快递的毒品，达到数量较大标准的，只能认定为非法持有毒品罪。主要理由是，代收者仅仅有帮助购毒者接收毒品的行为，不知道毒品交易的具体情况，没有实施相关毒品犯罪的故意，应认定为非法持有毒品罪。其三，如果"有证据证明其是为了实施贩卖毒品等其他犯罪"，则应根据购毒者和代收者的行为和犯罪故意分别处罚。对购毒者原则上应当以贩卖毒品罪进行处罚。对代收者明知购毒者是为了贩卖而购买，仍然实施代收行为的，对代收者应当以贩卖毒品罪的共犯论处；对于代收者虽然明知代收的是毒品，但没有证据证明其明知购毒者属于贩毒人员的，对代收者以非法持有毒品罪论处。其四，关于非法持有毒品罪的既遂与未遂标准。在行为人尚未取件时，即便已经接到取件通知，由于对毒品没有控制和支配，只能构成非法持有毒品罪的未遂。

第三章 贩卖毒品罪的主观方面及其认定

贩卖毒品罪是故意犯罪，成立本罪要求行为人认识到自己实施的是贩卖毒品的行为，并且将毒品贩卖给他人。如果行为人对毒品缺乏认识，将无法构成贩卖毒品罪。在实践中，行为人往往辩称"不知道是毒品"，或者不知道毒品的具体种类，加上涉案的"上家"又多为化名，彼此进行单线联系，难于查证。所以，如何认定行为人的主观明知就显得尤为重要。

关于贩卖毒品罪中"明知"的内容，主要有下列问题：其一，是否要求行为人主观上具有牟利目的？其二，犯罪嫌疑人在实施贩卖毒品的行为时，是否要求其认识到自己贩卖的是毒品？将非毒品误认为是毒品而进行贩卖的，是否构成贩卖"毒品"罪？将毒品误认为普通物品加以贩卖，是否构成贩卖"毒品"罪？其三，犯罪嫌疑人在实施贩卖毒品的行为时，是否要求其对于毒品的种类、数量和纯度有明确的认识？其四，如何理解"应当知道"？如何理解对明知的推定？

一、贩卖毒品罪中对事实的"明知"

从理论和实践看，主要对下列问题存在争议：其一，行为人在实施贩卖毒品的行为时，是否要求其认识到自己贩卖的是毒品？行为人没有明确认识到是毒品，但认识到是"违禁品"的，是否构成毒品犯罪？其二，如果不是毒品，误认为是毒品而贩卖的，是否构成贩卖"毒品"罪？其三，如果将毒品误认为普通物品加以贩卖，是否构成贩卖"毒品"罪？其四，贩卖毒品罪中"明知"的程度。

（一）行为人要否对毒品的性质具有认识

1. 行为人没有明确认识到是毒品，但认识到是"违禁品"的，是否构成毒品犯罪？有的观点认为，在一定条件下，只要行为人主观上认识到犯罪对象可能是毒品或者违禁品，就可以构成走私、运输、非法持有毒品犯罪。例如，最高法李武清法官认为，只要行为人主观上"明知"其运输、携带、持有的是或者可能是"违禁品"，而客观上其运输、携带、持有的是毒品，即可构成毒品犯罪。主要理由是："在运输毒品罪中，行为人经常存在对所运输的毒品只具有概括性认识而不具有明确性明知的情况。"[1]最高检张寒玉检察官认为，"'明知'是毒品不等于'确知'是毒品，也包括其知道、认识到、意识到或者怀疑到'可能'是毒品……犯罪嫌疑人供述其知道自己携带或运输的东西是毒品或者感觉到、怀疑到可能是毒品或者是违禁品，再加上其他证据，如特定时间、特定场所、特定部位查获的隐藏了毒品的物品，或者持有人采用非正常方式持有隐藏了毒品的物品，或者经过精心伪装，逃避检查的明显特征的等等即可以认定其主观上'明知'"。[2]

但是，有的学者不认同这种观点，例如赵秉志教授等认为："在毒品犯罪案件中，必须证明行为人的明知内容是毒品，而不

---

[1] 李武清："引入概括性认识的概念"，载《人民检察》2007 年第 21 期。
[2] 张寒玉："毒品犯罪主观'明知'的认定"，载《人民检察》2007 年第 21 期。

能认为行为人认识到是违禁品,而事实上是毒品,就认定为毒品犯罪。"〔1〕刘志伟教授也认为:"在司法实践中,不需要证明行为人明知自己的行为对象究竟为哪一种具体的毒品,只要能够证明其明知自己的行为对象为毒品就可以了。……尽管根据案件中的一些异常的事实可以判定行为人知道自己携带是违禁品,但由于违禁品的种类繁多,因而仅根据一些异常的事实就推定行为人知道自己携带的就是毒品,恐怕是不妥当的。"〔2〕

本书认为,可以从下列三个方面进行理解:

(1)对于行为人认识到走私、运输、持有的物品属于违禁品,但没有明确认识到属于毒品的案件,之所以主张构成相应的毒品犯罪,是为了更好的保护法益。例如,梅传强教授等的理由是:(以运输毒品为例)"行为人主观上明知其运输货物可能是毒品仍继续实施,一定程度上存在着侥幸心理。如果不对行为人定罪处罚,可能造成放纵犯罪分子的结果。"〔3〕

(2)前述主张只要认识到行为对象是违禁品,行为人就构成毒品犯罪的观点,并非笼统地认为凡是认识到运输、携带的是违禁品,就一概构成相关的毒品犯罪,而是根据案件事实对于"明知"的认定进行了适度地限定,例如委托人事前给行为人一大笔不成比例的高额报酬,或者行为人的行为方式不合常规等。"行为人是受他人委托而将毒品从甲地带往乙地,委托人没有明确表

---

〔1〕赵秉志、李运才:"论毒品犯罪的死刑限制——基于主观明知要件认定的视角",载《中南民族大学学报(人文社会科学版)》2010年第5期。

〔2〕刘志伟:"主观明知的内容、程度及证明",载《人民检察》2007年第21期。

〔3〕梅传强、徐艳:"毒品犯罪司法实践中的疑难问题探究",载《河南司法警官职业学院学报》2005年第2期。

示要其携带的是毒品，许诺事成之后给其一笔数额很大以至与其付出的行为很不相称的报酬，并要求行为人秘密行事甚至事后不得泄密等，在这种情况下，行为人尽管对所携带的究竟是什么物品没有确知，但却具有概括性的明知，最起码知道其所携带的是不正常、不合法的物品。"[1]前述持否定观点的刘志伟教授也认为："就一些涉毒案件而言，虽然不能根据案件中的异常事实直接认定行为人知道自己携带的就是毒品，但由于根据这些异常事实完全可以判定行为人知道自己携带的是违禁品，同时根据社会常识，行为人也知道毒品是违禁品的一种，因而就可以得出行为人知道自己携带的违禁品可能是毒品的结论，进而认定行为人具有毒品犯罪的故意。"[2]

（3）对于此类案件，应当综合各方面的证据进行认定。从实践看，只要行为人具有对毒品的概括性认识，即使行为人自称不知是毒品，但根据行为人的语言、面部表情、肢体动作、运输方式、运输路线、毒品的藏匿方式等综合分析可判定行为人对其行为对象具有一定程度的明知，也可肯定主观明知的存在。[3]关于行为人对犯罪对象是否具有概括性认识，应该结合案件本身的具体情况以及行为人自身能力、社会阅历、生活经历等因素来综合判断。如果具备认识的可能性，则应当认定行为人在主观上明知犯罪对象是毒品，反之，则不具有主观明知。[4]

2. 行为人将其他物品误认为是毒品而贩卖的，是否构成贩卖

---

[1] 李武清："引入概括性认识的概念"，载《人民检察》2007年第21期。
[2] 刘志伟："主观明知的内容、程度及证明"，载《人民检察》2007年第21期。
[3] 参见李武清："引入概括性认识的概念"，载《人民检察》2007年第21期。
[4] 参见张洪成："毒品犯罪争议问题研究"，武汉大学2010年博士学位论文。

"毒品"罪？对此，1994 年 12 月最高法《关于执行〈全国人民代表大会关于禁毒的决定〉的若干问题的解释》（法发［1994］30 号，已失效）按照行为人是否明知，将贩卖假毒品的行为进行了区别规定。1997 年《刑法》第 452 条第 2 款规定："列于本法附件二的全国人民代表大会常务委员会制定的补充规定和决定予以保留，其中，有关行政处罚和行政措施的规定继续有效；有关刑事责任的规定已纳入本法，自本法施行之日起，适用本法规定。"《关于禁毒的决定》属于"附件二"所列的文件，且已经被 2007 年 12 月通过的《禁毒法》（2008 年 6 月 1 日起施行）第 71 条明文废止，有关贩卖毒品罪的规定也被 1997 年《刑法》所吸收，但上述司法解释并没有随着《关于禁毒的决定》的废止而停止适用，相反，被最高检、公安部 2012 年 5 月联合发布的《关于公安机关管辖的刑事案件立案追诉标准（三）》所继承。该规定第 1 条第 3 款规定："本条规定的'贩卖'是指明知是毒品而非法销售或者以贩卖为目的而非法收买的行为。"根据这个司法解释，司法机关将那些"以贩卖为目的而非法收买的行为"认定为贩卖毒品行为，甚至认定为贩卖毒品罪的既遂。

基于这个司法解释，我国多数学者认为，只要贩卖假毒品的行为人主观上具有明知，就成立贩卖毒品罪的未遂。例如，高铭暄教授等认为："如果行为人将假毒品误认为是真毒品而实施的贩卖牟利行为，应以贩卖毒品罪（未遂）论处。"[1] 主要理由是，行为人具有贩毒的故意，将假毒品认为是真毒品而进行贩卖，是

---

[1] 高铭暄、马克昌主编：《刑法学》，北京大学出版社、高等教育出版社 2017 年版，第 596 页。

一种对象认识错误,虽然客观上并没有因贩卖真正的毒品而造成危害结果,但其主观上体现出的社会危害性不容忽视。所以,应当将误将假毒品作为毒品进行贩卖的行为认定为贩卖毒品罪的未遂。

但是,上述观点存在不合理之处。主要理由是:其一,虽然贩卖假毒品的行为人具有贩卖毒品的主观故意,但贩卖假毒品的犯罪对象不是毒品,对刑法所保护的法益并无实际的侵害或侵害的危险。其二,在具体案件的处理上,按照《解释》进行处理将导致不公平的结论。例如,某甲故意将面粉伪装成海洛因贩卖给某乙,某乙误认其为海洛因而贩卖给某丙。按照通说的观点,某甲成立诈骗罪而某乙成立贩卖毒品罪未遂,显然是不合适的。实际上,甲、乙二人均构成诈骗罪。

(二) 行为人要否对毒品的种类、数量和纯度具有认识

一般认为,成立毒品犯罪,只要求行为人认识到是毒品即可,对毒品的种类、名称、成分等具体要素则没有认识要求。[1] 但是,我国刑法和有关司法解释根据毒品的种类、纯度等规定了不同的定罪和量刑标准,毒品的种类、数量和纯度存在的差异,对定罪量刑会产生影响。因此,有必要进一步探讨这种认识(认识错误)的性质。

1. 行为人在实施贩毒行为时,是否要求其对于毒品的种类具有认识?第一种观点认为,成立毒品犯罪,只要行为人认识到毒品即可,不要求行为人具体认识到毒品的名称、化学成分和效用

---

[1] 参见赵秉志、李运才:"论毒品犯罪的死刑限制——基于主观明知要件认定的视角",载《中南民族大学学报(人文社会科学版)》2010年第5期。

等具体性质。这是我国刑法理论的通说。例如，赵秉志教授等认为，成立毒品犯罪，不要求行为人认识到毒品的名称、化学成分、效用等具体性质，只要行为人认识到是毒品即可。[1]最高检张寒玉检察官认为，不要求确切地知道是哪种毒品、毒品数量、毒品含量、具体藏毒位置等。只要嫌疑人认识到、意识到或者怀疑其所运输的、携带的、持有的物品"可能"是毒品，则其运输、携带、持有等行为就是放任自己的行为发生危害社会的结果，就构成毒品犯罪。[2]第二种观点认为，应当对毒品的种类具有明知，主要理由是毒品的种类不同、成分不同，毒品的成瘾性、戒断性和危害性等也有所不同，法定刑配置也存在差异。[3]本书赞同第一种观点，例如，行为人主观上误认为是杜冷丁，实际上贩卖的是美沙酮的，这种认识错误属于同一构成要件内的错误，根据法定符合说的观点，不阻却犯罪故意。[4]

2. 行为人在实施贩卖毒品的行为时，是否要求其对于毒品的数量和纯度具有认识？第一种观点认为，毒品种类不同可能涉及不同种类的犯罪，相对应的法定刑通常也不同，若将毒品的种类从明知的内容中分离，则对于行为人责任的认定是会有偏差的。第二种观点认为，将毒品种类作为贩卖毒品罪主观要件中"明知"的内容是比较合理的，因为从法益原则考虑，刑法规定应该

---

[1] 参见赵秉志、李运才："论毒品犯罪的死刑限制——基于主观明知要件认定的视角"，载《中南民族大学学报（人文社会科学版）》2010年第5期。

[2] 参见张寒玉："毒品犯罪主观'明知'的认定"，载《人民检察》2007年第21期。

[3] 参见张汝铮："毒品犯罪'主观明知'的实质性研究"，载《广西社会科学》2019年第2期。

[4] 参见张汝铮："毒品犯罪'主观明知'的实质性研究"，载《广西社会科学》2019年第2期。

注重实质。"主观明知"的对象不同,其行为对于社会的实质危害可能也不同。[1]第三种观点认为,行为人应当认识到毒品的种类,但不需要认识到毒品的具体化学名称、数量、质量、理化属性等物理、化学特征。[2]上述三种观点均主张行为人应当对毒品种类具有认识,但第一种观点和第二种观点对是否要求对毒品的数量和纯度具有认识语焉不详。第三种观点则明确提出不须具有这种认识。从认定犯罪的角度看,除非毒品的纯度较低,行为人对毒品数量和纯度的认识错误,对认定犯罪没有影响。根据有关司法解释的规定,行为人贩卖毒品的种类和纯度对量刑是有影响的。

(三)贩卖毒品罪中"明知"的程度

2007年12月"两高"、公安部出台的《关于办理毒品犯罪案件适用法律若干问题的意见》(公通字[2007]84号)认为,毒品犯罪中的明知是指行为人知道或应当知道所实施的行为是走私、贩卖、运输、非法持有毒品等的行为。关于如何理解"应当知道",存在争议。我国刑法学界主要有以下几种观点:

第一种观点是明确知道与应当知道说(证明的明知与推定的明知说)。该说认为,行为人对毒品的明知包括"知道"与"应当知道",但前者是可以运用证据证明的明知,属于"证明的明知";后者为司法机关根据一定的客观事实,认为行为人应当知道从而推定其明知,属于"推定的明知"。应当知道并不是肯定

---

[1] 参见李淑娟、欧阳文芊:"毒品犯罪中贩卖问题论析",载《四川警察学院学报》2017年第6期。

[2] 参见张汝铮:"毒品犯罪'主观明知'的实质性研究",载《广西社会科学》2019年第2期。

知道,而是司法机关根据一定的客观事实,认为行为人很可能知道,从而推定其明确知道。[1]例如,于志刚教授认为,行为人对毒品的明知可以分为"明确知道"与"应当知道",前者是"自认的知道",后者是"推定的知道"。[2]

第二种观点是"实知"(事实上知道)、"或知"(可能知道)和"应知"(应当知道)说。例如,周光权教授提出,在"确知"和"确实不知"之间,根据认识程度的强弱,还分别存在"实知"(事实上知道)、"或知"(可能知道)和"应知"(应当知道)三种类型。其中,"确知"是指根据被告人口供、被害人指认、证人证言或其他各种证据,判定行为人肯定地、确切地知道;"实知"是指在没有被告人口供可以认定行为人确实知道或者肯定知道的情况下,结合各种证据,在司法上推断行为人知道;"或知"是指虽然不能确定行为人必然知道,但根据案件的具体情况,可以判断行为人知道具体情况的概率较大,或者说可能知道的概率远远高于可能不知;"应知"是指行为人"应当知道"。[3]贩卖毒品罪中的"明知"是指行为人知道或者应当知道其所实施的行为是贩卖毒品行为。在多数情况下,都可以将"应当知道"理解为行为人对于行为对象的特殊性或者结果的严重性"应当"是"知道的",不需要通过推定的方式,而是用认定、推断、推论的方式,就可以确定行为人具有明知。[4]

---

〔1〕 参见皮勇、黄琰:"论刑法中的'应当知道'——兼论刑法边界的扩张",载《法学评论》2012 年第 1 期。
〔2〕 参见于志刚:"'应当知道'与'可能知道'的差异与并存",载《人民检察》2007 年第 21 期。
〔3〕 参见周光权:"明知与刑事推定",载《现代法学》2009 年第 2 期。
〔4〕 参见周光权:"明知与刑事推定",载《现代法学》2009 年第 2 期。

第三种观点是确知和怀疑说。该说认为,明知毒品既包括确知是毒品,也包括知道、认识到、意识到或怀疑到"可能"是毒品。只要行为人对其运输、携带、持有的物品主观上怀疑为毒品或其他违禁品,而客观上确实在其运输、携带和持有的物品中查获了毒品,即可构成毒品犯罪中的"明知"。[1]

本书持下列观点:

1. 构成故意犯罪,要求行为人对行为对象等具有认识。在贩卖毒品罪的场合,刑法规定行为人对贩卖的对象是毒品具有"明知"。作为一种主观心态,"明知"是指行为人确定性的知道,既可以是非常肯定的知道有毒品而希望或者放任发生某种危害结果(直接故意),也包括认为可能存在毒品而放任发生危害结果(间接故意)。如果行为人确实不知道行为对象是毒品,当然不构成毒品犯罪。至于那种既可能知道,也可能不知道的不确定的心态,也不属于"明知"。储槐植教授指出,刑法中某些故意犯罪的主观因素规定有"明知"或"应知",这里的"应知"并不是司法中对疏忽过失(无认识过失)罪责的心理分析,而是实体法对诉讼中"推定预见"的确认。[2]

2. "应当知道"或"推定明知"是指在行为人否认知道是毒品的情况下,根据全案的证据情况能够判定行为人知道是毒品。"应当知道"或"推定明知"是从证据法、刑事诉讼法的角度来看,出现哪些情形便可以认定行为人知道是毒品,不是对刑事实体法中"明知毒品"的含义本身的揭示。其中,"应当知道"是

---

[1] 参见张寒玉:"毒品犯罪主观'明知'的认定",载《人民检察》2007年第21期。

[2] 参见储槐植:《刑事一体化论要》,北京大学出版社2007年版,第62页。

指从已知的事实（间接证据）推断行为人对犯罪构成事实有明确认识，但缺乏直接证据证明。[1]只要行为人"明知"其运输、携带、持有的是或者可能是"违禁品"，而客观上其运输、携带、持有的是毒品，即可构成毒品犯罪。"明知"是毒品不等于"确知"是毒品，也包括其知道、认识到、意识到或者怀疑到"可能"是毒品，更不要求确切地知道是哪种毒品、毒品数量、毒品含量、具体藏毒位置等。只要嫌疑人认识到、意识到或者怀疑其所运输的、携带的、持有的物品"可能"是毒品，则其运输、携带、持有等的行为就是放任自己行为发生危害社会的结果，就构成毒品犯罪。换言之，行为人主观上只要认识到"可能是"毒品，就成立"明知"。[2]

二、特殊案件的证明责任分配与推定

一般认为，刑事诉讼中的证明标准是"案件事实清楚，证据确实充分"。[3]但是，在毒品犯罪特别是贩毒案件中，"贩毒分子为了躲避侦查，一般都会在毒品运输过程中采取隐蔽性措施，包括：人货分离，利用合法的运输工具，如公路、铁路、航空等，

---

[1] 参见赵秉志、李运才："论毒品犯罪的死刑限制——基于主观明知要件认定的视角"，载《中南民族大学学报（人文社会科学版）》2010年第5期。

[2] 参见张寒玉："毒品犯罪主观'明知'的认定"，载《人民检察》2007年第21期。

[3]《刑事诉讼法》第162条第1款规定："公安机关侦查终结的案件，应当做到犯罪事实清楚，证据确实、充分……"第176条第1款规定："人民检察院认为犯罪嫌疑人的犯罪事实已经查清，证据确实、充分，依法应当追究刑事责任的……"第200条规定："在被告人最后陈述后，审判长宣布休庭，合议庭进行评议，根据已经查明的事实、证据和有关的法律规定，分别作出以下判决：（一）案件事实清楚，证据确实、充分，依据法律认定被告人有罪的，应当作出有罪判决；……"

将毒品伪装成一般行李包裹，自己不携带毒品；利用不知情的人作工具运送毒品，自己随车监控；将毒品伪装或藏匿，雇人押运或随车押运；运输毒品的工具躲避各种检查关卡，跨境跨区域贩毒等"。[1] "证据种类相对较少，缺乏被害人陈述，也很少有现场勘查笔录，视听资料和电子数据类合法证据的取得也颇费周折，规定模糊，手续繁复且面临很大的不当使用的侵权风险。且该类案件不易获得直接证据，间接的客观证据往往也很难收集全面，证据之间不易形成证据锁链。"[2] 加上参与犯罪的人均与毒品具有利害关系，很难获得相关的证人证言。要达到上述证明标准，是非常困难的。

（一）推定与证明责任的分配

在刑事司法实践中，由控方承担指控犯罪和证明犯罪的责任，被告人既不承担证明自己有罪的责任，也不承担证明自己无罪的责任。证明责任包括提出责任和说服责任。其中，提出责任是指要求控方或者辩护方当事人提供足够的证据，使本方主张的事实成为法庭审理的争议问题，进而获得对本方有利的决定。说服责任是指控方必须按照证明标准，提供充分的证据说服法官，使法官相信其指控的犯罪事实是成立的。说服责任是一种法定责任，自始至终由控方承担，不能转移给辩护方。

尽管"明知"本身是行为人对犯罪构成事实的一种认识状况，但是"明知"的认定是"行为人以外的人对行为人认识状况

---

[1] 普同山："多角度证实毒品犯罪的主观明知"，载《人民检察》2011年第20期。

[2] 吴秀玲："刑事推定在贩卖毒品案件中的功能及运用"，载《中国检察官》2012年第18期。

的一种规范评价,是事后综合了诸多案件事实对行为人的认识状况作出的司法认定,并非行为人的认识状况本身,其认定主体不是行为人"。[1]那么,行为人之外的其他人如何获得行为人主观认知状况的准确信息呢?现代刑事司法以证据为基础,是由直接证据(证据性事实)、间接证据(推断性事实)和事实认定者认定的证据(要件事实)等环节构成的推论过程。就刑法上的"明知"或者"应当知道"等而言,一般被理解为"推定的明知"或者"推定知道",[2]属于推定的范畴。

在实践中,大多数犯罪嫌疑人深知毒品犯罪行为后果十分严重,被抓获后往往不承认主观上具有明知。毒品犯罪隐蔽性强,犯罪分子往往具有较强的反侦查意识,尤其是以贩养吸人员,对于从其住所等处查获的毒品通常辩称系用于吸食。如果严格按照普通刑事案件的证明方法及要求,运用在案证据证明从贩毒人员住所等处查获的毒品系用于贩卖,往往会因为无法收集到足够的证据而出现举证困难或举证不能的现象,不利于有效打击毒品犯罪。[3]此时司法机关必须采用一种与证据证明并列的事实认定方法——推定其主观上具有明知。

对此,胡云腾大法官指出:"考虑到毒品犯罪的高度隐蔽性和侦查取证工作的特殊性,需要进一步完善立法,参照巨额财产来源不明罪的立法模式,研究在刑法中增加毒品犯罪证明责任倒

---

[1] 孙万怀、刘宁:"刑法中的'应知'引入的滥觞及标准限定",载《法学杂志》2015年第9期。

[2] 参见皮勇、黄琰:"论刑法中的'应当知道'——兼论刑法边界的扩张",载《法学评论》2012年第1期。

[3] 参见李静然:"非法持有毒品罪的司法疑难问题探析",载《法律适用》2014年第9期。

置条文的可行性。……对有证据证明犯罪嫌疑人、被告人系职业毒贩,或者实施毒品犯罪非法获利数额巨大,又没有其他正当收入来源的,可以考虑推定其名下的巨额财产系违法所得,由犯罪嫌疑人、被告人提出证据证明该巨额财产并非其犯罪所得。"[1] 陈瑞华教授将推定方法理解为最为重要的"替代司法证明方法",属于证据裁判规则的例外。"推定规范的适用导致了证明责任从公诉方向被告方的转移。"[2] 汪建成教授甚至认为:"推定在本质上是对证明的否定,一切有关严格证明的规则在推定上都是不适用的,从推定制度中受益的是证明责任的承担者,而不是相对方。"[3]

(二)推定的概念、特点和类型

1. 推定的概念。关于如何界定推定,罗森贝克曾做出这样一个论断:"没有哪个学说会像推定这样,推定的概念十分混乱。可以肯定地说,迄今为止人们还不能成功地阐明推定的概念。"[4] 我国学者李学灯也指出:"极易使一般人对于究竟何为推定之观念,混淆杂乱,如入五里雾中,莫之所从。有人甚至以风趣之嘲讽,谓推定在法律术语之家族中,为最难捉摸之份子。"[5]

一般认为,推定是指在基础事实(或者已证事实)得到证实的前提下,根据法律规定或经验法则,在没有反证的前提下,得

---

[1] 胡云腾、方文军:"论毒品犯罪的惩治对策与措施",载《中国青年社会科学》2018年第5期。

[2] 陈瑞华:《刑事证据法学》,北京大学出版社2014年版,第336页。

[3] 汪建成、何诗扬:"刑事推定若干基本理论之研讨",载《法学》2008年第6期。

[4] [德]莱奥·罗森贝克:《证明责任论——以德国民法典和民事诉讼法典为基础撰写》,庄敬华译,中国法制出版社2002年版,第206页。

[5] 李学灯:《证据法比较研究》,五南图书出版公司1992年版,第249页。

出推定事实（或者待证事实），并在一定情况下允许当事人反证的一种认定案件事实的方法。例如，华尔兹认为："推定是关于某事实存在与否的推断，而这推断又是根据其他基础或基本事实来完成的。"[1]《布莱克法律辞典》对推定的定义为："推定是一个立法或司法上的法律规则，是一种根据既定事实得出推定事实的法律规则，推定是在缺乏其他证明方法时所使用的一种根据已知证据作出确定性推断的一种法律设计。推定是依法从已知事实或诉讼中确定的事实出发所作的假定。"[2]具体来说，是"从A事实（前提事实）推认B事实（推定事实）。B事实难以证实时，可以用比较容易证实的A事实推认B事实的存在。"[3]

例如，英国《1994年刑事审判与公共秩序法》第34条规定，警察在事先向嫌疑人作出警告后进行讯问时，被告人没有提供他赖以进行辩护的任何事实的，"法庭可以从嫌疑人没有提供上述事实作出适当的推论"。第35条规定："法庭或陪审团在裁决嫌疑人是否犯有被指控的罪时，可以从他没有提出证据，或无正当理由拒绝回答问题中作出适当的推论。"第36条规定，在嫌疑人的身体上或者被逮捕的地点发现可疑物品、材料或者痕迹时，警察要求嫌疑人对这些物品、材料或者痕迹做出解释，而嫌疑人没有这么做的，"法官和陪审团在裁决被告人是否犯有指控的罪行

---

[1] [美]乔恩·R.华尔兹：《刑事证据大全》，何家弘等译，中国人民公安大学出版社2004年版，第395页。

[2] Henry Campbell Black, *Black's Law Dictionary*: *Definitions of the Terms and Phrases of American and English Jurisprudence, Ancient and Modern*, West Pub Co., 1990. 转引自龙宗智："推定的界限及适用"，载《法学研究》2008年第1期。

[3] [日]田口守一：《刑事诉讼法》，刘迪等译，法律出版社2000年版，第227页。

时,可以从被告人没有或者拒绝提供解释中作出适当的推论"。

由于推定高度依赖于司法人员认识事物和进行推理的能力,并体现了司法人员个人的主观判断,因此具有较大的不确定性。"完全运用间接证据来证明毒品犯罪中的主观故意,并不意味着因此而降低了对控诉方的证明要求,直接证明与间接证明是两种常见的证明方法。"[1]在贩卖毒品案件中,如何合理规范、限定司法人员的推定,以防范滥用裁量权,成为重要课题。

2. 推定的特点。推定具有以下几个特点:

(1)推定具有法定性。对此,罗森贝克指出:"不是法官从推定的原始事实得出被推定的事实的结论,而是法律这么做的;不是法官,而是法律推定这一事实。如果法官根据法律推定考虑被推定的事实,涉及的不是对事实的确认,而是法律的适用。法官将被推定的事实不是作为已经证明的事实,而是未加证明即作为其判决的根据;推定使得对被推定的事实进行证明和确认成为多余。"[2]

(2)推定是对未知案件事实或者争议事实的认定,通过推定减少对案件事实不必要的证明和避免难以完成的事实证明,免除或者重新配置对案件事实的证明责任,属于司法活动中事实认定的范畴。如果不涉及事实认定,而是仅涉及法律如何对某一案件事实进行规定或者评价,则可能属于法律拟制。举例来说,推定是指不知某一案件事实是否为 B,但是根据案件事实 A 推定为案

---

[1] 熊秋红:"毒品犯罪主观故意认定之域外经验",载《人民检察》2007 年第 21 期。

[2] [德]莱奥·罗森贝克:《证明责任论——以德国民法典和民事诉讼法典为基础撰写》,庄敬华译,中国法制出版社 2002 年版,第 226~227 页。

件事实 B。相反，在法律拟制的场合，案件事实 A 和案件事实 B 都是得到了证明的，不存在疑问。尽管明知案件事实 A 原本不构成犯罪 B，但是将案件事实 A 视为案件事实 B，从而以犯罪 B 论处。这实际上改变了犯罪 B 的构成要件，或者说增加了犯罪 B 的犯罪构成的类型。

（3）推定不是对未知事实的直接认定，而是间接认定。[1]适用推定，要求在前提事实（基础事实）与推定事实之间具有一种关系，这种关系或者联系并不具有必然性，并非是有前者就必定有后者，而只是具有一定的盖然性。亦即，不是有 A 就一定有 B，而是有 A 可能有 B。

关于这种关系是事实关系（逻辑关系）还是法律关系，存在不同观点。

第一种观点是事实关系说（经验法则说）。通常称之为"常态联系""逻辑关系"等。例如，田口守一认为："必须肯定推定规定中前提事实（基础事实）与推定事实之间存在一般的合理的密切关系（常态联系）。只有满足这种条件的推定规定，才能支持允许的推定说。"[2]何家弘教授认为，推定奠基于基础事实与推定事实之间的伴生关系或者常态联系，当一个事实存在时便可以认定另外一个事实的存在。[3]裴苍龄教授认为："推定是指通过对基础事实与未知事实之间常态联系的肯定来认定事实的特殊

---

〔1〕 但是，樊崇义教授等认为，在推定中，基础事实与推定事实之间不是推理关系，而是直接认定关系。参见樊崇义、史立梅："推定与刑事证明关系之分析"，载《法学》2008 年第 7 期。

〔2〕 [日] 田口守一：《刑事诉讼法》，刘迪等译，法律出版社 2000 年版，第 229 页。

〔3〕 参见何家弘："论推定概念的界定标准"，载《法学》2008 年第 10 期。

方法。"[1]

第二种观点是法律关系说。例如,张保生教授认为:"推定的本质特征在于,其所规制的是一个事实与一个假定事实之间的法律关系,而不是两个事实(基础事实与待证事实)之间的逻辑关系。"[2]琚明亮博士认为:"立法者之所以从众多事实推定中择取部分,将其上升为法律推定,并不是主要出于不同事实推定的概率论上差别的考虑,而由特定的刑事政策或立法倾向所致。"[3]"刑事推定于实体法上的强制性主要表现为基础事实与推定事实之间不可反驳的法律关系,而非基础事实与推定事实本身不可反驳或无从证伪。"[4]

第三种观点是事实关系或者法律关系说。推定是指依法进行的关于某种事实是否存在的判断,既可以依法律规定进行,又可按经验法则进行,法律没有规定,但在实践中习惯上运用的,也是推定。例如,樊崇义教授等认为:"基础事实与推定事实之间之所以能够建立起推定关系,与它们之间存在着符合经验法则的常态联系不无关系,但这种常态联系并非推定存在的唯一根据,推定的设立除了要考虑两种事实之间的常态联系之外,更是基于一定的刑事政策考量,从而体现着设立者的刑事法律价值观念和一定时期内的价值选择。"[5]卞建林教授认为:"所谓推定,是指

---

[1] 裴苍龄:"再论推定",载《法学研究》2006年第3期。
[2] 张保生:"推定是证明过程的中断",载《法学研究》2009年第5期。
[3] 琚明亮:"证明困难视阈下的事实认定与刑事推定",载《政治与法律》2020年第2期。
[4] 琚明亮:"证明困难视阈下的事实认定与刑事推定",载《政治与法律》2020年第2期。
[5] 樊崇义、史立梅:"推定与刑事证明关系之分析",载《法学》2008年第7期。

依照法律规定或者由法院按照经验法则,从已知的基础事实推断未知的推定事实存在,并允许当事人提出反证予以推翻的一种适用法则。"[1]宋英辉教授也认为:"推定是指根据法律规定或者经验法则,从基础事实推导出推定事实。推定的基础在于,经验表明,当出现一定事实时,通常会有相应事实出现,两种事实之间存在经常性的联系,以至于当出现一种事实时,即可预见到另一事实的出现。"[2]

本书初步坚持下列观点:其一,推定原则上奠基于前提事实(基础事实)与推定事实之间的逻辑关系基础上。例如,张保生教授认为,推定"是从经验性常识直接引申出假定性、推测性结论的直觉活动"。[3]劳东燕教授认为:"要求基础事实与待证事实之间存在合理的联系,即从对基础事实的证明中得出推定事实存在的结论具有逻辑与经验的基础,而非出于任意的推理。"[4]从推定的形成过程看,通常是对司法工作人员司法经验的纯化,逐渐由部分司法工作人员的个别性的经验上升为具有一定普适性的规则。其二,前述前提事实(基础事实)与推定事实之间的逻辑关系并不总是强逻辑关系,而且推定的存在和适用也有很强的政策或者法律因素,"是贯彻公共政策或法律政策的重要制度技术"。[5]对此,美国学者艾伦指出:"推定意味着两项事实间的某

---

[1] 卞建林主编:《证据法学》,中国政法大学出版社2000年版,第370~371页。
[2] 宋英辉、何挺:"我国刑事推定规则之构建",载《人民检察》2009年第9期。
[3] 参见张保生:"推定是证明过程的中断",载《法学研究》2009年第5期。
[4] 劳东燕:"认真对待刑事推定",载《法学研究》2007年第2期。
[5] 劳东燕:"认真对待刑事推定",载《法学研究》2007年第2期。

种特定法律关系。"[1]邓子滨教授指出:"推定所解决的问题,正是证明所解决不了的问题,即虽然不能达到精确的证明,但出于某些重要的政策性考虑或出于某种重大的利益需求,还是要完成对特定事件的结论性判断。"[2]特别是,由于适用推定免除或者减少了控方的证明责任,可能损害对犯罪嫌疑人的人权保障,因而有必要纳入法律的框架下进行规制。其三,推定通常是通过立法或者司法确立的,通过法律规定或者法官的认可,基础事实(已证事实)获得一种特殊的法律约束力,原则上可以据此认定推定事实(待证事实)。其中,对于可反驳的强制性推定,既可以通过立法,也可以通过司法确立;对于不可反驳的强制性推定,则只能通过立法确立。因此,推定不仅仅是一个事实问题,也是一个法律问题。

一般而言,推定的根据包括法律规定和经验法则两个方面。所谓的事实推定和法律推定的分类标准就是推定的根据不同。在事实推定中,基础事实与推定事实之间的关联根据是经验法则。在法律推定中,基础事实与推定事实之间的关联根据是法律规定。[3]经验法则是指人们从日常生活中归纳获得的关于事物因果关系、情状、属性等的知识或者法则。根据形成经验法则所需要的知识和经验,可以将经验法则分为一般经验法则和特殊经验法

---

[1] [美]罗纳德·J. 艾伦、理查德·B. 库恩斯、埃莉诺·斯威夫特:《证据法——文本、问题和案例》,张保生、王进喜、赵滢译,高等教育出版社2006年版,第852页。

[2] 邓子滨:《刑事法中的推定》,中国人民公安大学出版社2003年版,第29页。

[3] 参见宋英辉、何挺:"我国刑事推定规则之构建",载《人民检察》2009年第9期。

则。一般经验法则是指不需要借助于特别的知识和经验,从日常生活中所观察到的、体验到的或者感知到的事物之间的联系;特别经验法则是指基于特别知识或者经验所取得的对于事物之间的联系的一种认识。[1]

经验法则反映了事物与事物之间的常态联系,其中有些是必然联系,有些是或然联系。根据盖然性(可能性)程度的高低,普维庭将经验法则分为四类:第一类是生活规律即自然、思维和检验法则。这些法则是在数学上被证明的,或者符合逻辑的,或者不可能有例外,例如人的指纹唯一性、人不可能同时在两地等。第二类是原则性经验法则(经验法则基本原则)。这些原则虽然具有高度盖然性,但尚不能完全排除例外的情形。可以表述为"如果……则大多数是如此"。这些经验法则源于日常生活经验,没有通过科学数据的验证。如果一方当事人没有提出相反证据加以推翻时,法官可以据此形成全面的心证。第三类是简单的经验法则。这类经验法则的盖然性比较低。可以表述为"如果——则有时是如此"。虽然简单的经验法则的盖然性比较低,但对于事实认定并非完全没有意义,一个简单的经验法则可以与其他证明手段共同对事实认定或证明发生作用。第四类是纯粹的偏见,即完全不具备盖然性的个人见解和认识。这类认识在判决中没有意义。[2]

3. 推定的类型。通常将推定分为法律推定与事实推定。法律

---

[1] 参见王学棉:"事实推定:事实认定困境克服之手段",载《清华法学》2009年第4期。

[2] 参见[德]汉斯·普维庭:《现代证明责任问题》,吴越译,法律出版社2000年版,第155~162页。

推定是指法律明文规定,当确认某一事实存在时,就应当据以认定另一事实的存在,而这种被认定的事实无需加以证明。事实推定是指法律没有明确规定,在认定基础事实的基础上,由法官在诉讼活动中依据一定的经验法则和逻辑规则进行的推定。法律推定建立在事实推定的基础之上,当立法者基于一定的价值取向对实践中相对稳定的事实推定在法律上以条文的形式固定化之后,事实推定就上升为法律推定。法律推定或者法律拟制属于实体法意义上的推定,不允许反证;事实推定属于诉讼法意义上的推定,需要司法机关根据推定规则进行,允许提出反证加以推翻。[1]高桥宏志认为:"从某事实推认出间接事实的行为就是推定,在这其中,按照适用法规之法规化方式进行的推认被称为法律上的推定,而在法官自由心证范围内事实的推认规则是事实上的推定。"[2]

关于法律推定与事实推定的分类,存在不同意见。例如,龙宗智教授认为不应当区分法律推定与事实推定,认为不能采用"事实推定"这样一种表达方式,主要理由是,"事实推定"不是根据法律的强制性规定,而是根据案件的实际情况,由法官根据事实酌定权而做出的推定。[3]裴苍龄教授既反对事实推定与法律推定的划分,也反对将推定分为可反驳的法律推定、不可反驳的法律推定和可反驳的事实推定,认为应当将推定分为法律上的推

---

〔1〕 参见卞建林主编:《证据法学》,中国政法大学出版社2007年版,第299~300页。

〔2〕 [日]高桥宏志:《民事诉讼法制度与理论的深层分析》,林剑锋译,法律出版社2003年版,第457页。

〔3〕 参见龙宗智:"推定的界限及适用",载《法学研究》2008年第1期。不过,张保生教授认为,在法律推定和事实推定之间并没有一条截然分明的界限,许可性推定兼有法律推定和事实推定的特点。参见张保生:"推定是证明过程的中断",载《法学研究》2009年第5期。

定和审判上的推定。[1]宋英辉教授认为立法规定的推定与司法解释规定的推定属于法律推定，除此之外，在实践中还存在事实推定。"对于一些法律和司法解释虽然未作规定的情形，司法人员往往根据基础事实与推定事实之间存在的高度盖然性进行事实推定。"[2]

此外，根据推定是否具有强制性约束力，还可以分为允许性推定与强制性推定。允许性推定是指如果基础事实成立，则可以但并不是必须认定待证事实成立，这种推定是可以推翻的。强制性推定可以分为可反驳的强制性推定与不可反驳的强制性推定。前者是指，除非相对方能提出反驳证据，只要基础事实得到证明，就必须认定待证事实成立。后者是指只要基础事实得到证明，则无论如何必须认定待证事实成立。对于后者，立法者的考虑是，推定的基础和推定的事实与现实生活在原则上是一致的。[3]法律推定包括可反驳的推定与不可反驳的推定，而事实推定都属于可反驳的推定。

三、国内在犯罪认定中采用推定方法的规定及其理解

（一）国内关于"明知"或者"应当知道"采用推定方法的规定

1. 赃物犯罪的认定。我国刑法上规定和适用推定方法，最先

---

[1] 参见裴苍龄："再论推定"，载《法学研究》2006年第3期。
[2] 宋英辉、何挺："我国刑事推定规则之构建"，载《人民检察》2009年第9期。
[3] 参见［德］汉斯·普维庭：《现代证明责任问题》，吴越译，法律出版社2006年版，第73页。

出现在赃物犯罪的认定领域。早在 1992 年 12 月,"两高"联合发布的《关于办理盗窃刑事案件具体应用法律若干问题的解释》第 8 条规定:"只要证明被告人知道或者应当知道是犯罪所得的赃物而予以窝藏或者代为销售,就可以认定窝赃、销赃罪的'明知'。"

1998 年 5 月,"两高"、公安部和国家工商局联合发布的《关于依法查处盗窃、抢劫机动车案件的规定》第 17 条,第一次明确规定了"明知"是指知道或者应当知道,将"应知"作为"明知"的下位概念。此外,该司法解释还采取列举方式,列举了可以视为"应当知道"的几种情形,使"应当知道"或者"明知"的认定更加具有可操作性。之后,"应当知道"或者"明知"的认定范围逐渐扩大化。

2007 年 5 月"两高"发布的《关于办理与盗窃、抢劫、诈骗、抢夺机动车相关刑事案件具体应用法律若干问题的解释》(法释[2007]11 号)第 6 条规定:"……涉及的机动车具有下列情形之一的,应当认定行为人主观上明知是盗窃、抢劫、诈骗、抢夺的机动车:(一)没有合法有效的来历凭证;(二)发动机号、车辆识别代号有明显更改痕迹,没有合法证明的。"该条以完全列举的方式列举了认定行为人明知是赃车的情形,被认为是适用推定认定"明知"的典型。

2. 性犯罪的认定。例如,关于嫖宿幼女案件,2001 年 6 月最高检发布的《关于构成嫖宿幼女罪主观上是否需要具备"明知"要件的解释》(高检发释字[2001]3 号)规定,行为人知道被害人是或者可能是不满 14 周岁的幼女而嫖宿的,以嫖宿幼女罪追究刑事责任。[1]而"两高"、公安部、司法部2013年10月联合发布的《关于依法惩治性侵害未成年人犯罪的意见》第19条规定，以12周岁为界划定两个年龄档次，根据被害人的身体发育状况、言谈举止、衣着特征、生活作息规律等，行为人"知道"或者"应当知道"对方是不满14周岁的幼女，而实施奸淫等性侵害行为的，应当认定行为人"明知"对方是幼女。但是，对于不满12周岁的被害人实施奸淫等性侵害行为的，应当认定行为人"明知"对方是幼女。

（二）国内关于毒品犯罪中采用推定方法的规定

由于毒品犯罪较为隐蔽，查处难度大，社会危害性也大，因此，《刑事诉讼法》（2018年修订）第150条、第152条和第153条分别规定，对于重大毒品犯罪案件，可以采取技术侦查措施、隐匿身份实施侦查或者"实施控制下交付"。但是，由于实践中常见多发的毒品犯罪是代购毒品，行为人代购毒品的数量往往较小，不符合采取技术侦查措施的条件。对代购毒品实施"控制下交付"，能够查处的就是"控制下交付"的一起事实，难以认定是代购还是贩卖。[2]为了有效打击毒品犯罪，不得不考虑如何降低举证难度。为此，最高法、最高检、公安部等以及全国各省、直辖市和自治区相继制定了部分规范性法律文件，就主观明知的认定作出了或详细或简略的规定，为主观明知的认定提供了认定规则。

---

[1] 2015年《刑法修正案（九）》第43条删除了《刑法》第360条第2款关于嫖宿幼女罪的规定。

[2] 参见赵海霞、胡公枢："'代购毒品'的司法适用分析——借鉴'商业实质'的概念"，载《中国检察官》2017年第14期。

1. 上海市高院 2000 年 5 月发布的《关于审理毒品犯罪案件具体应用法律若干问题的意见》（沪高法［2000］312 号）。该《意见》第 4 条第 3 款规定："对于抓获贩毒分子以后，在其住所等藏匿地点查获的毒品应一并计入贩毒数量，酌情从轻处罚，而不能另行认定非法持有毒品罪，与贩卖毒品罪实行数罪并罚。""如果没有足够的证据证实行为人在主观上明知是毒品，但能够证实其对所承运物品的非法性具有概括性认识，行为人为了赚钱不计后果接受他人雇佣，事实上实施了运输毒品行为的，可以认定为运输毒品罪，在量刑时酌情给予从轻处罚。如果确有证据证实行为人不知是毒品，而系受蒙骗实施运输毒品行为的，则不能认定为犯罪。"其中运用了"概括性认识"这一表述方式，在运输毒品案件中，只要能够证明嫌疑人、被告人对运输物品的非法性具有概括性认识，不需证明行为人明确认识行为对象为毒品，即可认定成立犯罪。通过将毒品犯罪的明知要件改为"概括性认识"，降低"明知"的证明难度。

2. 最高检公诉厅 2005 年 4 月发布的《毒品案件公诉证据标准指导意见》。该《意见》使用了推定的概念，其中第 3 条规定："推定'明知'应当慎重使用。对于具有下列情形之一，并且嫌疑人、被告人不能做出合理解释的，可推定其明知，但有相反证据的除外……对于具有下列情形之一的，能否推定明知还需结合其他证据予以综合判断……"

3. "两高"、公安部 2007 年 12 月联合发布的《关于办理毒品犯罪案件适用法律若干问题的意见》（公通字［2007］84 号）（以下简称《意见》）。该《意见》规定："走私、贩卖、运输、非法持有毒品主观故意中的'明知'，是指行为人知道或者应当知道所实施的行为是走私、贩卖、运输、非法持有毒品行为。"在"关于毒品犯罪嫌疑人、被告人主观明知的认定问题"部分，就行为人的主观明知规定了八种可以认定为"应当知道"的情形。"具有下列情形之一，并且犯罪嫌疑人、被告人不能做出合理解释的，可以认定其'应当知道'，但有证据证明确属被蒙骗的除外：（一）执法人员在口岸、机场、车站、港口和其他检查站检查时，要求行为人申报为他人携带的物品和其他疑似毒品物，并告知其法律责任，而行为人未如实申报，在其所携带的物品内查获毒品的；（二）以伪报、藏匿、伪装等蒙蔽手段逃避海关、边防等检查，在其携带、运输、邮寄的物品中查获毒品的；（三）执法人员检查时，有逃跑、丢弃携带物品或逃避、抗拒检查等行为，在其携带或丢弃的物品中查获毒品的；（四）体内藏匿毒品的；（五）为获取不同寻常的高额或不等值的报酬而携带、运输毒品的；（六）采用高度隐蔽的方式携带、运输毒品的；（七）采用高度隐蔽的方式交接毒品，明显违背合法物品惯常交接方式的；（八）其他有证据足以证明行为人应当知道的。"

4.《大连会议纪要》。就贩卖毒品罪的主观故意的认定而言，最高法2008年印发的《大连会议纪要》规定："毒品犯罪中，判断被告人对涉案毒品是否明知不能仅凭被告人供述，而应当依据被告人实施毒品犯罪行为的过程、方式、毒品被查获时的情形等证据，结合被告人的年龄、阅历、智力等情况，进行综合分析。"不仅如此，《大连会议纪要》在2007年《意见》的基础上作了一定调整，增加了两项可以认定为"主观明知"的情形，分别是"行程路线故意绕开检查站点，在其携带、运输的物品中查获毒品的；以虚假身份或者地址办理托运手续，在其托运的物品中查获毒品的"。在运输毒品犯罪案件中,当遇到以下情形,可以认定其主观上具有明知的故意:一是在需要安检的公共场所应当申报自己携带的物品时未如实申报;二是采用隐蔽的方法运输、携带毒品;三是在被查获时不配合检查反而逃避抗拒检查;四是运输毒品的行程路线故意绕开检查站点;五是收取了不等值的高额运输报酬。

与前述2007年《意见》相比,《大连会议纪要》具有以下三个特点:其一,要求认定"明知"时进行综合分析和判断,除了对被告人犯罪行为的过程、方式、毒品被查获时的情形等证据进行分析外,还要考虑被告人的年龄、阅历、智力等情况。其二,扩大认定"明知"的范围,所有的毒品犯罪都可以依照该司法解释,认定犯罪嫌疑人、被告人主观"明知"。其三,增加了两种认定"明知"的情形,一种是"行程路线故意绕开检查站点,在其携带、运输的物品中查获毒品的",另一种是"以虚假身份或者地址办理托运手续,在其托运的物品中查获毒品的"。显然,对于有吸毒情节的贩毒人员,在部分毒品被吸食的情况下,《大连会议纪要》倾向于以能够证明的贩卖数量以及查获的毒品数量认定贩毒数量。

5.《武汉会议纪要》。最高法2015年印发的《武汉会议纪要》也在贩毒人员住所等处查获的毒品性质的认定和"以贩养吸"情形中贩卖毒品数量的认定等多处采取了事实推定。例如,就查获的毒品的性质认定来说,《武汉会议纪要》规定:"贩毒人员被抓获后,对于从其住所、车辆等处查获的毒品,一般均应认定为其贩卖的毒品。确有证据证明查获的毒品并非贩毒人员用于贩卖,其行为另构成非法持有毒品罪、窝藏毒品罪等其他犯罪的，依法定罪处罚。"前述规定包括两方面内容：其一，根据行为人实施贩卖毒品犯罪且并非吸毒人员的基础事实，推定从其住所等处查获的毒品系其以贩卖为目的而购买或者准备用于贩卖；或者根据吸毒人员实施贩卖毒品犯罪，且从其住所等处查获的毒品不可能全部用于吸食的基础事实，推定从其住所等处查获的毒品系其以贩卖为目的而购买或者准备用于贩卖。其二，在行为人不能提出反证推翻推定事实，即不能证明该部分毒品并非用于贩卖或者并非其所有的情况下，认定从贩毒人员住所等处查获的毒品系其用于贩卖。

尽管该纪要的规定在形式上并没有免除司法机关对贩毒人持有毒品的主观意图进行证明的责任，但纪要"一般均应认定为其贩卖的毒品"的规定，将司法机关进一步查明毒品用途的证明责任转移给犯罪嫌疑人。对此，高贵君等指出："毒品犯罪隐蔽性强、取证难度大，而且实践中从贩毒人员住所等查获的毒品多系用于贩毒，为严厉打击毒品犯罪、降低证明难度，《纪要》采用了事实推定的证明方法。即根据行为人贩卖毒品及从其住所等处查获毒品的事实，推定查获的毒品是用于贩卖。"[1]从实践看，在毒品犯罪采用事实推定，实际上将部分证明责任转移给被告人，加重了被告人的证明责任。对此，法院必须分清楚是进行事实推定还是仅仅对事实进行合理的归纳、概括，依法对控辩双方的证明责任进行合理分配。

6. 其他规范性法律文件。例如，2005年4月最高检公诉厅制

―――

〔1〕 高贵君等："《全国法院毒品犯罪审判工作座谈会纪要》的理解与适用"，载《人民司法（案例）》2015年第13期。

定的《毒品犯罪案件公诉证据标准指导意见（试行）》，2005年9月云南省公安厅、云南省检察院、云南省高院联发的《关于毒品案件证据使用若干问题的意见（试行）》等规范性法律文件，[1]对于在何种情形下可以推定明知进行了详细的列举，并且对推定明知进行了限定。修订后的《云南省禁毒条例》增加了接受毒品检查的人员对他人委托携带、运输的物品具有"及时报告"的义务，为适用推定方法创造了法律条件。

表3-1 涉及毒品犯罪主观明知推定的规范列表[2]

序号	施行年份	发布单位	规范名称（条文序号）
1	2000年	上海高法	《关于审理毒品犯罪案件具体应用法律若干问题的意见》(4)
2	2002年	"两高"、海关总署	《办理走私刑事案件适用法律若干问题的意见》(5)
3	2005年	最高检公诉厅	《毒品犯罪案件公诉证据标准指导意见（试行）》(1)
4	2005年	云南高法、省检、公安厅	《关于毒品案件证据使用若干问题的意见》(1)
5	2006年	浙江省检	《毒品类犯罪案件疑难问题专题研讨会会议纪要》(2)
6	2007年	"两高"、公安部	《办理毒品犯罪案件适用法律若干问题的意见》(2)
7	2008年	最高法	《全国部分法院审理毒品犯罪案件工作座谈会纪要》(10)

---

[1] 该意见规定："推定'明知'应当慎重使用。……对于具有下列情形之一，并且嫌疑人、被告人不能做出合理解释的，为主观明知，但有相反证据的除外……"

[2] 参见梁坤："毒品犯罪主观明知推定规则之实证检讨——以2000－2015年间的14份办案规范为考察对象"，载《证据科学》2018年第5期。

续表

序号	施行年份	发布单位	规范名称（条文序号）
8	2008 年	广东高法、省检、海关广东分署	《加强查办走私犯罪案件工作第七次联席会议纪要》（2）
9	2009 年	广东高法、省检、海关广东分署	《加强查办走私犯罪案件工作第八次联席会议纪要》（1/2）
10	2009 年	"两高"、公安部	《关于办理制毒物品犯罪案件适用法律若干问题的意见》（2）
11	2011 年	江苏高法	《关于办理毒品犯罪案件适用法律若干问题的指导意见》（24）
12	2012 年	"两高"、公安部	《关于办理走私、非法买卖麻黄碱类复方制剂等刑事案件适用法律若干问题的意见》（5）
13	2012 年	最高检、公安部	《关于公安机关管辖的刑事案件立案追诉标准的规定（三）》（1/2/5/6）
14	2015 年	浙江高法、省检、公安厅	《重大毒品犯罪案件证据收集审查判断工作指引》（5/6/7）

（三）对上述规范性文件的理解

1. 上述规范性文件确立的推定类型。这些规范性法律文件，先后提出了下列八种类型的认定规则：[1]

（1）规避检查型。例如，《武汉会议纪要》第10条第1项规定，执法人员在口岸、机场、车站、港口和其他检查站点检查时，要求行为人申报为他人携带的物品和其他疑似毒品物，并告

---

［1］ 参见梁坤："毒品犯罪主观明知推定规则之实证检讨——以 2000－2015 年间的 14 份办案规范为考察对象"，载《证据科学》2018 年第 5 期。

知其法律责任,而行为人未如实申报,在其携带的物品中查获毒品的。

(2) 行为隐蔽型。例如,2008 年广东省高院、省检察院、海关总署广东分署《加强查办走私犯罪案件工作第七次联席会议纪要》第 2 条第 1 项规定,利用行李物品、人身、人体等,采用夹带、隐匿等方式携带毒品的。

(3) 信息虚假型。例如,2009 年 6 月"两高"、公安部《关于办理制毒物品犯罪案件适用法律若干问题的意见》(公通字 [2009] 33 号) 第 2 条第 1 项规定,改变产品开头、包装或者使用虚假标签、商标等产品标志的。

(4) 违背常理型。例如,2012 年 5 月最高检、公安部《关于公安机关管辖的刑事案件立案追诉标准的规定(三)》(公通字 [2012] 26 号) 第 1 条规定,为获取不同寻常的高额或者不等值的报酬为他人携带、运输、寄递、收取物品,从中查获毒品的。

(5) 既往受罚型。例如,2002 年 7 月"两高"、海关总署《办理走私刑事案件适用法律若干问题的意见》(法 139 号) 第 5 条规定,只要行为人曾因同一种走私行为受过刑事处罚或者行政处罚,就可以在当前案件中认定为明知。根据 2012 年 6 月"两高"、公安部《关于办理走私、非法买卖麻黄碱类复方制剂等刑事案件适用法律若干问题的意见》(法发 [2012] 12 号) 的规定,可以根据行为人"此前是否实施过同类违法犯罪行为"认定主观明知。这是否意味着只要行为人曾因同一种毒品走私行为受过行政处罚,就可以在当前案件中直接推定其具有明知?由于"既往受罚型"推定未将当前案件中行为人的具体行为作为基础事实,而是将不具有关联性且易引发偏见的证据证明的事实作为基础事实，不符合"证据三性"的要求，在此基础上开展推定必然导致事实认定出现偏差的风险增大。因此，这类主观明知推定不可与基于当前案件行为的认同度更高的其他基础事实类型的推定相提并论。[1]

（6）实际控制型。例如，2005年4月最高检公诉厅《毒品犯罪案件公诉证据标准指导意见（试行）》第1条第2项规定，犯罪嫌疑人、被告人所有物、住宅、院落里藏有毒品的；犯罪嫌疑人、被告人持有毒品的。2015年浙江省高院、省检察院、省公安厅《重大毒品犯罪案件证据收集审查判断工作指引》第7条第10项规定，"在实际控制的车辆、住所查获毒品的"，"专程驾车前往毒品源头地区，返程时在车上查获毒品的"，当嫌疑人或被告人不能做出合理解释时，可以认定其明知贩卖、运输的物品系毒品。

（7）痕迹指向型。例如，2005年9月云南省高院、省检察院、省公安厅《关于毒品案件证据使用若干问题的意见（试行）》第1条第3项规定，毒品包装物上留下的指纹与犯罪嫌疑人、被告人的指纹经鉴定一致的。

（8）兜底条款。2012年5月最高检、公安部《关于公安机关管辖的刑事案件立案追诉标准的规定（三）》规定："有其他证据足以证明行为人应当知道的，可以认定其应当知道。"不过，由于兜底条款中缺乏明确的基础事实描述，不具备推定规则的基本制度结构，能否以兜底条款作为推定前提，还需要研究。对

---

[1] 参见梁坤："毒品犯罪主观明知推定规则之实证检讨——以2000-2015年间的14份办案规范为考察对象"，载《证据科学》2018年第5期。

此,何家弘教授批评说,兜底条款是把"允许司法人员酌情推断的规定混同到推定规则之中了"。[1]

另外,从实践看,在上述认定规则中,规避检查型、行为隐蔽型、违背常理型和信息虚假型均反映出行为人出现了迥异于常人的行为方式,从而得到了广泛的认同;相对而言,既往受罚型、实际控制型、痕迹指向型的认同度不高。[2]

表3-2 毒品犯罪主观明知允许性推定的5种不同的实现方式

推定实现方式	前提:具有条文中列举的基础事实情形之一				
	A. 可以认定明知	B. 作为认定明知的参考依据	C. 结合其他证据,经综合审查判断可以认定明知	D. 作为重点考虑因素,根据在案证据并结合行为表现,综合认定明知	E. 可以初步推定明知
规范序号	1、2、3、4、6、7、8、11、14	9	4、10、13	12	5

2. 上述规范性文件确立的推定的性质。关于上述规范性文件确立的推定的性质,刑法理论界也是众说纷纭。[3]第一种观点认为,《意见》和《大连会议纪要》的规定是"刑事推定",只要确保基础事实的真实性且行为人不能反证的,即可认定为主观明

---

[1] 参见何家弘:"从自然推定到人造推定——关于推定范畴的反思",载《法学研究》2008年第4期。

[2] 参见梁坤:"毒品犯罪主观明知推定规则之实证检讨——以2000-2015年间的14份办案规范为考察对象",载《证据科学》2018年第5期。

[3] 本部分内容详细参见杜颖:"毒品犯罪案件中'主观明知'认定的实证解析",载《西南政法大学学报》2014年第3期。

知。[1]第二种观点认为，上述规定中除第一项属于推定外，其余的都应属于"推断"，实质上是依靠间接证据进行证明的方式。[2]第三种观点认为，上述规定均是对案件事实认定如何适用间接证明的指引性规范，是对间接证明经验的总结和归纳，不能解读为推定。主要理由是，一般情况下出现《纪要》列举的前9项情况的任何一种，均可以合理地认定行为人"应当知道"是毒品。在行为人的行为与"应当知道"之间已经形成了较为充分的推理关系。据此，论者认为只有"两高"2007年5月《关于办理与盗窃、抢劫、诈骗、抢夺机动车相关刑事案件具体应用法律若干问题的解释》（法释〔2007〕11号）第6条可以被解读为推定规范。[3]

上述争论并非纯粹的理论之争，对实践办案也有重大的影响。虽然推定和间接证明（即推论）都表现为从已知事实出发来确认待证事实，但两者在本质上却有明显区别：其一，推定降低了证明要求，推论必须符合证明充分性的一般要求；其二，推定具有"法定证据"的制度特征，推论具有"自由心证"的制度特征；其三，推定转移了证明责任，推论并未转移证明责任；其四，推定确立了事实认定义务，推论并非义务性规定；其五，推定是法律问题，推论是事实问题。[4]

不过，也有观点认为，实践中对于毒品犯罪主观明知的认定

---

〔1〕 参见莫关耀、徐南、张斌："论毒品犯罪主观明知认定中的推定"，载《云南警官学院学报》2008年第3期。

〔2〕 参见周光权："明知与刑事推定"，载《现代法学》2009年第2期。

〔3〕 参见郭晶："刑事推定的构造与'应当知道'的认定——以推定之逻辑构造为基础"，载《中国刑事法杂志》2012年第8期。

〔4〕 参见龙宗智："推定的界限及适用"，载《法学研究》2008年第1期。

属于"间接证明",而不是"推定"。上述《意见》和《大连会议纪要》并未将证明责任从控方转移给犯罪嫌疑人。即便案件事实具备上述《意见》和《大连会议纪要》的情形,也不等于认定主观明知。反过来,即便不具备上述《意见》和《大连会议纪要》规定的情形,也可以认定主观明知。另外,认定主观明知的过程是证明的过程,而不是推定的过程。推定只需要基础实施即可,不需要证明;而间接证明则需要达到"排除合理怀疑"的程度。[1]

3. 推定的法律效力:转移提供证据的举证责任,但是不转移未能履行举证责任的法律风险。一般认为,推定不是证明责任的倒置,在诉讼证明的场合,控方要对全部案件事实承担证明责任;在刑事推定的场合,控方要对基础事实(已证事实)承担证明责任。但是,推定具有转移证明责任特别是举证责任的效力。[2] "推定为什么会引发举证责任的转移呢?因为,推定尽管是一种选择,但是,它在司法证明中是认定事实的特殊方法。作出推定意味着要认定被推定的事实。在这种情况下,主张被推定事实的一方,因推定的成立而无须再举证。既然主张被推定事实的一方无须再举证,举证责任就只能由不利一方来承担。不利一方也只有承担起举证责任并举反证推翻被推定的事实或者使被推定的事实处于真伪不明的状态,才能阻止审判机关认定被推定的

---

[1] 参见杜颖:"毒品犯罪案件中'主观明知'认定的实证解析",载《西南政法大学学报》2014 年第 3 期。

[2] 一般认为,推定的效力仅及于举证责任。但是,汪建成教授认为,推定的效力同时及于举证责任与说服责任。参见汪建成、何诗扬:"刑事推定若干基本理论之研讨",载《法学》2008 年第 6 期。

事实。否则，就只能接受由推定带来的不利后果。"[1]但是，在推定的场合，不转移未能履行举证责任的法律风险。

四、贩卖毒品案件中适用推定的规则

从证明责任的角度看，推定的主要功能是解决案件事实证明上的困难，通过调整案件事实的证明标准降低公诉机关的证明责任，有利于惩罚犯罪、保护法益，但是也存在轻罪重判、侵害人权的危险。"……对于不能查明买方购买毒品的真实用途的案件，……不能单纯以所购买的毒品数量巨大一个事实为据，推定为贩卖毒品罪，该种情形一般应当以非法持有毒品罪定罪处刑。"[2]

推定的基础是经验法则。对此，休谟曾经指出："如果有人问：我们对于事实所作的一切推论的本性是什么？适当的答复似乎是：这些推论是建立在因果关系上。如果再问：我们关于因果关系的一切理论和结论的基础是什么？就可以用一句话来回答：'经验'。"[3]例如，我国香港地区 2002 年《危险药物条例》第 45 条规定："任何人经证明曾制造危险药物或曾作出准备制造危险药物的行为，则直至相反证明成立为止，须被推定为已知悉该药物的性质。"第 47 条规定：①任何人经证明实质管有：（a）任何容载或支撑危险药物的物件；（b）任何容载危险药物的行李、公文包、盒子、箱子、碗柜、抽屉、保险箱、夹万（保险箱）或者其他类似的盛器的钥匙，则直至相反证明成立为止，须被推定为

---

[1] 裴苍龄："再论推定"，载《法学研究》2006 年第 3 期。
[2] 上海市高级人民法院《关于审理毒品犯罪案件具体应用法律若干问题的意见》第 3 条第 1 项。
[3] [英]休谟："人类理智研究"，载北京大学哲学系外国哲学史教研室编译：《西方哲学原著选读》（上卷），商务印书馆1981年版，第523页。

管有该药物。②任何人经证明或被推定管有危险药物,则直至相反证明成立为止,须被推定为已知悉该药物的性质。③本条规定的推定,不得籍证明被告人从未实质管有该危险药物而被推翻。根据上述规定,如果警察在嫌疑人的住处、车辆等查获毒品,可以根据已经查获毒品的事实,推定毒品处于嫌疑人控制之下,并进一步推定嫌疑人对毒品具有明知。如果嫌疑人要否定这一推定,必须提供证据加以证明。

就适用推定的规则,国内许多学者提出了自己的见解。例如,宋英辉教授认为,适用推定的原则包括下列五项,分别是:其一,必要性原则(补充性原则),只有在举证相当困难或者付出不相称的成本而有特别需要时才能适用推定;其二,基础事实真实原则,作为推定基础的基础事实本身应当是真实可靠的;其三,高度盖然性原则,基础事实与推定事实之间应当具有高度的盖然性;其四,不得二次推定原则,由于推定得出的结论具有一定的或然性,因而不得以第一个推定结论为基础事实再次进行推定;其五,可反驳原则,由于推定得出的结论具有一定的或然性,必须赋予被指控者提供证据进行反驳的机会。此外,还有实体性规则和程序性规则。[1]

本书认为,适用推定时至少应当坚持下列几项原则:

(一)适用推定应当兼顾人权保障和打击犯罪

由于推定与无罪推定、存疑有利于被告人等原理存在抵牾之处,因此在进行推定时必须兼顾人权保障和打击犯罪。根据《刑

---

[1] 参见宋英辉、何挺:"我国刑事推定规则之构建",载《人民检察》2009年第9期。

事诉讼法》的规定,未经法院依法判决,对任何人都不得确定有罪;不得强迫任何人证实自己有罪。据此,证实被告人有罪的责任始终在公诉机关,被告人没有证实自己无罪的义务。此外,根据现有证据,不足以证实被告人有罪的,应当认定被告人无罪;根据现有证据,只能证实被告人犯了较轻的罪而不能证实其犯了较重的罪的,应当认定被告人犯的是轻罪;根据现有证据,既不能排除被告人犯罪的可能性,也不能排除其无罪的可能性,应当认定被告人无罪。也就是说,根据现有证据,在认定被告人是否犯罪或所犯是轻罪还是重罪存在疑问时,应当做出有利于被告人的认定。这便是存疑时有利于被告人的刑事诉讼认定原则。但是,在进行事实推定的场合,虽然证实基础事实的证据已经达到了确实、充分的证明标准,但证实推定事实的证据本身并未达到确实、充分的证明标准。也就是说,根据现有证据,并不能排除推定事实不存在的可能,只是因为行为人没能提供证据或提供的证据尚不足以证实推定事实确不存在,便认定推定事实成立。[1] 汪建成教授明确指出:"刑事司法中的推定,在绝大多数情况下,都是不利于被告人的,推定制度本身就是无罪推定原则和有利被告原则的例外。"[2] "在适用推定的案件中,国家一改谦抑的风格,保持一种介入的姿态,这是基于特定案件中认定主观方面的困难以及特殊刑事政策的考量,自然需要以一定的民权损失为代

---

[1] 参见古加锦:"明知毒品的推定风险与证据证明",载《西南政法大学学报》2017年第1期。

[2] 汪建成、何诗扬:"刑事推定若干基本理论之研讨",载《法学》2008年第6期。

价。"[1]皮勇教授指出:"'应当知道'的规定实际上是将犯罪嫌疑人主观罪过难以证明的状态予以回避,而通过推定的方式予以认定,这无疑将这部分主观罪过的认定标准大大放宽。"[2]

　　毒品犯罪主观明知的认定直接关系到犯罪是否成立,如果片面强调保障人权则使明知的推定偏于保守,不利于打击犯罪。如果过于强调打击犯罪,在明知的推定过程中容易导致主观归罪,不利于保障人权。因此二者必须兼顾,不可偏废。从刑法或者司法解释设置推定规定角度看,是否可以以"应当知道"作为"明知"的认定方式,需要考察该罪名的认定难度、现实的案发状况、该罪名的体系地位和社会案发比例等诸多要素,进行综合地考察。[3]从司法适用的角度看,也应当进行适当的限制。例如,交付含有大麻等毒品成分的香烟的行为和交付普通香烟的行为在外在特征和表现上具有极高的相似性,一般只能通过化学鉴定及支付的高额价格来推定是毒品交易,但是这种推定往往具有风险性和不确定性,尤其是在欠缺交易价格,行为人又未供述其明知是毒品而交易时,能否仅凭交易物品推定行为人主观上明知是毒品? 在经验上,一般人认为这种认定是符合事实的,成立明知推定,但是,不能合理排除无辜者被推定为明知的可能性。

　　再如,关于毒品犯罪的死刑适用,"由于推定规则的局限性,对于依据推定方法认定的犯罪事实,在量刑时应当留有余地,一

---

〔1〕 汪建成、何诗扬:"刑事推定若干基本理论之研讨",载《法学》2008年第6期。

〔2〕 皮勇、黄琰:"论刑法中的'应当知道'——兼论刑法边界的扩张",载《法学评论》2012年第1期。

〔3〕 参见皮勇、黄琰:"论刑法中的'应当知道'——兼论刑法边界的扩张",载《法学评论》2012年第1期。

般不得判处死刑立即执行。……如，对于贩卖毒品同时又持有毒品的被告人，如果将持有毒品的数量计算到贩毒的数量中，刚好达到判处死刑数额的，一般不宜判处死刑；对于推定被告人有犯罪故意，但仅属于概括故意的，一般也不得判处被告人死刑立即执行。"[1]

（二）作为推定基础的事实必须真实、客观、全面且具有"盖然效力"

"现有的司法型推定同时包含强制性推定与允许性推定。具体推定在效果上的强制与否，取决于司法解释的发布者对基础事实作为推定结论之证据的证明力的评价。基础事实与推定结论之间的经验联系越密切，推定越可能被赋予强制性的效果。"[2]但是，"应当知道的规定中，部分司法解释甚至没有规定推定所应依据的基础事实，导致基础事实的范围也要由法官予以确定，这无疑赋予法官过大的自由裁量权，导致法官可以自由选择推定的依据进行推定，从而大大增加了刑法的干涉范围，而且表现出相当的随意性。基础事实的选取是应当知道判断的根基，如果能够对基础事实的范围进行划定，无疑会有效地限制推定的适用范围，从而为边界的扩张提供可行的限制，如果不作规定，则放弃了推定适用限制的最重要的要件，可能不当扩大了刑法的适用边界"。[3]

---

[1] 郑岳龙：" 论推定规则在审理毒品犯罪中的适用"，载《人民司法（案例）》2005年第7期。

[2] 劳东燕：" 认真对待刑事推定"，载《法学研究》2007年第2期。

[3] 皮勇、黄琰：" 论刑法中的'应当知道'——兼论刑法边界的扩张"，载《法学评论》2012年第1期。

1. 作为推定基础的事实必须真实、客观。推定分为法律推定和事实推定。法律推定是指法律明确规定的推定方式，事实推定则是源于经验和常识的总结。在事实推定中，基础事实与推定事实之间具有普遍的共存关系，依照经验法则，当基础事实出现时，在绝大多数情况下会出现推定事实，两者具有高度的盖然性，只有极少数的情况例外。经验和常识表明已知的事实通常会和未知的事实并存，所以可以根据已知的事实来推断出未知的事实。因此，作为推定基础的事实必须真实、客观。"在推定中，前提事实与推定事实的伴生关系是由法律或者由经验预先设定的，推定事实的真实性依赖于前提事实的真实性。只有前提事实的真实性业已得到确认，才能作为推定事实的基础。"[1]

毒品犯罪的明知推定是一种事实推定。但是，在许多的毒品犯罪案件中，由于毒品犯罪的隐秘性，客观行为方面的证据往往都不足或者基本来自于犯罪嫌疑人的供述，委托人的存在与否、运输的报酬、委托运输的事实等一般都无法查证，其完全依赖于犯罪嫌疑人的供述，具有极大的不稳定性。[2]

2. 作为推定基础的事实必须全面。波洛克曾经指出："有人曾说旁证就像一个链条，每一项旁证就是链条上的一环。其实不然，因为任何一环断开，整个链条就会断掉。旁证更像是许多细绳拧成的绳索。一股绳子或许不能承受重量，但许多股绳子合起来可能就足够结实有力了。"[3] "推定的科学基础是统计学、概率

---

[1] 郑岳龙："论推定规则在审理毒品犯罪中的适用"，载《人民司法（案例）》2005 年第 7 期。

[2] 参见王凯石："主观明知推定的基本规则"，载《人民检察》2007 年第 21 期。

[3] 何家弘主编：《外国证据法》，法律出版社 2003 年版，第 101 页。

论。一项推论的概率越高,可能性越大,那么,该推论的可靠性或可信度就越强,就越有可能被诉讼法或证据法吸收为推定规则。"[1]因此,在毒品犯罪案件中适用推定方法认定明知,所依据的事实必须既客观,又全面。这些事实不仅包括客观方面也包括主观方面,例如交易是否隐蔽、交易价格是否很高、是否有吸毒工具、行为人对毒品的认识和了解、行为人面对司法部门追查时的表现、行为人的生活经验和社会阅历、同案犯的供述和其他证人的证言等。

  梁坤教授指出,从诸多规则中普遍接受的"逃避检查型""行为隐蔽型"等主观明知推定来看,尽管从单一基础事实即可以得出推定事实,但是为了保障司法程序中认定的法律事实最大程度上接近甚至等同于客观事实,有必要鼓励尽可能根据既有的列举条款中载明的多项基础事实而得出推定事实。在这种情况下,实际上是根据基础事实"1+2+3+…N"而共同得出推定事实。不过,这并不属于对前述由单一的基础事实即可得出推定事实的否定。原因在于,某些毒品犯罪案件同时满足列举条款中所设定的多项基础事实,因此根据多项基础事实实际上都可以单独得出事实 B,强调有必要而不是必须综合列举条款中的多项基础事实而得出行为人具有主观明知,更有利于保证事实认定的准确性。[2]

  有关规范性法律文件也作出了类似规定。例如,《大连会议

---

  [1] 叶峰、叶自强:"推定对举证责任分担的影响",载《法学研究》2002 年第 3 期。

  [2] 参见梁坤:"毒品犯罪主观明知推定规则之实证检讨——以 2000-2015 年间的 14 份办案规范为考察对象",载《证据科学》2018 年第 5 期。

纪要》明确规定,在毒品犯罪中,判断被告人对涉案毒品是否明知,不能仅依据被告人供述,而应当依据被告人实施毒品犯罪行为的过程、方式、毒品被查获时的情形等证据,结合被告人的年龄、阅历、智力等情况,进行综合分析判断。这里"综合分析判断",要求司法人员在认定行为人是否"明知毒品"时,不能仅看行为人的行为是否符合前述《意见》《大连会议纪要》所列举的各种情形之一,还要根据被告人供述、相关证人证言、相关通话记录、侦查机关的侦破经过以及被告人实施毒品犯罪行为的过程、方式、毒品被查获时的情形等证据,结合被告人的年龄、阅历、智力以及被告人是否具有涉毒前科、是否属于涉毒人员、做出的辩解是否合理等情况,进行综合分析判断。只有在全案的证据已达到确实、充分的证明标准,已足以排除合理怀疑时,才能认定被告人对涉案毒品是明知的。[1]

2014年4月安徽省高院、省检察院和省公安厅联合发布的《毒品案件证据收集审查判断规则》第40条规定:"审查判断被告人主观上是否明知行为对象是毒品时,应当综合考虑案件中的各种客观实际情况,审查被告人实施毒品犯罪行为的过程、行为方式、毒品被查获时的情形和环境等证据材料,结合被告人的年龄、阅历、智力及掌握相关知识情况,综合进行分析判断。"

3. 作为推定基础的事实具有盖然效力。作为推定基础的事实本质上属于证据事实。证据的效力可以分为确定效力和盖然效力。其中,确定效力是指证据的关联作用是唯一的,可以据此得

---

[1] 参见古加锦:"明知毒品的推定风险与证据证明",载《西南政法大学学报》2017年第1期。

出肯定性的判断。盖然效力是指证据的关联作用存在两种或者多种可能性，无法据此作出肯定性判断。在证据事实具有确定效力的场合，不存在进行推定的余地。在证据效力具有盖然效力的场合，如果可以通过某些证据排除盖然性，获得确定性，也不需要进行推定。只有证据效力仅具有盖然效力，无法通过某些证据排除盖然性，而且在这些盖然性之间存在"原则与例外""一般与个别"的关系的场合，才有可能通过法律规定进行推定。[1]不仅如此，也才能将体现为"原则""一般"或者常态的可能性作为最终选项。

为了更好地适用推定方法，对于司法人员而言，"必须在经验层面上丰富法律人思维的概念，要让法律人至少了解一些社会科学的知识，在某些领域还要熟悉相关专业领域的具体知识和能力，增强法律人对某一领域的可能法律后果的敏感、理解力和预判力。"[2]

(三) 推定的适用具有补充性

根据《刑事诉讼法》(2018 年)第 55 条、第 200 条的规定，对一切案件的判处，都要达到证据确实、充分的证明标准。所谓证据确实、充分，是指定罪量刑的事实都有证据证明；据以定案的证据均经法定程序查证属实；综合全案证据，对所认定事实已排除合理怀疑。

推定与证明有所不同。"证明是一种事实的推导，是对证据性事实与要件事实之间相关性联系的确证或断定，是一个逻辑的

---

〔1〕 参见裴苍龄："再论推定"，载《法学研究》2006 年第 3 期。
〔2〕 苏力："法律人思维?"，载《北大法律评论》编辑委员会编：《北大法律评论》(第 14 卷第 2 辑)，北京大学出版社 2013 年版，第 467 页。

推想和论证的过程，其结论必须具有一定程度的必然性。推定则是推测和想象，一般并不特别关注基础事实与推定事实之间是否具有相关性、合逻辑性，而是基于某些社会政策而创设一种法律关系，因此是一种暂时性假定，是逻辑证明过程的中断。从效力上看，证明是履行证明责任的行为，受到证明标准的限制，一旦证成，便直接决定了案件的判决结果；而推定仅仅免除或转移了对假定事实的证明责任，因此，可反驳的推定一旦被反驳证明所推翻，便烟消云散。"[1]

从立法确立推定的角度看，"有利于控方的推定一般限于控方承担证明责任成本太大或者举证遭遇困难的情形，即基于控方不易获得证据或相关证据属被告人的个人认识范围等因素而设立推定"。[2]"设置推定的主要目的是为了缓解司法证明的困难，体现国家的刑事政策，减轻检察官的诉讼负担。因此推定范围应该主要限于检察官难以进行司法证明，同时又是国家刑事政策重点针对的特定犯罪。例如，与职务腐败有关的犯罪（如巨额财产来源不明罪、受贿罪），国家从严打击的犯罪（如毒品犯罪），为保护特殊法益而设定的犯罪（如交通肇事罪），隐蔽性较高的证明有困难的犯罪（如金融诈骗罪、涉及赃物的犯罪），等等。"[3] 从实践看，正因为推定中基础事实与推定事实之间的常态联系只是一种或然性联系，不能排除例外情况；使用事实推定的方法来认定行为人"明知毒品"，往往只能达到优势证据的标准，而没有达

---

[1] 张保生："推定是证明过程的中断"，载《法学研究》2009年第5期。
[2] 劳东燕："认真对待刑事推定"，载《法学研究》2007年第2期。
[3] 汪建成、何诗扬："刑事推定若干基本理论之研讨"，载《法学》2008年第6期。

到证据确实、充分的证明标准。[1]因此,"推定正是在一般证明方法无效的情况下,最后才可以采用的一种证明方法。"[2]在毒品犯罪案件中,应当优先以直接证据或者间接证据所形成锁链的证据体系证明待证事实。在待证事实无法直接证明的情况下,再适用法律推定。如果上述证明方法仍不能穷尽时,方可采用事实推定认定是否存在毒品犯罪。这就是毒品犯罪事实推定的置后适用规则,其具有明显的最后手段性。[3]

因此,关于是否"明知",应当进行综合判断。"判断行为人主观是否明知,不能仅凭行为人是否供认,而应综合考虑案件中的各种客观实际情况。要依据实施毒品犯罪行为的过程、行为方式、毒品被查获时的情形和环境等证据,结合行为人的年龄、阅历、智力及掌握相关知识情况,进行综合分析判断,并且用作推定前提的基础事实必须有确凿的证据证明。"[4]

就毒品犯罪而言,理论和实务中所主张的能推定行为人"明知毒品"的各种情形,往往还存在行为人可能并不明知是毒品的情况发生,难以得出行为人"明知毒品"的唯一结论,难以排除行为人并不明知是毒品的可能性,达不到证实行为人"明知毒品"的排除合理怀疑的证据确实、充分的证明标准。因此,推定在认定犯罪事实上只能是一种辅助方法,只能限制在特定的条件

---

[1] 参见古加锦:"明知毒品的推定风险与证据证明",载《西南政法大学学报》2017年第1期。

[2] 裴苍龄:"再论推定",载《法学研究》2006年第3期。

[3] 参见曾粤兴、倪传洲:"毒品犯罪认定中事实推定之省思",载《云南社会科学》2017年第6期。

[4] 普同山:"多角度证实毒品犯罪的主观明知",载《人民检察》2011年第20期。

下运用。"推定是当无法搜集证据直接证明被告人真实犯罪意图或行为时适用的特殊证明规则,不得滥用作为司法机关简化调查取证、推卸证明责任的借口。推定规则并非任何案件都可适用的普遍规则,只有遇到司法困境,或者非借助前提事实不能查清后果事实的情况下才得以运用。"[1]

(四)基础事实与推定事实之间的常态联系不可泛化

推定的关键是认识到基础事实与未知事实之间的常态联系并对其持肯定态度。"推定的价值就在于,它抓住了事实之间的常态联系。由于常态联系是通常都会有的一种联系,这就决定,建立在常态联系基础上的推定通常都是正确的,只有个别或例外情况才是错误的。"[2]因此,不能将基础事实与推定常态联系进行泛化,对于日常生活中经常出现的轻微异常行为,原则上未超出容忍的限度,不应作为判断他人行为异常的根据。此外,由于推定本身在某种程度上奠基于假定和推测基础上,因此应当禁止二次推定。

就毒品犯罪而言,主要有下列几个方面需要注意:

1. 从推定的事实基础看,之所以认为根据毒品犯罪中单一的基础事实就可以得出推定事实即行为人系主观明知,是长期以来实践经验对两种事实之间的常态联系予以高度认同的必然结果。这就意味着,从规则制定者所确定的列举条款中的某一基础事实得出推定事实,尽管结论并非必然,但一定存在极高的自然概率。对这种高概率的认同便是经验性的推论根据被塑造成法条中

---

[1] 郑岳龙:"论推定规则在审理毒品犯罪中的适用",载《人民司法(案例)》2005年第7期。

[2] 参见裴苍龄:"再论推定",载《法学研究》2006年第3期。

推定列举条款之基础事实的理论基础。例如，列举条款中详细载明的"体内藏毒""高度隐蔽方式交接"、经受检查时异常"丢弃物品"等行为均以极高的概率指向行为人主观明知。因此，如果两种事实之间的联系并不能达到理性人普遍认同的"常态"标准，那么相应事实就不宜成为毒品犯罪主观明知推定规则中列举条款所提炼出来的基础事实。之所以反对"实际控制型""既往受罚型""痕迹指向型"推定，就是因为两种事实之间彼此相伴的高概率尚未得到普遍认同。于是，一旦根据单一的这类基础事实得出推定事实，不仅在理论上会改变推定的法理结构，而且在实务意义上必将导致主观明知推定的恣意扩大运用，从而催生无辜者错误入罪的巨大风险。[1]

2. 从有关法律关于证明责任的规定看，根据《刑事诉讼法》（2018年）第 52 条的规定，公安机关应当"收集、调取犯罪嫌疑人有罪或者无罪、罪轻或者罪重的证据材料"。同时，公诉案件中被告人有罪的举证责任由人民检察院承担。使用事实推定的方法来认定行为人"明知毒品"，是在公诉机关证明行为人"明知毒品"的证据还没有达到确实、充分的证明标准的情况下，因为行为人不能证明自己确实不知毒品，便推定行为人"明知毒品"。可见，事实推定实际上转移了证明责任，将公诉机关证明行为人"明知毒品"的证明责任转移为行为人证明自己不知毒品的证明责任。如果再允许二次推定，则成几何倍增加的待证事实

---

[1] 详细内容请参见梁坤："毒品犯罪主观明知推定规则之实证检讨——以 2000-2015 年间的 14 份办案规范为考察对象"，载《证据科学》2018 年第 5 期。

将会走向客观事实的反面,因此必须禁止进行推定的再推定。[1]

(五)对于事实推定应当允许反证

事实推定是通过证明基础事实来达到证明推定事实的效果。A事实原本是公诉机关应当承担证明责任的事实,但在事实推定的情况下,公诉机关只要证实B事实就可以了,因为证实了B事实之后便推定A事实的存在。但是,"推定省略了由基础事实到推定事实之间的某些推理环节,在这些环节上,还存在其他因素介入而使事实向其他方向发展的可能性"。[2]"推定本不是对事实的确认,而是一种择优,它包含着在'个别'和'例外'的情况下,发生错误的可能。因此,能否为反证所推翻是任何一项推定都要面临的一种考验。"[3]"真正的推定都是事实上的推定;真正的推定也都是可反驳的。推定只是一种选择,尽管选对的概率极高,但也存在选错的可能,这就是推定均具有可反驳性的根源。"[4]"推定不是一般的证明,它是证明的特殊方法。这个特殊性就在于,它不是证明事实,而是选择事实,即在'一般和个别''常规和例外'这两对关系中,它选择'一般'和'常规'这一个面。"[5]

运用事实推定的方法认定行为人"明知毒品",实际上是改变了证明对象。一般认为,采用高度隐蔽的方式携带、运输毒品的,可以推定行为人"明知毒品"。这里的高度隐蔽方式,包括

---

[1] 参见曾粤兴、倪传洲:"毒品犯罪认定中事实推定之省思",载《云南社会科学》2017年第6期。

[2] 宋英辉、何挺:"我国刑事推定规则之构建",载《人民检察》2009年第9期。

[3] 裴苍龄:"论推定",载《政法论坛》1998年第4期。

[4] 裴苍龄:"再论推定",载《法学研究》2006年第3期。

[5] 裴苍龄:"论证明标准",载《法学研究》2010年第3期。

将毒品夹藏在其他日常用品之中,将毒品藏在行李箱中的夹层之中,将毒品与其他物品融合在一起等。但是,采用这种方式携带、运输毒品的,行为人主观上完全可能是在毫不知情的情况下出于帮助亲朋好友或其他人携带、运输一般物品的意思,并不意味着行为人对毒品具有明知。司法机关证实行为人采用高度隐蔽的方式携带、运输毒品,并不等于证实了行为人"明知毒品"。在事实推定的情况下,只要证实了行为人采用高度隐蔽的方式携带、运输毒品,便推定行为人"明知毒品",事实上是将"明知毒品"这一证明对象改变为"采用高度隐蔽的方式携带、运输毒品"这一证明对象。这是存在问题的,因为证明了后者并不等同于证明了前者。[1]

上述推定规则在法律性质上属于允许性的可反驳推定。劳东燕教授认为:"司法者无权设立不可反驳的强制性推定。因为此类推定会改变既有的犯罪构成要素的配置,而这无疑是立法者的专有权力。倘若允许司法者通过运用推定去随意改变立法确定的犯罪构成要素(不管该要素是否属于构建罪责的关键因素),则所谓的罪刑法定完全可能被架空。"[2]陈瑞华教授指出:"中国刑事法所确立的推定,都是不确定的推定,也就是可推翻的推定。在相反事实成立的情况下,推定事实就将被推翻,相反的事实也就得到证明,并转化为法院裁判的根据。因此,要推翻该项推定事实,被告人需要承担证明责任,证明该项推定事实是不真实或不成立的。可以说,在推定规范的作用下,检察机关被免除了证

---

[1] 参见古加锦:"明知毒品的推定风险与证据证明",载《西南政法大学学报》2017年第1期。

[2] 劳东燕:"认真对待刑事推定",载《法学研究》2007年第2期。

明推定事实成立的义务,而证明推定事实不成立的责任则转移给被告人。"[1]司法解释的有关规定也确立了犯罪嫌疑人、被告人具有反证或者反驳的权利。例如,2007年12月"两高"、公安部《办理毒品犯罪案件适用法律若干问题的意见》(公通字[2007]84号)作出了关于毒品犯罪的司法解释作出了"犯罪嫌疑人、被告人不能做出合理解释"的限制性规定,为推定的适用作出了较为合理的限定。

由于实践中的经验法则浩如烟海,如何判断司法工作人员是否选取了反映或然联系的一般经验法则呢?为了确保法官选择了正确的经验法则,法官必须公开其选择经验法则的过程和理由,并"允许行为人提出反证加以推翻并且反证不必达到确实充分的证明标准。由于推定明知不是以确凿证据证明的,而是根据基础事实与待证事实的常态联系,运用情理判断和逻辑推理得出的,有可能出现例外情况。如果行为人能做出合理解释,有证据证明确实受蒙骗,其辩解有事实依据或者合乎情理,就不能认定其明知。行为人所提出的反证,形成合理怀疑,仅使司法人员已形成的确信发生动摇,使待证事实陷入真伪不明状态就达到证明的目的,即不必达到确实充分的证明标准"[2]。

由于推定包括基础事实、推定事实、经验法则和推定结论等要素,因此应当允许行为人就前述基础事实、推定事实、法官选择的经验法则和推定结论等提出反证。其中,"对于推定结论,司法人员应当允许反驳,并充分考虑犯罪嫌疑人的辩解及辩护人

---

[1] 陈瑞华:"论刑事法中的推定",载《法学》2015年第5期。
[2] 普同山:"多角度证实毒品犯罪的主观明知",载《人民检察》2011年第20期。

辩护意见的合理性。由于犯罪嫌疑人、被告人在刑事诉讼中处于劣势地位，其取证能力明显弱于侦查机关和检察机关。因此，不能以提起公诉的证据标准，即证据确实、充分作为反驳所要求达到的举证标准。犯罪嫌疑人、被告人的反驳只要求提供一定的证据或者证据的线索，反驳达到合理的程度就可以推翻推定结论。"[1]有的司法人员明确指出："当公诉机关没有适用推定，被告人没有进行反驳的情况下，审判机关一般不得首先适用推定规则。"[2]

《大连会议纪要》提出了"被告人不能作出合理解释"的标准。"合理解释"是指允许被告人对基础事实和推定进行反证。这涉及证明责任的划分问题。以《大连会议纪要》列举的10种基础事实为例，一旦在案件中出现这些情形，公诉机关必须承担完全的证明责任，而且证明标准必须达到排除合理怀疑的程度，才能认定推定事实成立；而被告人只需对这些基础事实提出反证，指出自己出现这种情形有合理的原因，使得审判机关对这些基础事实产生疑虑，即为"合理解释"。在被告人提出合理解释后，证明责任再次被分配到公诉机关，公诉机关必须对被告人提出的原因进行查明，证明标准也必须达到"排除合理怀疑"的程度。否则，审判机关可以认定这些基础事实不清、证据不足，也就无法推定被告人主观上具有明知。[3]

《武汉会议纪要》中将在贩毒人员住所等处查获的毒品推定

---

[1] 王凯石："主观明知推定的基本规则"，载《人民检察》2007年第21期。

[2] 郑岳龙："论推定规则在审理毒品犯罪中的适用"，载《人民司法（案例）》2005年第7期。

[3] 参见季伟、潘春燕："毒品犯罪案件中若干争议问题的法律适用"，载《江苏警官学院学报》2017年第3期。

为其贩卖的毒品。事实上，根据贩毒人员贩卖毒品的事实和住所等处查获到毒品的事实，并不能肯定性地得出"其住所等处查获到的毒品必然是用于贩卖"这一结论。当贩毒人员无法提出反证或者反证的力度不足以推翻推定本身时，也并不能确保其住所等处所查获的毒品必然用于贩卖。比如，在贩毒人员住处查获到的毒品具有良好的麻醉效果，贩毒人员主张该毒品用于减轻其癌症痛苦，但是贩毒人员尿液为阴性证明其尚未吸食毒品，那么贩毒人员对于其住处查获毒品用于治疗疾病的辩解可能会给审判人员带来难题，是否属于《武汉会议纪要》中"确有证据证明查获的毒品并非用于贩毒人员用于贩卖"情形，可能会存有争议。[1]从贩毒人员住所等处查获的毒品，必须证明其系贩毒犯罪分子、其住处为自己所有或者长期居住等基础事实才能将推定予以认定，否则应当认定为其非法持有毒品。为此，《武汉会议纪要》就贩毒人员对推定提出反证做出了特别规定：其一，对于确有证据证明查获的毒品并非贩毒人员用于贩卖，包括其为他人保管用于吸食的毒品，为犯罪分子窝藏毒品，持有祖传、捡拾、用于治病的毒品等，不应计入贩毒的数量。其二，确有证据证明被告人购买的部分毒品并非用于贩卖，包括已被其本人吸食的、不以牟利为目的为吸食者代购的或者被其赠送给别人的毒品，不应计入贩毒的数量。但是，行为人丢失或者销毁的毒品仍然计入在内。对于不计入贩卖毒品数量的例外情形，提高了证明标准，要求必须是"确有证据证明"。

---

[1] 参见曾粤兴、倪传洲："毒品犯罪认定中事实推定之省思"，载《云南社会科学》2017年第6期。

此外，2015年1月，浙江省高院等发布的《重大毒品犯罪案件证据收集审查判断工作指引》（浙检发诉三字［2015］1号）第7条在列举了贩卖、运输毒品的主观明知推定的数种基础事实之后规定，"嫌疑人（被告人）及其辩护人对上述事实有异议的，应当举出相反的证据或者做出合理解释"。实际上允许犯罪嫌疑人、被告人进行合理解释或者提出反证。

（六）推定不具有转移举证责任或者说服责任的功能

对于被告人承担举证责任的法律性质，主要有三种观点。[1]

第一种观点受美国证据法学理论中援引率较高的"塞耶推定"（Thayer presumption）和"摩根推定"（Morgan presumption）影响较大，[2]比如认为推定主要涉及程序意义上的证明责任问题，大多是将提出证据的责任或说服责任转移到被告人身上"[3]也有学者笼统地主张推定将举证责任从一方转换给另一方；[4]还有人具体地指出推定的效力同时及于举证责任（提供证据的责任）和说服责任。[5]这些观点实际上大同小异，均认为推定导致举证责任的转移，不同之处只是在于到底是主张转移提供证据的责任还是说服责任而已。

第二种观点则认为，举证责任转移的前提是被告方提出积极

---

〔1〕本部分内容详细参见梁坤："毒品犯罪主观明知推定规则之实证检讨——以2000－2015年间的14份办案规范为考察对象"，载《证据科学》2018年第5期。

〔2〕"塞耶推定"主张推定只是导致提供证据的转移，"摩根推定"则认为除此之外也转移说服责任。参见［美］约翰·W. 斯特龙主编：《麦考密克论证据》，汤维建等译，中国政法大学出版社2004年版，第665页。

〔3〕参见劳东燕："认真对待刑事推定"，载《法学研究》2007年第2期。

〔4〕参见陈瑞华："论刑事法中的推定"，载《法学》2015年第5期。

〔5〕参见汪建成、何诗扬："刑事推定若干基本理论之研讨"，载《法学》2008年第6期。

的事实主张,而举证责任倒置的前提是法律中的推定规则,所以适用推定规则所导致的不是举证责任的转移,而是举证责任的倒置。[1]按此思路,浙江的《工作指引》通过成文规则明确将部分举证责任交由被告人承担,属于典型的举证责任倒置。前两种观点虽有差异,但是均认为被告方提出积极抗辩时,举证责任应当由其承担。

第三种观点则并不认同推定会导致举证责任由被告人承担。例如,华尔兹教授提出:"刑事案件中的推定显然不能把举证责任和说服事实认定者的责任交给被告人。"[2]《美国联邦证据规则》(1975年2月生效)第301条规定:"在所有民事诉讼中,除国会制定法或本证据规则另有规定外,一项推定赋予其针对的当事人举证反驳或满足该推定的责任,但未向该当事人转移未履行说服责任即需承担风险意义上的证明责任,该证明责任仍由在审判过程中原先承担的当事人承担。"[3]我国也有学者认为,"推定并没有从根本上改变或转移证明责任的分配"。[4]而且从实务的角度而言,考虑到证据收集能力等因素,我国刑事诉讼中的被告人不宜承担积极抗辩事由的提供证据责任。[5]

---

[1] 参见何家弘:"论推定规则适用中的证明责任和证明标准",载《中外法学》2008年第6期。

[2] [美]乔恩·R.华尔兹:《刑事证据大全》,何家弘等译,中国人民公安大学出版社2004年版,第397页。

[3] 《美国联邦刑事诉讼规则和证据规则》,卞建林译,中国政法大学出版社1996年版,第104页。

[4] 樊崇义、史立梅:"推定与刑事证明关系之分析",载《法学》2008年第7期。

[5] 参见李昌盛:"积极抗辩事由的证明责任:误解与澄清",载《法学研究》2016年第2期。

本书认为，推定具有转移提供证据责任的功能，但不具有转移举证责任或者说服责任的功能。在普通案件中，控诉方对主观证明责任始终都需要达到"案件事实清楚、证据确实充分"（或排除合理怀疑）的程度，被告方承担的主观证明责任只需要达到"优势盖然性"即可。在推定的场合，控诉方对基础事实承担的主观责任和客观责任决定了其对基础事实的证明必须达到"事实清楚、证据确实充分"（或排除合理怀疑）的程度。"由于刑事推定的适用不利于被告人……被告人反驳推定只需达到优势盖然性程度即可，即被告人只要提出证据证明其反驳事实存在的可能性超过不存在的可能性，从而使案件事实陷入真伪不明的状态，就应视为已履行了证明责任。"[1]

---

[1] 樊崇义、史立梅："推定与刑事证明关系之分析"，载《法学》2008年第7期。

第四章 "以贩养吸"型毒品犯罪的性质与数量的认定

毒品犯罪严重危害公众的身体健康，而且还衍生出其他犯罪，严重危害社会秩序，是各国严厉打击的刑事犯罪。其中，贩卖毒品罪是最为严重的毒品犯罪之一。一般认为，贩卖毒品是指行为人明知是毒品而非法销售或者以贩卖为目的而非法收买的行为。贩卖毒品仅限于明知是毒品而非法销售，而且是有偿转让毒品的行为。除了传统上由大毒枭实施的大宗贩卖毒品行为之外，当前还大量出现了由"以贩养吸"人员实施的"零包贩卖"毒品案件。[1]有关统计数据表明，近年来"零包贩毒"案件（涉案毒品在10克以下的贩毒案件）持续增长，例如2013年全国共破获"零包贩毒"案件6.4万件，占毒品犯罪案件总量的52.5%，占毒品犯罪案件总增长量的60%。从"减少供给"的禁毒战略看，打击"以贩养吸"人员的"零包贩毒"犯罪活动，具有重要意义。

从司法实践看，"以贩养吸"型毒品犯罪案件主要涉及以下几个问题：其一，"以贩养吸"人员运输毒品的，如何认定行为性质并计算毒品数量？其二，从"以贩养吸"人员的住所、车辆

---

[1] 值得注意的是，《南宁会议纪要》（已失效）和《大连会议纪要》采用了"以贩养吸"的表述，而《武汉会议纪要》则未使用这一说法。

等查获毒品的,如何认定行为性质并计算毒品数量?其三,有证据证明"以贩养吸"人员已经卖出了部分毒品,但除了其吸食和贩卖的毒品外,还有部分毒品去向不明的(查获的毒品与贩卖的毒品数量之和明显少于其购买的毒品数量),如何认定行为性质并计算毒品数量?其四,对于"以贩养吸"人员的"零包贩毒"犯罪行为,往往采取隐匿身份的特情方法抓获犯罪嫌疑人、缴获毒品,容易引起对于运用侦查特情的质疑。本书试就上述问题展开讨论。

一、"以贩养吸"型毒品犯罪的概念、特点和有关规定

(一)"以贩养吸"型毒品犯罪的概念和特点

"以贩养吸"型毒品犯罪不是刑法上的规范概念,而是实践中形成的类型化术语,是指吸毒者除了将购买的毒品留下一部分供自己吸食,还通过少量贩卖毒品获得利润作为其吸毒主要经济来源,或者将贩卖剩余的少量毒品用于自己吸食。一般来说,符合下列两个条件案件,才能认定为"以贩养吸"型毒品犯罪:其一,吸毒者没有其他可靠的经济来源,贩卖毒品的主要目的是满足其自身吸毒需求;其二,必须是少量贩卖,如果是大量贩卖毒品,所得利润明显超出吸毒所需的,则不应当认定为"以贩养吸",而只能归类为具有吸毒情节的贩毒人员。[1]

"以贩养吸"型毒品犯罪有以下几个特点:其一,"以贩养

---

[1] 参见方文军:"吸毒者实施毒品犯罪的司法认定",载《法律适用》2015年第10期。也有观点认为,吸毒人员只要实施一次贩毒行为,就构成"以贩养吸"。参见魏东主编:《毒品犯罪与律师刑事辩护技巧》,法律出版社2017年版,第4页。

吸"行为人既是贩毒人员,也是吸毒人员,有证据证明其实施吸毒行为或者说有吸毒史。其二,"以贩养吸"人员没有其他可靠的经济来源,贩卖毒品的主要目的是满足其自身吸毒需求。其三,"以贩养吸"大多数属于偶发行为、个体行为,犯罪频率较低,缺乏组织性,"以贩养吸"行为几乎是最为轻微的吸毒者贩毒形态。其四,"以贩养吸"人员大多属于"零星贩卖",基本上处于毒品流通的终端环节,涉案毒品数量不大,总金额较小。[1] 通常是在行为人被查获随身携带数量较大的毒品,或者公安机关从行为人的住所或者车辆等处发现其持有较大数量毒品时,才考虑其是否属于"以贩养吸",以进一步判断其持有毒品行为的性质。

(二)有关司法解释性文件关于"以贩养吸"毒品犯罪的规定

对于"以贩养吸"型毒品犯罪,实践中通常以贩卖毒品罪论处,但同时予以从宽处罚。我国《刑法》第 347 条第 1 款规定:"走私、贩卖、运输、制造毒品,无论数量多少,都应当追究刑事责任,予以刑事处罚。"《南宁会议纪要》(已废止)提出:"对于以贩养吸的被告人,被查获的毒品数量应认定为其犯罪的数量,但量刑时应考虑被告人吸食毒品的情节。"《大连会议纪要》作了一些调整,规定:"对于以贩养吸的被告人,其被查获的毒品数量应认定为其犯罪的数量,但是量刑时应考虑被告人吸

---

[1] 如果是大量贩卖毒品,所得利润明显超出吸毒所需的,则只能归类为"具有吸毒情节的贩毒人员"。参见方文军:"吸毒者实施毒品犯罪的司法认定",载《法律适用》2015 年第 10 期;于向阳、周德松:"'以贩养吸'毒品犯罪数量认定",载《山西省政法管理干部学院学报》2015 年第 4 期。

食毒品的情节,酌情处理;被告人购买了一定数量的毒品后,部分已被其吸食的,应当按能够证明的贩卖数量及查获的毒品数量认定其贩毒的数量,已被吸食部分不计入在内。"《武汉会议纪要》则规定:"对于有吸毒情节的贩毒人员,一般应当按照其购买的毒品数量认定其贩卖毒品的数量,量刑时酌情考虑其吸食毒品的情节;购买的毒品数量无法查明的,按照能够证明的贩卖数量及查获的毒品数量认定其贩毒数量;确有证据证明其购买的部分毒品并非用于贩卖的,不应计入其贩毒数量。"

与之前的两个会议纪要相比,《武汉会议纪要》主要有下列变化:其一,《南宁会议纪要》(已废止)和《大连会议纪要》均强调"以贩养吸"情节,但是,《武汉会议纪要》将"以贩养吸的被告人"修改为"有吸毒情节的贩毒人员",不再强调"以贩养吸的被告人"情节的特殊性。其二,关于毒品数量的计算标准,《南宁会议纪要》(已废止)和《大连会议纪要》均规定认定数量的标准是"查获毒品数量",而《武汉会议纪要》规定认定数量的标准是"购买毒品数量"。具体来说,《武汉会议纪要》规定:"对于有吸毒情节的贩毒人员,一般应当按照其购买的毒品数量认定其贩卖毒品的数量,量刑时酌情考虑其吸食毒品的情节。"其三,关于购买毒品数量与贩卖毒品数量差额的性质和证明责任,《大连会议纪要》规定"已被吸食部分不计入在内",而《武汉会议纪要》则规定"购买的毒品数量无法查明的,按照能够证明的贩卖数量及查获的毒品数量认定其贩毒数量","确有证据证明其购买的部分毒品并非用于贩卖的,不应计入其贩毒数量",将证明自己吸食数量的举证责任转移给吸毒者。

二、"以贩养吸"人员运输毒品行为的性质与毒品数量的认定

(一)司法解释性文件关于"以贩养吸"人员运输毒品行为的观点

毒品犯罪的处理存在非常典型的"司法解释架空立法"的现象,主要不是通过《刑法》规定,而是通过司法解释特别是诸如"座谈会纪要"等准司法解释提供解决方案。关于"以贩养吸"人员运输毒品行为的性质与毒品数量的认定,也是如此。因此本书首先对有关毒品的几个会议纪要的规定进行简要的梳理。

1.《南宁会议纪要》(已废止)的规定与理解。关于如何处理"以贩养吸"人员的运输毒品行为,《南宁会议纪要》(已废止)第1条规定,吸毒者在购买、运输、存储毒品过程中被抓获的,如果没有证据证明被告人实施了其他毒品犯罪行为,一般不应定罪处罚。但是,查获的毒品数量达到定罪标准的,应当以非法持有毒品罪论处。有批评意见认为,根据《南宁会议纪要》(已废止)的规定,吸毒者运输毒品数量较大的,只能成立非法持有毒品罪,而普通犯罪人实施的运输毒品行为,数量较大的,成立运输毒品罪,这导致吸毒者实施的运输毒品数量较大的犯罪未得到有力惩处。[1]

2.《大连会议纪要》的规定与理解。为解决《南宁会议纪要》(已废止)存在的问题,《大连会议纪要》第1条规定,吸毒

---

[1] 参见方文军:"吸毒者实施毒品犯罪的司法认定",载《法律适用》2015年第10期。

者在购买、运输、存储过程中被查获的,如果没有证据证明其是为了实施贩卖毒品等其他毒品犯罪行为,查获毒品数量达到"数量较大"标准的,应当以其实际实施的毒品犯罪行为定罪处罚。亦即,对于运输毒品过程中被查获而且毒品数量较大的,应当以运输毒品罪论处,而不是以非法持有毒品罪论处。

关于该规定的理解和适用,首先,要考虑运输毒品的数量是否达到"数量较大"标准,未达到《刑法》第347条第4款和有关司法解释规定的数量标准的,不能认定为运输毒品罪。"对于有证据证明吸毒者以保有、吸食毒品为目的,携带少量毒品进行运输,应当作为例外情形对待,不能因为吸毒者在运输毒品过程中被查获就一律以运输毒品罪定罪处罚。"[1]其次,根据出台该司法解释性文件的初衷,要求在扣减吸毒者可能吸食的毒品的数量的基础上,兼顾吸毒者之前是否曾经实施贩毒行为以及实施贩毒行为的次数和数量,认定是否构成运输毒品罪。[2]即便运输毒品数量达到"数量较大"标准,但并未超过行为人的合理吸食量的,仍然只能以非法持有毒品罪论处。

问题是:其一,尽管《大连会议纪要》规定:"对于以贩养吸的被告人,其被查获的毒品数量应认定为其犯罪的数量,但量刑时应考虑被告人吸食毒品的情节,酌情处理;被告人购买了一

---

[1] 马岩、李静然:"毒品犯罪审判中的几个法律适用问题",载《法律适用》2015年第9期。

[2] 例如,最高法刑五庭原法官高贵君等认为:"如果其(吸毒者——引者注)在运输毒品过程中被当场查获,毒品数量大,明显超过其个人正常吸食量的,可以运输毒品罪定罪处罚。"参见高贵君、王勇、吴光侠:"《全国部分法院审理毒品犯罪案件工作座谈会纪要》的理解与适用",载中华人民共和国最高人民法院刑事审判第一、二、三、四、五庭主办:《刑事审判参考》(总第65集),法律出版社2009年版,第75页。

定数量的毒品后，部分已被其吸食的，应当按照能够证明的贩卖数量及查获的毒品数量认定其贩毒的数量，已被吸食部分不计入在内。"但是，由于毒品吸食量的个体差异很大，实践中难以取得证明"以贩养吸"人员"合理吸食量"的确切证据，各地司法机关对如何把握"合理吸食量"的标准难以保持一致，影响了法律适用的统一性。[1]其二，在实践中，对被告人吸食毒品数量的认定标准不严。对于被告人购买一定数量的毒品后，被查获时其中部分毒品去向不明，也没有证据证明这部分毒品是被其贩卖的，往往仅凭被告人的辩解即认定去向不明的毒品已经被行为人吸食，而不计入贩毒数量。诚如最高法李静然法官所言："以贩养吸被告人的认定存在扩大化倾向。一些地方将有吸毒情节的贩毒人员一律认定为以贩养吸，并根据《大连会议纪要》的规定，在认定其贩毒数量时作有利于被告人的处理。"[2]

3.《武汉会议纪要》的规定与理解。针对《大连会议纪要》存在的问题，《武汉会议纪要》进行了下列调整。其一，关于涉毒行为的性质，规定："吸毒者在购买、存储毒品过程中被查获，没有证据证明其是为了实施贩卖毒品等其他犯罪，毒品数量达到刑法第三百四十八条规定的最低数量标准的，以非法持有毒品罪定罪处罚。吸毒者在运输毒品过程中被查获，没有证据证明其是为了实施贩卖毒品等其他犯罪，毒品数量达到较大以上的，以运输毒品罪定罪处罚。"其二，关于涉毒的数量计算，规定："对于

---

[1] 参见方文军："吸毒者实施毒品犯罪的司法认定"，载《法律适用》2015年第10期。

[2] 李静然："有吸毒情节贩毒人员的贩毒数量认定"，载《人民司法（案例）》2016年第17期。

有吸毒情节的贩毒人员，一般应当按照其购买的毒品数量认定其贩卖毒品的数量，量刑时酌情考虑其吸食毒品的情节；购买的毒品数量无法查明的，按照能够证明的贩卖数量及查获的毒品数量认定其贩毒数量；确有证据证明其购买的部分毒品并非用于贩卖的，不应计入其贩毒数量。"

与《大连会议纪要》相比，其一，《武汉会议纪要》不再采用"实际实施的毒品犯罪行为"的表述，而是分别规定运输毒品行为与购买、存储毒品行为，对于吸毒人员运输毒品数量较大的，认定为运输毒品罪。其二，在没有证据证明吸毒人员是为了实施贩卖毒品等其他犯罪的情况下，对其购买、运输、存储毒品的行为，不再考虑吸毒人员的"合理吸食量"，而是直接判断吸毒人员是否实施了运输毒品行为，只要运输毒品并且达到"数量较大"标准，以运输毒品罪论处。其三，与《大连会议纪要》规定的"已被吸食部分不计入在内"相比，《武汉会议纪要》仍然允许涉毒人员进行反证，"确有证据证明其购买的部分毒品并非用于贩卖的，不应计入其贩毒数量"，但更具有可操作性。其四，对于不计入贩毒数量的例外情形，《武汉会议纪要》要求必须是"确有证据证明"，高于执行《大连会议纪要》过程中实际掌握的证明标准，不再仅凭被告人的辩解就认定去向不明的毒品被其吸食。

（二）对上述司法解释性文件规定和实务操作的评析

由于上述会议纪要具有准司法解释的性质，在实践中，通常按照会议纪要的规定办理案件，但是也存在诸如将为了贩卖毒品而运输毒品的案件认定为运输、贩卖毒品罪等情形。本书认为，在行为人运输或者持有毒品数量较大的场合，认定行为人是否构成贩卖毒品罪时,可以将"行为人属于吸毒人员,所运输或者持有的毒品有一部分属于行为人的合理吸食量"这一情节考虑在内。但是,在运输毒品和非法持有毒品的场合,则没有必要考虑这一点。主要理由是:

1. 贩卖毒品罪、非法持有毒品罪与运输毒品罪所针对的犯罪行为略有不同。贩卖毒品罪的重点在于有偿出卖毒品,而非法持有毒品罪在于行为人对毒品的实际控制和支配,运输毒品罪则在于行为人将毒品从甲地运往乙地,导致毒品在空间上的转移。例如,在李某等贩卖毒品案中,被告人李某于2013年1月24日,从广东省佛山市购买冰毒87.23克,携带回龙口途中被公安机关查获,检察机关指控李某构成非法持有毒品罪,但是,法院认为:"被告人李某的犯罪行为属于'以贩养吸',其在最后一次犯罪中被查获的毒品数量均应认定为贩卖数量,不应将其辩解的其中自购自吸部分定性为非法持有毒品。"[1]本书认为该案也应当以运输毒品罪和非法持有毒品罪的想象竞合犯论处。

2. 在实践中,贩卖毒品的人通常会吸食毒品,或者相反,"以贩养吸"的毒贩之所以贩卖毒品,主要是为了方便自己吸食毒品。对于超过"以贩养吸"人员自己的"合理吸食量"的毒品,仍然属于其运输或者非法持有的毒品,但是严格来说难以认定为属于"有偿出卖"的毒品。将"以贩养吸"人员自己的"合理吸食量"排除在贩卖毒品罪之外,有利于准确认定犯罪。相对而言,前述《武汉会议纪要》的规定具有合理之处,有利于

---

[1] 参见山东省烟台市中级人民法院刑事判决书,案号是(2013)烟刑一初字第104号。

减少司法过程中对如何把握运毒者"合理吸食量"所产生的认识分歧，可以促进执法尺度的统一，也较好地体现了《武汉会议纪要》对吸毒者实施的犯罪加大打击力度的指导思想，并在一定程度上产生遏制毒品流通量的积极效应。[1]

3. 最后但同样重要的是，原则上应当将"以贩养吸"限于零星贩毒活动，不宜将大宗毒品交易行为人的"吸毒"行为一概认定为"以贩养吸"。对于吸毒者在运输大宗毒品过程中被查获，没有证据证明其是为了实施贩卖毒品等其他犯罪，毒品数量达到较大以上的，至少构成非法持有毒品罪；对于符合运输毒品罪构成要件的，也应当参照《大连会议纪要》的规定进行处理，"涉嫌为贩卖而自行运输毒品，由于认定贩卖毒品的证据不足，因而认定为运输毒品罪的，不同于单纯的受指使为他人运输毒品行为，其量刑标准应当与单纯的运输毒品行为有所区别。"

三、从"以贩养吸"人员的住所、车辆等查获毒品行为的性质与毒品数量的认定

从涉毒人员的住所、车辆等处查获毒品，通常是指现场缴获的毒品数量不大，但是从住所、车辆等查获的毒品数量较大的情形。在实践中，公安机关往往会从贩毒人员的住所、车辆等地起获部分毒品，对于从住所、车辆等查获的数量较大的毒品，该如何处理，存在争议。如果将这些毒品一概认定为非法持有毒品罪，可能放纵犯罪人；反之，如果一概认定为贩卖毒品罪，不仅

---

[1] 参见方文军："吸毒者实施毒品犯罪的司法认定"，载《法律适用》2015年第10期。

涉及如何理解贩卖毒品罪的构成要件，与已经进行交易的毒品数量能否合并处理，在证据上也存在疑问。

(一) 关于起获毒品的性质的争议

从住所、车辆等查获的数量较大的毒品，主要包括三种情形：第一种情形是，行为人因为贩卖毒品被人赃俱获，又从其住宅等处查获其他毒品；第二种情形是，有证据证明行为人此前实施了贩毒行为，但是并未查获毒品，后来从其住所等场所查获毒品；第三种情形是，行为人因为吸毒或者其他违法犯罪行为被抓获，查明其此前有贩毒行为，并从其住所等处查获毒品。[1]从立法和司法实务看，对于从住所、车辆等查获的数量较大的毒品，主要有"非法持有毒品罪说"和"贩卖毒品罪说"等观点。

1. "非法持有毒品罪说"。该说认为，对于从贩毒人员的住所等查获的毒品，除非有充分证据证明其属于贩卖的毒品，否则只能成立非法持有毒品罪。行为人曾经吸食、注射的毒品不得计入非法持有毒品的数量。[2]还有的学者认为，在"以贩养吸"人员有证据证明确实是为自己吸食毒品而持有部分毒品，不会再将这部分毒品贩卖的，对该部分毒品应当以非法持有毒品罪论处，与贩卖毒品罪实行并罚。主要理由是，对于从贩毒人员的住所等处查获毒品数量巨大，而现有证据证明贩毒人员仅仅贩卖少量毒品的，如果一概将毒品认定为贩卖的毒品，违反"存疑时有利于

---

[1] 参见马岩、李静然："毒品犯罪审判中的几个法律适用问题"，载《法律适用》2015年第9期。

[2] 参见高珊琦："论吸毒者持有毒品行为之定性与定量"，载《法律科学（西北政法学院学报）》2006年第6期；周凯东："毒品案件'以贩养吸'初探"，载《中国检察官》2014年第22期。

被告人"原则。[1]这两种表述实际上采取了不同的判断标准,第一种观点原则上认定为非法持有毒品罪,而不是贩卖毒品罪;第二种观点原则上认定为贩卖毒品罪,但如果能够证明仅仅具有非法持有的行为和故意,就认定为非法持有毒品罪。

实践中部分判决采用该说。例如,在侯某、李某贩卖毒品、非法持有毒品案件中,2014年4月,被告人侯某将其欲贩卖的毒品通过他人(另行处理)在北京市大兴区南小街转交给被告人李某,被告人李某将上述毒品存放于其暂住地北京市大兴区南小街×队博爱公寓×××号。在2014年5月4日23时许,被告人侯某在北京市大兴区北野场村一出租平房内被北京市公安局丰台分局查获归案。次日4时许,被告人李某在北京市大兴区南小街×队博爱公寓其暂住地被北京市公安局丰台分局抓获,被告人李某持有的被告人侯某欲向他人贩卖的剩余毒品甲基苯丙胺393克(含量为53.2%)被当场起获并收缴。尽管检察机关指控侯某与李某均构成贩卖毒品罪,但法院认为二人构成非法持有毒品罪。主要理由是:"在案证据仅能证明侯某实施了非法持有毒品的行为,并无充分证据证明侯某实施了贩卖毒品的行为,被告人李某的供述仅能证明其曾按照侯某指示送过一次毒品,并不能证明其知晓侯某让其送毒品的目的即为贩卖毒品;被告人侯某、李某之间的移动电话短信并无任何涉毒信息;公安机关出具的工作说明也证明侦查人员未查找到任何有关被告人侯某贩卖毒品的证据,故被告人侯某所提其未贩卖毒品的辩解及其辩护人所提现有证据

---

[1] 参见方彬微、陈欣俊:"'以贩养吸'情形下贩毒目的及毒品数量之认定",载《人民司法(案例)》2014年第18期。

不能证明侯某构成贩卖毒品罪的辩护意见,本院酌予采纳。北京市人民检察院第二分院指控被告人李某非法持有毒品的事实清楚,证据确实、充分,指控的罪名成立;指控被告人侯某贩卖毒品的事实不清、证据不足,但指控侯某非法持有毒品的事实清楚,证据确实、充分,本院认为北京市人民检察院第二分院指控被告人侯某犯贩卖毒品罪罪名有误,本院依法予以变更。"[1]

但是,在实践中,"以贩养吸"人员可能声称被查获的毒品是"准备用于自己吸食"或者"准备赠予他人吸食",如果一概据此降格认定为非法持有毒品罪,而不是贩卖毒品罪,可能无法有效打击毒品犯罪。或许是考虑到这一点,前述《武汉会议纪要》明确规定:"一般应当按照其购买的毒品数量认定其贩卖毒品的数量,量刑时酌情考虑其吸食毒品的情节。"

2. "贩卖毒品罪既遂说"。该说认为,对于从贩毒人员的住所等处查获的毒品,应当全部认定为贩卖毒品罪。[2]主要理由是:其一,"以贩养吸"一般是指行为人通过贩卖毒品赚取差价等方法,为自己吸毒提供资金支持。行为人已经贩卖了部分毒品,无法确定行为人是否将剩余的毒品用于出卖,如果不将剩余的毒品以贩卖毒品罪论处,仅以非法持有毒品罪处理,可能会放纵犯罪。[3]其二,"以贩养吸"人员可能谎称被发现的毒品是"用于自己吸食或者无偿赠予他人",一概以贩毒处理,可以防止

---

[1] 参见北京市第二中级人民法院刑事判决书,案号是(2015)二中刑初字第543号。

[2] 参见马晓宇、杨蜜、李国平:"从有吸毒情节的贩毒人员住所查获毒品的认定",载《人民司法(案例)》2016年第17期。

[3] 参见任志中、汪敏:"认定毒品数量应当注意的几个问题",载《人民司法(案例)》2004年第6期。

"以贩养吸"人员寻找借口逃避法律制裁。[1]其三,《大连会议纪要》和《武汉会议纪要》明文规定以贩卖毒品罪论处。[2]例如,《大连会议纪要》规定:"对于以贩养吸的被告人,其被查获的毒品数量应认定为其犯罪的数量,但量刑时应考虑被告人吸食毒品的情节,酌情处理。"针对贩毒人员持有毒品的行为,《武汉会议纪要》规定:"贩毒人员被抓获后,对于从其住所、车辆等处查获的毒品,一般均应认定为其贩卖的毒品。确有证据证明查获的毒品并非贩毒人员用于贩卖,其行为另构成非法持有毒品罪、窝藏毒品罪等其他犯罪的,依法定罪处罚。"

由于《武汉会议纪要》规定,只要司法机关从贩毒人员的住所、车辆等处查获毒品,"一般均应认定为其贩卖的毒品";实践中也大多采用"推定"的方法证明行为人具有走私、贩卖、运输、制造或者持有毒品等的故意,对于"没有证据证明贩毒人员将持有的毒品用于贩卖""贩毒者将持有的毒品用于自己吸食"的辩护意见,大多未能获得法院的支持。例如,张某某贩卖毒品案。对于"2014年9月29日,公安机关抓获被告人张某某时,从其住处查获甲基苯丙胺487.53克"的案件事实,辩护人提出"在被告人张某某住处查获的毒品,应认定为贩卖毒品未遂"的辩护意见,法院认为:"根据最高人民法院办理毒品案件的相关规定,该毒品应认定为既遂,并计算在贩卖毒品的总量之中,故

---

[1] 参见魏东:"毒品犯罪的解释性疑难问题",载《政法论丛》2017年第2期。

[2] 不过,与《大连会议纪要》不同的是,《武汉会议纪要》要求犯罪人是"有吸毒情节的贩毒人员"。

该辩护意见,本院不予采纳。"〔1〕

当然,综合考察在案证据、被告人一贯表现等情节,如果确有证据证明该查获的毒品并非用于贩卖的,则不应计入贩毒数量。

3."贩卖毒品罪未遂说"。对于从"以贩养吸"人员的住所、车辆等场合查获毒品的,即便认定为贩卖毒品罪,也仅构成贩卖毒品罪的未遂,应当"将已查获的其他未流入社会的毒品数量归属于贩卖未遂的数量,运用未遂情节降低刑度;在此基础上,将其他毒品未流入社会的情形作为酌定从轻情节,在已经确定的法定刑幅度内降低刑度、刑种。"〔2〕主要理由是,其一,根据交付说,构成贩卖毒品罪的既遂,客观上要求实施了有偿转让毒品的行为,主观上要求具有贩卖毒品的故意。根据交易说,只要毒品进入交易环节,无论毒品是否已经出售、交付或者出卖者获利,行为人均构成贩卖毒品罪的既遂。对于从"以贩养吸"人员的住所、车辆等场合查获毒品的,无论是根据交付说还是交易说,均不构成贩卖毒品罪的既遂。其二,有的法律解释性文件认为:"……只要行为人将毒品现实地带入了交易环节的(即贩毒者已将毒品带到购买者面前着手交易的),不论是否完成交易行为,均应以贩卖毒品罪的既遂论处。如果有证据证明行为人以贩卖为目的而购买了毒品或正在向贩毒者购进毒品的,亦应认定为贩卖毒品罪

---

〔1〕 参见山东省潍坊市中级人民法院刑事判决书,案号是(2015)潍刑一初字第45号。

〔2〕 王利荣、马党库:"'毒品未流入社会'的从轻依据——兼谈贩卖毒品既遂标准",载《法律适用》2016年第12期。

的既遂……"[1]这种观点将购买行为作为贩卖毒品罪的既遂标准,显然是不妥当的。

(二)关于起获毒品的数量计算方法的争议

在"贩卖毒品罪说"内部,围绕贩卖毒品的数量计算,存在"购买数量说"和"查获数量说"的争议。

1. "购买数量说"。该说主张,只要行为人基于出卖的目的购买毒品,就构成贩卖毒品罪。行为人所购买的全部数额均为贩卖毒品罪的数额。最高法曾经在1994年12月《关于执行〈全国人民代表大会常务委员会关于禁毒的决定〉的若干问题的解释》(法发[1994]30号)(已失效)规定,贩卖毒品罪包括为实施贩卖毒品而进行买和卖两个行为,贩卖毒品不仅包括"明知是毒品而非法销售",也包括"以贩卖为目的而非法收买毒品"。根据该规定,只要行为人持有的毒品属于行为人为贩卖而购买的,一概以贩卖毒品罪论处。对此,《武汉会议纪要》第3条规定:"对于有吸毒情节的贩毒人员,一般应当按照其购买的毒品数量认定其贩卖毒品的数量,量刑时酌情考虑其吸食毒品的情节;购买的毒品数量无法查明的,按照能够证明的贩卖数量及查获的毒品数量认定其贩毒数量;确有证据证明其购买的部分毒品并非用于贩卖的,不应计入其贩毒数量。"究其原因,正如论者所言:"毒品犯罪隐蔽性强、取证难度大,而且实践中从贩毒人员住所等处查获的毒品多系用于贩卖,为严厉打击毒品犯罪、降低证明难度,《纪要》采用了事实推定的证明方法。即根据行为人贩卖毒品及

---

[1] 参见上海市高级人民法院《关于审理毒品犯罪案件具体应用法律若干问题的意见》(沪高法[2000]312号)第2条第2项。

从其住所等处查获毒品的事实,推定查获的毒品是用于贩卖。"[1]

2."查获数量说"。该说主张以查证属实的贩卖毒品数量和查获的毒品数量定罪。该说是我国传统刑法理论和实践的通说。例如,高铭暄教授等认为:"对于'以贩养吸'的被告人,其被查获的毒品数量应认定为其犯罪的数量,但量刑时应考虑被告人吸食毒品的情节,酌情处理;被告人购买了一定数量的毒品后,部分已被其吸食的,应当按照能够证明的贩卖数量及查获的毒品数量认定其贩毒的数量,已被吸食部分不计入在内。"[2]林清梅认为:"对于既吸食又贩卖毒品的被告人,应当将有证据证明其卖出的毒品数量和实际查获的毒品数量认定为其贩卖毒品的数量,但对于实际查获的毒品在量刑时也应酌情考虑被其吸食毒品的情节。"[3]

有关司法解释也采取此说。例如,《南宁会议纪要》(已废止)规定:"对于以贩养吸的被告人,被查获的毒品数量应认定为其犯罪的数量,但量刑时应考虑被告人吸食毒品的情节。"《大连会议纪要》第1条规定:"对于以贩养吸的被告人,其被查获的毒品数量应认定为其犯罪的数量,但量刑时应考虑被告人吸食毒品的情节,酌情处理;被告人购买了一定数量的毒品后,部分已被其吸食的,应当按能够证明的贩卖数量及查获的毒品数量认

---

[1] 高贵君等:"《全国法院毒品犯罪审判工作座谈会纪要》的理解与适用",载《人民司法(案例)》2015年第13期。

[2] 高铭暄、马克昌主编:《刑法学》,北京大学出版社、高等教育出版社2014年,第591页。

[3] 林清梅:"'以贩养吸'被告人贩卖毒品数量的认定",载《山东法官培训学院学报(山东审判)》2015年第2期。

定其贩毒的数量，已被吸食部分不计入在内。"这一规定主要有两重含义：其一，虽然将从"以贩养吸"的被告人的场合查获的毒品数量认定为其贩卖毒品的数量，但应当酌情考虑查获的部分毒品可能有些准备用于其自己吸食；其二，仅按照能够证明的贩卖毒品的数量以及查获的毒品数量认定贩毒数量，已被"以贩养吸"的行为人吸食的毒品数量不计入其贩卖毒品的数量。可以认为，"以贩养吸＝被追诉人贩毒＋被追诉人本身吸毒＋在其住所查获一定数量的毒品"。前述《武汉会议纪要》第3条的规定实际上也是按照能够证明的贩卖数量及查获的毒品数量认定其贩毒的数量进行认定。

审判实践也大多以上述司法解释作为判决依据。例如，在徐某等贩卖毒品案中，对于"公安人员从王某的暂住地国基创新园×号楼×单元×××室及大兴区西红门镇永利居公寓×座×××室先后查获毒品甲基苯丙胺共计272.96克"的案件事实，虽然徐某与其辩护人辩称"在徐某家中起获的毒品是他自己吸食用的，也不是用来贩卖，其在侦查阶段的供述是公安机关诱供、骗供所得，认定在王某住处起获的毒品系用于贩卖目的的证据不足，其行为不构成贩卖毒品罪，而是非法持有毒品罪"，法院也认为徐某属于"以贩养吸"，但仍然认为其构成贩卖毒品罪。[1]

查获数量说在认定贩毒数量问题上的做法，符合"存疑时作有利于被告人的判断"的理念。但是，在执行过程中也暴露出诸多问题，主要是：

---

[1] 参见北京市第一中级人民法院刑事判决书，案号是（2015）一中刑初字第819号。

(1) 是否限定以及如何界定"以贩养吸"人员的范围，存在争议。在实践中，有些地方不限定"以贩养吸"的范围，甚至将有吸毒情节的毒枭、职业毒贩以及贩卖大量毒品的毒贩认定为"以贩养吸"，以非法持有毒品罪论处，这是很不妥当的。本书认为，"以贩养吸"人员应当限于未获得吸食毒品所需要的资金而少量贩卖毒品，而且贩毒所得主要用于购买毒品以供吸食的行为人。前述有吸毒情节的毒枭等人员，其吸食的毒品占所贩卖毒品数量的比重较小，吸毒情节对认定贩毒数量的影响不大，不应当认定为"以贩养吸"，应当直接将查明的毒品数量认定为贩毒数量，在量刑时不需要考虑其吸毒情节。

(2) 关于如何界定毒品的"合理吸食量"，也存在争议。在实践中，对被告人吸食毒品数量的认定标准不够合理，认定不够严格。首先，对于被告人购买一定数量的毒品，被查获时部分毒品去向不明，也没有证据证明已经被其贩卖的，往往根据被告人的辩解认定为已经吸食，从贩毒数量中扣除。也有观点认为，可以按照行为人购买的毒品数量认定其贩毒数量，量刑时酌情考虑去向不明的毒品可能部分被其吸食的情节。[1]其次，有时候被告人实际贩卖的毒品数量远远大于能够证明的贩毒数量，仅仅按照能够证明的贩毒数量进行认定，无法对被告人的犯罪行为进行充分评价。《大连会议纪要》的前述规定使有吸毒情节的贩毒人员，因为实施吸毒行为而在认定贩毒数量时获益，特别是在其购买的毒品数量较大，而现有的证据能够确切地证明贩卖的数量不大或

---

[1] 参见马岩、李静然："毒品犯罪审判中的几个法律适用问题"，载《法律适用》2015年第9期。

者查获的数量不大的情况下，这种认定方法不利于打击毒品犯罪。

（三）本书的观点

1. 原则上应坚持"非法持有毒品罪说"。从实践看，吸毒人员持有的毒品数量明显超出其一段时间内的正常吸食量，或者非吸毒人员持有毒品数量大的，大多用于贩卖。因为证据问题按照非法持有毒品罪定罪处罚，在一定程度上影响了打击毒品犯罪的效果。但是，即便行为人主观上具有"一有机会就实施贩毒行为"的概括故意，由于行为人只是非法持有毒品，并未实施出卖毒品行为，不能就从其住所或者车辆等查处的毒品成立贩卖毒品罪。对于"以贩养吸"者住处留下的一定数量的毒品，有证据证明确实是为自己吸食留下，不会再将该部分毒品贩卖的，对该部分毒品应以非法持有毒品罪论处，与贩卖毒品罪实行并罚。主要理由是：

（1）划分非法持有毒品罪与贩卖毒品罪的毒品数量标准应当如何确定，怎样能够既保证不放纵犯罪，又不会导致打击面扩大，是难以把握的问题。[1]从刑法规定看，认定行为人构成贩卖毒品罪，需要有证据证明其有贩卖毒品的故意，并实施了销售毒品的行为。如果不符合上述构成要件，就不能认定为贩卖毒品罪。我国《刑法》并没有就构成非法持有毒品罪规定毒品数量的上限，划分非法持有毒品罪与贩卖毒品罪的依据是《刑法》规定的具体犯罪的构成要件，而不是持有毒品的数量。单纯根据持有

---

[1] 参见李静然："非法持有毒品罪的司法疑难问题探析"，载《法律适用》2014年第9期。

毒品数量较大就认定行为人构成贩卖毒品罪，缺乏法律依据。

（2）从司法解释的权限看，上述司法解释的规定以解释之名，行立法之实，将非法持有毒品行为拟制（类推适用）或者类推解释为贩卖毒品罪，违反了罪刑法定原则和无罪推定原则。正如论者所言："'以贩养吸'规则是一种定罪规则。对于认定为已具有贩毒行为并且吸毒的被告人，除了已被认定的贩毒数量外，又在其住所或其他处所查获毒品的，该被查获的毒品的数量也应认定为该被告人贩毒的数量。实际上，这不单单是一种贩毒数量的计算问题，根本问题是将被追诉人相关处所中存放着毒品的行为认定为贩毒行为。即已有充分证据证明被追诉人以贩养吸＋在被追诉人相关处所又查获出毒品＝被追诉人在其处所存放毒品的行为是贩毒行为。"[1]曾粤兴教授也认为："《武汉会议纪要》直接引入事实推定，这一规定将无形地扩大贩卖毒品罪的打击面，将住所等处查获的毒品推定为贩卖的毒品，可能超出了刑法对于'贩卖'的语言语义的射程，超出了国民的预测能力。"[2]

（3）从犯罪的认定看，对于为了贩卖毒品而购入毒品的，在认定贩毒数量时，要根据案件的证据，按照从客观到主观的顺序进行认定，只有在查明了客观事实的前提下，才能根据已经查明的案件事实判断行为人的主观心理态度，并坚持"疑罪从无"或者"疑罪从轻"的原则，对于有证据证明行为人确实已经贩卖的

---

[1] 周凯东："毒品案件'以贩养吸'初探"，载《中国检察官》2014年第22期。

[2] 曾粤兴、倪传洲："毒品犯罪认定中事实推定之省思"，载《云南社会科学》2017年第6期。

部分，应当认定为贩卖的毒品的数量；[1]对于证据不充分的，则只能以非法持有毒品罪论处。但是，将查获的毒品认定为贩卖的毒品，属于"运用事实推定认定从贩毒人员住所等处查获的毒品系用于贩卖"[2]，主要是为降低控方的证明难度，严厉打击毒品犯罪。"之所以运用事实推定认定从贩毒人员住所等处查获的毒品系用于贩卖，主要是考虑到毒品犯罪隐蔽性强、取证难度大的现实情况，尤其是有吸毒情节的贩毒人员，对于从其住所等处查获的毒品通常辩称系用于吸食。采用事实推定的方法认定从贩毒人员住所等处查获的毒品系用于贩卖，有利于降低此类案件司法认定的难度，并有效打击毒品犯罪。"[3]

只不过，"以贩养吸"规则本质上是一种事实认定规则，主要是为了解决在一种事实存疑情况下的事实认定问题。在实践中，对于已有充分证据证明被追诉人既贩毒又吸毒的情形，在被追诉人处所又查获出一定数量的毒品，公诉人认为这些毒品也是用来贩卖的，而被追诉人一方则以该部分毒品只是用来吸食的作为抗辩，并且控辩双方的证据状况相当，法官对这一持有毒品的行为的认定处于一种模糊的或者说存疑的状态。将前述行为直接推定为贩毒行为的做法，显然是为了解决上述存疑情况下的事实认定问题。[4]在没有证据能够证明被告人住所或者身边的毒品就

---

[1] 参见綦元乐："毒品犯罪疑难问题研究"，载《山东法官培训学院学报（山东审判）》2015年第3期。

[2] 李静然："有吸毒情节贩毒人员的贩毒数量认定"，载《人民司法（案例）》2016年第17期。

[3] 李静然："有吸毒情节贩毒人员的贩毒数量认定"，载《人民司法（案例）》2016年第17期。

[4] 参见周凯东："毒品案件'以贩养吸'初探"，载《中国检察官》2014年第22期。

是用于贩卖的情况下,将其纳入贩卖的数量当中予以追究实际上是一种推定,有悖于"疑罪从无"的刑法原理。

即便认为这种事实认定具有法律效力,但既然是事实推定,应当允许当事人进行反证。"推定应当允许当事人提出反证加以推翻。当事人既可以就基础事实提出反证,也可以就推定事实提出反证。在从贩毒人员住所等处查获的毒品的性质认定问题上,贩毒人员既可以提出反证推翻基础事实,如其没有实施贩卖毒品犯罪,或者毒品不是从其住所、车辆等处搜出;也可以提出反证推翻推定事实,即查获的毒品确实不是用于贩卖。"[1]

2. 例外的情况下采取"贩卖毒品罪说"。退一步说,在例外的情况下,如果不采取"非法持有毒品罪说",而是采纳"贩卖毒品罪说",也应当注意以下几点:

(1) 如果认为行为人构成贩卖毒品罪,也需要注意其与其他犯罪人的犯罪行为之间的关系,考虑有无充分的证据加以证明。有些案件只是表面上看起来是贩卖毒品行为,实际上宜以非法持有毒品罪论处。例如,在梁某、万某贩卖毒品、非法持有毒品案中,"2013 年 7 月 7 日 13 时许,民警在佛山市南海区大沥镇钟边铁村新区×巷××号门口抓获被告人梁某等,从梁某身上缴获甲基苯丙胺 9.29 克,从梁某驾驶的小汽车里面缴获甲基苯丙胺 186.52 克、咖啡因 1.26 克","2013 年 7 月 7 日 18 时许,民警在被告人梁某的协助下在广云宾馆五楼的服务台将被告人万某抓获,从万某的挂包内起获甲基苯丙胺 274.74 克","梁某自 2013

---

[1] 李静然:"有吸毒情节贩毒人员的贩毒数量认定",载《人民司法(案例)》2016 年第 17 期。

年初开始吸食甲基苯丙胺,现已成瘾,每天需要吸食甲基苯丙胺1~2克"。尽管辩护人辩称梁某的行为是非法持有毒品,但法院认为:"被告人梁某、潘某某无视国家法律,贩卖毒品,其中被告人梁某贩卖甲基苯丙胺195.81克,咖啡因1.26克——构成贩卖毒品罪。被告人万某无视国家法律,非法持有毒品甲基苯丙胺274.74克,数量大,其行为已构成非法持有毒品罪。"[1]

本书认为,其一,从警方抓获梁某及查获毒品的过程来看,在2013年7月7日13时12分,侦查员对停放在佛山市南海区大沥镇钟边铁村新区×巷××号门口,梁某驾驶的粤Y3×××小汽车进行搜查,查获梁某及上述毒品。如果无法认定梁某当时已经着手实施贩卖毒品行为,则只能成立非法持有毒品罪,而不能以贩卖毒品罪论处。其二,如果确如被告人梁某所言,"我帮万某送毒品,他会给我甲基苯丙胺吸食,而且我还在万某处以每克110元的价格买毒品再以120元的价格卖给别人,赚取每克10元的差价。我每天一般可以赚到二三百元作为毒资和生活费。我包内的甲基苯丙胺就是帮万某送货,万某给我的回报。万某之前配了粤Y3×××汽车的锁匙给我,万某说该车是租的。""7月7日中午,'阿鬼'用电话和万某谈好后,万某打电话叫我在车上拿1包甲基苯丙胺给'阿鬼'。我和'阿鬼'从出租屋下楼,我坐轿车驾驶位,'阿鬼'也上了轿车的副驾驶位,我正准备将甲基苯丙胺拿给'阿鬼'时,有警察来将我和'阿鬼'抓住。"那么,梁某与万某构成非法持有毒品罪的共犯。至于梁某与万某是

---

[1] 参见广东省佛山市中级人民法院刑事判决书,案号是(2014)佛中法刑一初字第49号。

否构成贩卖毒品罪的共犯,可以通过二人的手机通话情况、短信内容、所使用粤 Y3××××汽车的租赁情况、梁某如何协助警方抓获万某等加以证明。但是,由于本案中公诉机关只提供了梁某的口供,导致法院既无法认定万某与梁某之间具有共犯关系,也无法认定万某构成贩卖毒品罪,而仅仅就其持有的274.74克甲基苯丙胺认定构成非法持有毒品罪。"指控被告人万某贩卖毒品的证据只有被告人梁某的供述,没有其他证据证实,证据不足,不予认定。"综上,在判决书所呈现的现有的在案证据的基础上,本书认为本案法院判决梁某构成贩卖毒品罪、万某构成非法持有毒品罪的观点是不妥当的,二人均应构成非法持有毒品罪。

(2)即便按照司法解释的观点将从贩毒人员的住所、车辆等查获的毒品认定为贩卖的毒品,也要考虑"以贩养吸"人员的个人合理吸食量,并予以扣减。"对于以贩养吸的被告人,其被查获的毒品数量原则上应当计入其贩卖毒品的数量,但被告人既吸食又贩卖毒品,实际查获的毒品中部分可能系其准备用于吸食,故从有利于被告人的角度,对于查获的这部分毒品在量刑时应当考虑被告人吸食毒品的情节,酌情予以从宽处罚。"[1]

关于如何确定"以贩养吸"人员的"合理的吸食量",由于毒品吸食量的个体差异很大,办案中难以取得证明吸毒者"合理吸食量"的确切证据,各地司法机关对如何把握"合理吸食量"的标准难以保持一致,影响了法律适用的统一性。[2]本书认为,

---

[1] 林清梅:"'以贩养吸'被告人贩卖毒品数量的认定",载《山东法官培训学院学报(山东审判)》2015年第2期。

[2] 参见方文军:"吸毒者实施毒品犯罪的司法认定",载《法律适用》2015年第10期。

其一，在判断"合理吸食量"时，应当根据毒品的种类、纯度以及吸毒者的吸毒时间长短、瘾癖程度等，合理确定其单日吸食毒品的数量。既要考虑行为人购买毒品的数量，也要考虑这些毒品用于吸食的周期，不宜将毒品吸食数量标准定得过高。其二，再根据毒品的价格、紧缺程度以及吸毒者的经济状况、在途时间等，确定一个较为合理的吸毒时间段，据此确定吸毒者合理时间段内的正常吸食量。一般来说，海洛因的单次用量通常为 0.05~0.08 克，致死量为 0.75~1.2 克；甲基苯丙胺的单次用量通常为 0.02~0.03 克，致死量为 1.2~1.5 克（以上均以纯品计）。尽管吸毒者个体差异较大，但被查获的毒品数量超过合理时间段内的正常吸食量的，如每天吸食海洛因或冰毒超过 2 克的，则不属于"合理吸食量"，应当以贩卖毒品罪论处。例如，在杨某贩卖毒品案中，对于辩护人所提出的杨某是"以贩养吸"人员的辩护意见，法院认为："杨某虽系吸毒人员，但其所持有毒品数量远超过正常吸食量，不能认定为'以贩养吸'，该辩护意见本院不予采纳"。[1]

（3）即便按照司法解释的观点将从贩毒人员的住所、车辆等查获的毒品认定为贩卖毒品，也需要考虑这种情况是构成贩卖毒品罪的既遂还是未遂。可以肯定的是，其一，无论是按照"交易行为说"还是"交付行为说"，都不可能将其认定为贩卖毒品罪的既遂；其二，按照前述《武汉会议纪要》等的观点，将"基于贩卖为目的非法购买毒品"认定为贩卖毒品罪，并认为构成犯罪

---

[1] 参见北京市第三中级人民法院刑事判决书，案号是（2014）三中刑初字第00831号。

既遂,违反《刑法》规定和犯罪构成基本原理;其三,按照"折中说"的观点,以行为人实际出卖毒品是否达到既遂作为认定在住所等处查获的毒品的既遂与未遂的标准,"对于犯罪未遂的(行为人已经携带毒品进入交易场所但并未见到购毒者),若有证据证明在其住处等地查获的毒品数量是为了贩卖,由于推定的前提行为尚未既遂,所以推定该部分数量与未遂部分一并认定为贩卖毒品罪的未遂数量",违反故意犯罪停止形态的基本原理,也不妥当。

四、"以贩养吸"人员部分毒品去向不明时的行为性质与毒品数量的认定

在实践中,如何认定"以贩养吸"人员部分毒品去向不明时的行为性质与毒品的数量,也存在争议。这种情形具体是指,在吸毒者购买了一定数量的毒品后,有证据证明其已经卖出了部分毒品,又从其身边或者住处查获了部分毒品,但是所查获的毒品与贩卖的毒品数量之和明显少于其购买的毒品数量,[1]而且去向不明的毒品数量占主要部分。对这部分去向不明的毒品,被告人通常辩称其吸毒成瘾,这些毒品已被其吸食。如果确有证据证明这部分去向不明的毒品已被吸食,即使数量很大,也不应计入被告人贩卖毒品的数量。《大连会议纪要》也规定:"被告人购买了一定数量的毒品后,部分已被其吸食的,应当按能够证明的贩卖数量及查获的毒品数量认定其贩毒的数量,已被吸食部分不计入

---

〔1〕 简单来说,"购买的毒品数量=能够证明的卖出毒品数量+查获的毒品数量+去向不明的毒品数量"。

在内。"但是,实践中往往是,除了被告人的供述证明这部分毒品被吸食外,没有其他证据印证。本书试就这一问题略加讨论。

(一) 刑法理论和实务的主要观点

关于这个问题,主要有无罪说、非法持有毒品罪说和贩卖毒品罪说等的争论。

1. 无罪说。此说认为,如果这部分毒品已被被告人吸食,不计入贩毒的数量,既不构成贩卖毒品罪,也不构成非法持有毒品罪或者其他犯罪。[1]《大连会议纪要》也指出:"被告人购买了一定数量的毒品后,部分已被其吸食的,应当按能够证明的贩卖数量及查获的毒品数量认定其贩毒的数量,已被吸食部分不计入在内。"如果这些去向不明的毒品数量不大,没有明显超出被告人一段时期内的"合理吸食量",以无罪论处没有异议。但是,如果去向不明的毒品数量很大,明显超出一段时期内的"合理吸食量",如果把这部分毒品都认定为已被吸食,不计入贩毒数量,不以犯罪论处,则存在不利于打击毒品犯罪的问题。[2]

2. 非法持有毒品罪说。此说认为,"以贩养吸"人员已经吸食的部分毒品应当以非法持有毒品罪论处。例如,张洪成教授认为:"对于行为人在一定时期之内,同时持有毒品的最高数量可

---

〔1〕 赵秉志、于志刚主编:《毒品犯罪疑难问题司法对策》,吉林人民出版社2000年版,第208页;蔺剑:《毒品犯罪的定罪与量刑》,人民法院出版社2000年版,第241页;高珊琦:"论吸毒者持有毒品行为之定性与定量",载《法律科学(西北政法学院学报)》2006年第6期;参见方文军:"吸毒者实施毒品犯罪的司法认定",载《法律适用》2015年第10期。

〔2〕 参见方文军:"吸毒者实施毒品犯罪的司法认定",载《法律适用》2015年第10期。

以认定为非法持有毒品的数量。"[1]

3. 贩卖毒品罪说。此说认为，只要有证据能够证明被告人所购毒品的确切数量，不论能够证明的贩卖数量及查获的毒品数量与其购买的毒品数量之间存在多大差距，都按照其购买的毒品数量认定其贩毒数量。例如，《武汉会议纪要》第3条规定，对于有吸毒情节的贩毒人员，一般应当按照其购买的毒品数量认定其贩卖毒品的数量，量刑时酌情考虑其吸食毒品的情节；购买的毒品数量无法查明的，按照能够证明的贩卖数量及查获的毒品数量认定其贩毒数量；确有证据证明其购买的部分毒品并非用于贩卖的，不应计入其贩毒数量。

（二）本书的观点："无罪说"

本书主张"无罪说"。主要理由是：

1. 根据有关司法解释的规定，只要行为人以贩卖为目的购买毒品，就构成贩卖毒品罪。根据《武汉会议纪要》第3条的规定，除非"确有证据证明"被告人购买的部分毒品并非用于贩卖的，才不计入贩毒数量。对于仅有被告人本人的辩解，没有其他证据印证的，不属于"确有证据证明"，可以认定成立贩卖毒品罪。但是，我国《刑法》第347条仅仅规定"对多次走私、贩卖、运输、制造毒品，未经处理的，毒品数量累计计算"，并未明文规定曾经非法持有毒品的数量也累计计算，也没有将曾经非法持有的毒品认定为贩卖毒品罪的规定。因此，不能以《武汉会议纪要》为据，将上述去向不明的毒品认定为贩卖毒品罪。

---

[1] 张洪成："毒品数量认定问题研究"，载《云南大学学报（法学版）》2011年第1期。

2. 对于"以贩养吸"人员去向不明的毒品,数量较大的,从形式上看似乎可以认定为非法持有毒品罪。但是,非法持有毒品罪中的持有是指行为人对毒品具有事实上的支配和控制,具体表现为直接占有、携带、藏有或者以其他方式支配、控制毒品。[1] 非法持有毒品的数量只能以查获时行为人事实上支配或者控制的毒品数量计算。在行为人已经将毒品吸食完毕的场合,不存在"事实上的支配和控制"状态,不符合非法持有毒品罪的客观要件,因此不能以非法持有毒品罪论处。如果以行为人吸食毒品之前曾经对毒品具有事实上的支配和控制为由,主张该行为成立非法持有毒品罪,可能导致对吸毒行为的间接处罚。

3. 对于去向不明的毒品的定性,除了考虑刑法规定和刑法原理之外,还要考虑证据问题。在实践中,由于毒品犯罪的高度隐蔽性等原因,要彻底查清楚毒品的去向是非常困难甚至是不可能的,对于没有充分证据证明"以贩养吸"人员所购毒品的确切数量的案件,原则上应当按照能够证明的贩卖数量及查获的毒品数量认定其贩毒数量。尽管这部分去向不明的毒品"可能用于吸食,也可能用于贩卖",应当树立"存疑有利于被告人"的理念,对被告人以无罪论处,而不应当坚持有罪推定,以贩卖毒品罪论处。

---

[1] 参见最高人民法院《关于执行〈全国人民代表大会常务委员会关于禁毒的决定〉的若干问题的解释》(已失效)第3条;高铭暄、马克昌主编:《刑法学》,北京大学出版社、高等教育出版社2014年版,第590页;张明楷:《刑法学》,法律出版社2011年版,第1014页。

第五章　贩卖毒品罪的既遂与未遂

贩卖毒品是指行为人明知是毒品而非法销售或者以贩卖为目的而非法收买的行为。但是，在我国司法实践中，不仅普遍存在对贩卖毒品罪既遂时点的过度提前化，另外还不同程度的存在对贩卖毒品行为的既遂与未遂问题避而不谈的司法乱象。例如，何某贩卖毒品案。2014 年 11 月 10 日 15 时 30 分许，灵山县公安局烟墩派出所民警根据线报，将涉嫌贩卖毒品的被告人何某抓获。民警当场从被告人何某身上缴获毒品海洛因 3 小包（净重 0.98 克）。法院在判决中并未讨论何某的贩卖毒品行为是既遂还是未遂。[1]

我国《刑法》第 23 条第 2 款规定："对于未遂犯，可以比照既遂犯从轻或者减轻处罚。"如果上述案件中行为人构成贩卖毒品罪的未遂，则意味着原则上处罚要轻于既遂犯。反之，如果将既遂犯的成立标准过度提前，不当扩大既遂犯的成立范围，或者故意将未遂犯作为既遂犯论处，必然违反罪刑法定原则，导致对犯罪人处罚过于严厉。因此，前述实践中这种对贩卖毒品罪的既遂与未遂问题避而不谈的做法是非常不妥当的。

---

[1] 参见广西壮族自治区灵山县人民法院刑事判决书，案号是（2015）灵刑初字第 89 号。

关于贩卖毒品罪的既遂与未遂的区分，本书主要讨论下列几个问题：其一，贩卖毒品罪既遂与未遂的区分标准是怎样的；其二，贩卖假毒品行为的性质；其三，"特情引诱"与"控制下交付"下贩卖毒品行为的既遂与未遂问题等。

一、贩卖毒品罪的既遂与未遂的区分标准

关于区分贩卖毒品罪的既遂与未遂的标准，刑法理论和司法实务中主要有基于贩毒故意购买毒品说、交易行为说与交付行为说等的对立。[1]

（一）"基于贩毒故意购买毒品说"不可取

1. "基于贩毒故意购买毒品说"的基本观点。该说认为，只要行为人以贩卖毒品为目的实施了非法购买毒品的行为，就成立贩卖毒品罪的既遂犯。该说是我国刑法理论的通说。例如，林准等认为，贩卖毒品"是指明知是毒品而非法销售，或者以贩卖为目的而非法收买毒品的行为。"[2]高铭暄教授等主张："贩卖毒品，是指有偿转让毒品或者以卖出为目的而非法收购毒品的行为。""以卖出为目的而非法收购毒品的行为，也应认定为贩卖毒

---

[1] 李立众教授指出，为贩卖而买入毒品的，实务上均以贩卖毒品罪既遂论处。但是，这一做法既不符合"贩卖"一词的词义学原理，也不符合犯罪停止形态理论，同时导致贩卖毒品罪的死刑适用过多。对于为贩卖而买入毒品的行为，是基于预备犯、未遂犯原理而得以按贩卖毒品罪处罚，而不是"贩卖"本身包含"买入"的意思。无论是贩卖的日常含义还是其规范含义，抑或从比较法出发，为贩卖而买入毒品的行为都不构成贩卖毒品罪的实行行为。因此，实务界应当放弃买入即既遂说，这将有助于减少贩卖毒品罪的死刑适用。参见李立众："贩卖毒品罪中'买入毒品即既遂说'之反思"，载《华东政法大学学报》2020年第1期。

[2] 林准主编：《中国刑法教程》，人民法院出版社1994年版，第519页。

品。"〔1〕

有关司法解释也坚持这一观点。例如,最高法1994年12月发布的《关于执行〈全国人民代表大会常务委员会关于禁毒的决定〉的若干问题的解释》(已失效)规定,只要行为人以实施贩卖为目的而实施了非法购买的行为,就以犯罪(既遂)论处。2008年9月,时任最高法副院长张军在大连会议期间明确指出:"在毒品犯罪既遂与未遂的认定上,应当以有利于依法严厉惩罚犯罪为原则。具体判定时产生争议、把握不准的,应按照从严打击的要求,认定为既遂","毒品交易双方约定交易地点后尚未见面,在路途中即被抓获的,对于卖方,仍应按以上原则认定为犯罪既遂,因为他是为卖而买到毒品的——如其毒品是祖上传下来的,尚未出手即被查获,也可认定为贩卖毒品未遂。"〔2〕此外,《武汉会议纪要》等司法解释和指导性文件坚持从严惩处毒品犯罪的指导思想,也坚持这一观点。〔3〕

按照此说,只要行为人以贩卖为目的而实施了非法收买毒品的行为,不管其是否进入交易环节、是否达成交易协议、毒品是否交付给买方。行为人均构成贩卖毒品罪的既遂。毒品交易的双方约定交易地点后,尚未见面,在途中被抓获的,出卖毒品的人也构成贩卖毒品罪的既遂。主要理由就是,行为人是为了出卖毒

---

〔1〕 高铭暄、马克昌主编:《刑法学》,北京大学出版社、高等教育出版社2017年版,第594页。

〔2〕 张军:"在全国部分法院审理毒品犯罪案件工作座谈会上的讲话(节录)",载中华人民共和国最高人民法院刑事审判第一、二、三、四、五庭主办:《刑事审判参考》(总第67集),法律出版社2009年版,第212页。

〔3〕 参见高贵君等:"《全国法院毒品犯罪审判工作座谈会纪要》的理解与适用",载《人民司法(案例)》2015年第13期。

品而购买毒品,或者为了出卖毒品而通过走私、制造行为获得了毒品。

在实践中,这一观点被广泛采用,导致只有在极为例外的情况下才按照贩卖毒品罪的未遂处理。例如,李某等贩卖毒品案。被告人李某于 2013 年 1 月 24 日,收取聂某、刘某毒资 5 万元,史某毒资 3.75 万元,从广东省佛山市为聂某、刘某购买并带回冰毒 200 克,为史某购买并带回冰毒 150 克。在蓬莱市于庄高速路口收费站,被告人李某被龙口市公安局查获,携带毒品被当场扣押。李某的辩护人提出"被告人系'以贩养吸',最后一次犯罪未遂"的辩护意见,但是法院认为:"李某在最后一次犯罪过程中已经收取同案犯巨额毒资,且购入毒品,相关交易已经完成大部分环节,属于犯罪既遂。"[1]

2. "基于贩毒故意购买毒品说"的不足之处。本书认为,在多数贩卖毒品案件中,行为人仅仅实施了联系买家购买毒品的行为,未达到着手实行的程度,至多成立贩卖毒品罪的预备犯。主要理由是:

(1) 我国《刑法》第 347 条规定的贩卖毒品罪的行为是"贩卖"。根据《辞海》的解释,"贩卖"是指"买进货物而再卖出,以获取利润"。[2] 对于"先买后卖"型贩卖毒品行为而言,为卖而买毒品的行为,仅仅是贩卖毒品的预备行为。"行为人以贩卖为目的而开始实施购买毒品的行为仅仅是贩卖毒品实行行为的一部分,完整的贩卖毒品实行行为的完结还必须包括后续的'有偿

---

[1] 参见山东省烟台市中级人民法院刑事判决书,案号是(2013)烟刑一初字第 104 号。

[2] 辞海编辑委员会编纂:《辞海》(中),上海辞书出版社 2010 年版,第 574 页。

转让毒品'行为,在行为人将毒品实际卖出之前,贩卖毒品实行行为就不能认为已经完成,也就不存在贩卖毒品罪既遂。"[1]实行的着手是开始实施行为人所追求的、具有引起某种犯罪构成结果的现实危险的行为。贩卖毒品的双方当事人就毒品交易事项达成合意,实际上是为其后毒品的交易创造条件,不具有着手所要求的侵害法益的危险程度,属于贩卖毒品罪的预备行为。[2]

(2) 犯罪的本质是侵害法益或者危害社会,没有侵害法益或者危害社会的行为不可能构成犯罪,当然也就不可能成为实行行为。"预备是为实行做准备的行为,它没有导致构成要件结果发生的现实危险;与此相反,实行是有引起构成要件结果的现实危险的行为。因此,实行行为与预备行为的本质区别在于,前者具有导致构成要件结果发生的现实危险,而后者则没有这一危险。"[3]在行为人为了实行犯罪,仅仅实施了"准备工具、制造条件"等预备行为的场合,根据《刑法》第22条第1款的规定,至多构成贩卖毒品罪的预备犯。

(3) 即便某种行为具有侵害法益或者危害社会的性质,但是这种危险的程度很低,完全可以根据《治安管理处罚法》等进行处罚。将这种行为认定为犯罪,可能违反了刑法的最后手段性的原则。林山田教授曾经指出:"在严刑峻法时代的判例却认为,贩卖不以先买后卖为必要,只要以营利为目的,而将烟毒购入,或将烟毒卖出,即可成罪,行为人只要有其中一个行为,其犯罪

---

[1] 顾静薇、张小蓓:"贩卖毒品时放弃交易是否未遂",载《人民检察》2012年第6期。

[2] 参见梁彦军、何荣功:"贩卖毒品罪认定中的几个争议问题",载《武汉大学学报(哲学社会科学版)》2013年第5期。

[3] 黎宏:《刑法学总论》,法律出版社2016年版,第230页。

即经完成,均不得视为未遂。如此的见解,将使尚未构成本罪的行为通过解释认定成立本罪的既遂,而使本罪不当地扩张适用,故属违背罪刑法定原则的用法,亟待修正。"[1]李立众教授也认为,在我国《刑法》第347条规定的贩卖毒品罪中,立法者使用"贩卖"而不是"买卖",这意味着立法者并不打算处罚单纯的买入毒品行为,因而"贩卖"不包括单纯买入的意思。再者,行为人以贩卖为目的而购入毒品的,毒品还没有流入社会,仅有危害公众身体健康的危险,不能现实地损害公众的身体健康。[2]因此,单纯买入毒品的行为不是贩卖毒品罪的实行行为。

(二)"交易行为说"不妥当

1. "交易行为说"的基本观点。该说认为,毒品犯罪的法益是国家对毒品的管理制度。因此,只要行为人使毒品进入交易环节,就成立贩卖毒品罪的既遂。[3]例如,有的学者认为:"应当将毒品犯罪认定为行为犯。贩卖毒品的行为,只要毒品进入交易,无论是否卖出,都成立贩卖毒品罪。"[4]有的法官认为:"毒品交易双方已就毒品交易达成一致意向,并进入实质交易阶段,行为人因被公安机关抓捕而未实际交接毒品,一般应认定为贩卖

---

〔1〕 林山田:《刑法各罪论》(下),北京大学出版社2012年版,第369~370页。

〔2〕 参见李立众:"贩卖毒品罪中'买入毒品即既遂说'之反思",载《华东政法大学学报》2020年第1期。

〔3〕 赵秉志、于志刚:《毒品犯罪》,中国人民公安大学出版社2003年版,第174页。

〔4〕 梅传强、徐艳:"毒品犯罪司法实践中的疑难问题探究",载《河南司法警官职业学院学报》2005年第2期。

毒品罪既遂。"[1]有的检察官认为:"贩卖毒品犯罪的既遂与否,应以毒品是否进入交易环节为准。至于行为人是否已将毒品出售获利,或是否已实际成交,不影响贩卖毒品罪既遂的成立。若行为人具有贩卖毒品的故意,由于意志以外的原因毒品未能进入交易环节,则以贩卖毒品罪未遂论处。"[2]

在实践中,关于贩卖毒品罪的既遂与未遂的区分标准,按照严厉打击毒品犯罪的要求,只要行为人基于贩卖毒品的意图购买毒品,就构成贩卖毒品罪。例如,有的检察官主张:"通常情况下贩卖毒品的既遂与否,应以毒品是否进入交易环节为准。以贩卖为目的实施了购买毒品的行为,或者有证据证明以贩卖为目的而持有毒品,或者有证据证明以贩卖为目的购进或持有毒品的行为人与购毒者已达成毒品交易意见并正在交易而尚未转移毒品,或者已经转移了毒品的,都应该认定为贩卖毒品罪既遂。"[3]例如,在周某等贩卖、转移毒品案中,上海市一中院认定被告人周某以贩卖为目的,先后实施了携带毒品到上海、托人寻找毒品买家、提供毒品样品供买家验货、亲自参与毒品数量与价格等交易事项的谈判等为由,尽管未将毒品交付下家,也没有收取下家的毒资,仍然判决周某构成贩卖毒品罪的既遂,就是采取了"交易行为说"。[4]

---

〔1〕 赵丹、李守文:"毒品犯罪案件特情介入的处理",载《人民司法(案例)》2016年第29期。

〔2〕 张穹主编:《刑法各罪司法精要》,中国检察出版社2002年版,第751页。

〔3〕 傅晔:"如何界定贩卖毒品犯罪的既遂与未遂",载《检察日报》2011年7月25日,第3版。

〔4〕 "周某等贩卖、运输毒品案",载陈兴良、张军、胡云腾主编:《人民法院刑事指导案例裁判要旨通纂》(下卷),北京大学出版社2018年版,第1506页。

但是,"交易行为"的范围是一个弹性很大的概念。如何理解,也是众说纷纭。交易是一个双方互动的过程,加上我国对毒品犯罪处罚非常严厉,毒品交易双方为了达成交易,同时逃避刑事制裁,可能围绕交易价格、毒品数量、毒品种类、交易方式、交易地点、交易时间等事宜,展开试探、商谈和周旋,导致毒品交易具有不确定性等特点。[1]按照"交易行为说"的理解,交易行为可以扩展到"以贩卖为目的实施了购买毒品的行为",将"基于贩毒故意购买毒品"涵盖在内,远远超出了"交易行为"的文义射程,其合理性是值得商榷的。

即便是坚持"交易行为说",相对来说,贩毒人员购买毒品之后又就毒品买卖与他人进行讨价还价、约定交易地点甚至正赶往交易地点,具有更为充分的可罚性根据。早在2000年5月,上海市高院发布的《关于审理毒品犯罪案件具体应用法律若干问题的意见》(沪高法〔2000〕312号)第2条第2款规定:"只要行为人将毒品现实地带入了交易环节的(即贩毒者已将毒品带到购买者面前着手交易的),不论是否完成交易行为,均应以贩卖毒品罪的既遂论处。如果有证据证明行为人以贩卖为目的而购买了毒品或正在向贩毒者购进毒品的,亦应认定为贩卖毒品罪的既遂。"在2008年12月大连会议期间,时任最高法副院长张军指出:"……毒品交易双方约定交易地点后尚未见面,在路途中即被抓获的,对于卖方,仍应按以上原则认定为犯罪既遂,因为他

---

〔1〕 参见王利荣、马党库:"'毒品未流入社会'的从轻依据——兼谈贩卖毒品既遂标准",载《法律适用》2016年第12期。

是为卖而买到毒品……"[1]

从实践看,也有判决采用此说。例如,冯某等贩卖毒品案。2012年2月20日凌晨,被告人冯某在前往交易地点进行毒品交易时被公安人员抓获。冯某及其辩护人提出:"冯某系吸毒人员,购买毒品尚未交接成功即被抓获,毒品尚未流入社会,属于犯罪未遂。"但公诉机关认为:"林某、冯某均已到达指定交易地点,毒资亦已存放在交易地点,足以认定二人已经进入交易环节,构成贩卖毒品罪的既遂。"二审法院认为:"冯某、林某在碰头交易前通过电话联系谈好交易对象、时间、地点、价格、数量、付款方式,之后两人即准备好毒品、毒资,在约定的交易时间赶去最后的交易场所,双方的交易已进入实质性交易阶段,应当认定为贩卖毒品罪的既遂,毒品未交接至收货人或是否流入社会不影响犯罪既遂状态的认定。"[2]显然,本案中公诉机关和二审法院均采取了"交易行为说"。

2. "交易行为说"的不足之处。相对于"基于贩毒故意购买毒品说"来说,"交易行为说"的处罚根据更为充分,但依然存在下列不足:

(1) 前已述及,由于无法准确界定何谓交易行为,根据这种

---

[1] 张军:"在全国部分法院审理毒品犯罪案件工作座谈会上的讲话(节录)",载中华人民共和国最高人民法院刑事审判第一、二、三、四、五庭主办:《刑事审判参考》(总第67集),法律出版社2009年版,第212页。此外,在会议后发布的座谈会纪要中,第一次提出"对于以贩养吸的被告人,其被查获的毒品数量应认定为其犯罪的数量"。

[2] 参见广东省高级人民法院刑事判决书,案号是(2014)粤高法刑四终字第16号。问题是,尽管本案涉案毒品达到1500.75克,二审法院依然认为:"鉴于本案毒品尚未交易成功等具体情况,对上诉人冯某判处死刑可不必立即执行。"判决书并未说明"交易成功"与贩卖毒品罪的既遂到底是什么关系。

观点,无论行为人是否已经交付毒品,甚至获得对价,只要行为人基于贩卖毒品的意思购买毒品,或者购买毒品后散布出卖毒品的信息,跟他人联系,就构成贩卖毒品罪的既遂。这将导致贩卖毒品罪的既遂标准过度提前,将原本处于预备阶段的行为也认定为实行行为。从这一点看,该说与"基于贩毒故意购买毒品说"没有多大差别。

(2)该说到底是以"着手交易"为标准,还是以"交易成功"为标准,并不明确。如果采取"交易成功"标准,则"交易行为说"与后述"交付行为说"采取了统一判断标准。但是,从实践看,实际上采取了"着手交易"标准。对于交易双方因为交易价格无法达成一致,或者交易对象临时发生变更,特别是,如果贩卖毒品者与购买毒品者在进行交易时被警方抓获,未能成功进行交易的,按照该说的观点,因为已经进入交易环节,也应当成立贩卖毒品罪的既遂。"正在进行的毒品交易,被公安机关查获,属犯罪既遂。毒品买卖双方正在验货的,或正在清点赃款时,被公安人员查获的,均属该种情况。"[1]但是,按照我国《刑法》第23条关于犯罪未遂的规定,这些情形属于由于行为人意志以外的原因而未得逞,应当构成贩卖毒品罪的未遂犯。该说与我国《刑法》关于未遂犯的规定是相矛盾的。

(3)该说容易导致贩卖毒品罪与非法持有毒品罪的混淆。按照该说,只要行为人"着手交易"就构成贩卖毒品罪的既遂。因此,对于因为贩卖毒品被抓获后在其住所、车辆内查获的毒品,

---

[1] 陈军:"贩卖毒品罪若干问题探析",载《法制与社会》2012年第15期。

也全部作为贩卖毒品罪的既遂处理。[1]这实际上是将非法持有毒品行为作为贩卖毒品罪处理。刑法之所以处罚非法持有毒品行为，是因为毒品具有特殊属性，必须依法取缔或者查没，而处罚贩卖毒品行为，则是因为这种行为具有侵害公众身体健康的危险。应当说二者的立法意旨和法益侵害程度都是不同的。"交易行为说"将非法持有毒品罪和贩卖毒品罪混为一谈，显然是不妥当的。

（三）"交付行为说"具有妥当性

1. "交付行为说"的基本观点。该说认为，贩卖毒品罪以行为人将毒品交付给购毒者作为成立贩卖毒品罪的既遂标准，在没有将毒品交付给对方的场合，即便行为人之间已经达成了买卖协议，也不构成犯罪既遂。该说是我国刑法理论的有力说。例如，张明楷教授认为："贩毒以毒品实际上转移给买方为既遂，转移毒品后行为人是否已经获取了利益，则并不影响既遂的成立。毒品实际上没有转移时，即使已经达成转移的协议，或者行为人已经获得了利益，也不宜认定为既遂。行为人以贩卖为目的购买了毒品但未能出售给他人的，宜认定为贩卖毒品罪的预备行为。"[2]王作富教授等认为："贩卖毒品行为是一种有偿转让毒品的行为，行为人构成贩卖毒品罪的既遂，在主观上要具有贩卖毒品的故意，在客观上实施了有偿转让毒品的行为。如果行为人没有实际交付毒品，而仅与他人达成协议，不能认为贩卖毒品行为人构成

---

[1] 参见陈敏辉："特情侦查前已形成贩毒犯意，不认定犯意引诱"，载《人民司法（案例）》2009年第12期。

[2] 张明楷：《刑法学》（下），法律出版社2016年版，第1147页。

贩卖毒品罪的既遂。"[1]根据该说,在行为人以贩卖为目的通过非法手段购得毒品后,因意志以外的原因未能顺利地将毒品实际转移给购买者,是贩卖毒品罪的未遂;毒贩将毒品转移给购毒者的,成立贩卖毒品罪的既遂。

在实践中,有的司法人员坚持这种观点。"贩卖毒品罪应以实际上将毒品转移交付给对方为既遂。"[2]"'为贩卖而购买'的行为是'贩卖'行为的准备行为,不应将其作为实行行为来看待。如果行为人在买得毒品后未能将毒品交付给其他购毒者,贩卖毒品的贩卖行为(实行行为)就不能认为已经完成,既然实行行为未能实施完结,当然就不能认定为犯罪既遂。"[3]有的判决采用这一观点。例如,王某甲贩卖毒品案。2011年8月30日,被告人王某甲至平湖市当湖街道西林寺小区门口处,欲将0.7克冰毒以500元的价格贩卖给吸毒人员王某乙,在交易时被公安民警当场查获。法院认为王某甲构成贩卖毒品罪的未遂,可以比照既遂犯从轻处罚。[4]

2. 对"交付行为说"的质疑。采用"交付行为说"作为贩卖毒品罪的既遂标准,可能存在下列问题:其一,由于毒品犯罪较为隐蔽,很多场合难以准确把握毒品是否在犯罪行为人之间进行了交付,过分强调交易成功,可能导致对毒品犯罪的打击不

---

[1] 王作富主编:《刑法分则实务研究》(下),中国方正出版社2013年版,第1443页。

[2] 马力:"贩卖毒品罪既遂的认定",载《中国检察官》2013年第2期。

[3] 顾静薇、张小蓓:"贩卖毒品时放弃交易是否未遂",载《人民检察》2012年第6期。

[4] 参见浙江省平湖市人民法院刑事判决书,案号是(2012)嘉平刑初字第6号。

力；其二，毒品犯罪的侦查大多采用诱惑侦查的方法，采用"交付行为说"导致认定贩卖毒品罪难度加大，可能出现放纵犯罪的问题；其三，目前有些毒品犯罪交易采用快递寄付而不是现场交易的方式，导致无论是发现犯罪线索还是取证等都存在很多困难等。[1]

（四）本书的观点

1. 由于上述"交易行为说""交付行为说"等均存在一定的不足之处，有观点提出对贩卖毒品罪的既遂与未遂标准作模糊化处理，[2]但这种观点也不妥当。主要理由是：

（1）从刑法规定和刑法理论看，犯罪既遂与犯罪未遂的成立条件是不同的。犯罪既遂与犯罪未遂的首要区别是，在犯罪未遂的场合，并未发生行为人所希望发生的、犯罪人的实行行为所指向的犯罪结果。以我国《刑法》规定为例，犯罪未遂是"已经着手实行犯罪，由于犯罪分子意志以外的原因而未得逞"（第23条第1款）；以《德国刑法》为例，犯罪未遂是"行为人已直接着手实现构成要件，而未发生其所预期的结果"（第22条）；以《日本刑法》为例，犯罪未遂是"已经着手实行犯罪而未遂"（第43条）。因此，从结果不法的角度看，犯罪未遂要轻于犯罪既遂。

（2）犯罪既遂与犯罪未遂的区分，涉及是否处罚以及处罚轻重等问题。关于未遂犯的处罚，《德国刑法》第23条第1款规

---

[1] 参见梅传强、张喆锐："论贩卖毒品罪既遂标准的模糊化认定"，载《河北大学学报（哲学社会科学版）》2019年第3期。

[2] 梅传强、张喆锐："论贩卖毒品罪既遂标准的模糊化认定"，载《河北大学学报（哲学社会科学版）》2019年第3期。

定:"重罪的未遂一律处罚,轻罪的未遂的处罚以法律有明文规定为限。"《日本刑法》第 44 条规定:"处罚未遂的情形,由各本条规定。"与德国、日本刑法等不同,我国并未对未遂犯采取例外处罚的立法模式。但是,无论采取何种立法模式,未遂的处罚通常要轻于既遂。例如,《德国刑法》第 23 条第 2 款规定:"未遂可比照既遂减轻处罚。"我国《刑法》第 23 条第 2 款也规定:"对于未遂犯,可以比照既遂犯从轻或者减轻处罚。"

在实践中,对未遂犯的处罚要远远轻于既遂犯。例如,最高法 2017 年 3 月发布的《关于常见犯罪的量刑指导意见》规定:"对于未遂犯,综合考虑犯罪行为的实行程度、造成损害的大小、犯罪未得逞的原因等情况,可以比照既遂犯减少基准刑的 50% 以下。"江苏省高院 2017 年 8 月发布的《江苏省高级人民法院〈关于常见犯罪的量刑指导意见〉实施细则》规定:"对于未遂犯,综合考虑犯罪行为的实行程度、造成损害的大小、犯罪未得逞的原因等情况,可以比照既遂犯确定从宽的幅度。(1) 实行终了的未遂犯,造成损害后果的,可以比照既遂犯减少基准刑的 20% 以下;未造成损害后果,或者犯罪情节轻微的,可以比照既遂犯减少基准刑的 10%–30%。(2) 未实行终了的未遂犯,造成损害后果的,可以比照既遂犯减少基准刑的 10%–30%;未造成损害后果,或者犯罪情节轻微的,可以比照既遂犯减少基准刑的 20%–50%。"山东省高院 2017 年 11 月发布的《山东省高级人民法院〈关于常见犯罪的量刑指导意见〉实施细则》规定:"对于未遂犯,综合考虑犯罪行为的实行程度、造成损害的大小、犯罪未得逞的原因等情况,可以比照既遂犯从宽处罚。(1) 实行终了的未遂犯,造成损害后果的,可以比照既遂犯减少基准刑的 30% 以下；未造成损害后果的，可以比照既遂犯减少基准刑的 40% 以下。(2) 未实行终了的未遂犯，造成损害后果的，可以比照既遂犯减少基准刑的 40% 以下；未造成损害后果的，可以比照既遂犯减少基准刑的 50% 以下。"

对于死刑适用而言，行为人构成贩卖毒品罪的既遂还是未遂，重要性更加突出。对此，《大连会议纪要》明确指出："对被告人量刑时，特别是在考虑是否适用死刑时，应当综合考虑毒品数量、犯罪情节、危害后果、被告人的主观恶性、人身危险性以及当地禁毒形势等各种因素，做到区别对待。""对虽然已达到实际掌握的判处死刑的毒品数量标准，但是具有法定、酌定从宽处罚情节的被告人，可以不判处死刑；反之，对毒品数量接近实际掌握的判处死刑的数量标准，但具有从重处罚情节的被告人，也可以判处死刑。"

因此，无论是贩卖毒品罪还是其他犯罪，区分犯罪既遂与犯罪未遂是有价值的，不能无视犯罪未遂与犯罪既遂的界限，将犯罪未遂拟制为犯罪既遂。

2. "交付行为说"具有妥当性。本书认为，"基于贩毒故意购买毒品说""交易行为说"等是不妥当的，应当以有无完成毒品的交付作为判断是否成立贩卖毒品罪的既遂的标准。行为人已经实际交付毒品的是贩卖毒品罪的既遂；由于意志以外的原因尚未实际交付毒品的，则是贩卖毒品罪的未遂。主要理由是：

(1) 上述对贩卖毒品罪的既遂标准的争议，与对贩卖毒品罪的法益的界定密切相关。如果主张毒品犯罪的保护法益是国家的毒品管理制度，那么无论是"基于贩毒故意购买毒品"还是携带毒品到交易现场，都可以说侵害了国家的毒品管理制度，构成毒品犯罪的既遂。但是,这种理解是不妥当的。毒品犯罪的保护法益是公众的身体健康,而不是国家的毒品管理制度。贩卖毒品罪的保护法益是公众的身体健康。只有将毒品交付给购买者,购买者可能吸食、注射毒品,其身体健康才具有遭受重大侵害的危险。在行为人以贩卖毒品的故意购入毒品的场合,对公众的身体健康的危险还比较薄弱,至多构成贩卖毒品罪的预备,或者仅构成非法持有毒品罪。在行为人购入毒品,但尚未将毒品交付给购买者的场合,无论是携带毒品去往交易场所的途中还是已经进入交易场所,甚至与购买者开始进行交易的过程中,至多构成贩卖毒品罪的未遂。

(2) 犯罪既遂是指行为人着手实行犯罪行为,发生了行为人所希望或者放任的、行为性质所决定的法益侵害结果。如果认为贩卖毒品罪是行为犯,一般认为,在行为犯的场合,行为人没有实施完毕刑法规定的实行行为的,不能成立犯罪既遂。[1] 行为人意图将毒品出卖给他人,但尚未实施完毕,当然不能成立贩卖毒品罪的既遂。如果不认为贩卖毒品罪是行为犯,"行为人所希望、放任的结果"应当限定为实行行为的性质本身所能导致的结果,即行为的逻辑结果。贩卖毒品行为的逻辑结果是将毒品卖掉,当然只能以毒品是否已经交付给对方作为既遂标准。

(3) 从犯罪既遂的成立条件看,是否构成犯罪既遂不以行为人意图取得对价为必要。因此,只要贩卖毒品人员实际上将毒品转移给对方即可,行为人在转移毒品后是否已经获得了对价等,不影响既遂的成立。尽管已经达成了转移毒品的协议,甚至行为

---

[1] 参见王作富主编:《刑法》,中国人民大学出版社2009年版,第124页。

人已经得到了对价等利益,但还没有实际交付毒品的,不成立贩卖毒品罪的既遂。当然,在控制下交付的场合,如果警方对事态失去控制,毒贩与购买者交易成功的,则应当认定为贩卖毒品罪的既遂犯。

本书认为,即便实践中对毒品犯罪采取"从严"的刑事政策,对毒品犯罪的侦查、起诉和审判也不能逾越现行刑法和刑事诉讼法的框架。"基于刑法规范与刑事政策的二元区分,政策性考量必须通过特定的操作途径与论证过程才能被规范所吸收并转化为裁判依据,而且在作用程度上显然受制于规范的文义范围。"[1]对于毒品犯罪在侦查、起诉等工作中存在的诸多难题,应当着眼于提高侦查、起诉能力,而不能将案件侦查难度大、打击犯罪不力作为曲解刑法规定或者突破刑法规定的理由。

二、贩卖假毒品行为与贩卖毒品犯罪的既遂、未遂认定

对于行为人故意以其他物品冒充毒品进行贩卖,诈骗他人财物的,构成诈骗罪,对此不存在异议。例如,高铭暄教授等认为:"行为人以骗取他人钱财为目的,制造假毒品出售,或者明知是假毒品而冒充真毒品贩卖,如果数额较大,应当按诈骗罪论处。"[2]但是,对于行为人误将假毒品认为是真毒品而进行贩卖的,该如何处理,则存在不同意见。

具体来说,"贩卖假毒品"包括两种情形:第一种情形是,

---

[1] 杜宇:"刑事政策与刑法的目的论解释",载《法学论坛》2013年第6期。
[2] 高铭暄、马克昌主编:《刑法学》,北京大学出版社、高等教育出版社2017年版,第596页。

行为人贩卖的物品根本不含有任何毒品成分，是彻头彻尾的"假毒品"，但行为人误认为是毒品而进行贩卖；第二种情形是，行为人贩卖的物品中尽管含有毒品成分，但是含量极低，属于"掺杂、掺假毒品"。

（一）贩卖"假毒品"行为的性质

关于行为人贩卖"假毒品"行为的性质，主要有"贩卖毒品罪未遂犯说"和"诈骗罪说"。[1]

1."贩卖毒品罪未遂犯说"。该说是我国刑法理论和司法实践的通说。例如，高铭暄教授等认为："如果行为人将假毒品误认为是真毒品而实施贩卖牟利行为，应当以贩卖毒品罪（未遂）论处。"[2]王作富教授等主张："不能因为行为人实际贩卖的是假毒品，认为行为人不构成犯罪——应认为行为人构成贩卖毒品罪。"理由是，"在这种情况下，行为人客观上实施了贩毒行为，主观上具有贩卖毒品的故意，虽然由于对犯罪对象的错误认识而使行为达不到贩卖真毒品对社会的危害结果，但是，这并不能否认其行为对社会的危害性——其贩卖的毒品虽然没有真正危及他人的健康，但是，对整个社会来说，这种行为对人们健康的现实威胁是存在的。此种情况应定为贩卖毒品罪（未遂）。"[3]

最高检1991年4月发布的《关于贩卖假毒品案件如何定性问题的批复》（已失效）、最高法1994年12月发布的《关于执行

---

[1] 也有少数学者坚持无罪说。参见余芳、张德志："对贩卖假毒品行为定性问题的研究"，载《云南大学学报（法学版）》2007年第1期。

[2] 高铭暄、马克昌主编：《刑法学》，北京大学出版社、高等教育出版社2017年版，第596页。

[3] 王作富主编：《刑法分则实务研究》（下），中国方正出版社2013年版，第1441~1442页。

《全国人民代表大会常务委员会关于禁毒的决定》的若干问题的解释》(已失效)均规定,明知是假毒品而冒充毒品贩卖的,应当以诈骗罪定罪处罚;不知道是假毒品而当作毒品贩卖的,应当以贩卖毒品罪定罪处罚。[1]

2. "诈骗罪说"。该说是刑法理论的有力说。例如,张明楷教授认为,明知不是毒品而欺骗他人说是毒品以获取利益的,不构成贩卖毒品罪,应当以诈骗罪论处。[2]黎宏教授认为,明知是假毒品而冒充毒品贩卖的,以诈骗罪定罪处罚。[3]周光权教授也认为,对于完全不含毒品成分的物品,按照毒品加以贩卖的,构成诈骗罪。[4]

3. 本书的观点:"诈骗罪说"。对于行为人故意以假毒品冒充真毒品进行贩卖的案件,只能以诈骗罪论处。主要理由是:其一,从形式上看,贩卖毒品罪要求贩卖的对象是毒品,"假毒品"根本就不是毒品,以贩卖毒品罪论处不符合贩卖毒品罪的构成要件。在行为人客观上并未贩卖毒品的场合,仅仅以行为人主观上意图贩卖毒品(多数情况下行为人知道自己贩卖的不是真毒品)或者购买者意图购买毒品为据认定为贩卖毒品罪,存在主观归罪之嫌。[5]其二,从实质上看,犯罪的本质是法益侵害或者有侵害法益的危险,贩卖毒品罪的保护法益是公众的身体健康,贩卖假

---

[1] 参见最高人民法院《关于执行〈全国人民代表大会常务委员会关于禁毒的决定〉的若干问题的解释》(已失效)第17条;《最高人民检察院关于贩卖假毒品案件如何定性问题的批复》(已失效)。

[2] 参见张明楷:《刑法学》(下),法律出版社2016年版,第1145页。

[3] 参见黎宏:《刑法学各论》,法律出版社2016年版,第463页。

[4] 参见周光权:《刑法各论》,中国人民大学出版社2016年版,第435页。

[5] 参见张明楷:《刑法学》(下),法律出版社2016年版,第1147页。

毒品的行为没有侵害公众身体健康的危险，当然不能以贩卖毒品罪论处。因此，前述有的学者所主张的贩卖假毒品的行为"贩卖的'毒品'虽然没有真正危及他人的健康，但是，对整个社会来说，这种行为对人们健康的现实威胁是存在的"[1]观点，是不妥当的。

（二）贩卖"掺杂、掺假毒品"行为的性质

1. "掺杂、掺假毒品"是毒品，还是其他？尽管我国《刑法》第347条第1款规定："走私、贩卖、运输、制造毒品，无论数量多少，都应当追究刑事责任，予以刑事处罚。"最高法2015年5月发布的《武汉会议纪要》规定："办理毒品犯罪案件，无论毒品纯度高低，一般均应将查证属实的毒品数量认定为毒品犯罪的数量，并据此确定适用的法定刑幅度……涉案毒品纯度明显低于同类毒品的正常纯度的，量刑时可以酌情考虑。"但是，在实践中，对于贩卖毒品数量未达到定罪标准的贩毒案件，以及虽然贩毒总量达到法定标准，但毒品含量、纯度极低的贩毒案件，不能认定为贩卖毒品罪。

所谓"掺杂、掺假毒品"，是指在真毒品中掺入其他物质，例如，在海洛因里面掺杂面粉、在其他毒品中掺入头痛粉等行为。无论是"掺杂"还是"掺假"，都会导致降低毒品的纯度和毒品的效果，进而降低吸食或者注射毒品的成瘾性。如何判断"掺杂、掺假毒品"是毒品还是非毒品？只要涉案物品中存在毒品成分，就一概认定为"贩卖毒品"吗？

---

[1] 王作富主编：《刑法分则实务研究》（下），中国方正出版社2013年版，第1441~1442页。

司法实践要求对部分涉毒品案件进行毒品含量鉴定。例如，根据"两高"、公安部2016年5月联合发布的《办理毒品犯罪案件毒品提取、扣押、称量、取样和送检程序若干问题的规定》（公通字〔2016〕511号）第33条的规定，除了对可能判处死刑的案件等之外，对于"查获的毒品可能大量掺假的""人民检察院〔1〕人民法院认为含量鉴定对定罪量刑有重大影响而书面要求进行含量鉴定的"案件，"公安机关应当委托鉴定机构对查获的毒品进行含量鉴定"。

2. 毒品犯罪中"侵害公众身体健康危险"的判断标准。毒品犯罪侵害的法益是公众的身体健康。因此，判断"掺杂、掺假毒品"是否属于毒品，有无必要以犯罪论处，应当以其是否具有"侵害公众身体健康的危险"为标准。如果"掺杂、掺假"导致毒品成分极低，成瘾性不大的，没有必要作为毒品处理。

根据毒品成分的性质，除了不同种类的毒品成分在成瘾性或者毒性上存在差别外，同种类的毒品成分含量越高，成瘾性或者毒性越强；反之亦然。因此，可以考虑以毒品成分的种类、毒品成分的含量、成瘾性（毒性）等要素作为区分标准，〔2〕将"掺杂、掺假毒品"分为下列三种类型：

第一种类型是，行为人贩卖的"掺杂、掺假毒品"中毒品成分含量较高、成瘾性较强的案件。对于这类案件，以贩卖毒品罪论处即可。

---

〔1〕 王作富主编：《刑法分则实务研究》（下），中国方正出版社2013年版，第1141~1142页。

〔2〕 对于不同种类的毒品成分，可以考虑以某种毒品为标准，根据其成瘾性（毒性）大小进行折抵。

第二种类型是,行为人贩卖的"掺杂、掺假毒品"中毒品成分含量不高,但成瘾性较强的案件。这类案件是"贩卖毒品"与"以贩卖毒品为名进行诈骗"存在交叉的案件。对于这类案件,一概以贩卖毒品罪论处不妥当,主要理由是:在我国立法和司法实践中,涉案毒品数量虽然不是毒品犯罪定罪量刑的唯一标准,但至少是主要标准。对于涉案毒品总量较大,但毒品成分含量不高的,如果一概以毒品犯罪论处,容易导致出现处罚畸重的问题。相反,此类案件一概以诈骗罪论处也不妥当。主要是因为:尽管此类案件中存在将"掺杂、掺假毒品"冒充纯度较高的真毒品这种"虚构事实、隐瞒真相"的欺诈行为,从这个角度看似乎可以诈骗罪论处。但是行为人所贩卖的物品含有毒品成分,而且成瘾性较强,具有侵害公众身体健康的危险,仅以诈骗罪这种侵夺他人财产的犯罪论处难以实现对犯罪的充分评价。因此,为了实现对犯罪的充分评价,应当认定为诈骗罪与贩卖毒品罪的想象竞合,从一重罪处断。

第三种类型是,行为人贩卖的"掺杂、掺假毒品"中毒品成分含量很低,成瘾性也较低的案件。对于这类案件,本书主张不以贩卖毒品罪论处,主要理由是:其一,从是否含有毒品成分角度看,为达到一定的治疗效果,很多药品中的成分与毒品的成分相同或者相似,例如含有麻黄碱类成分的抗感冒药;有些药品、制剂如吗啡、杜冷丁等本身成瘾性(毒性)很大,如果被滥用,与毒品没有差异。其二,从是否具有毒性或者成瘾性角度看,除了毒品容易使人产生依赖性之外,现在很多药品特别是处方药也具有一定的毒副作用,长期服用可能会产生依赖性等不良反应。因此,不应当以贩卖毒品罪论处,但可以根据具体案情考虑是否成立诈骗罪。王作富教授也坚持这种观点:"如果行为人以诈骗为目的对毒品掺杂掺假,其掺假程度已使含有毒品的混合物中的毒品含量下降到不能吸食、注射,或者说吸食、注射后已无法达到吸食的目的,也即毒品含量极其微小的,应以诈骗罪论处。如果行为人对毒品掺杂掺假,不影响毒品吸食,应认为构成贩卖毒品罪。"[1]

三、"诱惑侦查"与贩卖毒品犯罪的既遂、未遂认定

(一)诱惑侦查的概念与类型

诱惑侦查是指警察设置圈套,[2]以实施某种行为有利可图等作为诱饵,暗示或者诱使侦查对象暴露其犯罪意图并实施犯罪行为,待其实施犯罪行为或者发生危害结果后,拘捕被诱惑者。[3]就毒品犯罪的侦查而言,侦查人员雇佣原来贩卖毒品的行为人或者其他人,提供线索或者佯装购买毒品,配合警察抓捕毒贩。之所以在毒品犯罪侦查过程中大量使用诱惑侦查手段,主要是因为,毒品犯罪的危害很大,容易使人形成瘾癖,严重损害身体健康;另一方面,这种犯罪与普通犯罪有所不同,非常隐秘。[4]为此,《刑事诉讼法》(2018年)第153条规定:"为了查明案情,在必要的时候,经公安机关负责人决定,可以由有关人员隐匿其

---

[1] 王作富主编:《刑法分则实务研究》(下),中国方正出版社2013年版,第1442页。

[2] 参见龙宗智:"欺骗与刑事司法行为的道德界限",载《法学研究》2002年第4期。

[3] 参见龙宗智:《理论反对实践》,法律出版社2003年版,第186页。

[4] 参见张国清、林玉:"特情介入交易毒品的行为能否定罪",载《中国检察官》2016年第18期。

身份实施侦查。"

　　诱惑侦查通常分为犯意引诱型和提供机会型两类，[1]犯意引诱型是指侦查人员自己或者利用第三人促使行为人产生犯罪意图进而实施犯罪，其基本特征是：行为人原本没有实施毒品犯罪的意图，由于侦查人员或者侦查人员安排的第三人（线人）实施了诱发犯意的教唆或者唆使行为，使其产生实施毒品犯罪的意图，进而实施毒品犯罪。提供机会型是指行为人原本具有实施毒品犯罪的意图，但侦查机关难以准确掌握其贩卖毒品的规律和计划，无法查获其贩卖毒品的行为，侦查人员为其提供贩卖毒品的机会或者场所，使其坚定贩卖毒品的犯意（犯意的强化）并实施毒品犯罪，以达到人赃并获的效果。犯意引诱型大致相当于刑法上的教唆行为或者唆使行为，提供机会型则基本上是一种有形帮助（物质帮助）行为。《大连会议纪要》将诱惑侦查分为犯意引诱和数量引诱两类，数量引诱是指行为人原本没有实施大宗毒品犯罪的故意，由于特情引诱使数量较小的毒品犯罪案件发展为数量较大的毒品犯罪案件，或者使原本不够判死刑的毒品犯罪案件发展为可能判处死刑的毒品犯罪案件。本书主张将诱惑侦查分为提供机会型诱惑侦查、犯意引诱型诱惑侦查和数量引诱型诱惑侦查。

　　由于犯意引诱型诱惑侦查具有较高的侵害公民权利与自由的危险性，我国《刑事诉讼法》（2018年）第153条规定，实施特情侦查，"不得诱使他人犯罪，不得采用可能危害公共安全或者发生重大人身危险的方法。"我国多数学者也认为，犯意引诱型

---

[1] 参见朱孝清："论诱惑侦查及其法律规制"，载《人民检察》2004年第1期。

诱惑侦查不属于合法的诱惑侦查类型，原则上不应追究被诱惑者的刑事责任。[1]但是，在实践中，受目标考核、经济利益、立功受奖、职务升迁等因素的影响，基于严厉打击毒品犯罪的考虑，大多承认犯意引诱型诱惑侦查取得的证据的合法性。[2]《大连会议纪要》规定："对已持有毒品待售或者有证据证明已准备实施大宗毒品犯罪者，采取特情贴靠、接洽而破获的案件，不存在犯罪引诱，应当依法处理。"这种处理模式似乎不太合理。

我们认为，在办理毒品犯罪案件过程中，应当重视被告人所提出的犯意引诱型诱惑侦查抗辩，根据刑法上关于教唆犯的基本原理进行认定，犯意引诱型的诱惑侦查取得的证据原则上不宜作为指控他人实施贩卖毒品罪的证据。[3]对于既引诱犯罪人产生贩毒意图，又安排上线和下线进行毒品交易的"双重引诱"甚至"多重引诱"，更不能以犯罪论处。

（二）提供机会型诱惑侦查与贩卖毒品犯罪的既遂、未遂认定

毒品犯罪中，在侦查人员实施诱惑侦查之前，犯罪嫌疑人特别是曾有过毒品犯罪前科现在又积极寻求买家的嫌疑人，具有实施毒品犯罪的意图，此时侦查机关安排眼线、耳目等介入并抓获涉案人员的，原则上应认定为提供机会型诱惑侦查。本书认为，只要对实施诱惑侦查的主体、适用范围、适用方法、适用程序等

---

[1] 参见黄维智、王永贵："试论我国毒品案件中诱惑侦查的适用与监督——兼析最高人民法院'法［2008］324号'文件第六部分"，载《四川大学学报（哲学社会科学版）》2011年第2期。

[2] 参见徐静村："诱惑侦查的应用与控制"，载《人民检察》2011年第14期。

[3] 参见万毅："论诱惑侦查的合法化及其底限——修正后的《刑事诉讼法》第151条释评"，载《甘肃社会科学》2012年第4期。

进行合理限定，可以在贩卖毒品罪中有限度地适用诱惑侦查手段。同时，即便贩毒分子与侦查人员或者线人扮演的毒品犯罪分子成功进行了毒品的交付，但考虑到贩毒犯罪处于侦查机关的控制之下，毒品不会流入社会并侵害公众的身体健康，宜对贩毒分子以贩卖毒品罪的未遂论处。对于可能判处死刑的案件，如果涉案毒品数量达到死刑标准的，考虑到采用了诱惑侦查手段，原则上不宜判处死刑立即执行。

在实践中，有的判决承认提供机会型诱惑侦查辩护，对行为人从轻处罚。例如，在张某贩卖毒品案中，公安机关出具的工作情况说明证明"本案系公安机关根据吸毒人员林某提供的线索，安排林某与被告人张某交易，并具体约定好交易数量、价格及交易时间、地点，侦查人员通过布控在第二次交易时当场抓获被告人张某"。为此，被告人张某的辩护人提出"第2、3起犯罪存在特情引诱"的辩护意见。但是，法院认为："第2、3起犯罪过程中确有特情介入，但被告人此前已主动向林某流露过售卖毒品的犯意，并进行过50克冰毒的交易，公安机关案发后还在被告人租住处查获大宗待售毒品，故本案不构成'犯意引诱'及'数量引诱'情节"，对上述辩护意见不予采纳。但是，"鉴于第2、3起犯罪存在特情介入，犯罪行为处于公安机关控制之下，大部分涉案毒品被查获，没有继续流入社会，且被告人自身吸食毒品，归案后认罪态度较好，故可对其予以从轻处罚，辩护人的相关辩护意见成立。"[1]

---

[1] 参见山东省烟台市中级人民法院刑事判决书，案号是（2014）烟刑一初字第14号。

(三) 数量引诱型诱惑侦查与贩卖毒品犯罪的既遂、未遂认定

数量引诱型诱惑侦查，是指行为人原本只有实施较小数量的毒品犯罪的故意，但是在侦查人员的引诱下贩卖了较大数量甚至达到死刑数量标准的毒品犯罪。在这种情形下，行为人原本具有实施毒品犯罪的故意，侦查人员为抓捕毒贩，对行为人实施"数量引诱"，应当对行为人以贩毒罪论处，被查获的毒品数量（扣除被引诱的毒品数量）计入贩卖毒品的数量。当然，如果侦查人员所进行的"数量引诱"并未超过行为人意图贩卖毒品的数量上限，则难以认定为数量引诱型诱惑侦查。例如，在杨某某贩卖毒品案中，对于被告人杨某某的辩护人提出本案存在特情引诱的问题，法院认为："经查，'彩虹'在QQ群内发布贩卖毒品的信息，后特情人员予以接洽，因'彩虹'贩卖毒品的意图在前，故不存在犯意引诱的问题。又因'彩虹'要求购买3公斤以上毒品才送货，特情人员接洽后仅商定购买500克，特情人员购买的毒品数量远低于'彩虹'意图出售的毒品数量，故亦不存在数量引诱的问题。"[1]

不过，考虑到侦查人员在毒品犯罪侦查过程中实施特情诱惑，而且整个犯罪过程是处于侦查人员的监控下进行的，应当将其作贩卖毒品罪的未遂处理，并且在此基础上再从轻处罚；如果涉及的毒品数量达到判处死刑标准的，原则上也不应判处死刑立即执行。对此，《大连会议纪要》规定："对已持有毒品待售或者

---

[1] 参见山东省济南市中级人民法院刑事判决书，案号是（2015）济刑一初字第27号。

有证据证明已准备实施大宗毒品犯罪者,采取特情贴靠、接洽而破获的案件,不存在犯罪引诱,应当依法处理。""对因'数量引诱'实施毒品犯罪的被告人,应当依法从轻处罚……"考虑到行为人受到侦查人员的"引诱",加上行为人实施的贩毒行为处于公安机关的控制下,通常不会流入社会,侵害法益的危险较小,应当从轻处罚。根据最高法 2017 年 3 月发布的《关于常见犯罪的量刑指导意见》(法发[2017]7 号)的规定,对于贩卖毒品行为,存在数量引诱情形的,可以减少基准刑的 30% 以下。

四、"控制下交付"与贩卖毒品犯罪的既遂、未遂认定

(一)"控制下交付"的概念和适用

从毒品犯罪侦查实践看,"特情引诱"通常与"控制下交付"一并使用。"控制下交付"是指侦查机关发现毒品等违禁品后,在相关部门知情或者监管下,不立即抓捕嫌疑人,而是通过对其进行秘密监控,允许该违禁品或者替代物继续搬运,等到违禁品送达有关嫌犯时,再实施抓捕的手段。

由于毒品犯罪具有隐秘性等特点,"控制下交付"是各国司法机关侦查毒品犯罪案件的重要侦查方法。[1] 1988 年《联合国禁止非法贩运麻醉药品和精神药品公约》第 1 条规定:"控制下交付是一种技术,是指在一国或者多国的主管当局知情或监督下,允许货物中非法或者可疑的麻醉药品、精神药品、本公约表

---

[1] 参见陈永生、蔡其颖:"控制下交付的历史沿革探析",载《山东警察学院学报》2013 年第 3 期;陈京春:"控制下交付案件中犯罪既遂与未遂的认定——以贩卖毒品罪为研究对象",载《法学论坛》2012 年第 3 期。

一和表二所列物质或者它们的替代物质运出、通过或者运入其领土，以查明涉及本公约第 3 条第 1 款确定的犯罪的人。"2000 年的联合国《打击跨国有组织犯罪公约》和 2003 年的联合国《反腐败公约》就"控制下交付"的启动条件、程序、原则等作出了详细规定。

为规范"控制下交付"，我国公安部于 1997 年发布了《关于毒品案件侦查协作有关问题的通知》（已废止）；2002 年 5 月，公安部禁毒局发布实施了《毒品案件侦查协作规定》，作为国内实施"控制下交付"的法律依据和操作规程。2018 年修订的《刑事诉讼法》第 153 条规定，为了查明案情，在必要的时候，经公安机关负责人决定，可以由有关人员隐匿其身份实施侦查……对涉及给付毒品等违禁品或者财物的犯罪活动，公安机关根据侦查犯罪的需要，可以依照规定实施控制下交付。

（二）"控制下交付"与贩卖毒品犯罪的既遂、未遂认定

1. 刑法理论和司法实务的观点。关于"控制下交付"的贩毒行为能否成立贩卖毒品罪的既遂，存在不同观点。其一，贩卖毒品罪的未遂说。有的学者主张"控制下交付"的贩卖毒品行为至多成立贩卖毒品罪的未遂。[1]其二，贩卖毒品罪的既遂说。有的学者主张"控制下交付"的贩卖毒品行为构成贩卖毒品罪的既遂。主要理由是："特情介入的贩卖毒品案与一般的贩卖毒品案存在差异，在特情人员介入的情况下……特情人员、特情人员与贩毒犯罪嫌疑人的交易都在侦查人员的控制之下，对此类案件的

---

[1] 参见黄维智："控制下交付法律问题研究"，载《社会科学研究》2007 年第 2 期。

犯罪形态的认定,不应苛求交易完成才属于既遂的犯罪形态。贩毒犯罪嫌疑人与特情人员达成了毒品交易共识,犯罪嫌疑人携带相应量的毒品到约定地点,一系列的行为反映出犯罪嫌疑人贩卖毒品的主观意图,以及为贩卖毒品而做出的一系列动作。为了保护特情人员或者更好地控制、固定证据,在未交易之前抓获犯罪嫌疑人并不影响其贩卖毒品罪既遂。"[1]其三,折中说。有的主张区分"无害的控制下交付"与"有害的控制下交付",认为前者的场合成立贩卖毒品罪的未遂,后者的场合成立贩卖毒品罪的既遂。[2]

在实践中,有的判决主张以贩卖毒品罪的既遂论处。例如,在莫某贩卖毒品案中,公安机关对被告人莫某从河北省固安县取毒品后回北京所乘坐的车辆及车辆行驶状况进行了跟踪录像,对被告人莫某与吴某进行毒品交易时的情况进行了录像,为此,辩护人提出本案中公安机关采用了"特情引诱"和"控制下交付",属于犯罪未遂等辩护意见,但法院认为:"被告人莫某主动寻找毒品买家并希望买家多买,故本案虽涉及特情介入,但不构成特情引诱";"被告人莫某为向他人贩卖毒品,乘车从河北省固安县将毒品运输至本市朝阳区,后与吴某进行交易时被抓获,系毒品犯罪的既遂,该辩护意见与事实不符,无法律依据,本院不予采纳。"[3]

---

[1] 胡文丽:"毒品犯罪案件中非常规交易问题的认定",载《中国检察官》2017年第24期。

[2] 参见陈京春:"控制下交付案件中犯罪既遂与未遂的认定——以贩卖毒品罪为研究对象",载《法学论坛》2012年第3期。

[3] 参见北京市第三中级人民法院刑事判决书,案号是(2014)三中刑初字第165号。

2. 本书的观点。在"控制下交付"的场合,尽管形式上看起来满足了犯罪既遂的要件,但是原则上不应当以犯罪既遂论处,至多成立贩卖毒品罪的未遂犯。主要理由是:其一,在"控制下交付"的场合,侦查人员已经对犯罪现场进行严密的布控,毒品交易是在警方的秘密监视和控制下进行的,毒品不可能流向社会,不可能侵害公众的身体健康这一毒品犯罪的法益。[1]其二,"控制下交付"的目的在于查获犯罪人,在"控制下交付"的场合,侦查人员能够控制毒品交易的既未遂状态,如果侦查人员采取的抓捕策略不同,对被告人毒品犯罪的既未遂状态的认定就不同,从而产生量刑上的差异,这对被告人而言是极不公平的,[2]因而不宜将既遂结果归责于行为人。其三,在有些场合,警方也会采用"替代品的控制下交付"。这种"控制下交付",是为了保证毒品的安全,防止毒品在运输过程中失控,由禁毒执法机关将查获的毒品完全或部分取出,然后用形状、颜色、大小、数量相似的非毒品伪装成毒品后所进行的"控制下交付"。对于在交易时根本就没有毒品的,只能以贩卖毒品罪的未遂犯论处。当然,对于虽然事先进行布控,行为人在秘密监控下进行交易,但警方对交易失去控制,贩毒人员和买毒人员交易成功甚至成功逃避抓捕的,对贩毒人员应当以贩卖毒品罪的既遂犯论处。

---

〔1〕参见张小贺、马欣:"贩卖毒品的控制下交付若干问题探析",载《湖南公安高等专科学校学报》2009年第1期。

〔2〕参见綦元乐:"毒品犯罪疑难问题研究",载《山东法官培训学院学报(山东审判)》2015年第3期。

第六章　贩卖毒品案件中的正犯与共犯的区分
——特别以居间介绍和代购毒品行为为例

正犯与共犯的区分是刑法理论和司法实践中非常重要同时也非常困难的问题。我国《刑法》第 14 条第 1 款规定："明知自己的行为会发生危害社会的结果，并且希望或者放任这种结果发生，因而构成犯罪的，是故意犯罪。"第 25 条第 1 款规定："共同犯罪是指二人以上共同故意犯罪。"要成立毒品犯罪的共同犯罪，客观上要求行为人共同实施了毒品犯罪行为，主观上要求具有共同实施毒品犯罪的故意。

众所周知，除了共同实施犯罪实行行为的共同正犯之外，两个以上行为人之间还可能存在实行行为与教唆行为、帮助行为的分工关系。就贩卖毒品案件而言，在实践中争议较大的是如何界定居间介绍买卖毒品行为和代购毒品行为的性质，[1]特别是在居间介绍者或者代购者从中"牟利""获利"或者变相加价的场合下，居间介绍者、代购者与贩毒者、购毒者之间是否构成贩卖毒品罪的共犯。如果结论是肯定的，是构成贩卖毒品罪的正犯，还

---

〔1〕 张明楷教授认为，一方面代购不是刑法上的概念，代购行为也并非一概不构成犯罪；另一方面，虽然居间介绍行为通常构成贩卖毒品罪的共犯，但也有的居间介绍行为不构成贩卖毒品罪。所以，居间介绍与代购之间的争论并非罪与非罪、此罪与彼罪的争论，而是毫无意义的争论。参见张明楷："代购毒品行为的刑法学分析"，载《华东政法大学学报》2020 年第 1 期。

是贩卖毒品罪的帮助犯或者教唆犯？本书将围绕这几个问题展开讨论，以就教于各位同仁。

一、居间介绍买卖毒品行为的性质

（一）居间介绍买卖毒品行为的概念界定和处理方法

居间介绍买卖毒品行为是指行为人为贩毒者与购毒者达成毒品交易，提供交易信息，介绍交易对象，协调交易价格、数量，或者提供其他帮助，促成毒品交易等引荐、沟通、撮合行为。[1] 在贩卖毒品犯罪中，由于毒品交易居间人的存在，贩卖毒品行为人的售卖渠道更加多元化，交易活动被查获的风险大大降低，而吸毒人员获取毒品也会更加容易。毒品交易居间行为对促成毒品交易发挥着重要的帮助作用，不但助长了贩毒分子的嚣张气焰，加速了吸毒人员的堕落腐化，同时也加大了毒品犯罪的侦查难度。[2]

1. 国际公约条约关于居间介绍买卖毒品行为的规定。1988年订立的《联合国禁止非法贩运麻醉药品和精神药物公约》明确要求各国将"生产、制造、提炼、配制、提供、兜售、分销、出售、以任何条件交付、经纪、发送、过境发送、运输、进口或出口任何麻醉药品或精神药物"在内的涉毒行为，在国内立法中作为刑事犯罪予以专门取缔打击。其中，明确规定应当将"以任何条件交付、经纪……任何麻醉药品或精神药物"作为犯罪加以惩

---

[1] 参见李静然：${}^{"}$居间介绍买卖毒品的认定与处罚${}^{"}$，载《人民司法（案例）》2016年第17期。

[2] 参见郑肖垚：${}^{"}$共犯理论在认定居间介绍毒品买卖行为中的运用${}^{"}$，载《人民法治》2016年第6期。

处。我国已于 1989 年批准加入上述公约。

2. 国内立法关于居间介绍买卖毒品行为的规定。虽然我国 1997 年《刑法》第 359 条第 1 款专门规定处罚介绍卖淫行为，却没有规定如何处罚居间介绍毒品交易行为。2008 年实施的《禁毒法》第 61 条对毒品犯罪居间行为的性质作了明确的规定，该法规定：介绍毒品交易构成犯罪的，依照《刑法》追责；不构成犯罪的，处 10 日以上 15 日以下拘留，可以并处 3000 元以下罚款。根据该规定，毒品交易居间行为既可能构成犯罪，也可能仅构成一般行政违法行为。

但是，《南宁会议纪要》（已废止）指出：行为人明知他人实施毒品犯罪而进行居间介绍、代购代卖的，无论其是否牟利，都以该他人实施的毒品犯罪的共犯论处。《武汉会议纪要》指出："居间介绍者在毒品交易中处于中间人地位，发挥介绍联络作用，通常与交易一方构成共同犯罪，但不以牟利为要件……居间介绍者受贩毒者委托，为其介绍联络购毒者的，与贩毒者构成贩卖毒品罪的共同犯罪；明知购毒者以贩卖为目的购买毒品，受委托为其介绍联络贩毒者的，与购毒者构成贩卖毒品罪的共同犯罪；受以吸食为目的的购毒者委托，为其介绍联络贩毒者，毒品数量达到刑法第三百四十八条规定的最低数量标准的，一般与购毒者构成非法持有毒品罪的共同犯罪；同时与贩毒者、购毒者共谋，联络促成双方交易的，通常认定与贩毒者构成贩卖毒品罪的共同犯罪。"

根据最高检、公安部《关于公安机关管辖的刑事案件立案追诉标准的规定（三）》的规定，明知他人实施毒品犯罪而为其居间介绍、代购代卖的，无论是否牟利，都应以相关毒品犯罪的共犯立案追诉。对于从属卖方型和居间独立型的居间介绍买卖毒品，居间介绍者主观上具有帮助贩卖毒品人员实施毒品犯罪的故意，客观上起到了介绍、联络的帮助作用，应当以贩卖毒品罪定罪。对于从属买方型的居间介绍，居间介绍者明知购毒者购买毒品是为了贩卖的情况下，对居间介绍者以贩卖毒品罪的共犯论处。居间介绍者在明知购毒者以吸食为目的购买毒品的，购买毒品达到我国《刑法》第348条规定的"数量较大"的标准的，应当将居间介绍者以非法持有毒品罪的共犯论处，未达到该标准的，则不能认定为犯罪。

（二）居间介绍买卖毒品行为的类型和性质

1. 有关会议纪要确定的居间介绍买卖毒品行为的类型。根据上述《大连会议纪要》和《武汉会议纪要》的规定，可以将居间介绍行为分为下列三种类型：

（1）行为人为贩卖毒品的上线出卖毒品而寻找下线购毒者的居间行为。就这种情形而言，居间介绍人帮助贩卖毒品的上线寻找下线，主观上具有贩卖毒品的故意，客观上实施了贩卖毒品的行为，其与出卖毒品的上线构成贩卖毒品罪的共犯。

（2）行为人为下线购买毒品而介绍上线的居间行为。具体又可以分为两种情况：其一，如果下线是为了贩卖毒品而购买毒品，居间介绍人对此明知却仍然为其居间介绍的。对此情形，根据最高法1994年《关于执行〈全国人民代表大会常务委员会关于禁毒的决定〉的若干问题的解释》（已失效）的规定，贩卖毒品罪包括为实施贩卖毒品而进行买和卖两个行为，为了贩卖而购买毒品的行为也构成贩卖毒品罪，居间介绍人为贩卖毒品的下线介绍上线，主观上与下线具有为了贩卖而购入毒品的共同故意，客观上介绍上线与下线实施了购买毒品的行为，因此其与下线构成贩卖毒品罪的共犯。其二，如果下线是为了自己吸食毒品而购买毒品，居间介绍人为其介绍上线的行为不应当以贩卖毒品罪论处。根据《南宁会议纪要》（已废止）的规定，有证据证明行为人不是以营利为目的，为他人代买仅用于吸食的毒品，毒品数量超过《刑法》第348条规定的最低数量标准，构成犯罪的，托购者、代购者均构成非法持有毒品罪。

（3）行为人既为上线出卖毒品寻找下线，同时又为下线购买毒品介绍上线，即双重居间行为。这种行为应当构成贩卖毒品罪的教唆犯或者帮助犯。

2. 居间介绍买卖毒品行为的性质。关于居间介绍买卖毒品行为的性质，理论上存在下列几种观点：

（1）贩卖毒品罪的共犯说。该说认为，居间介绍买卖毒品的，均构成贩卖毒品罪的共犯。例如，赵秉志教授等认为："无论是何种情形的居间介绍买卖毒品，或者为了吸食者吸食，还是为贩毒者寻找买主，都成立贩卖毒品罪的共犯。"[1]胡晓明认为："在毒品交易中居中介绍，联络双方，并非通过赚取交易差价获利的，是毒品交易的居间介绍者。居间介绍者不具有独立的毒品交易主体地位，与交易的一方构成共同犯罪。"[2]主要理由是，无论居间人是为吸毒者、购毒者还是贩卖者提供信息，居间人通过自己的行为使贩毒者与购毒者之间得以进行交易，符合刑法有

---

〔1〕 赵秉志、于志刚：《毒品犯罪》，中国人民公安大学出版社2003年版，第195页。

〔2〕 胡晓明："居间介绍者与毒品交易方构成共同犯罪"，载《人民司法（案例）》2016年第17期。

关共犯的规定,应当以贩卖毒品罪的共犯论处。[1]由于行为人缺乏帮助贩毒者的故意,至多能够成立贩卖毒品罪的片面帮助犯。

有的司法解释坚持此说。例如,最高法1994年12月发布的《关于执行〈全国人民代表大会常务委员会关于禁毒的决定〉的若干问题的解释》(已失效)第2条第4款规定:"居间介绍买卖毒品的,无论是否获利,均以贩卖毒品罪的共犯论处。"《大连会议纪要》规定,对于"代购者从中牟利,变相加价贩卖毒品的,对代购者应以贩卖毒品罪定罪。明知他人实施毒品犯罪而为其居间介绍、代购代卖的,无论是否牟利,都应以相关毒品犯罪的共犯论处。"最高检、公安部2012年5月联合发布的《关于公安机关管辖的刑事案件立案追诉标准的规定(三)》第1条第4款规定:"有证据证明行为人以牟利为目的,为他人代购仅用于吸食、注射的毒品,对代购者以贩卖毒品罪立案追诉。不以牟利为目的,为他人代购仅用于吸食、注射的毒品,毒品数量达到本规定第二条规定的数量标准的,对托购者和代购者以非法持有毒品罪立案追诉。明知他人实施毒品犯罪而为其居间介绍、代购代卖的,无论是否牟利,都应以相关毒品犯罪的共犯立案追诉。"

但是,对为以吸食毒品为目的的购毒者居间介绍购买毒品的行为,如果一概认定为贩卖毒品罪的共犯,似乎处罚过于严厉。

(2)非法持有毒品罪说。此说认为,居间介绍买卖毒品的行为不构成贩卖毒品罪,而是可能构成非法持有毒品罪。主要理由是:首先,《刑法》将居间介绍卖淫、居间介绍贿赂的行为规定

---

〔1〕参见赵秉志、于志刚:《毒品犯罪》,中国人民公安大学出版社2003年版,第195页。黄明成、黄从余:"为吸毒人员代买毒品的行为是否构成贩卖毒品罪",载《中国检察官》2010年第2期。

为犯罪，但是，对于居间介绍买卖毒品的行为，《刑法》并未明文规定其成立贩卖毒品罪。其次，居间人只不过是提供信息，并未参与具体的贩毒行为，没有直接接触毒品，并未与贩毒者形成共同的贩毒故意。最后，与走私、贩卖毒品行为相比，居间介绍行为的危害性较小，如果将其作为贩卖毒品罪论处，可能导致罪刑不均衡。[1]

《南宁会议纪要》（已废止）未明文规定居间介绍买卖毒品行为的性质，[2]但是规定："有证据证明行为人不是以营利为目的，为他人代买仅用于吸食的毒品，毒品数量超过刑法第三百四十八条规定数量最低标准，构成犯罪的，托购者、代购者均构成非法持有毒品罪。"

（3）二分说。该说认为，对于居间介绍买卖毒品行为，不能一概而论。对于为贩卖毒品者寻找购买者的居间介绍者，或者为那些以营利为目的寻购毒品的人作居间介绍的，都应当以贩卖毒品罪的共犯论处。对于那些为自己吸食毒品的人居间介绍购买毒品的，不能以贩卖毒品罪的共犯论处。[3]例如，《武汉会议纪要》第2条规定："居间介绍者受贩毒者委托，为其介绍联络购毒者的，与贩毒者构成贩卖毒品罪的共同犯罪；明知购毒者以贩卖为目的购买毒品，受委托为其介绍联络贩毒者的，与购毒者构成贩卖毒品罪的共同犯罪；受以吸食为目的的购毒者委托，为介绍联

---

〔1〕 参见覃光文："毒品犯罪中居间行为的处罚问题"，载《云南法学》1995年第3期。
〔2〕 根据《最高人民法院关于废止1997年7月1日至2011年12月31日期间发布的部分司法解释和司法解释性质文件（第十批）的决定》，《南宁会议纪要》已经废止。
〔3〕 参见桑红华：《毒品犯罪》，警官教育出版社1992年版，第154页。

络贩毒者,毒品数量达到刑法第三百四十八条规定的最低数量标准的,一般与购毒者构成非法持有毒品罪的共同犯罪;同时与贩毒者、购毒者共谋,联络促成双方交易的,通常认定与贩毒者构成贩卖毒品罪的共同犯罪。"

对于《武汉会议纪要》的上述规定,可以作如下解读:

第一,对于居间介绍买卖毒品的,根据行为人是为了帮助吸毒者代购还是为了帮助实施毒品犯罪的人代购分别进行处理。从实践看,居间介绍行为只能依附于贩卖毒品的行为或者购买毒品的行为,《刑法》也没有明文将居间介绍买卖毒品的行为规定为独立的犯罪,因此居间介绍行为原则上不能单独成立贩卖毒品罪,而是有可能构成贩卖毒品罪的共同犯罪或者非法持有毒品罪。

第二,对于帮助吸毒者代购用于吸食的毒品的,有关司法解释主张要进一步区分是否牟利、获利或者变相加价,如果行为人从中牟利、获利或者变相加价,[1]应当以贩卖毒品罪定罪处罚。对于没有牟利的,如果数量达到非法持有毒品罪的数量较大的标准的,则认定为非法持有毒品罪;未达到数量标准的,不成立犯罪。但是,牟利目的或者客观上是否牟利并非贩卖毒品罪、非法持有毒品罪等的成立要件;对于没有牟利目的或者客观上没有实际牟利的,也可能构成贩卖毒品罪等罪。

第三,居间介绍者不是毒品交易的一方主体,原则上居间介绍者与哪一方交易主体存在共谋,并且具有积极的、密切的联络

---

[1] 当然,应当考虑从中牟利、获利或者变相加价的数额和比例,如果牟利、获利的数额较大,或者加价的比例较高或者总额较大的,可以贩卖毒品罪论处;反之,则不宜以贩卖毒品罪论处。

交易行为，就认为其与哪一方形成共犯关系。其中，受以吸食毒品为目的的购毒者委托为其介绍贩毒者的，不能因为其行为客观上促进了贩毒行为而简单地认定为贩卖毒品罪的共犯，一般仍然要按照购毒者的行为性质认定。对于同时受贩毒者、购毒者双方委托为其联络、促成交易的，为了便于司法认定和处理，一般认定为贩卖毒品罪的共同犯罪。但是，居间介绍者为单纯吸毒的购毒者居间介绍，达到法定最低数量标准的，构成非法持有毒品罪。《武汉会议纪要》规定，居间介绍者受以吸食为目的的购毒者委托，为其介绍联络贩毒者，毒品数量达到《刑法》第348条规定的最低数量标准的，一般与购毒者构成非法持有毒品罪的共同犯罪。但是，倘若居间介绍者实施了"联络"贩毒者的行为，居间介绍者的行为就不仅成立非法持有毒品罪，还有可能同时构成贩卖毒品罪（帮助犯）。

第四，对于居间介绍者在共同犯罪中所起的作用，居间介绍者实施为毒品交易主体提供交易信息、介绍交易对象等帮助行为，对促成交易起次要、辅助作用的，根据居间介绍者在毒品共同犯罪中的地位和作用，通常以从犯论处。但是，对于以居间介绍者的身份介入毒品交易，并且在交易中超出居间介绍者的地位，对交易的发起和达成起重要作用的被告人，应当认定其为毒品共同犯罪的主犯。

3. 界定居间介绍行为存在的难题。在界定居间介绍行为的性质时，主要存在下列难题：

（1）在实践中，有些贩毒分子为了减轻罪责，往往辩解说自己是居间介绍买卖毒品者，不是真正的购毒者或者贩毒者。特别是，有些居间介绍者辩解说自己是为吸毒人员居间介绍购买毒品，希望以此逃避刑事制裁。为此，《武汉会议纪要》第 2 条规定："居间介绍者在毒品交易中处于中间人地位，发挥介绍联络作用，通常与交易一方构成共同犯罪，但不以牟利为要件；居中倒卖者属于毒品交易主体，与前后环节的交易对象是上下家关系，直接参与毒品交易并从中获利。"但是，居间介绍买卖毒品者就一定不是贩卖毒品犯罪分子吗？对此，存在疑问。

（2）关于居间介绍买卖毒品的性质，还涉及其与居中倒卖毒品、代购毒品的关系。居间介绍与居中倒卖存在下列不同之处：其一，在毒品交易中的地位和作用不同。居间介绍者不是毒品交易的一方主体，在交易中处于中间人地位，对促成毒品交易起联络、帮助作用。居中倒卖者在每一个具体的交易环节中都是一方交易主体，直接参与毒品交易，对交易的发起和达成起决定作用。其二，是否成立共同犯罪不同。居间介绍者对毒品交易主体的买卖毒品行为起帮助作用，在处理上往往认定为交易一方的共犯。居中倒卖者与前后环节的毒品交易主体不是共犯关系，而是上下家关系，居中倒卖者对于上家而言是下家（购买毒品），对于下家而言是上家（出卖毒品）。其三，是否获利及获利方式不同。居间介绍者不以牟利为要件，获得的报酬是来自交易一方或者双方支付的酬劳，不是赚取毒品买卖的差价。居中倒卖者是通过低价买进、高价卖出吃差价来实现牟利。[1]当然，这种形式化地区分居间介绍行为与居中倒卖行为的做法，理论上能否自洽，对实践能否起到指导意义，也存在问题。

---

[1] 参见李静然："居间介绍买卖毒品的认定与处罚"，载《人民司法（案例）》2016 年第 17 期。

(3) 在实践中,居间介绍者或者代购者既可能是无偿提供"中介服务"或者代购服务,也可能是有偿的,具体表现为"牟利""获利"或者变相加价行为。对此,《大连会议纪要》第1条规定:"代购者从中牟利,变相加价贩卖毒品的,对代购者应以贩卖毒品罪定罪。"《武汉会议纪要》第1条规定:"行为人为他人代购仅用于吸食的毒品,在交通、食宿等必要开销之外收取'介绍费''劳务费',或者以贩卖为目的收取部分毒品作为酬劳的,应视为从中牟利,属于变相加价贩卖毒品,以贩卖毒品罪定罪处罚。"换言之,"只有为他人代购仅用于吸食的毒品的,才需要根据是否从中牟利判断能否认定为贩卖毒品罪;如果明知托购者实施贩卖毒品犯罪而为其代购毒品的,无论是否牟利,均应以贩卖毒品罪的共犯论处;如果代购者从代购行为中牟利的,无论其为他人代购的毒品是否仅用于吸食,均构成贩卖毒品罪。"[1]

(三) 本书的观点

尽管"居间介绍"本身隐含着只是起到帮助作用的意蕴,但是上述刑法理论的通说、司法解释和司法实践,将居间介绍行为界定为帮助他人购买毒品或者帮助他人贩卖毒品的行为,即贩卖毒品罪的帮助犯;将居中倒卖行为界定为贩卖毒品行为的正犯。这显然是采用了非常形式化的标准,存在值得商榷之处。

1. 帮助犯与正犯的区分并不是泾渭分明的,二者实质上只是在共同犯罪中所起的作用不同,帮助犯的作用相对较小,因而往往是从犯;正犯的作用较大,因而往往是主犯。众所周知,居间

---

[1] 高贵君等:"《全国法院毒品犯罪审判工作座谈会纪要》的理解与适用",载《人民司法(案例)》2015年第13期。

介绍者处于毒品交易链条的中间环节,其在上一交易环节扮演下家的角色,在下一交易环节其又扮演上家角色,是不可或缺的角色。但是,其所起到的作用往往仅仅是"牵线搭桥"而已,对交易本身没有决定权,因此不宜认定为正犯(主犯)。反之,如果居间介绍者在居间介绍过程中超出了居间者的角色,对整个毒品交易过程的实施与遂行实现了功能性支配的,例如积极引诱、教唆本无吸毒意愿的购毒者购买毒品吸食的,应当认为其与贩毒者构成贩卖毒品罪的共同正犯,以主犯论处。[1]

2. 与居间介绍者不同,居中倒卖毒品者分别与贩卖毒品者和购买毒品者构成对向犯。但是,在严厉打击毒品犯罪的高压之下,毒品犯罪大多是从吸毒人员购买毒品启动的,可以说没有购买就没有贩卖,贩毒人员向大毒贩(上家)购买毒品后出卖给小毒贩、吸毒人员(下家),或者在大毒贩和小毒贩、吸毒人员之间居间介绍买卖毒品。在这种场合,通常难以将居间介绍行为与居中倒卖行为准确地、清晰地区分开来。

3. 居间介绍者受以吸食毒品为目的的购毒者委托,为其介绍贩毒者的,不能因为其行为客观上促进了贩毒者的贩卖行为而简单认定为贩毒者的共犯,一般仍要认定为购毒者的共犯。毒品数量达到较大以上的,居间介绍者与购毒者构成非法持有毒品罪的共犯。如果对提出购买要求、出资和实际拥有毒品的购毒者,因其购买的毒品仅供吸食而认定为非法持有毒品罪,对受委托帮助其购买仅供吸食的毒品的居间介绍者认定为贩卖毒品罪,则容易

---

[1] 参见李静然:"居间介绍买卖毒品的认定与处罚",载《人民司法(案例)》2016年第17期。

造成处罚失衡。[1]

4. 按照前述传统刑法理论的观点,"贩卖毒品是指有偿转让毒品或者以卖出为目的而非法收购毒品的行为。""以卖出为目的而非法收购毒品的行为,也应认定为贩卖毒品。"[2]这样一来,居中倒卖毒品者均成立贩卖毒品罪的既遂犯。这显然是不妥当的。一方面,正如有的学者所指出的:"在为吸毒者代购毒品的场合,代购者即便出于牟利目的,事实上赚取的是介绍费,不宜将代购行为认定为贩卖毒品罪的实行行为。"另一方面,如前所述,贩卖毒品罪的实行行为是出卖毒品,为出卖毒品而购买毒品,甚至为毒品交易进行的其他准备行为,原则上都属于贩卖毒品罪的预备行为。既然行为人尚未着手实行,当然不能以贩卖毒品罪的既遂犯或者未遂犯论处。

5. 在有证据证明行为人"牟利"、获利或者变相加价的场合,能够较好地认定行为人构成贩卖毒品罪。除此之外,行为人是否"牟利"、获利或者变相加价,并不是如同有关司法解释说的那样重要。理由是:首先,贩卖毒品罪和非法持有毒品罪等并不要求行为人具有牟利目的,换言之,牟利目的并不是成立贩卖毒品罪的必要条件。前述最高法 2008 年 12 月发布的《全国部分法院审理毒品犯罪案件工作座谈会纪要》也明文规定:"明知他人实施毒品犯罪而为其居间介绍、代购代卖的,无论是否牟利,都应以相关毒品犯罪的共犯论处。"在贩卖毒品罪的成立条件上

---

[1] 参见李静然:"居间介绍买卖毒品的认定与处罚",载《人民司法(案例)》2016 年第 17 期。

[2] 高铭暄、马克昌主编:《刑法学》,北京大学出版社、高等教育出版社 2014 年版,第 586 页。

刻意增加牟利目的这一要件，会显著增加办案的证明难度，无法有力地打击犯罪。[1]其次，即便认为贩卖毒品罪的实行犯（正犯）通常具有牟利目的，也不能将标准推广到教唆犯和帮助犯，主要原因在于，客观方面上可归责于其与实行犯（正犯）的行为和结果之间具有因果关系，可以将结果归责于教唆犯、帮助犯；主观方面上可归责于教唆犯引起了实行犯（正犯）的犯意，而帮助犯强化了犯意。将行为人是否"牟利"、获利或者变相加价提高到无以复加的地位，是没有必要的。

综上，尽管实践中存在"居间介绍买卖毒品""居中倒卖毒品""代购毒品"等犯罪现象，但是，无论是刑事立法还是制定司法解释，都是一个类型化、规范化的过程，不宜直接将生活事实原封不动地照搬到立法文本或者司法解释中；另外，这些概念本身非常模糊，难以清晰地界定其内涵与外延，法官使用此类概念处理案件，存在滥用自由裁量权的巨大危险。因此，本书主张抛弃"居间介绍买卖毒品""居中倒卖毒品""代购毒品"等生活化的表述方式，采用贩卖毒品罪的实行行为、帮助行为等规范化的表述方式，并根据实质的客观说，以行为人在共同犯罪中的地位和所起的作用作为区分正犯与共犯的标准，判断居间介绍行为、居中倒卖行为是实行行为还是帮助行为，将"居间介绍行为""居中倒卖行为"根据具体情况分别认定为贩卖毒品罪的实行行为、帮助行为或者非犯罪行为。

---

[1] 参见黎宏：《刑法学各论》，法律出版社2016年版，第460页。

二、代购毒品行为的性质

(一) 代购毒品行为的类型划分

代购毒品并不是一个法律概念,而是泛指行为人受吸毒者委托代购毒品,[1]托购者与代购者之间是委托关系。在实践中,犯罪嫌疑人因涉嫌贩卖毒品罪被抓获以后,往往会辩称自己是帮人代购仅供吸食的毒品,并非贩卖毒品。根据有关司法解释的规定,为他人代购仅用于吸食或注射的毒品的,只有代购者主观上具有牟利目的的情况下才能认定其行为构成贩卖毒品罪。如果涉案毒品数量未达到《刑法》第348条所规定的"数量较大"的标准,不以犯罪论处。因此,准确区分代购毒品行为和直接贩卖毒品行为非常重要。

1. 代购毒品行为的类型。代购毒品主要表现为以下三种类型:第一种情形是,吸毒者先将毒资交付给代购者,代购者从上家购买毒品后,将毒品交付给吸毒者;第二种情形是,代购者垫资购买毒品后,将毒品交付给吸毒者,吸毒者将毒资交付给代购者;第三种情形是,代购者从上家赊购了毒品后,将毒品交付给吸毒者,吸毒者将毒资交付给代购者,代购者再将毒资交付给上家。从吸毒者是否指定上家来看,上述三种情形均分别包括两种情形:一是吸毒者指定了特定的上家;二是吸毒者没有指定特定的上家,而是由代购者自寻上家。就吸毒者与上家是否商定价格

---

[1] 浙江省高院、省检察院、省公安厅《关于办理毒品案件中代购毒品有关问题的会议纪要》指出,代购毒品一般是指吸毒者与毒品卖家联系后,委托代购者前往购买仅用于吸食的毒品,或者虽未联系但委托代购者到其指定的毒品卖家处购买仅用于吸食的毒品,且代购者未从中牟利的行为。

而言，可能存在三种情形：一是吸毒者已经与上家商定了价格；二是吸毒者与上家没有商定价格，而是由代购者与上家商定价格；三是不需要商定价格，只需要按行情购买。从主动代购与受托代购的角度来说，各种类型都可能存在两种情形：一是代购者受吸毒者的委托代购毒品；二是代购者主动提出为吸毒者代购毒品，吸毒者同意。[1]

2. 判断代购毒品行为性质的基本步骤和标准。在实践中，有很多人机械地认为代购毒品行为一概不构成贩卖毒品罪，或者一概构成贩卖毒品罪。这两种做法都是不妥当的。

（1）从形式上看，根据犯罪认定的顺序，"代购毒品的行为是否构成贩卖毒品罪，首先取决于行为是否符合贩卖毒品罪的成立条件，即主要是判断行为是否属于贩卖，所贩卖的是不是毒品，以及代购者是否认识到是毒品。"[2]就代购毒品案件而言，"我国毒品代购行为刑法认定的难点即在于对为了托购者自身吸食而代购毒品的代购者的认定，关键是此时行为人不从属于贩毒者，难以从认定其与供方构成共犯的角度进行规制。"[3]

（2）从实质上看，代购毒品行为构成贩卖毒品罪还是其他犯罪；以及如果构成贩卖毒品罪，是构成正犯还是共犯，要根据代购者在毒品犯罪中的作用进行判断。根据代购者在毒品交易中的作用，可以将代购毒品行为分为托购者主导的代购毒品和代购者

---

[1] 参见张明楷："代购毒品行为的刑法学分析"，载《华东政法大学学报》2020年第1期。

[2] 张明楷："代购毒品行为的刑法学分析"，载《华东政法大学学报》2020年第1期。

[3] 胡江、于浩洋："毒品代购行为刑法认定的实践困难与规范完善"，载《西北民族大学学报（哲学社会科学版）》2019年第2期。

主导的代购毒品。前者一般是托购者与贩毒者谈妥了毒品交易事项,确定了毒品的种类、数量、价格,代购者受托购者指使,只起到跑腿、接洽的作用。后者一般是代购者掌握了相应的渠道,托购者有求于他,因而委托其购买毒品。[1]

(3)从刑事追诉的角度看,判断犯罪嫌疑人在毒品交易中的行为是否为代购毒品时,应当考虑其辩解是否合理,是否能得到购毒者证言的印证。如果嫌疑人关于代购毒品的辩解,能够得到购毒者证言的印证,则合理疑点排除,原则上应当认定其在毒品交易中的行为是代购行为,除非控方能够提供其他证据证明其辩解的不合理性,如除交易的毒品以外,民警还从嫌疑人的身上或住处查获大量的毒品、分装毒品用的小塑料袋、电子秤等;再如嫌疑人辩解称是通过电话联系毒品上家购买的,而通话记录显示案发前嫌疑人与所谓的上家之间并无通话联系。如果购毒者的证言证实是向其直接购买毒品,并未委托其代为购买毒品,则合理疑点形成,不能认定其行为是代购毒品,除非嫌疑人能够提出其他证据证实其辩解。[2]

前述代购毒品的三种情形,"不管是哪一种类型与其中的具体情形,代购者都不是将毒品无偿交付给吸毒者,而是将毒品有偿地交付给吸毒者。既然如此,就表明上述各种情形都符合贩卖毒品罪的构成要件,没有理由因为其行为属于代购毒品,而将其排除在贩卖毒品罪之外。""司法人员所要判断的是,代购毒品的

---

[1] 参见王登辉、罗倩:"贩卖毒品罪若干基础理论辨正",载《中国刑事法杂志》2016年第2期。

[2] 参见饶远玲、李永航:"关于代购毒品行为若干问题的思考",载《广西政法管理干部学院学报》2017年第6期。

案件中,是否存在符合贩卖毒品罪构成要件的事实。如果得出肯定结论,就应认定该行为符合贩卖毒品罪的构成要件。不能因为购买毒品用于吸食的购买行为不构成犯罪,就将代购行为归入购买行为,进而不以贩卖毒品罪论处。"[1]

(二) 刑法学界关于代购毒品行为的性质界定

由于代购毒品行为客观上帮助贩毒人员将毒品转移到吸毒者手中,使毒品得以扩散开来,具有损害公众身体健康的抽象危险性,因此通常认为代购毒品行为应当以贩卖毒品罪等论处。其中,又有不同观点。

1. 贩卖毒品罪说。例如,张明楷教授指出,对代购毒品行为的正确处理,有赖于正确把握贩卖毒品罪的保护法益、正确判断贩卖毒品罪的构成要件符合性、正确理解共犯的成立条件。贩卖毒品罪是抽象危险犯,其保护法益是公众健康,吸毒者的承诺不影响贩卖毒品罪的成立。对于代购毒品案件,首先要判断行为是否成立贩卖毒品罪的正犯,在得出否定结论后再判断是否成立贩卖毒品罪的共犯。贩卖毒品是指有偿交付毒品,代购者不管是事先收取毒资还是事后收取毒资,也不问是否从中牟利,均符合贩卖毒品罪的构成要件,成立贩卖毒品罪的正犯;受贩卖毒品的正犯的委托、指派、指使,为正犯派送毒品给吸毒者、帮助正犯从吸毒者处收取毒资等行为,均成立贩卖毒品罪的帮助犯;毒品媒介居间行为,成立贩卖毒品罪的共犯;在报告居间的场合,为贩毒者寻觅和指示购毒者的,也是帮助贩卖毒品,但为购毒者寻觅

---

[1] 参见张明楷:"代购毒品行为的刑法学分析",载《华东政法大学学报》2020年第1期。

和指示贩毒者的报告居间行为,不成立贩卖毒品罪的共犯。[1]

在代购毒品的场合,即便主张构成贩卖毒品罪需要行为人在主观上具有牟利目的,从判断方法上看,也应当坚持以"有偿转让毒品"而不是"代购毒品"作为逻辑起点。首先认定行为人有偿转让毒品的行为系贩卖行为;然后根据现有证据判断是否属于为他人代购仅用于吸食的毒品的行为;如果有证据证明系代购行为,再判断是否牟利。由于贩卖毒品罪的法益是公众的身体健康,"有偿转让毒品"是贩卖毒品罪的本质,"贩卖的本质是一种有偿的转让行为,即只要形式上是有偿转让,就属于贩卖,无论该贩卖行为是否牟利。"[2]加上贩卖毒品罪对贩毒数量没有数额限制,因此只要行为人实施了有偿转让毒品的行为,原则上就构成贩卖毒品罪。至于行为人是先联系购毒者还是贩毒者,对是否构成贩卖毒品罪没有影响。

2. 贩卖毒品罪和运输毒品罪说。此说认为,代购毒品行为包括两个行为:其一,购买并转交毒品的行为,需要讨论该行为能否被评价为贩卖毒品;其二,购买后的运输毒品行为,需要讨论该行为能否被评价为运输毒品。其中,非主导型代购运输者构成运输毒品罪,无偿的主导型代购运输者构成运输毒品罪,有偿的主导型代购运输者构成贩卖、运输毒品罪。[3]

根据代购者在购买毒品中的作用,可以将代购行为分为两类:其一,托购人主导的代购,即托购人与毒贩存在事先的沟通

---

[1] 参见张明楷:"代购毒品行为的刑法学分析",载《华东政法大学学报》2020年第1期。

[2] 杨晶晶:"贩卖毒品罪的司法认定",载《中国检察官》2016年第14期。

[3] 参见魏东:"毒品犯罪的解释性疑难问题",载《政法论丛》2017年第2期。

与联系,代购者仅在中间起着传递毒资与毒品作用的情形。对于托购人主导的代购,由于托购人与毒贩事先已商量好毒品买卖事宜,因而代购者实际上只是托购者购买行为的延伸,其只起到了传递毒品与毒资的作用,并未扩大、拓展毒品的流通渠道,未促进毒品的流通或扩大传播范围,因此与贩卖毒品不具有相当性。对于托购人主导的毒品代购行为,无论是否有偿,对于代购者都不能定贩卖毒品罪,只能根据其所持有的毒品数量,认定为非法持有毒品罪或者无罪。其二,代购者主导的代购,即托购人仅请托购买毒品事先未联系毒贩,代购者主动联系毒贩购买毒品的情形。对于代购者主导的代购,托购人事先未与任何毒贩联系,代购者主动寻找毒贩并购买毒品,此时代购者的行为已然超出了购买行为的界限,其扩大、拓展了毒品在毒贩与吸毒者间的流通渠道,促进了毒品的流通和扩大了毒品的传播范围,因此与贩卖毒品具有相当性。在代购者主导的毒品代购中,对有偿的代购者应以定为贩卖毒品罪;对无偿的代购者,根据其所持有的毒品的数量,认定为非法持有毒品罪或者无罪。[1]

3. 非法持有毒品罪说。例如,何荣功教授等认为,为吸毒者代购毒品的行为不构成贩卖毒品罪,至多构成非法持有毒品罪。主要理由是:其一,从客观上看,"为吸毒者代购毒品的行为,本质是吸毒者购买毒品用于吸食的帮助行为(或称为居间行为)"。其二,从主观上看,"为吸毒者代购毒品"的场合,其中的"利"并不是毒品的对价,而是介绍费,不能据此认为行为人

---

[1] 参见何鑫:"代购毒品行为定性进路之辨正——基于'贩卖'和'运输'的阶层审视",载《上海公安高等专科学校学报》2017年第4期。

具有贩卖毒品罪的牟利目的。其三,在"为吸毒者代购毒品"的场合,代购者没有独立的交易地位,即便行为人主观上具有代购牟利的目的,也不能认定为贩卖毒品行为。如果行为人为他人代购毒品的数量达到《刑法》第348条规定的数量标准,应当认定为非法持有毒品罪。[1]

(三)司法解释关于代购毒品行为的性质界定

1. 有关司法解释关于代购毒品行为的性质的界定。

(1)《南宁会议纪要》(已废止)和《大连会议纪要》关于代购毒品行为性质的规定。关于代购毒品行为的性质,《南宁会议纪要》和《大连会议纪要》均没有很好地解决该问题。

《南宁会议纪要》(已废止)的规定是:"有证据证明行为人不是以营利为目的,为他人代买仅用于吸食的毒品,毒品数量超过刑法第三百四十八条规定数量最低标准,构成犯罪的,托购者、代购者均构成非法持有毒品罪。"《大连会议纪要》则规定:"有证据证明行为人不以牟利为目的,为他人代购仅用于吸食的毒品,毒品数量超过刑法第三百四十八条规定的最低数量标准的,对托购者、代购者应以非法持有毒品罪定罪。"两相对比,内容差别不大,均未对代购者在运输环节被查获的情形的定性作出规定。

根据《大连会议纪要》的规定,对于吸毒者自行运输毒品数量大且超过合理吸食量的情形,认定为运输毒品罪;但是,对于吸毒者委托他人代为购买数量大的毒品的情形,即便代购者在运

---

[1] 梁彦军、何荣功:"贩卖毒品罪认定中的几个争议问题",载《武汉大学学报(哲学社会科学版)》2013年第5期。

输途中被查获,对代购者和托购者均认定为非法持有毒品罪。显然,对于托购者、代购者的处理非常轻缓。托购者与代购者之间属于共同犯罪关系,而且托购者是指使者,在共同犯罪中起主要作用,应当构成主犯,承担的刑事责任应当重于代购者,而不是相反。因此,这种观点是不妥当的。

（2）《武汉会议纪要》关于代购毒品行为性质的规定。关于吸毒者自行运输毒品行为的性质,《武汉会议纪要》规定:"行为人为吸毒者代购毒品,在运输过程中被查获,没有证据证明托购者、代购者是为了实施贩卖毒品等其他犯罪,毒品数量达到较大以上的,对托购者、代购者以运输毒品罪的共犯论处。"该规定包含了多层含义。其一,代购者在运输途中被查获,如果毒品数量没有达到较大的标准,对托购者、代购者不应定罪处罚。但是,如果托购者、代购者实施的是走私、贩卖毒品等其他犯罪,即使毒品数量没有达到较大的标准,也应依法定罪处罚。其二,如果代购的毒品达到了数量较大的标准,对托购者、代购者则以运输毒品罪定罪处罚,而不是非法持有毒品罪。当然,如果托购者、代购者实施的是走私、贩卖等其他犯罪,则认定为走私、运输毒品罪或者贩卖、运输毒品罪。其三,如果托购者购买毒品不仅是为了吸食,还准备用于贩卖,但代购者对此不明知,以为托购者购买的毒品都用于吸食的,则对托购者应认定为贩卖、运输毒品罪,对代购者仅认定为运输毒品罪,二者在运输毒品罪的范围内成立共同犯罪。[1]

---

〔1〕 参见方文军:"吸毒者实施毒品犯罪的司法认定",载《法律适用》2015年第10期。

根据《武汉会议纪要》的规定,可以得出下列结论:

第一,即便行为人代购的毒品数量超过(海洛因或冰毒)50克,只要有证据证明这些毒品都已被吸食,而且未能现场查获毒品,则不应当再追究托购者和代购者的刑事责任。因为吸毒行为本身不构成犯罪,既然托购、代购的毒品都已经被吸食,就不存在今后用于实施贩卖毒品等其他犯罪的风险。

第二,对代购者"蹭吸"毒品的行为原则上不应定罪处罚。"蹭吸"是指代购者以自身吸食为目的,从托购者处收取少量毒品作为酬劳的情形。对"蹭吸"是否认定为贩卖毒品罪,关键在于"蹭吸"能否认定为代购毒品中的"牟利"行为。《大连会议纪要》规定:"代购者从中牟利,变相加价贩卖毒品的,对代购者应以贩卖毒品罪定罪。"但这一规定较为抽象,实践中难以把握。为此,《武汉会议纪要》作出具体规定:"行为人为他人代购仅用于吸食的毒品,在交通、食宿等必要开销之外收取'介绍费''劳务费',或者以贩卖为目的收取部分毒品作为酬劳的,应视为从中牟利,属于变相加价贩卖毒品,以贩卖毒品罪定罪处罚。"该规定强调以贩卖为目的收取部分毒品作为酬劳的,以贩卖毒品罪定罪处罚,由于"蹭吸"是代购者出于自身吸食而非贩卖目的收取部分毒品作为酬劳,不构成犯罪。

综上,《武汉会议纪要》规定,居间介绍者在毒品交易中处于中间人地位,发挥介绍联络作用,通常与交易一方构成共同犯罪,但不以牟利为要件;居间介绍者受贩毒者委托,为其介绍、联络购毒者的,与贩毒者构成贩卖毒品罪的共同犯罪;明知购毒者以贩卖为目的购买毒品,受委托为其介绍、联络贩毒者的,与购毒者构成贩卖毒品罪的共同犯罪;受以吸食为目的的购毒者委托，为其介绍联络贩毒者，毒品数量达到《刑法》第 348 条规定的最低数量标准的，一般与购毒者构成非法持有毒品罪的共同犯罪；同时与贩毒者、购毒者共谋，联络促成双方交易的，通常认定与贩毒者构成贩卖毒品罪的共同犯罪。居间介绍者实施为毒品交易主体提供交易信息、介绍交易对象等帮助行为，对促成交易起次要、辅助作用的，应当认定为从犯；对于以居间介绍者的身份介入毒品交易，但在交易中超出居间介绍者的地位，对交易的发起和达成起重要作用的被告人，可以认定为主犯。

2. 对上述司法解释规定的解读。《大连会议纪要》和《武汉会议纪要》主张根据代购者主观上是否具有牟利目的，分别认定为贩卖毒品罪和非法持有毒品罪。对于代购者具有牟利目的，从代购毒品行为中牟利、变相加价（包括但不限于收取"介绍费"等费用、收取部分毒品等）的，以贩卖毒品罪论处。例如，《大连会议纪要》规定，明知他人实施毒品犯罪而为其代购代卖的，无论是否牟利，都应以相关毒品犯罪的共犯论处。代购者从中牟利，变相加价贩卖毒品的，对代购者应以贩卖毒品罪定罪。《武汉会议纪要》规定，行为人为他人代购仅用于吸食的毒品，在交通、食宿等必要开销之外收取"介绍费""劳务费"，或者以贩卖为目的收取部分毒品作为酬劳的，应视为从中牟利，属于变相加价贩卖毒品，以贩卖毒品罪定罪处罚。2012 年最高检、公安部发布的《关于公安机关管辖的刑事案件立案追诉标准的规定（三）》第 1 条也规定："有证据证明行为人以牟利为目的，为他人代购仅用于吸食、注射的毒品，对代购者以贩卖毒品罪立案追诉。不以牟利为目的，为他人代购仅用于吸食、注射的毒品，毒品数量达到本规定第二条规定的数量标准的，对托购者和代购者以非法持有毒品罪立案追诉。"

这种观点得到很多人的支持。例如，于志刚教授认为，从"贩卖"的文义看，贩卖是指为了赚取利润买进之后卖出的行为，因此应当包括牟利目的。[1]胡文丽检察官认为："代买人主观上有牟利目的，客观上有加价行为，该行为当然构成贩卖毒品罪，此时代买人与贩卖毒品的本质一致。犯罪嫌疑人为吸毒人员购买毒品后蹭食毒品的行为，犯罪嫌疑人虽在其中并未获得报酬或者劳务费用，但其共同吸食，吸食的毒品属于代买行为的利益，因此为共同吸食而帮他人代买毒品的行为应构成贩卖毒品罪。代买人主观上为获取自己需要的利益，这种利益可表现为加价，还可表现为赚取代买的劳务报酬，更有可能仅是为了蹭吸、分食毒品。""代买人帮委托人购买毒品后，既没有加价或者要求报酬，也没有要求分食、蹭食毒品。代买者将毒品交给委托者后既没有明说或者暗示将要与其分食或者蹭食毒品。……无法认定为贩卖毒品行为。"[2]

除此之外，还有其他观点。第一种观点认为，如果代购者没有牟利目的，则不构成贩卖毒品罪的共犯；购毒者仅用于自吸，毒品数量达到法定最低标准的，以非法持有毒品罪论处。例如，《大连会议纪要》规定，有证据证明行为人不以牟利为目的，为他人代购仅用于吸食的毒品，毒品数量超过《刑法》第348条规定的最低数量标准的，对托购者、代购者应以非法持有毒品罪定

---

[1] 于志刚："毒品犯罪及相关犯罪认定处理"，中国方正出版社1999年版，第107页。

[2] 胡文丽："毒品犯罪案件中非常规交易问题的认定"，载《中国检察官》2017年第24期。

罪。第二种观点认为,代购者为托购者代购毒品,在运输过程中被查获,没有证据证明托购者、代购者是为了实施贩卖毒品等其他犯罪,毒品数量达到较大以上的,以运输毒品罪论处。例如,《武汉会议纪要》规定,代购者为托购者代购毒品,在运输过程中被查获,没有证据证明托购者、代购者是为了实施贩卖毒品等其他犯罪,毒品数量达到较大以上的,对托购者、代购者可作为运输毒品罪的共犯论处。

本书认为,上述司法解释主张以代购者有无牟利目的、是否获利为标准,认定代购行为是否构成贩卖毒品罪,并不妥当。惩罚涉毒行为的目的在于控制、减少毒品对于公众健康、社会秩序的破坏,而不在于毒品犯罪人的牟利目的或者牟利结果。[1]只要行为人明知他人实施毒品犯罪而为其代购的,无论有无牟利目的,都构成贩卖毒品罪的共犯。[2]

在代购者、购毒者均不构成贩卖毒品罪,毒品在运输过程中被查获,但数量达到法定最低标准的,代购者与贩毒者构成运输毒品罪的共犯。对此,《武汉会议纪要》规定,行为人为吸毒者代购毒品,在运输过程中被查获,没有证据证明托购者、代购者是为了实施贩卖毒品等其他犯罪,毒品数量达到较大以上的,对托购者、代购者以运输毒品罪的共犯论处。

在实践中,如果公安机关在办案过程中同时查获了分装袋、电子秤等,或者行为人在较长一段时间内的手机短信息、QQ短

---

[1] 参见包涵:"贩卖毒品罪的主观方面之辨——目的犯视角下'以牟利为目的'的批判与改良",载《中国人民公安大学学报(社会科学版)》2015年第4期。

[2] 参见殷芳保:"不以牟利为目的代购毒品也应认定为共犯",载《检察日报》2014年5月21日,第3版。

信息或者微信聊天记录等涉及招徕客户等出售、贩卖毒品的信息,完全可以认为行为人不仅仅是代购毒品,至少是为了贩卖毒品而购买毒品,可以认定为贩卖毒品罪(未遂)。

3. 对上述司法解释的观点的分析。前述《大连会议纪要》《武汉会议纪要》等根据代购者主观上是否具有牟利目的,将代购毒品区分为以牟利为目的的代购毒品和不以牟利为目的的代购毒品两大类,"为他人代购仅用于吸食的毒品,代购者从中牟利,变相加价贩卖毒品的,对代购者应以贩卖毒品罪定罪。"

(1)以牟利为目的的代购行为的性质。对于以牟利为目的的代购行为,由于代购者是在贩卖毒品的故意支配下实施代购行为,对于为他人代购毒品用于贩卖的,代购者构成贩卖毒品罪;反之,如果为他人代购毒品仅用于他人吸食,达到《刑法》第348条规定的最低数量标准的,原则上宜以非法持有毒品罪论处。

关于"牟利"或者"从中牟利"的认定,《武汉会议纪要》明确规定,将在交通、食宿等必要开支外收取的"介绍费""劳务费"或者以贩卖为目的收取作为酬劳的毒品,都视为"牟利",属于"变相加价"贩卖毒品。但是,从实践看,"大量零包贩毒案件因嫌疑人提出代购未牟利的辩解而证据不足难以批捕和移送审查起诉,犯罪嫌疑人得以逃避法律制裁。更为严重的是,这种辩解方式在零包贩毒人员中已经传播开来,形成广泛的示范效应,导致零包贩毒嫌疑人被抓获后均会作出该辩解,造成恶性循环"。[1]

---

[1] 庞勃、张勇:"代购毒品案件证据收集和法律适用",载《人民法治》2018年第12期。

(2) 不以牟利为目的的代购行为的性质。可以分为两类：其一，对于不以牟利为目的的代购行为，如果代购者帮助委托人代购仅用于吸食的毒品，主观上没有贩卖毒品的故意，不构成贩卖毒品罪。但是，如果其代购的毒品的数量较大，达到《刑法》第348条规定的最低数量标准的，则可以非法持有毒品罪论处。其二，对于不以牟利为目的代购毒品用于贩卖的，代购者具有贩卖毒品的故意，应当成立贩卖毒品罪的共犯。

对于毒品代购行为，首先应在立法上将其与贩卖毒品中的居间行为加以区分，或明确其在具体贩卖毒品犯罪中所起的不同作用，即如果行为人按照自己的主观意志，主动地、积极地为他人代购毒品，而不是按照委托者的意思被动联系，则应该属于一种居间行为，在贩卖毒品行为中属于共犯。在实践中，为吸食者代购毒品的案件，要结合不同因素判断代购者的主观意图，如代购者与托购者之间是否具有亲密关系，代购者为其代购毒品是否是出于情感的偶发行为；若代购者与托购者没有关系，要考虑托购者指定购买的问题，若代购者只是出于托购者的意思表示向其指定的卖家购买毒品，那么代购者的行为对于该毒品交易并无直接的决定作用，只是作为一个传递工具。所以，代购毒品行为是否构成贩卖毒品罪的共同犯罪，关键在于代购者与毒品交易双方有无共同的犯罪故意。[1]

(四) 本书的观点

1. "代购毒品行为"在实践中往往都是"零包贩毒"人员脱

---

[1] 参见李淑娟、欧阳文芊："毒品犯罪中贩卖问题论析"，载《四川警察学院学报》2017年第6期。

罪的辩解。我国对毒品犯罪采取严厉打击的刑事政策,贩毒分子一旦被抓获将被判处非常重的刑罚。因此,除非与购毒者关系密切,或者有利益驱使,通常不会有人仅仅是为了帮助他人吸毒,而以身涉险,为他人代购毒品。或许对于初次吸毒人员而言,可能存在购毒无门的问题,但是对于长期吸食毒品的人员来说,基本上不存在购毒无门的情况。从这个角度出发,代购毒品行为存在的空间极小。因此,实践中"代购毒品行为"这一说法往往是"零包贩毒"人员意图脱罪的辩解。[1]

2. 代购毒品行为的法律属性。"毒品代购行为实际上是由两部分行为组成的整体行为,一是购买并转交毒品的行为,二是购买后运送毒品的行为,因此要正确评判代购行为的性质,需对两个行为分阶层评价后进行综合认定。"[2]

由于代购毒品的案件中既有上家(出卖者)也有下家(托购者),所以代购毒品的行为既可能是上家的帮助犯,也可能是下家的帮助犯(下家委托行为人代购毒品是为了贩卖,行为人也知道真相时),还有可能同时对上家与下家成立帮助犯,甚至独立构成贩卖毒品罪的正犯。因此,不能简单地判断行为是否成立贩卖毒品罪,而是需要先判断行为人是否成立贩卖毒品罪的正犯;如果得出否定结论,就再判断是否构成贩卖毒品罪的帮助犯。在判断代购行为是否成立帮助犯时,也要判断是对上家成立帮助犯

---

[1] 参见庞勃、张勇:"代购毒品案件证据收集和法律适用",载《人民法治》2018年第12期。

[2] 何鑫:"代购毒品行为定性进路之辩正——基于'贩卖'和'运输'的阶层审视",载《上海公安高等专科学校学报》2017年第4期。

还是对下家成立帮助犯,抑或对二者均成立帮助犯。[1]

本书认为,代购者与购毒者之间是一种委托代理关系,代购行为是对购毒者的帮助行为。主要理由如下:其一,之所以处罚毒品犯罪,是因为毒品具有很强的瘾癖性,严重危害了吸毒人员的身体健康。对于贩卖毒品罪而言,其组成、拓展了毒品的流通渠道,促进了毒品在毒贩间、毒贩与吸毒者间的流通与传播。其二,我国《刑法》第六章第七节规定的毒品犯罪,自第347条至第357条,共12个条文,规定了12个罪名,只有第355条"非法提供麻醉药品、精神药品罪"规定了以牟利为目的非法提供麻醉药品、精神药品的构成贩卖毒品罪。对于其他罪名包括贩卖毒品罪,均未规定"牟利目的"。如果认为牟利目的是贩卖毒品罪的不成文的构成要件要素,那么低于成本价出售毒品的行为将会被认定无罪或者至多认定为非法持有毒品罪,这显然是不妥当的。其三,应当根据代购者是否具有(帮助他人)贩卖毒品的故意,对代购行为的性质进行界定。根据这一标准,可以将代购行为分为代购用于贩毒的毒品和代购仅用于吸食的毒品两类。但是,也有学者认为,不能单纯从是帮助贩卖还是帮助购买毒品的角度判断代购行为是否构成贩卖毒品罪。理由是:首先,在很多场合,难以从客观上判断行为人是为了帮助贩卖毒品还是帮助购买毒品;其次,在客观上无法作出准确判断的场合,如果根据行为人的主观想法确定是帮助贩卖毒品还是帮助购买毒品,容易导

---

[1] 参见张明楷:"代购毒品行为的刑法学分析",载《华东政法大学学报》2020年第1期。

致定罪的恣意。[1]其四，在代购者与购买者（托购者）构成毒品犯罪的共同犯罪的场合，应当根据代购者在代购过程中所扮演的角色、所起的作用大小等，分别认定为主犯或者从犯。其五，还要考虑行为人代购、购买毒品的数量是否达到非法持有毒品罪、运输毒品罪等的法定最低标准。

3. 代购毒品行为的具体展开。根据上述几个理由和标准，可以将代购毒品分为下列几种情形：

（1）行为人为购毒者代购毒品，在运输过程中被查获，没有证据证明代购者、购毒者（托购者）是为了实施贩卖毒品等其他犯罪，毒品数量也没有达到较大标准的，对托购者不以犯罪论处。但是，对代购者应以运输毒品罪定罪处罚。例如，在李某贩卖运输毒品罪、董某运输毒品罪、唐某贩卖毒品罪中，关于董某及辩护人提出的"董某的行为应为毒品代购，董某主观上并不知晓李某与唐某之间的毒品交易，其仅为满足唐某吸食毒品的要求而帮助其在李某处代购毒品，董某并没有通过此行为谋取不法利益。我国《刑法》没有将购买毒品的行为规定为犯罪，购买毒品后携带毒品的行为也不应属于犯罪行为"的上诉及辩护理由。二审法院认为，董某、李某、唐某的供述相互印证，董某明知唐某与李某之间进行的是毒品交易，其帮助唐某从李某手中购买9.427克甲基苯丙胺，并将毒品从拉萨携带至那曲，构成运输毒品罪。[2]退一步说，即便无法查明存在代购者所称的"购毒者"，

---

[1] 参见张明楷："代购毒品行为的刑法学分析"，载《华东政法大学学报》2020年第1期。

[2] 参见西藏自治区高级人民法院刑事判决书，案号是（2015）藏法刑二终字第7号。

代购者也应当构成运输毒品罪。

（2）行为人为购毒者代购毒品，在运输过程中被查获，没有证据证明代购者、购毒者（托购者）是为了实施贩卖毒品等其他犯罪，但毒品数量达到较大标准的，对托购者、代购者以运输毒品罪的共犯论处。

第一，在代购者与购毒者（托购者）构成毒品犯罪的共同犯罪的场合，应当根据代购者在代购过程中所扮演的角色、所起的作用大小等，分别认定为主犯或者从犯。例如，根据代购者在购买毒品中的作用，代购行为可以分为两类：一是托购者主导的代购，即托购者与毒贩存在事先的沟通与联系，代购者仅在中间起着传递毒资与毒品作用的情形。二是代购者主导的代购，即托购者仅请托购买毒品事先未联系毒贩，代购者主动联系毒贩购买毒品的情形。"贩卖毒品罪的危害性在于组成、拓展了毒品的流通渠道，因此，非主导型代购者由于未扩大、促进毒品的流通而不具有贩卖毒品的相当性，主导型代购者由于扩大了毒品的流通范围而与贩卖毒品行为具有相当性。"[1]首先，在代购者主导购买毒品的主要甚至全部事项，购买者（托购者）只需要委托代购者购买毒品而无需另外实施其他行为的，应当认为代购者构成相关毒品犯罪的主犯。其次，在托购者与贩毒者事先已经谈妥毒品交易事项，确定了毒品的种类、数量、价格、交易方法等，代购者仅仅是代为付款和提货的，应当认为代购者仅仅构成相关毒品犯

---

〔1〕何鑫："代购毒品行为定性进路之辨正——基于'贩卖'和'运输'的阶层审视"，载《上海公安高等专科学校学报》2017年第4期。

罪的帮助犯（从犯）。[1]"对于代购者主导的代购，托购人事先未与任何毒贩联系，代购者主动寻找毒贩并购买毒品，此时代购者的行为已然超出了购买行为的界限，其扩大、拓展了毒品在毒贩与吸毒者间的流通渠道，促进了毒品的流通和扩大了毒品的传播范围，因此与贩卖毒品具有相当性。"[2]

第二，在实践中，应当注意区分"为吸毒者代购毒品"而运输毒品与不是"为吸毒者代购毒品"而运输毒品。《大连会议纪要》明确规定："涉嫌为贩卖而自行运输毒品，由于认定贩卖毒品的证据不足，因而认定为运输毒品罪的，不同于单纯的受指使为他人运输毒品行为，其量刑标准应当与单纯的运输毒品行为有所区别。"同时，还要区分吸毒者购买少量毒品后运送回家与吸毒者运送毒品到家以外的地方，以及运送毒品超出个人吸毒量的行为。对于吸毒者自己购买少量毒品后运送回家的，应定性为非法持有毒品罪；对于吸毒者运送毒品到家以外的地方，以及运送毒品远远超出个人吸毒量的，应认定为运输毒品罪。[3]

（3）行为人为他人代购仅用于吸食的毒品，在交通、食宿等必要开销之外收取"介绍费"或者"劳务费"，或者以贩卖为目的收取部分毒品作为酬劳的，应视为行为人从中牟利，属于变相加价贩卖毒品，应以贩卖毒品罪定罪处罚。

---

[1] 参见王登辉、罗倩："贩卖毒品罪若干基础理论辨正"，载《中国刑事法杂志》2016年第2期。
[2] 何鑫："代购毒品行为定性进路之辨正——基于'贩卖'和'运输'的阶层审视"，载《上海公安高等专科学校学报》2017年第4期。
[3] 参见魏东："毒品犯罪的解释性疑难问题"，载《政法论丛》2017年第2期。

三、居间介绍和代购行为原则上属于贩卖毒品罪的帮助行为

居间介绍和代购行为不宜一概认定为贩卖毒品罪的实行行为,也不宜认定为运输毒品罪,而是要区分情况,分别认定为贩卖毒品罪的实行行为、贩卖毒品罪的帮助行为,以及非法持有毒品罪。主要理由是:

(一)代购者主观上是否具有"牟利目的"不是贩卖毒品罪的成立条件

"为吸毒者代购毒品"可以分为两种情形:其一,行为人主观上出于牟利的目的,为吸毒者代购毒品;其二,行为人主观上不是出于牟利目的,为吸食毒品者代购毒品。根据《大连会议纪要》的规定,以"代购者主观上是否具有牟利目的"作为标准,代购者从代购毒品行为中牟利的,代购者成立贩卖毒品罪;反之,若代购者不以牟利为目的的,不成立贩卖毒品罪。司法解释实际上根据行为人主观上是否具有牟利目的来判断代购毒品是否属于贩毒行为,这种解读超出了国民的一般预测可能性,可能违反罪刑法定原则。

(二)应对《刑法》第355条第2款规定的"以牟利为目的"进行限制性理解

我国刑法上的毒品犯罪规定于《刑法》第六章第七节,自第347条至第357条,共12条、12个罪名,但只有第355条非法提供麻醉药品、精神药品罪提到了以牟利为目的非法提供麻醉药品、精神药品的构成贩卖毒品罪。对于其他罪名,包括贩卖毒品罪,均未提到"牟利目的"。

从有关司法解释性文件的规定看,其一,《南宁会议纪要》(已废止)涉及"牟利"的是对代购毒品行为的规定,即行为人不以"营利目的"代购仅用于吸食的毒品的,在符合《刑法》第348条时构成非法持有毒品罪。其二,《大连会议纪要》之所以将"以牟利为目的,为吸毒者代购毒品"行为解释为贩卖毒品罪的实行行为,其中一个重要原因在于,《刑法》第355条第1款规定:"……以牟利为目的,向吸食、注射毒品的人提供国家规定管制的能够使人形成瘾癖的麻醉药品、精神药品的,依照本法第三百四十七条规定定罪处罚。"其三,《武汉会议纪要》将在"交通、食宿等必要开销之外收取'介绍费''劳务费',或者以贩卖为目的收取部分毒品作为酬劳的",解释为从中牟利,属于变相加价贩卖毒品,以贩卖毒品罪定罪处罚。

《刑法》第355条第2款之所以要求"以牟利为目的",主要是为了限制处罚范围,防止将赠予他人毒品的行为也以贩卖毒品罪论处。因此,应当将"以牟利为目的"限定为"毒品作为对价交换的场合",不能将"为赚取少量介绍费或者劳务费,为吸毒者代购毒品"也解释为"以牟利为目的",从而以贩卖毒品罪论处。

(三)从语义学的角度看,"代购毒品"与"贩毒行为"相去甚远

如果居间介绍者或者代购者代购毒品是为吸毒者吸食毒品提供帮助的行为,而不是居于贩毒者一方为其出卖毒品居中介绍的,如果涉案毒品数量较大,应当将居间介绍行为等认定为非法持有毒品罪。否则,如果将居间介绍者或者代购者代购毒品的行为解释为贩毒行为,既不符合刑法学基本原理,也不符合毒品犯

罪的实际情况，甚至有可能导致处罚的不均衡，因而是不可取的。

（四）原则上不宜将代购行为认定为运输毒品

《武汉会议纪要》规定："行为人为吸毒者代购毒品，在运输过程中被查获，没有证据证明托购者、代购者是为了实施贩卖毒品等其他犯罪，毒品数量达到较大以上的，对托购者、代购者以运输毒品罪的共犯论处。"这种观点并不妥当。主要理由是：其一，运输毒品是指与走私、贩卖、制造毒品有关联的，客观上有助于毒品的扩散与流通，改变毒品所处的位置的行为。代购行为与"运输"毒品行为的含义相去甚远。其二，根据《刑法》规定，运输毒品数量较大的，法定刑为7年以上有期徒刑，并处罚金；而非法持有毒品罪数量较大，法定刑为3年以下有期徒刑、拘役或者管制。倘若将代购行为认定为运输毒品罪，将导致处罚过于严厉。

综上，居间介绍者或者代购者"牟利""获利"或者变相加价行为原则上不是贩卖毒品罪的实行行为，数量较大的，必然构成非法持有毒品罪，然后根据其客观上是否对毒贩实施的贩卖毒品行为起到帮助作用，行为人主观上是否具有帮助他人贩卖毒品的故意，判断是否成立贩卖毒品罪的帮助犯。如果结论是否定的，毒品数量达到《刑法》第348条规定的最低数量标准，仅以非法持有毒品罪论处；如果结论是肯定的，毒品数量达到《刑法》第348条规定的最低数量标准，则行为人构成贩卖毒品罪的帮助犯与非法持有毒品罪的想象竞合，从一重罪论处。

第七章 贩卖毒品数量计算方法的随意化及其限制

由于毒品犯罪自身的特点,毒品数量对于毒品犯罪的定罪量刑具有非常重要的作用。根据《刑法》第 347 条第 1 款、第 7 款,第 357 条第 2 款的规定,对于贩卖毒品行为,无论贩卖数量多少,都成立贩卖毒品罪。对多次贩卖毒品,未经处理的,毒品数量累计计算。

但是,毒品数量只是惩罚毒品犯罪的重要情节之一,而不是全部情节。关于贩卖毒品罪的定罪量刑,必须坚决反对"唯数额论"。然而,当前贩卖毒品罪的实践中存在毒品数量计算方法的随意化现象。主要表现在:其一,对于从涉毒人员的住所、车辆等查获的毒品,以及部分毒品去向不明时的毒品,大多认定为贩卖毒品罪的数量;其二,在行为人贩卖多种毒品,特别是毒品的纯度存在差异时,不考虑毒品的纯度问题。由于篇幅所限,这里仅以"以贩养吸"型毒品犯罪为例进行讨论。

就"以贩养吸"型毒品犯罪的毒品数量计算来看,主要涉及以下几个问题:其一,"以贩养吸"人员运输毒品的,如何认定行为性质并计算毒品数量?其二,从"以贩养吸"人员的住所、车辆等查获毒品的,如何认定行为性质并计算毒品数量?其三,有证据证明"以贩养吸"人员已经卖出了部分毒品,但除了其吸食和贩卖的毒品外,还有部分毒品去向不明的(查获的毒品与贩卖的毒品数量之和明显少于其购买的毒品数量），如何认定行为性质并计算毒品数量？下面逐一展开讨论。

一、从涉毒人员的住所、车辆等查获毒品的行为性质与数量的认定

在实践中，贩卖毒品的人通常会吸食毒品，或者相反，诸如"以贩养吸"的毒贩之所以贩卖毒品，主要是为了方便自己吸食毒品。行为人在购买毒品之后，通常会自己吸食一部分毒品。[1]

从涉毒人员的住所、车辆等处查获毒品，通常是指现场缴获的毒品数量不大，但是从住处、车辆等查获的毒品数量较大的情形。主要包括下列三种情况：其一，行为人因为贩卖毒品被人赃俱获，随后又从其住宅等处查获其他毒品；其二，有证据证明行为人此前实施了贩卖毒品行为，但是并未查获毒品，后来从其住所等处查获其他毒品；其三，行为人因为吸毒或者其他违法犯罪行为被抓获后，查明其此前有贩毒行为，并从其住所等处查获其他毒品。[2]

对于从住处、车辆等查获的数量较大的毒品，究竟是以非法持有毒品罪论处，还是以贩卖毒品罪论处，就成为问题。即便认为行为人构成贩卖毒品罪，那么，贩卖毒品的数量是仅限于行为

---

〔1〕《大连会议纪要》第1条规定："……对于以贩养吸的被告人，其被查获的毒品数量应认定为其犯罪的数量，但量刑时应考虑被告人吸食毒品的情节，酌情处理；被告人购买了一定数量的毒品后，部分已被其吸食的，应当按能够证明的贩卖数量及查获的毒品数量认定其贩毒的数量，已被吸食部分不计入在内……"可以认为，"以贩养吸＝被追诉人贩毒＋被追诉人本身吸毒＋在其住所查获一定数量的毒品"。

〔2〕参见马岩、李静然："毒品犯罪审判中的几个法律适用问题"，载《法律适用》2015年第9期。

人准备交易的毒品,还是也包括家中剩余的毒品,还是包括行为人所购买的全部毒品在内呢?

(一)刑法理论和司法实践的观点

关于从贩毒人员的住所、车辆等查获的毒品的性质和数量的认定,主要有两种观点:

1. "非法持有毒品罪说"。该观点认为,对于从贩毒人员的住所等查获的毒品,除非有充分证据证明其属于贩卖的毒品,否则只能成立非法持有毒品罪。[1]特别是,对于有证据证明贩毒人员贩卖少量毒品,但是却从其住所等处查获毒品数量巨大的情形,如果一概将毒品认定为贩卖毒品,可能违反"存疑时有利于被告人"原则。[2]从相反的角度看,一概以非法持有毒品罪处理也可能导致处罚不力。"《刑法》第348条对于非法持有毒品的数量未规定上限存在明显的缺陷,致使对持有毒品数量特别巨大的案件难以实事求是地公正处理,造成对此类犯罪打击不力。"[3]

实践中也有判决坚持这种观点。例如,阿某芬非法持有毒品案。2014年5月29日11时许,巍山县公安局永建分局民警在被告人阿某芬家中将其抓获,当场查获毒品海洛因377.4克和甲基苯丙胺2.6克。随后,巍山县公安局永建分局民警赶赴下关对被告人阿某芬天井村的租房进行搜查,查获毒品海洛因181.2克和甲基苯丙胺180.8克。尽管检察机关指控阿某芬构成贩卖毒品罪,

---

[1] 参见高珊琦:"论吸毒者持有毒品行为之定性与定量",载《法律科学(西北政法大学学报)》2006年第6期。

[2] 参见方彬微、陈欣俊:"'以贩养吸'情形下贩毒目的及毒品数量之认定",载《人民司法(案例)》2014年第18期。

[3] 崔敏、周欣、董林燕:"论查处毒品犯罪中的几个问题",载《中国法学》2004年第3期。

但法院认为阿某芬构成非法持有毒品罪。"公诉机关指控被告人阿某芬家中和租房内查获毒品的事实清楚，但指控被告人阿某芬犯贩卖毒品罪的证据不足，不予支持。"[1]

2. "贩卖毒品罪说"。该说认为，对于从贩毒人员的住所等处查获的毒品，应当全部认定为贩卖毒品罪。该说是我国传统刑法理论和司法实践的通说。"对于'以贩养吸'的被告人，其被查获的毒品数量应认定为其犯罪的数量，但量刑时应考虑被告人吸食毒品的情节，酌情处理；被告人购买了一定数量的毒品后，部分已被其吸食的，应当按照能够证明的贩卖数量及查获的毒品数量认定其贩毒的数量，已被吸食部分不计入在内。"[2]"对于因贩卖毒品被抓获后在其住所查获的毒品，对查获的毒品亦应作贩卖毒品罪的既遂认定，不将查获的未卖的毒品作为贩卖毒品罪的未遂或非法持有毒品罪处理。"[3]"对于既吸食又贩卖毒品的被告人，应当将有证据证明其卖出的毒品数量和实际查获的毒品数量认定为其贩卖毒品的数量，但对于实际查获的毒品在量刑时也应酌情考虑被其吸食毒品的情节。"[4]"在贩毒现场外查获的毒品除非有相反证据证明，均应推定行为人具有'贩卖'目的。"[5]主

---

[1] 参见云南省大理白族自治州中级人民法院刑事判决书，案号是（2014）大中刑初字第159号。

[2] 高铭暄、马克昌主编：《刑法学》，北京大学出版社、高等教育出版社2014年版，第591页。

[3] 沈晋芳："贩卖毒品罪的既、未遂探讨"，载《法制与经济（下旬）》2011年第12期。

[4] 林清梅："'以贩养吸'被告人贩卖毒品数量的认定"，载《山东法官培训学院学报（山东审判）》2015年第2期。

[5] 葛立刚："对贩卖毒品中'贩卖'目的及既未遂的认定"，载《中国检察官》2015年第12期。

要理由是，行为人已经贩卖了部分毒品，无法确定行为人是否将剩余的毒品用于出卖，如果不将剩余的毒品以贩卖毒品罪论处，仅以非法持有毒品罪处理，可能会放纵犯罪。根据这种观点，只要行为人基于出卖的目的购买毒品，就构成贩卖毒品罪。行为人所购买的全部数额均为贩卖毒品罪的数额。

实践中也有判决坚持这种观点。例如，指导性案例［第108号］张某贩卖毒品案。1999年10月25日至26日，张某先后三次向陈某贩卖海洛因50克。10月26日，贩卖给向某海洛因5克。10月28日上午，张某携带海洛因13.5克外出贩卖时被抓获归案。公安人员在其暂住地搜缴海洛因310.5克。常州中院一审认定张某贩卖毒品379克，构成贩卖毒品罪，判处死刑。张某不服，上诉至江苏省高院。二审江苏省高院维持原判。本案争议焦点是：对于从张某暂住地搜缴的海洛因，是构成非法持有毒品罪还是认定为贩卖毒品罪。对此，裁判理由认为：其一，从主观上看，如果能够查明行为人对藏匿或者存储的毒品持贩卖毒品的故意，则认定为贩卖毒品罪；如果查明是持有毒品的故意或者无法查明主观故意的内容，则认定为非法持有毒品罪。其二，对于行为人既实施贩卖毒品行为，又藏匿、储存毒品的，"应把被告人的犯罪事实作为一个整体看待。如果行为人主观上有贩卖毒品的故意，客观上有贩卖毒品的经历，并且，行为人本人不吸毒或者行为人虽然吸毒，但藏匿或存储的毒品数量明显超过个人吸食所需数量，那么，行为人非法持有毒品的行为应视为是为贩卖毒品做准备,是贩卖毒品行为的组成部分,应以贩卖毒品罪定罪。"[1]

(二)司法解释的立场

1.《南宁会议纪要》(已废止)及之前的司法解释的观点。关于从贩毒人员的住所、车辆等查获的毒品的性质,最高法1994年12月发布的《关于执行〈全国人民代表大会常务委员会关于禁毒的决定〉的若干问题的解释》(法发[1994]30号)(已失效)规定,贩卖毒品罪包括为实施贩卖毒品而进行买和卖两个行为,贩卖毒品不仅包括"明知是毒品而非法销售",也包括"以贩卖为目的而非法收买毒品"。《南宁会议纪要》(已废止)规定:"对于以贩养吸的被告人,被查获的毒品数量应认定为其犯罪的数量,但量刑时应考虑被告人吸食毒品的情节。"

2.《大连会议纪要》的规定及存在的问题。《大连会议纪要》第1条规定:"对于以贩养吸的被告人,其被查获的毒品数量应认定为其犯罪的数量,但量刑时应考虑被告人吸食毒品的情节,酌情处理;被告人购买了一定数量的毒品后,部分已被其吸食的,应当按能够证明的贩卖数量及查获的毒品数量认定其贩毒的数量,已被吸食部分不计入在内。"实践中大多以上述司法解释作为判决依据。

这一规定主要有两重含义:其一,虽然将从"以贩养吸"的被告人的场合查获的毒品数量认定为其贩卖毒品的数量,但应当酌情考虑查获的部分毒品可能有些准备用于其自己吸食。其二,仅按照能够证明的贩卖毒品的数量以及查获的毒品数量认定贩毒

---

[1] "张某贩卖毒品案[第108号]",载中华人民共和国最高人民法院刑事审判第一、二、三、四、五庭主办:《中国刑事审判指导案例》(第5卷),法律出版社2017年版,第326~327页。

数量，已被"以贩养吸"的行为人吸食的毒品数量不计入其贩卖毒品的数量。

《大连会议纪要》在执行过程中暴露出许多问题，主要是：

（1）如何界定"以贩养吸"行为人的范围？有些地方不限定"以贩养吸"的范围，将有吸毒情节的毒枭、职业毒贩以及贩卖大量毒品的毒贩认定为"以贩养吸"，在认定贩毒数量时作有利于行为人的处理，以非法持有毒品罪论处。这不利于惩罚犯罪、保护法益。应当认为，"以贩养吸"仅限于为获得吸食毒品所需要的资金而少量贩卖毒品，而且贩毒所得主要用于购买毒品以供吸食的行为。前述有吸毒情节的毒枭、职业毒贩以及贩卖大量毒品的毒贩，其吸食的毒品占所贩卖的毒品数量的比重较小，吸毒情节对认定贩毒数量的影响不大，严格来说不应当认定为"以贩养吸"。因此，可以直接将所查明的毒品数量认定为贩毒数量，在量刑时也不需要考虑其吸毒情节。[1]

（2）对被告人吸食毒品数量的认定标准不合理。首先，对于被告人购买一定数量的毒品，被查获时部分毒品去向不明，也没有证据证明已经出卖的，如何认定贩毒数量？实践中往往根据被告人的辩解认定为已经吸食，从贩毒数量中扣除。也有观点认为，可以按照行为人购买的毒品数量认定其贩毒数量，量刑时酌情考虑去向不明的毒品可能部分被其吸食的情节。其次，有时候被告人实际贩卖的毒品数量远远大于能够证明的贩毒数量，仅仅按照能够证明的贩毒数量进行认定，无法对被告人的犯罪行为进

---

[1] 参见马岩、李静然："毒品犯罪审判中的几个法律适用问题"，载《法律适用》2015年第9期。

行充分评价。[1]这样导致出现只要能够认定属于"以贩养吸",对行为人就有利的尴尬局面。有的观点认为,《大连会议纪要》的前述规定使有吸毒情节的贩毒人员,因为实施吸毒行为而在认定贩毒数量时获益,特别是在其购买的毒品数量较大,而现有的证据能够确切地证明贩卖的数量不大或者查获的数量不大的情况下,这种处理方法不利于严厉打击毒品犯罪。但是,也应当承认,上述《大连会议纪要》认定贩毒数量的做法,符合"存疑时作有利于被告人的判断"的理念。

3.《武汉会议纪要》的规定及其特点。为了有力打击毒品犯罪,《武汉会议纪要》对《大连会议纪要》的相关规定进行了修改,强化了处罚贩卖毒品行为的力度,第1条规定:"贩毒人员被抓获后,对于从其住所、车辆等处查获的毒品,一般均应认定为其贩卖的毒品。确有证据证明查获的毒品并非贩毒人员用于贩卖,其行为另构成非法持有毒品罪、窝藏毒品罪等其他犯罪的,依法定罪处罚。"第3条规定:"对于有吸毒情节的贩毒人员,一般应当按照其购买的毒品数量认定其贩卖毒品的数量,量刑时酌情考虑其吸食毒品的情节;购买的毒品数量无法查明的,按照能够证明的贩卖数量及查获的毒品数量认定其贩毒数量;确有证据证明其购买的部分毒品并非用于贩卖的,不应计入其贩毒数量。"

与《大连会议纪要》相比,《武汉会议纪要》具有下列几个特点:[2]其一,关于适用主体,突破了《大连会议纪要》关于

---

[1] 参见马岩、李静然:"毒品犯罪审判中的几个法律适用问题",载《法律适用》2015年第9期。

[2] 参见高贵君等:"《全国法院毒品犯罪审判工作座谈会纪要》的理解与适用",载《人民司法(案例)》2015年第13期。

第七章 贩卖毒品数量计算方法的随意化及其限制

"以贩养吸"人员的规定,扩大为"有吸毒情节的贩毒人员",便于认定。其二,将认定的重心从"出口"转向"入口",对于有吸毒情节的贩毒人员,在部分毒品被吸食的情况下,《大连会议纪要》倾向于以能够证明的贩卖数量以及查获的毒品数量认定贩毒数量,而《武汉会议纪要》则主张将其购买的毒品数量全部认定为贩毒数量,只是在量刑时酌情考虑其吸食毒品的情节,同时扣除有证据证明已被吸食的部分。究其原因,是考虑到:"毒品犯罪隐蔽性强、取证难度大,而且实践中从贩毒人员住所等查获的毒品多系用于贩毒,为严厉打击毒品犯罪、降低证明难度,《纪要》采用了事实推定的证明方法。即根据行为人贩卖毒品及从其住所等处查获毒品的事实,推定查获的毒品是用于贩卖。"[1]其三,对于不计入贩卖毒品数量的例外情形,提高了证明标准,要求必须是"确有证据证明"。其四,允许贩毒人员对司法机关的推定提出反证,规定了两种例外情形:一是对于被告人购买的毒品数量缺乏足够证据证明的,还是要按照能够证明的贩毒数量以及查获的毒品数量认定其贩毒的数量。如果贩毒人员确有证据证明查获的毒品属于为他人保管用于吸食的毒品、为犯罪分子窝藏毒品,或者持有祖传、捡拾、用于治病的毒品等,未用于贩卖的,不能计入贩毒数量。二是确有证据证明被告人购买的部分毒品并非用于贩卖,包括已被其本人吸食的、不以牟利为目的为吸食者代购的或者其赠送给别人的毒品,不应计入贩毒的数量。但是不包括其丢失、销毁的毒品在内。其五,贩毒人员对查获的毒

---

〔1〕 参见高贵君等:"《全国法院毒品犯罪审判工作座谈会纪要》的理解与适用",载《人民司法(案例)》2015年第13期。

品实施的行为,另外构成非法持有毒品罪、窝藏毒品罪等其他犯罪的,应当依法认定;构成数罪的,应当数罪并罚。

(三)"贩卖毒品罪说"与事实推定方法

1. 事实推定方法的概念和内容。事实推定是指立法或者司法机关基于已经查明的事实,根据经验法则和常识,推论未能查明的事实而得出的结论。事实推定是与法律推定(法律拟制)相并列的推定方法。但是,法律推定属于实体法意义上的推定,不允许反证;而事实推定属于诉讼法意义上的推定,需要司法机关根据推定规则进行,允许提出反证加以推翻。[1]

事实推定主要包括以下两方面内容:其一,根据行为人实施贩卖毒品犯罪且并非吸毒人员的基础事实,推定从其住所等处查获的毒品系其以贩卖为目的而购买或者准备用于贩卖;或者根据吸毒人员实施贩卖毒品犯罪且从其住所等处查获的毒品不可能全部用于吸食的基础事实,推定从其住所等处查获的毒品系其以贩卖为目的而购买或者准备用于贩卖。其二,在行为人不能提出反证推翻推定事实,即不能证明该部分毒品并非用于贩卖或者并非其所有的情况下,认定从贩毒人员住所等处查获的毒品系其用于贩卖。[2]

《武汉会议纪要》也采用了这一认定原则,规定:"贩毒人员被抓获后,对于从其住所、车辆等处查获的毒品,一般均应认定为其贩卖的毒品。确有证据证明查获的毒品并非贩毒人员用于贩

---

[1] 参见卞建林主编:《证据法学》,中国政法大学出版社2007年版,第299~300页。

[2] 参见李静然:"非法持有毒品罪的司法疑难问题探析",载《法律适用》2014年第9期。

卖，其行为另构成非法持有毒品罪、窝藏毒品罪等其他犯罪的，依法定罪处罚。"《武汉会议纪要》的规定主要包括以下两方面内容：其一，根据贩毒人员贩卖毒品及从其住所等处查获毒品的基础事实，运用经验法则和常识，推定查获的毒品系其用于贩卖，这是认定查获毒品性质的一般规则。其二，贩毒人员可以提出反证推翻推定。这里的反证是指确有证据证明查获的毒品并非贩毒人员用于贩卖，包括其为他人保管用于吸食的毒品，为犯罪分子窝藏毒品，持有祖传、捡拾、用于治病的毒品等。如果贩毒人员能够提出反证，证明查获的毒品属于其为他人保管的用于吸食的毒品，则不能将该部分毒品认定为其贩卖的毒品，查获毒品数量达到较大以上的，应以非法持有毒品罪定罪处罚。如果贩毒人员能够提出反证，证明查获的毒品系其为其他毒品犯罪分子所窝藏，应以窝藏毒品罪定罪处罚。[1]

2. 对毒品犯罪采用事实推定方法的原因。之所以对毒品犯罪采用事实推定方法，主要原因在于，毒品犯罪隐蔽性强，犯罪分子往往具有较强的反侦查意识，尤其是"以贩养吸"人员，对于从其住所等处查获的毒品通常辩称系用于吸食。如果按照普通刑事案件的证明方法及要求，运用在案证据证明从贩毒人员住所等处查获的毒品系用于贩卖，往往会因为无法收集到足够的证据而出现举证困难或举证不能的现象，不利于有效打击毒品犯罪。出于有效惩治毒品犯罪的需要，采用事实推定方法来认定从贩毒人员住所等处查获的毒品系用于贩卖，有利于降低此类案件司法认

---

[1] 参见马岩、李静然："毒品犯罪审判中的几个法律适用问题"，载《法律适用》2015年第9期。

定的难度,有效惩治毒品犯罪。[1]

因此,司法机关通常将在现场之外诸如毒贩的住所、车辆等处查获的毒品也认定为贩卖毒品的数量。例如,张某贩卖毒品案。法院认为张某随身携带并且在暂住地藏匿毒品的行为属于贩卖毒品,主要理由是:"被告人贩卖毒品的事实清楚、证据充分,而被查获的部分毒品处于尚未交易状态的,应把被告人的犯罪事实作为一个整体看待。如果行为人主观上有贩卖毒品的故意,客观上有贩卖毒品的经历,并且,行为人本人不吸毒或者行为人虽然吸毒,但藏匿或者储存的毒品数量明显超过个人吸食所需数量,行为人非法持有毒品的行为应视为是为贩卖毒品做准备,是贩卖毒品行为的组成部分,应以贩卖毒品罪定罪。"[2]

(四)本书的观点

吸毒人员持有的毒品数量明显超出其一段时间内的正常吸食量,或者非吸毒人员持有毒品数量大的,从实际情况看多数确系用于贩卖。因为证据问题而对此类人员按照非法持有毒品罪处罚,在一定程度上影响了打击毒品犯罪的效果。但是,将查获的数额一概认定为贩卖毒品罪,是不妥当的。主要理由是:

1. 从刑法规定看,首先,我国《刑法》并没有就构成非法持有毒品罪规定毒品数量上限,划分非法持有毒品罪与贩卖毒品罪的依据不是毒品数量,将持有毒品数量较大的认定为贩卖毒品

---

[1] 参见李静然:"非法持有毒品罪的司法疑难问题探析",载《法律适用》2014年第9期;马岩、李静然:"毒品犯罪审判中的几个法律适用问题",载《法律适用》2015年第9期。

[2] 中华人民共和国最高人民法院刑事审判第一、二、三、四、五庭主办:《中国刑事审判指导案例:妨害社会管理秩序罪》,法律出版社2009年版,第190~191页。

第七章 贩卖毒品数量计算方法的随意化及其限制

罪,缺乏法律依据。其次,认定行为人构成贩卖毒品罪,需要有证据证明其具有贩卖毒品的故意,并实施了销售毒品的行为,不符合上述构成要件的,不能认定为贩卖毒品罪。最后,认定行为人构成贩卖毒品罪不能回避贩卖毒品行为和数量的认定,如没有证据证实行为人实施了贩卖毒品行为,如何认定其贩毒事实及数量?[1]

2. 从司法解释的权限看,上述规定以解释之名,行立法之实,将非法持有毒品行为拟制为贩卖毒品罪,违反了罪刑法定原则和无罪推定原则。正如论者所言:"'以贩养吸'规则是一种定罪规则。对于认定为已具有贩毒行为并且吸毒的被告人,除了已被认定的贩毒数量外,又在其住所或其他处所查获毒品的,该被查获的毒品的数量也应认定为该被告人贩毒的数量。实际上,这不单单是一种贩毒数量的计算问题,根本问题是将被追诉人相关处所中存放着毒品的行为认定为贩毒行为。即已有充分证据证明被追诉人以贩养吸+在被追诉人相关处所又查获出毒品=被追诉人在其处所存放毒品的行为是贩毒行为。"[2]

3. 从证明责任的角度看,推定的主要功能是解决案件事实证明上的困难,降低了案件事实的证明标准和公诉机关的证明责任。只要行为人在住所或者车辆藏匿毒品,至少具有非法持有毒品罪的故意,但是否存在贩卖毒品的故意,还需要进一步判断。"⋯⋯对于不能查明买方购买毒品的真实用途的案件⋯⋯不能单

---

[1] 参见李静然:"非法持有毒品罪的司法疑难问题探析",载《法律适用》2014年第9期。

[2] 周凯东:"毒品案件'以贩养吸'初探",载《中国检察官》2014年第22期。

纯以所购买的毒品数量巨大一个事实为据,推定为贩卖毒品罪,该种情形一般应当以非法持有毒品罪定罪处刑。"[1]倘若不加考虑一概以贩卖毒品罪论处,存在侵害人权的危险。

4. 即便按照司法解释的观点将从贩毒人员的住所、车辆等查获的毒品认定为贩卖毒品罪,也需要考虑是构成贩卖毒品罪的既遂还是未遂。可以肯定的是,无论是按照交易行为说还是交付行为说,都不可能是贩卖毒品罪的既遂;按照前述《武汉会议纪要》等的观点,将"基于贩卖为目的非法购买毒品"认定为贩卖毒品罪,并认为构成犯罪既遂,违反刑法规定和犯罪构成基本原理;按照折中说的观点,以行为人实际出卖毒品是否达到既遂作为认定在住所等处查获的毒品的既遂与未遂的标准,"对于犯罪未遂的(行为人已经携带毒品进入交易场所但并未见到购毒者),若有证据证明在其住处等地查获的毒品数量是为了贩卖,由于推定的前提行为尚未既遂,所以推定该部分数量与未遂部分一并认定为贩卖毒品罪的未遂数量",违反故意犯罪停止形态的基本原理,也不妥当。

5. 即便按照司法解释的观点将从贩毒人员的住所、车辆等查获的毒品认定为贩卖毒品罪,对于"以贩养吸"行为也要考虑个人合理吸食量,并予以扣减。"对于以贩养吸的被告人,其被查获的毒品数量原则上应当计入其贩卖毒品的数量,但被告人既吸食又贩卖毒品,实际查获的毒品中部分可能系其准备用于吸食,故从有利于被告人的角度,对于查获的这部分毒品在量刑时应当

---

[1] 上海市高级人民法院《关于审理毒品犯罪案件具体应用法律若干问题的意见》第3条第1项。

考虑被告人吸食毒品的情节,酌情予以从宽处罚。"[1]只不过,在考虑个人吸食量时,既要考虑行为人购买毒品的数量,也要考虑这些毒品用于吸食的周期,不宜将毒品吸食数量标准定得过高,否则可能不利于打击毒品犯罪。[2]

综上,即便行为人主观上具有"一有机会就实施贩毒行为"的概括故意,由于行为人只是非法持有毒品,并未实施出卖毒品的行为,不能就从其住所或者车辆等查处的毒品成立贩卖毒品罪,但可能成立非法持有毒品罪。

二、部分毒品去向不明时的行为性质与毒品数量的认定

(一)部分毒品去向不明时的行为性质和毒品数量计算存在的问题

在实践中,容易引发争议的是,吸毒者购买了一定数量的毒品后,有证据证明已经卖出了部分毒品,又从其身边或者住处查获了部分毒品,但查获的毒品与贩卖的毒品数量之和明显少于其购买的毒品数量。即"购买的毒品数量=能够证明的卖出毒品数量+查获的毒品数量+去向不明的毒品数量",而去向不明的毒品数量系主要部分。对这部分去向不明的毒品,被告人通常辩称已被其吸食。如果确有证据证明这部分去向不明的毒品已被吸食,即使数量很大,也不应计入被告人贩卖的数量,因为吸毒不

---

[1] 林清梅:"'以贩养吸'被告人贩卖毒品数量的认定",载《山东法官培训学院学报(山东审判)》2015年第2期。

[2] 参见林清梅:"'以贩养吸'被告人贩卖毒品数量的认定",载《山东法官培训学院学报(山东审判)》2015年第2期。

构成犯罪。这也正是《大连会议纪要》中相关规定已经明确解决的情形,即"被告人购买了一定数量的毒品后,部分已被其吸食的,应当按能够证明的贩卖数量及查获的毒品数量认定其贩毒的数量,已被吸食部分不计入在内。"

但是,实践情况往往是,仅有被告人的供述证明这部分毒品被吸食,没有其他证据印证。"要查清被告人到底买了多少,卖了多少,吸了多少,特别是被告人辩解大部分毒品都被其吸食了,怎样来驳斥?如何确定被告人的吸食量?不利于实际案件的处理。"[1] 如果去向不明的毒品数量不大,没有明显超出被告人一段时期内的合理吸食量,认为这部分毒品已被其吸食是比较合理的。但是,如果去向不明的毒品数量很大,明显超出一段时期内的合理吸食量,若把这部分毒品都认定为已被吸食,不计入贩毒数量,则不利于打击毒品犯罪。

(二)《武汉会议纪要》的规定及其理解

对于这一问题,2008年印发的《大连会议纪要》没有明确提出解决方案,实践中有的地方对《大连会议纪要》的上述规定作了扩大适用,即使不能确认去向不明的毒品已为被告人吸食的,也根据被告人的辩解认定为已经吸食,从而不计入其贩毒的数量。

鉴于上述做法不利于打击毒品犯罪,2015年印发的《武汉会议纪要》第3条规定:"对于有吸毒情节的贩毒人员,一般应当按照其购买的毒品数量认定其贩卖毒品的数量,量刑时酌情考虑

---

[1] 黄文忠:"毒品犯罪案件毒品数量的计算问题",载《中国检察官》2018年第20期。

其吸食毒品的情节;购买的毒品数量无法查明的,按照能够证明的贩卖数量及查获的毒品数量认定其贩毒数量;确有证据证明其购买的部分毒品并非用于贩卖的,不应计入其贩毒数量。"也就是说,只要有证据能够证明被告人所购毒品的确切数量,无论能够证明的贩卖数量及查获的毒品数量与其购买的毒品数量之间存在多大差距,都按照其购买的毒品数量认定其贩毒数量,仅仅在量刑时酌情考虑去向不明的毒品可能部分被其吸食的情节。[1]换言之,如果行为人以"自我吸食"作为并非从事贩毒行为的抗辩理由,将无法得到司法机关的支持。

例如,张某某从他人处购买了180克冰毒后,向多名吸毒人员贩卖了共计30克,公安机关抓获张某某时从其住处查获9克冰毒。对于去向不明的141克冰毒,张某某辩称均被其吸食,但张某某系在被查获前1个月购买上述冰毒,这意味着其在1个月内吸食了141克冰毒,平均每天超过4克。根据目前的相关研究数据,[2]张某某对其吸食量的辩解明显不合理。对于本案,应当按照张某某购买的毒品数量即180克冰毒来认定其贩毒数量,量刑时酌情考虑去向不明的毒品可能有部分被其吸食的情节,从而使得对张某某的量刑不低于有期徒刑15年。这样处理,既有利于

---

[1] 参见方文军:"吸毒者实施毒品犯罪的司法认定",载《法律适用》2015年第10期。

[2] 一般来说,海洛因的单次用量通常为0.05~0.08克,致死量为0.75~1.2克;甲基苯丙胺的单次用量通常为0.02~0.03克,致死量为1.2~1.5克(以上均以纯品计)。尽管吸毒者个体差异较大,如每天吸食海洛因或冰毒超过2克,则不属于"合理吸食量"。在判断"合理吸食量"时,还应结合毒品种类、纯度及吸毒者的吸毒时间长短、癮癖程度等因素,合理确定其单日吸食量大小,并根据毒品价格、紧俏程度及吸毒者的经济状况、在途时间等因素,判断其有关在一段时间内吸食的辩解是否合理。

解决实践中难以证明去向不明的毒品是否用于吸食的问题,也更加有利于打击此类毒品犯罪。[1]

(三) 理解和适用《武汉会议纪要》等应注意的问题

由于毒品的成瘾性、依赖性和稀缺性等特点,决定了部分具有较强支付能力的吸毒人员可能大量持有毒品。医学研究已经揭示,毒品会对吸毒者的生理和心理产生双重影响,以致吸毒者对毒品产生高度依赖性,其后续的吸毒行为在相当大程度上受制于自身的生理需求。并且随着吸毒行为的持续,行为人对毒品的需求量也会变大。[2]以海洛因为例,研究表明,经过戒毒治疗后,"95%的病例在3个月以内都复吸,平均复吸时间为25天"。[3]如果缺乏专业机构的帮助,单靠行为人的自制力来戒除毒品是难以想象的。

因此,在理解《武汉会议纪要》上述规定时,需要注意以下几点:[4]其一,由于实践情况较为复杂,一些案件中没有充分的证据证明被告人所购毒品的确切数量,在这种情况下应当按照能够证明的贩卖数量及查获的毒品数量认定其贩毒数量。但是,如果去向不明的毒品数量大,明显超出被告人一段时期内的合理吸食量的,考虑这部分毒品被其贩卖的可能性很大,量刑时可酌予从重处罚。其二,对于不计入贩毒数量的认定,《武汉会议纪要》

---

[1] 参见方文军:"吸毒者实施毒品犯罪的司法认定",载《法律适用》2015年第10期。

[2] 参见梅锦:"贩毒人员持有毒品性质认定之举证责任探讨",载《北京社会科学》2020年第4期。

[3] 陈国强等:"海洛因依赖者338例复吸调查",载《中国药物依赖性通报》1993年第1期。

[4] 参见方文军:"吸毒者实施毒品犯罪的司法认定",载《法律适用》2015年第10期。

提高了证明标准。《大连会议纪要》第 1 条规定,"被告人购买了一定数量的毒品后……已被吸食部分不计入在内",没有明确要求证明标准。《武汉会议纪要》第 3 条明确规定要"确有证据证明"被告人购买的部分毒品并非用于贩卖的,才不计入贩毒数量。既然规定"确有证据证明",就要求被告人提供确切证据证明部分毒品并非用于贩卖的才不计入贩毒数量。如果仅有被告人本人辩解,没有其他证据印证,不属于"确有证据证明"。

所谓毒品"并非用于贩卖",既包括已经消耗的毒品,也包括查获了实物但能够甄别的毒品。其一,该部分毒品已经被被告人吸食或者已经赠予他人吸食的;其二,查获的毒品中有少量不同种类的毒品(如主要为冰毒,少量毒品为海洛因),而被告人正是吸食此类毒品(如海洛因)的;其三,不以牟利为目的,为吸食者代购少量毒品的;等等。但是,有证据证明是已经丢失或者销毁的毒品,则不能认定为"并非用于贩卖",因为被告人购买的这部分毒品虽有可能用于吸食,但也完全可能用于贩卖,所以无论是否卖出,均应计入其贩卖毒品的数量。如果灭失的这部分毒品数量很大,特别是占总数量的比重很大时,应当在量刑时予以考虑。[1]

三、吸毒者、代购者运输毒品行为的性质与数量认定

司法实践中,对于为贩卖毒品而购买、运输毒品的,通常以

---

〔1〕 参见方文军:"吸毒者实施毒品犯罪的司法认定",载《法律适用》2015 年第 10 期。

贩卖、运输毒品罪论处。但是，如何认定吸毒者、代购者运输毒品行为的性质等，则存在争议。

（一）《南宁会议纪要》（已废止）的有关规定与理解

《南宁会议纪要》（已废止）第1条规定，对于吸毒者在购买、运输、存储毒品过程中被抓获的，如果没有证据证明被告人实施了其他毒品犯罪行为，一般不应定罪处罚。但是，查获的毒品数量达到定罪标准的，应当以非法持有毒品罪论处。根据这一规定，普通犯罪人实施的运输毒品行为，数量较大的，成立运输毒品罪。但是，吸毒者运输毒品数量较大的，却只能成立非法持有毒品罪。这直接导致吸毒者实施的运输毒品数量较大的行为不能得到有力惩处。

（二）《大连会议纪要》的有关规定与理解

为解决《南宁会议纪要》（已废止）存在的上述问题，《大连会议纪要》第1条规定，吸毒者在购买、运输、存储过程中被查获的，应当在扣减吸毒者可能吸食的毒品的数量的基础上，兼顾吸毒者之前是否曾经实施贩毒行为以及实施贩毒行为的次数和数量，认定成立贩卖毒品罪或者运输毒品罪。"对于有证据证明吸毒者以保有、吸食毒品为目的，携带少量毒品进行运输的，应当作为例外情形对待，不能因为吸毒者在运输毒品过程中被查获就一律以运输毒品罪定罪处罚。"[1]

但是，《大连会议纪要》有两个问题难以解决：

1.《大连会议纪要》第1条规定，当吸毒者委托他人代为购

---

[1] 马岩、李静然："毒品犯罪审判中的几个法律适用问题"，载《法律适用》2015年第9期。

买数量较大的毒品时,即便代购者在运输途中被查获,对代购者和托购者均认定为非法持有毒品罪。这将导致对托购者、代购者的处罚过于宽缓。对此,有观点认为,可以对代购者以运输毒品罪论处,对托购者以非法持有毒品罪论处。但是,托购者与代购者原本是共犯关系,而且托购者在犯罪中所起的作用较大,是核心角色,按照这一观点却予以较轻处罚,是不妥当的。

2. 关于如何确定"以贩养吸"人员的"合理的吸食量",存在争议。一般认为,应当根据毒品的种类、纯度以及吸毒者的吸毒时间长短、瘾癖程度等,合理确定其单日吸食毒品的数量;然后,再根据毒品的价格、紧缺程度以及吸毒者的经济状况、在途时间等,确定一个较为合理的吸毒时间段,据此确定吸毒者这个时间段内的吸食总量。被查获的毒品数量超过这个吸食总量的,以贩卖毒品罪论处。[1]

不过,由于吸毒者的个体差异很大,难以取得证明吸毒者合理吸食量的确切证据,各地司法机关对如何把握合理吸食量的标准难以保持一致,影响了法律适用的统一性。[2]

(三)《武汉会议纪要》的有关规定与理解

1.《武汉会议纪要》不同于《大连会议纪要》的规定。鉴于《大连会议纪要》存在的问题,《武汉会议纪要》进行了修改,主要有以下两个方面:其一,为了减少分歧,不再采用《大连会议纪要》中"实际实施的毒品犯罪行为"的表述,将运输毒品行为

---

[1] 参见马岩、李静然:"毒品犯罪审判中的几个法律适用问题",载《法律适用》2015年第9期。

[2] 参见方文军:"吸毒者实施毒品犯罪的司法认定",载《法律适用》2015年第10期。

与购买、储存毒品行为分开规定，对于吸毒者运输毒品数量较大的，认定为运输毒品罪。其二，在没有证据证明吸毒者是为了实施贩卖毒品等其他犯罪的情况下，对其购买、运输、储存毒品的行为，直接以数量较大作为区分罪与非罪的标准。不难发现，《武汉会议纪要》明显降低了将吸毒人员运输毒品行为认定为运输毒品罪的门槛，也就不存在认定为非法持有毒品罪的余地。

2. 关于吸毒者购买、储存、运输毒品行为的规定及其理解。在"没有证据证明其是为了实施贩卖毒品等其他犯罪"的前提下，对于吸毒人员实施的购买、储存、运输毒品行为的性质，《武汉会议纪要》与《大连会议纪要》的规定有所不同。

从两个纪要的规定看，《大连会议纪要》规定："吸毒者在购买、运输、存储毒品过程中被查获的，如没有证据证明其是为了实施贩卖等其他毒品犯罪行为，毒品数量未超过刑法第三百四十八条规定的最低数量标准的，一般不定罪处罚；查获毒品数量达到较大以上的，应以其实际实施的毒品犯罪行为定罪处罚。"《武汉会议纪要》则规定："吸毒者在购买、存储毒品过程中被查获，没有证据证明其是为了实施贩卖毒品等其他犯罪，毒品数量达到刑法第三百四十八条规定的最低数量标准的，以非法持有毒品罪定罪处罚。吸毒者在运输毒品过程中被查获，没有证据证明其是为了实施贩卖毒品等其他犯罪，毒品数量达到较大以上的，以运输毒品罪定罪处罚。"

根据上述两个纪要的规定，本书尝试就下列问题进行简要分析：

（1）如果毒品数量未超过《刑法》第348条规定的最低数量标准，该如何定性？对此，《大连会议纪要》规定"一般不定罪处罚",《武汉会议纪要》规定"毒品数量达到刑法第三百四十八条规定的最低数量标准的,以非法持有毒品罪定罪处罚"。反过来说,对于未达到"最低数量标准"的,不构成非法持有毒品罪,也只能以无罪论处。因此,两个会议纪要的规定是一致的。

(2) 在"没有证据证明其是为了实施贩卖毒品等其他犯罪"的前提下,吸毒者购买了少量毒品在途中被抓获归案的,根据《大连会议纪要》的规定,"吸毒者在运输毒品过程中被查获,没有证据证明其是为了实施贩卖毒品等其他犯罪,毒品数量达到较大以上的,以运输毒品罪定罪处罚。"如果运输毒品的数量未达到"较大以上"标准,则不能以运输毒品罪论处;如果也未达到非法持有毒品罪的数额标准,也不构成非法持有毒品罪。

(3) 如何理解《武汉会议纪要》规定的"吸毒者在运输毒品过程中被查获,没有证据证明其是为了实施贩卖毒品等其他犯罪,毒品数量达到较大以上的,以运输毒品罪定罪处罚"?相对于《大连会议纪要》"查获毒品数量达到较大以上的,应以其实际实施的毒品犯罪行为定罪处罚"的规定,《武汉会议纪要》的规定更为明确。

本书认为,对于吸毒人员购买毒品返回居住地的途中被抓获的,由于其主观上缺乏运输毒品的故意,客观上仅仅是非法持有毒品的行为,应认定为非法持有毒品罪。但是,对于吸毒人员将毒品运送到居住地之外的其他地方,特别是运送的毒品数量超过个人吸食的毒品数量的,则应认定为运输毒品罪。对此,《大连会议纪要》规定:"涉嫌为贩卖而自行运输毒品,由于认定贩卖毒品罪的证据不足,因而认定为运输毒品罪的,不同于单纯的受指使为他人运输毒品行为,其量刑标准应当与单纯的运输毒品行为有所区别。"

3.《武汉会议纪要》对于代购毒品行为的规定及其理解。对于代购毒品行为,《武汉会议纪要》第 1 条规定:"行为人为吸毒者代购毒品,在运输过程中被查获,没有证据证明托购者、代购者是为了实施贩卖毒品等其他犯罪,毒品数量达到较大以上的,对托购者、代购者以运输毒品罪的共犯论处。"

对这一规定,可以从下列几个方面进行理解:其一,代购者在运输毒品途中被查获,如果没有达到数量较大的标准,对托购者、代购者不应定罪处罚。但是,如果托购者、代购者实施的是走私、贩卖毒品等其他犯罪,即使没有达到数量较大的标准,也应依法定罪处罚。其二,如果代购的毒品达到了数量较大的标准,对托购者、代购者以运输毒品罪处罚。如果托购者、代购者实施的是走私、贩卖毒品等犯罪,则认定为走私、运输毒品罪或者贩卖、运输毒品罪。其三,如果托购者购买毒品不仅是为了吸食,还准备用于贩卖,但代购者对此不明知,以为托购者购买的毒品都是用于吸食的,则对托购者应认定为贩卖、运输毒品罪,对代购者仅认定为运输毒品罪。[1]

当然,如果行为人代购的毒品数量较大,但并未被查获,而且确有证据证明这些毒品已经被吸食的,鉴于吸毒行为本身不构成犯罪,而且托购或者代购的毒品已经被吸食,不存在被贩卖的危险,不应当再追究托购者和代购者的刑事责任。[2]

---

[1] 参见方文军:"吸毒者实施毒品犯罪的司法认定",载《法律适用》2015 年第 10 期。

[2] 参见方文军:"吸毒者实施毒品犯罪的司法认定",载《法律适用》2015 年第 10 期。

第八章 毒品种类、纯度与毒品数量的计算

我国《刑法》贯彻从严打击毒品犯罪的政策,无论行为人涉案的毒品数量多少,一概追究刑事责任;无论行为人涉案的毒品纯度几何,一概按照查证属实的数量进行计算。[1]同时,近年来除《刑法》中规定的常见毒品,如海洛因、甲基苯丙胺等的犯罪势头有增无减外,各种新型毒品或混合毒品也逐渐占据国内的毒品交易市场。"涉案毒品种类呈复杂化,一案涉及两种以上毒品的案件增多,涉及'神仙水'等成分复杂的混合型毒品的案件亦呈上升趋势。"[2]

根据《刑法》第347条和第348条、2000年6月最高法《关于审理毒品案件定罪量刑标准有关问题的解释》(法释〔2000〕13号,已失效)、2007年"两高"、公安部《办理毒品犯罪案件适用法律若干问题的意见》、2012年最高检和公安部《关于公安机关管辖的刑事案件立案追诉标准的规定(三)》、2016年4月最高法《关于审理毒品犯罪案件适用法律若干问题的解释》(法释〔2016〕8号)和2017年3月最高法修订的《关于常见犯罪

---

[1]《刑法》第347条第1款规定:"走私、贩卖、运输、制造毒品,无论数量多少,都应当追究刑事责任,予以刑事处罚。"第357条第2款规定:"毒品的数量以查证属实的走私、贩卖、运输、制造、非法持有毒品的数量计算,不以纯度折算。"

[2] 参见最高人民法院《人民法院禁毒工作白皮书》(2012~2017)。

的量刑指导意见》（法发［2017］7号，已失效）的毒品犯罪部分的规定，司法人员可直接认定33种毒品的"数量大"和"数量较大"。[1]在处理涉及这33种毒品的案件时，司法人员可根据查证属实的涉案毒品数量，再结合具体犯罪情节对被告人的毒品犯罪行为量刑。

众所周知，毒品的性质、纯度等直接影响毒品的毒理作用，毒品的性质、纯度等在一定程度上影响着该种毒品的法益侵害程度。[2]因此，下列问题值得研究：其一，在一个案件涉及多种毒品时，显然难以采取直接累加的方法。如果不考虑毒品在纯度上存在的差异，仅仅进行数量上的累加，是否符合罪刑相适应原则？其二，即便是同一种类的毒品，其纯度、形态等也可能不同，难以直接适用累加方法。行为人贩卖的毒品纯度、形态等不同的，该如何计算毒品数量？其三，对于行为人贩卖混合型毒品，含有多种毒品成分的，该如何计算毒品数量？其四，当前实践中氯胺酮（K粉）、美沙酮、安眠酮、三唑仑、盐酸丁丙诺啡（舒美啡）、普鲁卡、苯巴比妥、"卡苦""六角"等合成毒品种类层出不穷，对这些新型毒品，《刑法》和司法解释没有明确规定这些毒品的目录，也没有规定定罪量刑的数量标准和明确的折

---

[1] 我国《刑法》规定了三种毒品，分别是鸦片、海洛因和甲基苯丙胺（冰毒）；在上述司法解释中列举了32种，分别为：吗啡、可卡因、3,4-亚甲二氧基甲基苯丙胺（MDMA）等苯丙胺类毒品（甲基苯丙胺除外）、芬太尼、甲卡西酮、二氢埃托啡、哌替啶（度冷丁）、氯胺酮、美沙酮、曲马多、γ-羟丁酸、大麻油、大麻脂、大麻叶及大麻烟、可待因、丁丙诺啡、三唑仑、安眠酮、阿普唑仑、恰特草、咖啡因、罂粟壳、巴比妥、苯巴比妥、安钠咖、尼美西泮、氯氮卓、艾司唑仑、地西泮、溴西泮、上述毒品以外的其他毒品。

[2] 例如，对于同等数量但纯度更高的毒品，在终端市场上可以稀释成更多数量的毒品。

算公式，该如何处理呢？

一、关于毒品种类、纯度和数量计算的规定及存在的问题

早在 1994 年 12 月，最高法在发布的《关于执行〈全国人民代表大会常务委员会关于禁毒的决定〉的若干问题的解释》（以下简称《解释》，已失效）中首次规定应当对毒品犯罪案件中查获的毒品进行鉴定，并明确了海洛因的认定及折算标准。《解释》第 19 条规定："对毒品犯罪案件中查获的毒品，应当鉴定，并作出鉴定结论……海洛因的含量在 25% 以上的，可视为《决定》和本解释中所指的海洛因。含量不够 25% 的，应当折合成含量为 25% 的海洛因计算数量。"但是，由于经济成本较高、技术能力不足和科研人员匮乏等原因，毒品鉴定并未在实践中全面执行。

2000 年最高法印发的《南宁会议纪要》（已废止）规定："对于查获的毒品有证据证明大量掺假，经鉴定查明毒品含量极少，确有大量掺假成分的，在处刑时应酌情考虑……为掩护运输而将毒品融入其它物品中，不应将其它物品计入毒品的数量。"特别是，就死刑案件的毒品含量问题，《南宁会议纪要》（已废止）规定："掺假之后毒品的数量才达到判处死刑的标准的，对被告人可不判处死刑立即执行。""两高"、公安部 2007 年 12 月联合发布的《办理毒品犯罪案件适用法律若干问题的意见》第 4 条规定："可能判处死刑的毒品犯罪案件，毒品鉴定结论中应有含量鉴定的结论。"

之后，无论是最高法 2008 年印发的《大连会议纪要》、2015 年印发的《武汉会议纪要》，还是 2016 年 4 月出台的《最高人民

法院关于审理毒品犯罪案件适用法律若干问题的解释》（法释〔2016〕8号），或是2016年5月"两高"、公安部印发的《办理毒品犯罪案件毒品提取、扣押、称量、取样和送检程序若干问题的规定》（公通字〔2016〕511号），均或多或少包含了毒品数量认定的内容。例如，《大连会议纪要》规定："对涉案毒品可能大量掺假或者系成分复杂的新类型毒品，亦应当作出毒品含量鉴定。""对于含有二种以上毒品成分的毒品混合物，应进一步作成分鉴定，确定所含的不同毒品成分及比例。""经鉴定毒品含量极低，掺假之后的数量才达到实际掌握的死刑数量标准的，或者有证据表明可能大量掺假但因故不能鉴定的"，可以不判处死刑立即执行。《武汉会议纪要》规定："对于既未规定定罪量刑数量标准，又不具备折算条件的毒品，综合考虑其致瘾癖性、社会危害性、数量、纯度等因素依法量刑……涉案毒品纯度明显低于同类毒品的正常纯度的，量刑时可以酌情考虑。"2016年4月最高法发布的《关于审理毒品犯罪案件适用法律若干问题的解释》（法释〔2016〕8号）规定了包括12种新类型毒品在内的28种毒品的定罪量刑标准。

从实践看，在诸如张某等贩卖毒品案、李某贩卖毒品案中，司法机关均以行为人贩卖的毒品大量掺假，毒品的含量较低，而且是在掺假之后毒品的数量才达到判处死刑的标准为由，判处被告人死刑，缓期二年执行。[1]

不过，司法人员在计算毒品数量及量刑时，仍然存在不少

---

〔1〕 参见"〔第364号〕李某贩卖毒品案""〔第367号〕张某等贩卖毒品案"，载陈兴良、张军、胡云腾主编：《人民法院刑事指导案例裁判要旨通纂》（下卷），北京大学出版社2018年版，第1528、1531页。

问题。

1. 对于传统毒品,即便是同一种类的毒品,可能以不同形态出现,如果纯度极低的,对要否鉴定纯度并折合为纯毒品,也存在不同意见。例如,在指导性案例[第430号]王某贩卖毒品案中,王某贩卖的毒品中包括海洛因针剂,而不是通常所见的海洛因粉末。经鉴定,每支海洛因针剂(100毫克)中海洛因的含量为9.19毫克。关于是以针剂的重量进行计算毒品数量,还是同时考虑海洛因的纯度进行折算,存在不同意见。裁判理由认为:"本案中的海洛因针剂既不是混合型毒品,也不是新型毒品,只是以非常规形式(液态针剂)出现的海洛因……这种液体海洛因和常见的固体海洛因不一样,有其自身的特殊性,是依托于大量的水和其他杂质存在的,因此,对这种液体毒品应该作含量鉴定,对毒品含量过低的在量刑时应予适当考虑,不能简单地以重量来认定数量。"[1]

在指导性案例[第500号]赵某贩卖毒品案中,被告人赵某贩卖的也是海洛因针剂,每支针剂的海洛因纯度只有0.064%,所有针剂中的纯海洛因只有0.205克。但是,裁判理由认为:"鉴于纯度高的毒品可以通过掺杂方法实现数量由少变多,增加了社会上的毒品总量,其危害整体上要大于纯度低的毒品,故对于贩卖纯度极低毒品的案件,司法机关在量刑时不能不考虑纯度因素……但是,刑法已经明确规定毒品数量不以纯度计算,这一规定必须执行。无论被告人贩卖的毒品纯度多低,只要经鉴定确

---

[1] "王某贩卖毒品案[第430号]",载中华人民共和国最高人民法院刑事审判第一、二、三、四、五庭主办:《中国刑事审判指导案例》(第5卷),法律出版社2017年版,第364页。

认是毒品,就应当以查获的或者有证据证实的毒品数量来认定其毒品犯罪的数量,而不能以纯度折算后的毒品来认定其毒品犯罪的数量。"〔1〕应当说,指导性案例 [第 500 号] 的裁判理由在逻辑上是似是而非的,结论也是站不住脚的。

2. 前已述及,目前有关司法解释规定的新型毒品有芬太尼、甲卡西酮、曲马多、γ-羟丁酸、可待因、丁丙诺啡、三唑仑、阿普唑仑、恰特草、巴比妥、苯巴比妥、安钠咖、尼美西泮等三十几种。这些新型毒品,有些被稀释成针剂,有些被制成片剂,如果直接以针剂或者药片的净重作为量刑标准,不考虑毒品的纯度或者其中含有的精神药品、麻醉药品有效成分的多少,将无法实现量刑公正。例如,在黄某等贩卖毒品案中,被告人将盐酸丁丙诺啡舌下片贩卖给他人。根据有关法律法规的规定,盐酸丁丙诺啡舌下片属于国家管制的能够使人形成瘾癖的精神药品。对于精神药品形式的毒品,其成瘾性、毒害性取决于该精神药品有效成分的含量多少。其他对人体没有毒害的成分诸如淀粉、糖衣等,不应计算在内。因此,对于以针剂或者片剂形式出现的毒品,不应以针剂或者药片的净重计算毒品的数量,而应以其规格含量计算毒品数量。〔2〕为此,《大连会议纪要》明确指出,对涉案毒品系成分复杂的新类型毒品的,应当作出毒品含量鉴定。前述《关于审理毒品犯罪案件适用法律若干问题的解释》也规定,国家定点生产企业按照标准规格生产的麻醉药品或者精神药品被用于毒

---

〔1〕 "赵某贩卖毒品案 [第 500 号]",载中华人民共和国最高人民法院刑事审判第一、二、三、四、五庭主办:《中国刑事审判指导案例》(第 5 卷),法律出版社 2017 年版,第 378 页。

〔2〕 参见"黄某等贩卖毒品案",载陈兴良、张军、胡云腾主编:《人民法院刑事指导案例裁判要旨通纂》(下卷),北京大学出版社 2018 年版,第 1507~1508 页。

品犯罪的,根据药品中毒品成分的含量认定涉案毒品数量。

3. 实践中大多将不同种类、纯度的毒品作为量刑情节考虑,而非优先考虑折算方法。具体来说,在有的案件中,法官不对毒品的不同类型情形作评价,只是客观陈述各种毒品数量,不计算总量,而后统一概括为"毒品数量较大""数量大"或"数量巨大"。在有的案件中,裁判文书中既未对多种毒品进行折算,不标注毒品总量,也未提量刑问题。只是在陈述查获的毒品数量后,直接对被告人定罪量刑。[1] 退一步讲,从计算方法角度看,"当案件涉及不同类型毒品时,司法实务中计算毒品数量的方式差异极大。"[2] 例如,在指导性案例 [第364号] 李某贩卖毒品案中,裁判理由认为:"对于查获的毒品有证据证明大量掺假,经鉴定查明毒品数量含量极少,确有大量掺假成分的,在处刑时应酌情考虑。特别是掺假之后毒品数量才达到判处死刑的标准的,对被告人可不判处死刑立即执行。"[3]

二、不同种类毒品的数量计算

对于不同种类的毒品,国外通常是以实践中使用量最大的毒品种类为标准进行折算。2002年美国新版的《美国量刑指南》中出现了《毒品数量表》,通过划分38个基本罪等级,对海洛因、

---

[1] 参见张汝铮、郝银钟:"论毒品数量计算在司法实践中的重构",载《法律适用》2019年第13期。

[2] 徐冉:"论毒品数量计算方式的完善——基于98例裁判的文本分析",载《中国人民公安大学学报(社会科学版)》2018年第6期。

[3] "李某贩卖毒品案 [第364号]",载中华人民共和国最高人民法院刑事审判第一、二、三、四、五庭主办:《中国刑事审判指导案例》(第5卷),法律出版社2017年版,第339页。

大麻等常见毒品的数量及其量刑标准作了详细的规定,同时通过《毒品换算表》,以大麻为标准,将其他不同种类的毒品换算成大麻的数量。[1]例如,1 克海洛因=1 千克大麻;1 克α—甲芬太尼=10 千克大麻;1 克左旋吗酰胺=670 克大麻;1 克可待因=80 克大麻。

我国《刑法》仅仅是对第 347 条走私、贩卖、运输、制造毒品罪和第 348 条规定的非法持有毒品罪,将毒品分为鸦片、海洛因或者甲基苯丙胺和其他毒品三类,配置了不同的定罪量刑标准。对于其他毒品犯罪,既没有区分毒品的种类,也没有根据毒品的种类规定相应的定罪量刑标准。在这种情况下,就涉及如何在不同种类的毒品之间进行折算的问题。从我国立法和司法实践看,不同种类的毒品之间的折算先后采取"综合估量法"和"折算法"。

（一）综合估量法

目前,我国法律规定列管的麻醉药品为 121 种,精神药品为 149 种,如果再加上被管制的非药用类麻醉药品和精神药品 156 种,[2]共计管制 426 种毒品,其中大部分毒品没有明确的定罪量刑数量标准。从实践看,大量存在同时贩卖多种毒品或者混合型毒品的案件。

---

[1] 参见魏春明:"美英两国毒品纯度与量刑分析",载《云南警官学院学报》2005 年第 3 期。

[2] 2015 年 10 月 1 日起实施的《非药用类麻醉药品和精神药品列管办法》,列管 116 种新精神活性物质;自 2017 年 3 月 1 日起,将卡芬太尼等 4 种芬太尼类物质列入管制;自 2017 年 7 月 1 日起,U－47700 等 4 种新精神活性物质列入增补目录;2018 年 9 月 1 日,公安部、国家卫生健康委员会和国家药品监督管理局决定新增列管 32 种 4－氯乙卡西酮等新精神活性物质。

为了破解这一难题，最高法 1995 年作出的《关于办理毒品刑事案件适用法律几个问题的答复》（已失效）规定："对被告人一人走私、贩卖、运输、制造或者非法持有两种以上毒品并已构成犯罪的，不应实行数罪并罚，可综合考虑毒品的种类、数量及危害，依法处理。"最高法 2008 年印发的《大连会议纪要》指出："对被告人一人走私、贩卖、运输、制造两种以上毒品的，不实行数罪并罚，量刑时可综合考虑毒品的种类、数量及危害，依法处理。"《大连会议纪要》还指出，对于含有两种以上毒品成分的毒品混合物，如果毒性相当或者难以确定毒性大小的，以其中比例较大的毒品成分确定其毒品种类，并在量刑时综合考虑其他毒品成分、含量和全案所涉毒品数量。根据该规定，司法机关可以根据毒品犯罪案件具体情节、涉案的不同种类毒品数量，参考《刑法》规定的量刑幅度对毒品犯罪自由裁量。

上述规定赋予司法人员比较大的裁量权，但是，由于缺少统一、明确适用的量刑数量标准，往往会出现同案不同判的情形，可以说简单进行估量的方法存在不少问题。

（二）折算法

1. 折算法的提出和有关规定。折算法认为，对于不同种类的毒品和混合型毒品等，应当以某一有明确量刑标准的毒品为参照物，将毒品按照一定比例折算，然后按照参照物的标准进行量刑。[1]鉴于海洛因占我国传统毒品的 80%，最高法 1994 年 12 月发布的《关于执行〈全国人民代表大会常务委员会关于禁毒的决

---

[1] 参见王军、李树昆、卢宇蓉："破解毒品犯罪法律适用难题——毒品犯罪法律适用问题研讨会综述"，载《人民检察》2004 年第 11 期。

定〉的若干问题的解释》(已失效)第 19 条规定:"海洛因的含量在 25% 以上的,可视为《决定》和本解释中所指的海洛因。含量不够 25% 的,应当折合成含量为 25% 的海洛因计算数量。"

(1)对于混合型毒品,可以适用折算法。例如,最高法刑一庭 2006 年 6 月发布的《关于审理若干新型毒品案件定罪量刑的指导意见》规定:"对新型毒品要做含量鉴定,确定单一型毒品还是混合型毒品;如果是混合型毒品,要鉴定主要毒品成分及比例。""对新型混合毒品的量刑应以其主要毒品成分为依据。将危害较大的主要几类毒品成分按其比例折算成海洛因后再确定数量量刑。"

最高法 2008 年印发的《大连会议纪要》规定,对于含有二种以上毒品成分的毒品混合物,首先应作成分鉴定,确定所含的不同毒品成分及比例,然后根据所含毒品种类、比例确定折算方案。具体来说,其一,对于毒品中含有海洛因、甲基苯丙胺的,应以海洛因、甲基苯丙胺分别确定其毒品种类。其二,对于毒品中不含海洛因、甲基苯丙胺的,应以其中毒性较大的毒品成分确定其毒品种类。其三,如果毒品中各种毒性相当或者难以确定毒性大小的,以其中比例较大的毒品成分确定其毒品种类,并在量刑时综合考虑其他毒品成分、含量和全案所涉毒品数量。其四,如果毒品中含有《刑法》、司法解释等没有规定量刑数量标准的毒品,有条件折算为海洛因的,参照国家食品药品监督管理局制定的《非法药物折算表》,折算成海洛因的数量后适用刑罚。

(2)对于涉及两种以上毒品的案件,也可以适用"折算法"。如果某一案件同时涉及两种以上毒品,最高法研究室 2009 年 8 月作出的《关于被告人对不同种毒品实施同一犯罪行为是否按比例折算成一种毒品予以累加后量刑的答复》明确指出:"对被告人一人走私、贩卖、运输、制造两种以上毒品的,不实行数罪并罚",可以将不同种毒品按一定比例折算后予以累加进行量刑。

2015年印发的《武汉会议纪要》提出两种折算方法:其一,对于刑法、司法解释或者其他规范性文件明确规定了定罪量刑数量标准的毒品,应当按照该毒品与海洛因定罪量刑数量标准的比例进行折算,以折算后累加的毒品总量作为量刑的根据。其二,对于刑法、司法解释或者其他规范性文件没有明确规定定罪量刑数量标准,但国家食药监局2004年10月发布的《非法药物折算表》规定了与海洛因的折算比例的毒品,可参照《非法药物折算表》中规定的阿片类以及苯丙胺类毒品与海洛因的折算标准,将一些药物依赖性强以及精神依赖性强的毒品折算成海洛因后累加计算,进而确定刑事被告人的量刑幅度。按照上述规定,实践中一般以含量25%的海洛因为基准物,将其他毒品换算为海洛因,如海洛因为1,则可卡因为1、甲基苯丙胺(冰毒)为1、吗啡为2、大麻为4、鸦片为20等。

另外,国家禁毒委员会办公室2016年发布的《104种非药用类麻醉药品和精神药品管制品种依赖性折算表》中,对104种新型毒品与海洛因、甲基苯丙胺之间的折算标准作出了明确规定。

2. 折算法存在的问题。折算法有其优点,但在适用中也暴露出许多问题。

(1) 折算法仅考虑各种成分在毒品中的数量比例,未考虑不同毒品的纯度高低。我国《刑法》第357条第2款规定,定罪量刑时仅看查证属实的毒品数量,不以纯度折算。但是,《非法药物折算表》的折算比例却以纯品海洛因为基准,至少在该表中毒品纯度是折算时不可忽视的要素。"折算法未明确如何处理毒品纯度问题,容易导致毒品数量认定的随意性,进而影响到刑罚的确定。我国刑法明确规定毒品犯罪中刑罚的裁量只看毒品数量而不考虑纯度,但在毒品折算时是否需要考虑纯度却并不明确……由于折算法本身未明确表示在折算过程中是否需要考虑被折算毒品的纯度,折算时人为降低毒品数量成为可能,这为权力寻租留下了隐患。"[1]例如,一行为人走私高纯度海洛因10克与纯度25%的阿芬太尼10克出境时被查获,构成走私毒品罪。由于现有司法解释中未规定阿芬太尼与海洛因的定罪量刑比例,按照《非法药物折算表》的规定,1克阿芬太尼相当于15克海洛因,将阿芬太尼折算成海洛因后,行为人共计走私毒品160克($10 + 15 \times 10 = 160$ 克)。由于行为人走私毒品的"数量巨大",根据《刑法》第347条规定,行为人很可能被判处无期徒刑甚至死刑。但是,如果考虑纯度问题,行为人走私毒品的数量为47.5克($10 + 15 \times 10 \times 0.25 = 47.5$ 克),不符合"数量大"的标准,量刑幅度是15年以下有期徒刑。由此可见,纯度问题对量刑结果影响很大。[2]

(2)折算法仅考虑各种成分在毒品中的数量比例,未考虑不同毒品的毒性问题。[3]例如,司法解释中确立的海洛因与芬太尼的定罪量刑数量比例为1∶2.5。根据《刑法》规定,行为人走私

---

[1] 徐冉:"论毒品数量计算方式的完善——基于98例裁判的文本分析",载《中国人民公安大学学报(社会科学版)》2018年第6期。

[2] 参见张汝铮、郝银钟:"论毒品数量计算在司法实践中的重构",载《法律适用》2019年第13期。

[3] 参见张汝铮、郝银钟:"论毒品数量计算在司法实践中的重构",载《法律适用》2019年第13期。

芬太尼 125 克以上，构成走私毒品罪且"数量大"的，可以判处死刑。目前我国对芬太尼实施类管制，包括阿芬太尼在内的芬太尼药物家族的很多物质均作为毒品予以列管。阿芬太尼是芬太尼的衍生物，其镇痛强度为芬太尼的 1/4，作用时间是芬太尼的 1/3。因为目前司法解释中没有关于阿芬太尼的数量规定，只能参考《非法药品折算表》。当行为人走私阿芬太尼 4 克以上时，已经达到《刑法》规定的"数量大"，可能判处无期徒刑甚至死刑。之所以出现这样的结果，是因为《非法药品折算表》反映的是该物质与海洛因之间的折算比例关系。从药效上看，芬太尼类物质的药性（亦毒性）均强于海洛因，因此在确定芬太尼与海洛因比例关系时，1 克阿芬太尼相当于 15 克海洛因。不过，实践中芬太尼均为药品，含量很低，司法解释中将海洛因与芬太尼的比例界定 1:2.5 也是出于这一考虑。由于折算法不考虑毒品的纯度问题，导致行为人走私毒性较强的阿芬太尼，虽然数量少但量刑却更重，有损刑罚的公正性。[1]

（3）折算法强调以海洛因作为折算标准，如果某一案件中没有海洛因，采取折算法将涉案毒品折算成海洛因，可能不妥当。[2]根据《2018 年中国毒品形势报告》的统计，截至 2018 年年底，在现有 240.4 万名吸毒人员中，滥用冰毒人员为 135 万名，占 56.1%，冰毒已取代海洛因成为我国滥用人数最多的毒品。司法实践也表明，毒品犯罪中最为常见、数量最多的毒品是甲基苯丙

---

〔1〕参见张汝铮、郝银钟："论毒品数量计算在司法实践中的重构"，载《法律适用》2019 年第 13 期。

〔2〕参见张汝铮、郝银钟："论毒品数量计算在司法实践中的重构"，载《法律适用》2019 年第 13 期。

胺（冰毒）及其片剂。对于《武汉会议纪要》规定的"将不同种类的毒品分别折算为海洛因的数量"累计计算的方法，不宜机械地适用。如果多次毒品犯罪活动中涉及的毒品以海洛因为主，可以折算成海洛因。但是，如果涉及的毒品不是以海洛因为主，而是以甲基苯丙胺、吗啡、可卡因等为主，可以直接折算累计涉及数量最大的毒品种类，没有必要折算累计为海洛因。[1]

（4）折算法仅考虑各种成分在毒品中的数量比例，忽视毒品成分的多样性，导致对毒品数量判断不准确。不同毒品具有不同的化学成分，对人体产生的危害效果也各不相同，或具有致幻性，或具有药物依赖性，或具有兴奋或镇静作用。由于化学成分和药理效果的本质差异，再精确的折算也会存在一定的误差。随着毒品种类日新月异，当所有类型的毒品均折算为一类时，误差将变得更大，导致无法准确判断毒品数量。[2]

三、混合毒品的数量计算

在司法实践中，除了同一案件涉及多种毒品的数量计算问题，有些案件中还存在"混合毒品"的数量计算问题。例如，近年来涉摇头丸类毒品案件上升幅度很大，约占案件总数的10%~15%。摇头丸是毒品犯罪分子制作的含有二亚甲基双氧安非他明（MDA）、替苯丙胺（MDMA）或其他毒品成分的药丸（其中前两类为苯丙胺类毒品），是一种混合型毒品。从查获的摇头丸的成分看，大致分为两种类型：一种是标准型，主要是含有纯度较高

---

[1] 参见司冰岩："毒品犯罪疑难问题研究"，载《法律适用》2015年第12期。
[2] 参见徐冉："论毒品数量计算方式的完善——基于98例裁判的文本分析"，载《中国人民公安大学学报（社会科学版）》2018年第6期。

的 MDMA、MDA 等若干种苯丙胺类毒品、苯丙胺类衍生物以及其他化学物质相混合制成的片剂；另一种是混合型，其成分相当复杂，有海洛因、甲基苯丙胺、大麻、麻黄素、咖啡因、解热止痛药等。在此情况下，以其中一种成分来认定毒品总数并不合理，有必要进行含量鉴定。[1]在指导性案例［第 430 号］王某贩卖毒品案中，裁判理由强调："摇头丸——是一种混合型毒品。摇头丸所含的成分不同，成瘾性和对人体危害性的程度是不同的，因此，必须对其成分、含量作出鉴定，以确定其社会危害性。"[2]

（一）"混合毒品"的类型

在司法实践中，"混合毒品"并非只是一般意义上不同类型毒品混合而得的成分复杂的毒品，而是可以分为四种情形：第一种情形是，将毒品与非毒品物质混合所得毒品。通常是将单一类型的毒品中混入对人体无害的非毒品物质，譬如行为人将海洛因混入"脑复康"，或者将甲基苯丙胺与糯米粉、色素、香精等材料混合。第二种情形是，将不同类型毒品混合而成的毒品，通常包含两种及以上不同成分。形态上复杂多样，有粉末状、片剂、液体、颗粒等，经常借用一般饮料、药品的外包装，具有较高的隐秘性。第三种情形是，行为人同时贩卖或非法持有两种类型以上的毒品，但这些毒品没有经过再次加工与混合。第四种情形是，犯罪行为涉及两种及以上类型的毒品，既包括成分单一的毒

---

[1] 参见张明："毒品犯罪量刑的若干问题"，载《中国审判》2007 年第 2 期。
[2] "王某贩卖毒品案［第 430 号］"，载中华人民共和国最高人民法院刑事审判第一、二、三、四、五庭主办："中国刑事审判指导案例》（第 5 卷），法律出版社 2017 年版，第 364~365 页。

品，也包括混合毒品。[1]

例如，"麻果"就是一种含甲基苯丙胺和咖啡因并混杂其他物质制成的混合型毒品。作为一种新型毒品，"麻果"的成瘾性不明显，但是，其中含有的甲基苯丙胺则不同，具有强烈的兴奋和致幻作用，一次就可成瘾。因此，"麻果"的成瘾性、毒害性大小，取决于其中的甲基苯丙胺的含量。对于实践中查获的"麻果"，如果仅以"麻果"的数量作为量刑标准，而不考虑其中的甲基苯丙胺含量，必然有损刑罚的公正性。

（二）关于"混合毒品"的定性和定量的规范性文件

当前我国有关"混合毒品"定性定量问题的规范性文件，主要是《大连会议纪要》《武汉会议纪要》和"两高一部"于2014年8月颁发的《关于规范毒品名称表述若干问题的意见》（法[2014]224号）。

其中，《大连会议纪要》规定，对于含有两种以上毒品成分的混合物往往采取如下方法确定其毒品种类，而后再计算其数量：一是毒品中含有海洛因、甲基苯丙胺的，分别以海洛因、甲基苯丙胺确定其毒品种类；二是非海洛因、甲基苯丙胺的毒品混合物，以其中毒性较大的毒品成分确定其种类；三是毒性相当或难以确定毒性大小的，以其中比例较大的毒品成分确定其种类。

《关于规范毒品名称表述若干问题的意见》规定："对于含有二种以上毒品成分的混合型毒品，应当根据其主要毒品成分和具体形态认定毒品种类、确定名称。混合型毒品中含有海洛因、甲

---

[1] 参见彭景理："混合毒品数量认定方式之完善——基于200份裁判文书的考察"，载《中国人民公安大学学报（社会科学版）》2019年第5期。

基苯丙胺的,一般应当以海洛因、甲基苯丙胺确定其毒品种类;不含海洛因、甲基苯丙胺,或者海洛因、甲基苯丙胺的含量极低的,可以根据其中定罪量刑数量标准较低且所占比例较大的毒品成分确定其毒品种类。混合型毒品成分复杂的,可以用括号注明其中所含的一至二种其他毒品成分。"

《武汉会议纪要》指出:走私、贩卖、运输、制造、非法持有两种以上毒品的,可以将不同种类的毒品分别折算为海洛因的数量,以折算后累加的毒品总量作为量刑的根据。对于刑法、司法解释或者其他规范性文件明确规定了定罪量刑数量标准的毒品,应当按照该毒品与海洛因定罪量刑数量标准的比例进行折算后累加。对于刑法、司法解释及其他规范性文件没有规定定罪量刑数量标准,但《非法药物折算表》规定了与海洛因的折算比例的毒品,可以按照《非法药物折算表》折算为海洛因后进行累加。对于既未规定定罪量刑数量标准,又不具备折算条件的毒品,综合考虑其致瘾癖性、社会危害性、数量、纯度等因素依法量刑。

(三)"混合毒品"的数量计算

2004年最高检公诉厅组织召开了"毒品犯罪法律适用问题研讨会",认为混合型毒品犯罪的量刑应当以"毒害说"为主,以"数量说"为补充。[1]

在实践中,对于缉毒人员查获的毒品可疑物经检测发现含有海洛因、美沙酮或者混合甲基苯丙胺、咖啡因等两种以上毒品

---

[1] 参见王军、李树昆、卢宇蓉:"破解毒品犯罪法律适用难题——毒品犯罪法律适用问题研讨会综述",载《人民检察》2004年第11期。

的，首先解决混合毒品的定性问题。在对混合毒品进行定性，将其划归至某一类毒品之后，再计算其数量。具体来说，其一，如果查获的物质中含有两种及以上毒品的，先确定其中是否含有海洛因或甲基苯丙胺；如果含有海洛因或甲基苯丙胺，就按照该两种毒品确定该物质的属性，即将该物质直接确定为"海洛因"或"甲基苯丙胺"。其二，如果在该物质中未检测到海洛因或甲基苯丙胺而检测到其他种类的混合毒品（如吗啡和咖啡因），就选择法律规定的定罪量刑数量标准低的毒品确定为该混合毒品的类型名称（混合物定性为吗啡）。[1]

不难发现，目前对于"混合毒品"的数量计算，以确定主要毒品种类（成分）为依托，以数量计算方法为主，尽管"综合考虑其致瘾癖性、社会危害性、数量、纯度等因素"，但是对毒品的纯度、不同毒品的毒性等重视不够，未能为实践提供一套具有可操作性的判断标准。在这一点上，与前述"不同种类毒品的数量计算"存在同样的问题。

四、不同纯度毒品的数量计算

前已述及，实践中对于涉案毒品数量相同，但其纯度不同的案件，是直接以所查获的毒品数量定罪量刑，还是按照纯度折算后再作为量刑依据，争议很大。

（一）我国香港地区对不同纯度毒品的数量计算方法

在我国香港地区的毒品管制法规中，没有关于持有、贩运、

---

[1] 参见张汝铮、郝银钟："论毒品数量计算在司法实践中的重构"，载《法律适用》2019年第13期。

非法供应和制造危险药物罪的数量要求，但是，在具体的案件中还是比较注意对毒品纯度的计算，对于查获的毒品，均要求折算成该危险物质的净含量。例如，香港特区《危险药物条例》（香港法例第134章）第2条"释义"中规定："任何分量的危险药物，即使不足以称量或使用，也属危险药物。"另外，该条例也对液体制剂和盐类中所含物质的百分率的计算方法作出了规定。根据香港法律的规定，尽管涉案毒品的数量并非持有、贩运、非法供应和制造危险药物罪的构成要件，但是毒品数量却与刑期之间具备密切的关系。[1]

在香港的判例中，相关的判决书所认定的精神药物及其制剂的重量，是以该种物质的净含量为标准的。法院判决的刑期主要参考被控罪行的性质、涉案毒品的种类及分量、被告人的具体犯罪情节和背景而综合决定。可见，毒品的纯度在香港刑法的量刑中具有举足轻重的地位。[2]

（二）我国内地关于不同纯度毒品的数量计算方法

前已述及，我国司法实践中通常以海洛因为标准对其他种类的毒品进行折算，但是如果毒品的纯度不同，就涉及要否考虑毒品的纯度问题。如果考虑毒品的纯度，该如何进行折算呢？

从立法看，尽管《刑法》第357条第2款规定："毒品的数量以查证属实的走私、贩卖、运输、制造、非法持有毒品的数量计算，不以纯度折算。"但是，1994年最高法发布的《关于执行

---

[1] 参见黄瑛琦、张洪成："走私、贩卖、运输、制造毒品罪的刑罚适用问题研究"，载《中南大学学报（社会科学版）》2010年第5期。

[2] 参见黄瑛琦、张洪成："走私、贩卖、运输、制造毒品罪的刑罚适用问题研究"，载《中南大学学报（社会科学版）》2010年第5期。

《全国人民代表大会常务委员会关于禁毒的决定》的若干问题的解释》(法发〔1994〕30号,已失效)规定:"对毒品犯罪案件中查获的毒品,应当鉴定,并作出鉴定结论……海洛因的含量在25%以上的,可视为《决定》和本解释中所指的海洛因。含量不够25%的,应当折合成含量为25%的海洛因计算数量。""两高"和公安部2007年12月联合发布的《办理毒品犯罪案件适用法律若干问题的意见》(公通字〔2007〕84号)规定,对于可能判处死刑的毒品犯罪案件,必须对毒品进行含量鉴定。《武汉会议纪要》也主张,对于既未规定定罪量刑数量标准,又不具备折算条件的毒品,综合考虑其致瘾癖性、社会危害性、数量、纯度等因素依法量刑;涉案毒品纯度明显低于同类毒品的正常纯度的,量刑时可以酌情考虑。[1]"两高"、公安部2016年5月《办理毒品犯罪案件毒品提取、扣押、称量、取样和送检程序若干问题的规定》(公通字〔2016〕511号)第33条规定,具有下列情形之一的,公安机关应当委托鉴定机构进行含量鉴定:①犯罪嫌疑人、被告人可能判处死刑的;②查获的毒品系液态、固液混合物或者系毒品半成品的;③查获的毒品可能大量掺假的;④查获的毒品系成分复杂的新类型毒品,且犯罪嫌疑人、被告人可能被判处7年以上有期徒刑的;⑤法院、检察院认为含量鉴定对定罪量刑有重大影响而书面要求进行含量鉴定的。

从理论上看,关于在计算毒品数量时要否考虑毒品的纯度,也存在不同观点。第一种观点主张不考虑毒品纯度,主要理由

---

〔1〕 显然,《武汉会议纪要》是将毒品纯度作为量刑情节看待,而非视为毒品数量计算的条件。

是，不对毒品进行纯度计算，可以从严从重打击毒品犯罪，而且行为人所持有的毒品数量的大小也直接反映了其行为的社会危害性大小，因而不必再进行纯度折算。第二种观点主张认定毒品数量时应当考虑纯度，[1]否则，相同数量的毒品如果纯度不同而仍处以相同刑罚，容易导致量刑不协调，要么轻纵犯罪人，要么量刑畸重，不符合罪刑相适应原则。第三种观点采取折中的立场，认为"'纯度折算'是根据毒品含量计算毒品数量（或重量），含量鉴定是根据毒品含量辨别毒品质量（或品质），前者解决'量'的问题，后者解决了'质'的问题，二者虽有联系，但目的不同。折算纯度必须先做含量分析，但做含量分析并不一定为折算纯度，也不必然导致纯度折算。"[2]

从实践看，随着科技的发展，各种类型的新型毒品、合成毒品层出不穷。例如，"两高"、公安部2007年12月联合发布的《关于办理毒品犯罪案件适用法律若干问题的意见》（公通字[2007]84号）规定了氯胺酮、美沙酮、三唑仑、安眠酮、氯氮卓、地西泮、艾西唑仑、溴西泮、MDMA等9种（类）新型毒品的定罪量刑标准，但未明确上述9种（类）之外的新型毒品的折算标准及量刑依据。2016年4月最高法发布的《关于审理毒品犯罪案件适用法律若干问题的解释》（法释[2016]8号），就包含了可卡因、MDMA、吗啡、芬太尼等31种毒品。《武汉会议纪要》中的折算法以《非法药物折算表》为折算标准，而在《非法

---

[1] 参见李希慧："惩治毒品犯罪刑事立法不能滞后"，载《检察日报》2009年6月26日，第3版。

[2] 褚建新、包朝胜："涉毒案件毒品定量鉴定是量刑的重要节点"，载《中国司法鉴定》2008年第5期。

药物折算表》中包含了醋托啡、乙酰阿法甲基芬太尼等156种非法药物。如果要求在认定成分复杂、种类多样的毒品数量时必须考虑纯度，会明显增加认定难度，降低办案效率。另一方面，毒品犯罪案件数量高居不下，如果计算毒品数量时还要考虑毒品的纯度，无疑会降低办案效率。相反的观点则认为，对毒品含量进行鉴定，能减少因对毒品含量有异议而提出上诉的案件数量，节约司法资源。[1]

(三) 本书的观点：在计算毒品数量时应当考虑毒品的种类和纯度

毒品以其含有的苯丙胺等物质满足吸毒人员的需要，因此毒品的纯度直接决定了其成瘾性、滥用性和社会危害性。在我国司法实践中，仅仅在可能判处死刑的毒品犯罪案件中考虑毒品的纯度，在普通毒品犯罪案件不考虑纯度的做法，难以实现量刑公正。在"毒品数量少，但毒品纯度高"和"毒品数量大，但毒品纯度低"等情形下，尤其如此。

主要表现在：[2]其一，在毒品犯罪中，越处于上游的犯罪人所控制的毒品纯度越高，价格越昂贵，危害性越大。相反，随着毒品的流转，其纯度会大打折扣，真正到吸食者手中的毒品的纯度远不及上游阶段的纯度，但是数量却会大大增加。如果仅以数量作为量刑依据，那些处于毒品流通链上游，掌握资金、制毒技术、原材料、销售渠道的人员，虽然是犯罪源头和真正需要重点

---

[1] 参见聂立泽："应以纯度为毒品犯罪的折算方法——对毒品犯罪几个新问题的看法"，载《人民法治》2018年第12期。

[2] 参见彭景理、李亚博："毒品数量的认定应当考虑纯度"，载《人民司法（应用）》2018年第25期。

打击的对象,却得不到有效打击。其二,由于高纯度毒品无法直接吸食,行为人通常会掺入其他物质进行稀释。对于等量纯度和质量的毒品,可能由于行为人稀释的倍数不同而导致处罚不同。在指导性案例［第367号］张某等贩卖毒品案中,裁判理由强调:"从公平正义的角度而言,同样是贩卖海洛因50克的行为,100%的海洛因含量和0.01%含量的海洛因,其社会危害性是不能相提并论的。因为50克100%含量的海洛因,如果要稀释成0.01%含量的海洛因,则可以稀释成上百克。在绝对数量上增加了很多,但在社会危害性上,却仍然相当于50克海洛因的社会危害性。"[1]其三,忽视毒品纯度会间接地促进制毒技术的发展,使得毒品高纯度化。众所周知,纯度更高的海洛因的市场价要远远高于低纯度海洛因,利润也大得多,如果走私纯度不同但数量相同毒品的量刑相同,行为人完全可能会趋利避害,制造、贩卖数量少、纯度更高的毒品。这种压迫反过来会推动制毒技术的发展。

从近年来的司法实践看,关于毒品犯罪的定罪和量刑,已经逐渐开始考虑毒品的纯度问题。例如,2010年9月最高法研究室在回复四川省高院《关于贩卖、运输经过取汁的罂粟壳废渣是否构成贩卖、运输毒品罪的请示》(法研［2010］146号)中指出,被告人贩卖、运输的是经过取汁的罂粟壳废渣,吗啡含量只有0.01%,含量极低,从技术和成本看,基本不可能用于提取吗啡,因此不认为构成犯罪。再如,"两高"、公安部2007年12月

---

[1]"张某等贩卖毒品案［367号］",载中华人民共和国最高人民法院刑事审判第一、二、三、四、五庭主办:《中国刑事审判指导案例》(第5卷),法律出版社2017年版,第348页。

《办理毒品犯罪案件适用法律若干问题的意见》（公通字［2007］84号）以及2015年印发的《武汉会议纪要》明确了三种需要考虑毒品纯度的情况：对于废料、废液的认定，犯罪人可能被判处死刑，以及毒品纯度明显低于正常纯度的，刑罚裁量时需要考虑毒品纯度；对于既未规定定罪量刑数量标准，又不具备折算条件的毒品，综合考虑其致瘾癖性、社会危害性、数量、纯度等因素依法量刑；涉案毒品纯度明显低于同类毒品的正常纯度的，量刑时可以酌情考虑。

这里以毒品废液、废料为例进行说明。毒品废液、废料通常是指已经不具备进一步提取（提纯）毒品条件的固体或者液体废弃物，能够检出毒品成分但含量极低。毒品废液、废料是否属于毒品，关键看其是否具有使用价值。毒品的使用价值主要体现在两方面：一是吸食，主要是指毒品成品；二是可以继续加工提炼出可以吸食的毒品，主要是指毒品粗制品、半成品及其他尚未达到吸食条件的毒品形态。由于毒品废液、废料中毒品含量极低，不能用于直接吸食，也不能继续加工、提炼成可以吸食的毒品，所以毒品废液、废料不具有毒品的使用价值，不属于毒品，不应计入毒品的数量。《武汉会议纪要》指出："制造毒品案件中，毒品成品、半成品的数量应当全部认定为制造毒品的数量，对于无法再加工出成品、半成品的废液、废料则不应计入制造毒品的数量。对于废液、废料的认定，可以根据其毒品成分的含量、外观形态，结合被告人对制毒过程的供述等证据进行分析判断，必要时可以听取鉴定机构的意见。"

在实践中，认定毒品废液、废料的关键，在于区分毒品废液、废料与毒品半成品。根据《武汉会议纪要》的规定，对于制造毒品案件中查获的含有毒品成分但外观明显有别于成品的非常态物质，除结合被告人对制毒过程的供述、物品的外观、提取状况等进行分析外，主要应当根据其毒品含量判断属于半成品还是废液、废料，必要时可以听取鉴定机构的意见。目前，有关技术专家认为，对于制毒现场查获的毒品含量在0.2%以下的物质，犯罪人因受技术水平所限，通常难以再加工出毒品，且从成本角度考虑，犯罪人不太可能再对含量如此低的物质进行加工、提纯，故0.2%的含量标准可以作为认定废液、废料的参考。[1]

事实上，在计算毒品数量时考虑毒品的含量，与是否考虑毒品的纯度是并行不悖的。主要原因是，"纯度折算"是根据毒品含量计算毒品数量（或重量），解决毒品的数量多少的问题；而含量鉴定是根据毒品含量辨别毒品质量（或品质），解决毒品的质量优劣问题。在折算毒品纯度时必须先做含量分析，但做毒品含量分析并不意味着一定要折算毒品纯度，也不必然导致纯度折算。[2]

五、计算相同种类或者不同种类、纯度毒品数量的方法

毒品纯度不仅影响毒品的毒理作用，是判断毒品法益侵害程度的重要依据，有时候还是区分毒品与非毒品，以及不同种类毒品的重要标准。例如，咖啡因、可待因等物质，不仅是毒品的重

---

[1] 参见李静然、沈丽："制造毒品行为及制毒数量的认定"，载《人民司法（案例）》2017年第35期；刘桂华、林栩塑、傅沿："制造毒品案件中废液、废料及既未遂的认定"，载《人民司法（案例）》2018年第14期。

[2] 参见褚建新、包朝胜："涉毒案件毒品定量鉴定是量刑的重要节点"，载《中国司法鉴定》2008年第5期。

要成分,也是很多食品、饮料和药物中的重要成分。比如说,红牛饮料、绿茶饮料中就含有咖啡因。如果不考虑咖啡因的纯度和含量,红牛饮料和绿茶等也属于毒品。再如,"海洛因与吗啡在药理学上是完全一样的,但是这两种乙酰组织增加了海洛因分子的类脂化合物的溶解性,从而使其分子更快地融入人的大脑,然后连上附加的组织,产生出吗啡。因此,吗啡和海洛因的作用是完全相同的。"[1]但是,关于如何计算相同种类或者不同种类、纯度毒品数量,存在不同观点。

(一)"同类折算、跨类并罚"的认定方式

1. "同类折算、跨类并罚"的认定方式的主要内容。前已述及,《美国量刑指南》规定了《毒品犯罪数量表》《毒品换算表》等,对不同种类、不同纯度的毒品进行折算。英国也采取折算法,将毒品折算为100%纯度的海洛因或者安非他命之后进行计算。在我国,徐冉博士提出了"同类折算、跨类并罚"的认定方式,[2]与国外的做法有异曲同工之处。

(1) "同类折算"是指根据《非法药物折算表》,在同一类型的系列毒品中确定一种毒品作为折算基准毒品,该类型中所有毒品均折算为基准毒品以认定数量。根据《非法药物折算表》将所有毒品分为六大类型,并在每一类中选择一种毒品作为基准毒品:海洛因作为阿片类的基准毒品、去氧麻黄碱(甲基苯丙胺/

---

[1] [美] O. 瑞、C. 科塞:《毒品、社会与人的行为》,夏建中等译,中国人民大学出版社2001年版,第331页。

[2] 关于"同类折算,跨类并罚"的认定方式,详细参见徐冉:"论毒品数量计算方式的完善——基于98例裁判的文本分析",载《中国人民公安大学学报(社会科学版)》2018年第6期。

冰毒）作为苯丙胺类和其他兴奋剂的基准毒品、可卡因作为可卡因类的基准毒品、大麻作为大麻类的基准毒品、溴西泮作为苯二氮䓬类镇静安眠药和其他类镇静安眠药的基准毒品、巴比妥作为巴比妥类的基准毒品。如此一来，对任何类型的毒品，首先判断其属于哪一大类，然后将其折算为该大类中的基准毒品数量，并以此来确定刑罚。

（2）"跨类并罚"是指当犯罪行为涉及多种毒品，且这些毒品在《非法药物折算表》中分属不同类别，对这些毒品折算为基准毒品分别量刑之后，再将各自的刑罚采取限制加重的方式确定最终的刑罚。譬如行为人贩卖1克芬太尼和1克二甲基双氧安非他明（MDMA），根据"同类折算、跨类并罚"的计算模式，首先，进行同类毒品的折算，芬太尼在《非法药物折算表》中属于阿片类毒品，1克芬太尼相当于40克海洛因；MDMA属于苯丙胺类，1克MDMA相当于1克去氧麻黄碱。其次，根据折算以后数量各自进行量刑，假设贩卖1克芬太尼的宣告刑是7年有期徒刑，贩卖1克MDMA的宣告刑是3年有期徒刑，由于芬太尼与MDMA在《非法药物折算表》中属于不同分类的毒品，按照"跨类并罚"的要求，需要将两种毒品的宣告刑依照限制加重的方式并罚，即对犯罪人在7至10年之间确定最终的刑罚。

（3）"同类折算、跨类并罚"是指在毒品犯罪中对不同毒品分别量刑之后，将针对不同毒品的刑罚进行并罚。这种认定方式在新型毒品不断出现，立法上不能及时增加毒品数量计算标准的情况下，为实践提供具有可操作性的认定标准等方面，具有积极意义。但是，也存在不少问题，主要是：[1]其一，同类折算的方式需要根据《非法药物折算表》重新确定多种折算基准毒品类型，这会使得毒品数量认定过程变得更为复杂。不仅是重新确定每种类型中其他毒品与基准毒品的折算比例程序复杂，更重要的是会使实践中对毒品数量的认定程序更为繁琐。因为根据《武汉会议纪要》，犯罪行为涉及不同类型毒品时，直接折算为海洛因并累积总加即可。而依据同类折算法，还需要判断毒品属于哪种类型并根据各自的折算比例进行计算。且现在的《非法药物折算表》已经明确了绝大多数毒品与海洛因的直接折算比例，同类折算法要求重新确立不同类型毒品中的基准毒品，显得多此一举。其二，行为人同时走私或贩卖不同类型毒品时，虽然毒品类型不同，但犯罪行为只有一个，且该行为是不可切分的整体，只能以一罪处罚。但是，根据"跨类并罚"的要求，需要将同一行为中不同类型毒品分别量刑之后并罚，违反禁止重复评价的基本原理。

2. "同类折算、异类从重处罚"的认定方式。[2]根据《刑法》第357条的规定，毒品可分为麻醉品类和精神物质类两大类。其中，麻醉品类可以分为阿片类、大麻类、可卡因类；精神物质类可以分为苯丙胺类、苯二氮卓类镇静安眠药、巴比妥类。关于同类毒品的折算，首先，在每一类别下甄选出一种代表性药品（毒品）作为基准，而同类下的其他物质可通过与基准物质之

---

〔1〕彭景理："混合毒品数量认定方式之完善——基于200份裁判文书的考察"，载《中国人民公安大学学报（社会科学版）》2019年第5期。

〔2〕关于"同类折算，异类从重处罚"的讨论，详细参见张汝铮、郝银钟："论毒品数量计算在司法实践中的重构"，载《法律适用》2019年第13期。

间的比例关系而确定数量。甄选每一种代表毒品时,可依据其司法常见性再结合考虑其药理学研究的成果,综合判定。例如,阿片类毒品的基准毒品为海洛因、大麻类的基准毒品为大麻(可以是大麻叶、大麻脂或大麻油)、可卡因类为可卡因、苯丙胺类为甲基苯丙胺(冰毒)、苯二氮卓类镇静安眠药以溴西泮为基准毒品、巴比妥类以巴比妥为基准毒品。对于查获的任何类型毒品,先判断其属于哪一类,然后再依照与该类基准毒品的比例关系折算其数量,分类的标准主要参考《非法药物折算表》。[1]其次,在"阿片类"与"苯丙胺类"这两大类毒品下,涉案的物质还可以进一步划分为没有药用价值的"毒品"与有药用价值的"麻精药品"。折算时,"麻精药品"可按照药品含量表中标注的有效成分含量计算"毒品"数量,而非笼统计算涉案的毒品溶液或片剂的数量总和。[2]

"异类从重"的主导思想是,如果犯罪行为涉及两类以上毒品时,该行为应从重处罚。具体方式为,当一案查获的毒品涉及不同大类毒品时,首先将毒品划分至各类并折算成该类的基准毒品,而后根据折算后的基准毒品数量分别量刑。通常,有期徒刑的量刑区间可分为3年以下(A区间)、3年以上至7年(B区间)、7年以上至10年(C区间)和10年以上至15年(D区间)。如果行为人贩卖两类以上毒品,先分别量刑后累加,如果累加后的宣告刑仍与原刑罚在同一量刑区间,那么就取其上限;

---

[1] 参见张汝铮、郝银钟:"论毒品数量计算在司法实践中的重构",载《法律适用》2019年第13期。

[2] 参见张汝铮、郝银钟:"论毒品数量计算在司法实践中的重构",载《法律适用》2019年第13期。

如果累加后的宣告刑已处于下一量刑区间，就以法定刑升格的方式确定最终的刑罚。[1]

(二) 本书的观点

我国缺乏法定的、具有可操作性的不同种类或者不同纯度的毒品的数量计算标准。关于相同种类或者不同种类、纯度毒品的数量计算，可以进行如下设计：

1. 同种类毒品的数量计算。

(1) 毒品可分为麻醉品类和精神物质类两大类。其中，麻醉品类可以进一步分为阿片类、大麻类和可卡因类；精神物质类可以进一步分为苯丙胺类、苯二氮卓类镇静安眠药和巴比妥类。《非法药物折算表》将非法药物分为八种类型：阿片类、大麻类、可卡因类、其他兴奋剂类、苯丙胺类、苯二氮卓类镇静安眠药、巴比妥类以及其他类镇静安眠药。在阿片类与苯丙胺类毒品下，进一步区分为三种类型：药物依赖性强且医疗中禁止使用、药物依赖性强但医疗中可以使用和药物依赖性弱且医疗中可以使用，并且根据每一种物质的药性配置了其与海洛因的比例。上述《刑法》第357条和《非法药物折算表》规定的主要毒品类型基本上是相同的。

---

[1] 参见张汝铮、郝银钟："论毒品数量计算在司法实践中的重构"，载《法律适用》2019年第13期。

表8-1 《刑法》第357条和《非法药物折算表》规定的
主要毒品类型对照表

《刑法》第357条规定的毒品类型		《非法药物折算表》规定的非法药物类型
麻醉品类	大麻类	大麻类
	可卡因类	可卡因类
	阿片类	阿片类
精神物质类	苯丙胺类	苯丙胺类
	苯二氮卓类镇静安眠药	苯二氮卓类镇静安眠药
	巴比妥类	巴比妥类
		其他兴奋剂类
		其他类镇静安眠药

（2）在每一类别下甄选出一种代表性药品（毒品）作为基准，而同类下的其他物质可通过与基准物质之间的比例关系而确定数量。甄选每一种代表毒品时，可依据其司法常见性再结合考虑其药理学研究的成果，综合判定。[1]例如，阿片类毒品的基准毒品为海洛因、大麻类的基准毒品为大麻（可以是大麻叶、大麻脂或大麻油）、可卡因类为可卡因、苯丙胺类为甲基苯丙胺（冰毒）、苯二氮卓类镇静安眠药以溴西泮为基准毒品、巴比妥类以巴比妥为基准毒品。对于查获的任何类型毒品，先判断其属于哪一类，然后再依照与该类基准毒品的比例关系折算其数量，分类的标准主要参考《非法药物折算表》。在"阿片类"与"苯丙胺类"这两大类毒品下，还可以将涉案物质进一步划分为没有药用

---

[1] 参见张汝铮、郝银钟："论毒品数量计算在司法实践中的重构"，载《法律适用》2019年第13期。

价值的"毒品"与有药用价值的"麻精药品"。在折算时,"麻精药品"可按照药品含量表中标注的有效成分含量计算"毒品"数量,而非笼统计算涉案的毒品溶液或片剂的数量总和。[1]

2. 不同种类毒品的数量计算。如果某一案件涉及不同大类毒品,首先将毒品划分至各类并折算成该类的基准毒品,而后根据折算后的基准毒品数量分别量刑。[2]"制定《毒品换算表》,依据毒品的毒性大小、所含有效活性成分的含量及其危害性等,对种类繁多的毒品按鸦片类、大麻类、可卡因类、兴奋剂类、致幻剂类、抑制剂类确立《毒品换算表》,将同种类、不同纯度的毒品换算成一定纯度的该类某种毒品。"[3]例如,将鸦片、吗啡、丁丙诺啡、哌替啶、美沙酮等不同种类、不同纯度的鸦片类毒品换算成纯度为100%的海洛因;将大麻植物、大麻树脂、大麻油等不同种类、不同纯度的大麻类毒品换算成四氢大麻酚含量为100%的大麻;将古柯叶、可卡膏、克拉克等不同种类、不同纯度的可卡因类毒品换算成纯度为100%的可卡因;将苯丙胺、麻古、MDMA、MDA等不同种类、不同纯度的苯丙胺兴奋剂换算成纯度为100%的甲基苯丙胺;将麦角二乙胺(LSD)、麦司卡林、氯胺酮等不同种类、不同纯度的致幻剂换算成纯度为100%的苯环已哌啶;将苯巴比妥、戊巴比妥、三唑仑等不同种类、不同纯

---

[1] 参见张汝铮、郝银钟:"论毒品数量计算在司法实践中的重构",载《法律适用》2019年第13期。

[2] 参见张汝铮、郝银钟:"论毒品数量计算在司法实践中的重构",载《法律适用》2019年第13期。

[3] 刘冬娴、伍玉功、贺江南:"毒品纯度对毒品犯罪定罪量刑的影响研究",载《湖南警察学院学报》2016年第4期。

度的抑制剂换算成纯度为 100% 的巴比妥。[1]

  通常情况下，有期徒刑的量刑区间可分为 3 年以下（A 区间）、3 年以上至 7 年（B 区间）、7 年以上至 10 年（C 区间）和 10 年以上至 15 年（D 区间）。如果行为人贩卖两类以上毒品，先分别量刑后累加，如果累加后的宣告刑仍与原刑罚在同一量刑区间，那么就取其上限；如果累加后的宣告刑已处于下一量刑区间，就以法定刑升格的方式确定最终的刑罚。例如，如果行为人贩卖黄皮吗啡 12 克、甲基苯丙胺（冰毒）7 克，先将吗啡划入阿片类毒品，根据其与海洛因的比例关系 2∶1，将涉案毒品数量折合为海洛因 6 克、甲基苯丙胺（冰毒）7 克。假设贩卖 6 克海洛因的宣告刑是有期徒刑 1 年半，贩卖 7 克甲基苯丙胺（冰毒）宣告刑是有期徒刑 1 年，那么累加后的宣告刑为有期徒刑 2 年半，仍然位于 A 区间，对行为人处以有期徒刑 3 年（该区间上限）。如果行为人贩卖黄皮吗啡 18 克、甲基苯丙胺（冰毒）14 克，同样先将涉案毒品数量折合为海洛因 9 克、甲基苯丙胺（冰毒）14 克。假设贩卖 9 克海洛因的宣告刑是有期徒刑 2 年，贩卖 14 克甲基苯丙胺（冰毒）宣告刑是有期徒刑 2 年，那么累加后的宣告刑为有期徒刑 4 年，已达到 B 区间。对贩卖两种毒品的宣告刑以升格的方式处罚，即对犯罪人在 B 区间（3 年以上至 7 年）内确定宣告刑。[2]

  关于芬太尼与海洛因的折算，《武汉会议纪要》与 2016 年 4

---

  [1] 参见刘冬娴、伍玉功、贺江南："毒品纯度对毒品犯罪定罪量刑的影响研究"，载《湖南警察学院学报》2016 年第 4 期。

  [2] 参见张汝铮、郝银钟："论毒品数量计算在司法实践中的重构"，载《法律适用》2019 年第 13 期。

月最高法《关于审理毒品犯罪案件适用法律若干问题的解释》（以下简称2016年《解释》）（法释［2016］8号）确立了不同的折算标准。根据《非法药物折算表》，1克芬太尼相当于40克海洛因，按照这一折算比例，1.25克芬太尼相当于50克海洛因。行为人只要走私、制造、贩卖、运输1.25克芬太尼，就达到了《刑法》第347条第2款第1项"其他毒品数量大"的规定。但是，根据2016年《解释》，125克以上的芬太尼才符合"其他毒品数量大"的标准。其一，如果以前者为准据，根据《武汉会议纪要》和《非法药物折算表》的规定，1克芬太尼相当于40克海洛因，而50克以上海洛因为"数量大"，按照此种比例，1.25克芬太尼相当于50克海洛因，因此，1.25克以上芬太尼即为"数量大"。相应地，将2016年《解释》中芬太尼"数量大"的标准修改为1.25克。其他类型的毒品均可依照此种方式重新确定在司法解释中的数量大小认定标准。其二，如果以后者为准据，由于2016年《解释》认为芬太尼125克以上为"其他毒品数量大"，而根据《刑法》第347条第2款，海洛因50克以上为"数量大"。依照此标准，芬太尼与海洛因的折算比例为1∶0.4。其他类型毒品均可以照此确定与海洛因的折算比例。[1]

本书主张以2016年《解释》设置其他毒品在刑法上与海洛因的折算比例。主要理由是：

（1）从不同种类毒品的折算标准的制度设计看，《非法药物折算表》确立的是医学上不同毒品与海洛因之间的关系比例，由

---

［1］参见彭景理："混合毒品数量认定方式之完善——基于200份裁判文书的考察"，载《中国人民公安大学学报（社会科学版）》2019年第5期。

此可以判断不同毒品产生药物依赖性（成瘾性）的大小。然而，毒品的成瘾性并不是定罪量刑的唯一标准，还需要考虑毒品本身的滥用情况、犯罪形势、药用价值、交易价格等因素，以确立每种毒品定罪量刑的数量标准。2016年《解释》在综合考虑各种因素的前提下确立不同类型毒品数量大小的认定标准，更符合我国毒品犯罪治理的需求。[1]

（2）从有关法律文件的性质看，《武汉会议纪要》属于司法机关内部的会议内容记录，除了向有关机关和人员传达会议信息之外，基本功能是"立此存照"和"存档备查"。[2]其所确立的折算法只是座谈会参与者对处理不同类型毒品数量认定所达成的共识，不具备与司法解释同等的效力。相比之下，2016年《解释》是最高法对实践中如何适用《刑法》规定而作出的具体技术性解释，更具有权威性。[3]

（3）2016年《解释》直接标明了数量大小的具体标准，与《非法药物折算表》相比便于适用。在司法解释完全内化了《武汉会议纪要》与《非法药物折算表》内容的前提下，依照司法解释即可完成对既有类型的毒品数量认定，不必适用《非法药物折算表》。当然，在根据2016年《解释》重新设置新的折算比例之前，应当综合考虑各种情况，充分吸收《武汉会议纪要》的内容，确立不同类型毒品数量的判断标准。其次，在重新设置折算

---

[1] 参见彭景理："混合毒品数量认定方式之完善——基于200份裁判文书的考察"，载《中国人民公安大学学报（社会科学版）》2019年第5期。

[2] 参见沙志奇："'会议纪要'的性质及其可诉性研究"，载《行政法学研究》2005年第1期。

[3] 参见彭景理："混合毒品数量认定方式之完善——基于200份裁判文书的考察"，载《中国人民公安大学学报（社会科学版）》2019年第5期。

标准时，充分考虑《非法药物折算表》中的折算比例，认为需要调整的，依照司法解释内容调整折算比例；认为《非法药物折算表》中的折算比例具有合理性的，在司法解释中以明确的条文表明直接加以沿用。[1]

关于毒品的种类、纯度与毒品数量的计算等问题，尽管已经有学者进行了深入研究，但理论与实践中存在的问题仍然较多，需要我们一一破解。本书对这一问题的研究不过是刚刚起步，有待将来进一步展开深入研究。

---

[1] 参见彭景理：" 混合毒品数量认定方式之完善——基于 200 份裁判文书的考察"，载《中国人民公安大学学报（社会科学版）》2019 年第 5 期。

第九章 贩卖毒品案件中侦查手段的非法制化及其规制
——以"诱惑侦查"和"控制下交付"为例进行说明

贩卖毒品罪通常是毒品买卖双方进行的隐蔽性交易,其他人很难得知,也很少有证人检举、揭发,证据难以获取和固定。因此,在侦查过程中,往往运用特情手段,以发现、掌握毒品犯罪线索,侦破、打击毒品犯罪。[1]这就涉及如何理解和适用这些侦查措施的问题。具体来说,即这些侦查措施获得的证据在刑事诉讼中有无证明力,以及证明力的大小等。

我国有关法律法规和司法解释规定了诱惑侦查制度。[2]例

---

[1] 参见"刘某等贩卖、运输毒品、非法买卖枪支、弹药案[第164号]",载中华人民共和国最高人民法院刑事审判第一、二、三、四、五庭主办:《中国刑事审判指导案例》(第5卷),法律出版社2017年版,第332页。

[2] 我国涉及诱惑侦查等技术侦查手段的法律文件主要有:①2000年4月最高法印发的《全国法院审理毒品犯罪案件工作座谈会纪要》(南宁会议纪要,已失效),首次对诱惑侦查情形的认定和量刑作出明文规定。②2008年12月最高法印发的《全国部分法院审理毒品犯罪案件工作座谈会纪要》(大连会议纪要),首次对诱惑侦查进行分类,同时对不同情形的量刑作出明文规定。"运用特情侦破毒品案件,是依法打击毒品犯罪的有效手段。对特情介入侦破的毒品案件,要区别不同情形予以分别处理。"③《刑事诉讼法》第153条第1款规定:"为了查明案情,在必要的时候,经公安机关负责人决定,可以由有关人员隐匿其身份实施侦查。但是,不得诱使他人犯罪,不得采用可能危害公共安全或者发生重大人身危险的方法。"④《反间谍法》第12条规定:"国家安全机关因侦察间谍行为的需要,根据国家有关规定,经过严格的批准手续,可以采取技术侦察措施。"⑤《人民警察法》第16条规定:"公安机关因侦查犯罪的需要,根据国家有关规定,经过严格的批准手续,可以采取技术侦察措施。"

如，公安部 2001 年 6 月 29 日印发的《刑事特情工作规定》规定，刑事特情是公安机关侦查部门领导和指挥的、同刑事犯罪活动作斗争的特殊的秘密工作力量。"特情"是指警察雇佣原犯罪集团的成员或者成员之外的人，提供线索或者佯装购买毒品，配合警察抓捕毒贩。之所以在毒品犯罪侦查过程中使用"特情引诱"，主要是因为，毒品犯罪的危害很大，容易使人形成瘾癖，严重损害身体健康；另一方面，毒品犯罪与普通犯罪有所不同，非常隐秘。如果不采用"特情引诱"方法，难以查获毒品犯罪。《刑事诉讼法》第 153 条第 1 款规定："为了查明案情，在必要的时候，经公安机关负责人决定，可以由有关人员隐匿其身份实施侦查。"第 150 条第 1 款规定："公安机关在立案后，对于……重大毒品犯罪或者其他严重危害社会的犯罪案件，根据侦查犯罪的需要，经过严格的批准手续，可以采取技术侦查措施。"

但是，"诱惑侦查是一把双刃剑。一方面，这种侦查措施是侦查毒品犯罪、黑社会性质组织犯罪、贪污贿赂犯罪等隐蔽型犯罪不可或缺的手段；另一方面，这种侦查措施极易导致公权力的滥用，进而使无辜者受到刑事追究。"[1]为此，前述《刑事诉讼法》第 153 条第 1 款强调："不得诱使他人犯罪，不得采用可能危害公共安全或者发生重大人身危险的方法。"不过，一方面，在司法实践中，侦查人员受侦查能力、目标考核、经济利益、立功受奖、职务升迁等诸多因素的影响，倾向于采取诱惑侦查措施；另一方面，诱惑侦查具有诱惑性、欺骗性、主动性和危险性

---

[1] 魏汉涛、赵志福："'诱惑侦查'的法律规制之再思考——来自'警察圈套'抗辩的启示"，载《江西警察学院学报》2013 年第 2 期。

等特点,[1]加上目前诱惑侦查的启动机制不规范,也缺乏必要的监督,诱惑侦查措施或多或少存在非法制化的风险。[2]特别是,由于司法实践中对于贩卖毒品案件被告人及其辩护律师提出的"诱惑侦查"、"控制下交付"抗辩大多采取否定态度,如何将这些侦查措施纳入法治化的轨道,使之合乎刑法和刑事诉讼法等的人权保障理念,在定罪量刑时予以考虑,成为重要课题。

一、诱惑侦查的非法制化及其规制概说

(一) 诱惑侦查的概念与类型

1. 诱惑侦查的概念。《刑事诉讼法》第153条第1款规定:"为了查明案情,在必要的时候,经公安机关负责人决定,可以由有关人员隐匿其身份实施侦查。但是,不得诱使他人犯罪,不得采用可能危害公共安全或者发生重大人身危险的方法。""隐匿其身份实施侦查"又称"乔装侦查""化装侦查",是指侦查人员或者侦查人员控制下的线人通过隐藏真实身份,打入犯罪组织或者接近犯罪嫌疑人以获取案件线索、搜集犯罪证据的一类秘密侦查活动,典型的包括诱惑侦查、卧底侦查、线人侦查等多种秘密侦查措施。其核心是使用欺骗手段实现秘密侦查目的,一般通过与犯罪嫌疑人"面对面"直接接触方式实现侦查目的。其中,诱惑侦查是指警察设置圈套,以实施某种行为有利可图等作为诱饵,暗示或者诱使侦查对象暴露其犯罪意图并实施犯罪行为,待其实施犯罪行为或者发生危害结果后,拘捕被诱惑者。[3]就毒品

---

[1] 参见徐静村:"诱惑侦查的应用与控制",载《人民检察》2011年第14期。
[2] 参见程雷:"诱惑侦查的程序控制",载《法学研究》2015年第1期。
[3] 参见龙宗智:《理论反对实践》,法律出版社2003年版,第186页。

犯罪的侦查而言，侦查人员经常雇佣原贩卖毒品的行为人或者其他人，提供线索或者佯装购买毒品，配合警察抓捕毒贩。

诱惑侦查与传统的侦查方法不同。传统的侦查方法是在刑事案件发生之后，以抓捕、讯问犯罪嫌疑人为中心，具有后发性。而诱惑侦查是"侦查机关自己（或让他人协助）劝诱、鼓动第三者实施犯罪，当第三者实施犯罪时将其拘捕（或收集证据）的侦查方法。"[1]诱惑侦查与犯罪行为同时进行，与犯罪行为具有同步性。毒品案件中典型的诱惑侦查是在贩卖毒品案件中，由侦查人员装扮成吸毒者与毒贩接触，经过讨价还价后，在毒贩将要交付毒品时，以现行犯的形式将其拘留。[2]

2. 诱惑侦查的类型。诱惑侦查通常分为犯意引诱型、提供机会型和数量引诱型三类。其一，犯意引诱型诱惑侦查是指侦查人员自己或者利用第三人促使行为人产生犯罪意图进而实施犯罪，其基本特征是：行为人原本没有实施毒品犯罪的意图，由于侦查人员或者侦查人员安排的第三人（线人）实施了诱发犯意的教唆或者唆使行为，使其产生实施毒品犯罪的意图，进而实施毒品犯罪。其二，提供机会型诱惑侦查是指行为人原本具有实施毒品犯罪的意图，但是侦查机关难以准确掌握其贩卖毒品的规律和计划，无法查获其贩卖毒品的行为，侦查人员为其提供贩卖毒品的机会或者场所，使其坚定贩卖毒品的犯意（犯意的强化）并实施毒品犯罪，以达到人赃并获的效果。如果说犯意引诱型诱惑侦查

---

[1] [日] 加藤克佳："毒品犯罪的侦查"，载 [日] 西原春夫主编：《日本刑事法的重要问题》（第2卷），金光旭等译，法律出版社、成文堂2000年版，第147页。

[2] 参见王凯石："论毒品犯罪中的诱惑侦查"，载《四川大学学报（哲学社会科学版）》2004年第3期。

大致相当于刑法上的教唆行为或者唆使行为，提供机会型诱惑侦查则基本上是一种有形帮助（物质帮助）行为。其三，数量引诱型诱惑侦查是指行为人原本没有实施大宗毒品犯罪的故意，由于特情引诱使数量较小的毒品犯罪案件发展为数量较大的毒品犯罪案件，或者使原本不够判死刑的毒品犯罪案件发展为可能判处死刑的毒品犯罪案件。从诱使他人产生贩卖数量较大毒品的故意的角度看，数量引诱与犯意引诱具有相似之处；从犯罪人已经具有贩卖毒品的故意，只是诱使犯罪人贩卖更大数量毒品的角度看，数量引诱更像是一种无形帮助（精神帮助）。

3. 我国有关法律法规和司法解释性文件关于诱惑侦查的规定。由于诱惑侦查存在侦查机关和工作人员滥用侦查权的风险，可能会侵害国民的隐私权和人格权，进而使人们失去对公权力运作下的侦查方法之公正性的信赖。[1]更有甚者，犯意引诱型诱惑侦查还可能导致教唆他人实施毒品犯罪，存在伦理与刑法上的双重风险。因此，首先应当从启动程序、使用主体、适用对象、适用方法、适用目的等方面进行严格限制。[2]我国《刑事诉讼法》第52条也规定："严禁刑讯逼供和以威胁、引诱、欺骗以及其他非法方法收集证据。"第153条第1款规定，实施特情侦查，"不得诱使他人犯罪，不得采用可能危害公共安全或者发生重大人身危险的方法。"其次，也应当在犯罪人的刑事责任认定上考虑对诱惑侦查进行一定程度的限制。

---

[1] 参见［日］西原春夫主编：《日本刑事法的重要问题》（第2卷），金光旭等译，法律出版社、成文堂2000年版，第147~148页。

[2] 参见龙宗智："欺骗与刑事司法行为的道德界限"，载《法学研究》2002年第4期。

《大连会议纪要》第六部分"特情介入案件的处理问题",将诱惑侦查分为"犯意引诱"和"数量引诱"两类。其中,"犯意引诱"是指行为人原本没有实施毒品犯罪的故意,在特情诱惑下产生犯意,进而实施毒品犯罪。"数量引诱"是指行为人原本没有实施大宗毒品犯罪的故意,由于特情引诱使数量较小的毒品犯罪案件发展为数量较大的毒品犯罪案件,或者使原本不够判死刑的毒品犯罪案件发展为可能判处死刑的毒品犯罪案件。

在司法实践中,有些行为人已具有贩卖毒品的犯罪故意并持毒待售,公安机关获得相关情报后安排特情进行贴靠、接洽,进而在与犯罪人进行毒品交易时将犯罪人一举抓获的,通常称为"特情贴靠"。对此,《大连会议纪要》规定:"对已持有毒品待售或者有证据证明已准备实施大宗毒品犯罪者,采取特情贴靠、接洽而破获的案件,不存在犯罪引诱,应当依法处理。"司法实践中,原则上不影响定罪(贩卖毒品罪),只是在量刑时酌情考虑。〔1〕如果认真进行分析,"特情贴靠"也没有超过前文所述三种诱惑侦查类型的范围,〔2〕因此本书不再单独进行讨论。

(二)关于是否容许诱惑侦查的观点

关于诱惑侦查是否合法,通过诱惑侦查取得的证据是否具有证据能力,主要存在主观标准说和客观标准说两种观点。

1. 主观标准说认为,诱惑侦查是否构成警察圈套,是否具有

---

〔1〕参见张国清、林玉:"特情介入交易毒品的行为能否定罪",载《中国检察官》2016年第18期;赵丹、李守文:"毒品犯罪案件特情介入的处理",载《人民司法(案例)》2016年第29期。

〔2〕通常是提供机会型诱惑侦查或者数量引诱型诱惑侦查,原则上不属于犯意引诱型诱惑侦查。

合法性,关键看被引诱者在参与被指控的犯罪之前,是否具有实施该犯罪的主观意图或倾向。[1]如果行为人事前具有实施该犯罪的主观意图或倾向,则诱惑侦查具有合法性,不构成警察圈套;反之,如果不存在犯罪意图或倾向,则诱惑侦查不具合法性,构成警察圈套,被引诱者可以进行抗辩。

判断被告人有无犯罪意图,通常从下列几个方面进行考察:被告人对引诱的回应是否积极;引诱前被告人的主观心态;被告人先前的类似犯罪活动;被告人是否对被引诱的犯罪已经有犯罪计划;被告人的声誉;与引诱人协商时被告人的行为;被告人是否表示过拒绝引诱的意思;被指控的犯罪的性质;警方引诱是否使用了胁迫以及引诱的方式与性质等。

不难看出,主观标准说主要以受诱者有无犯罪前科纪录为根据判断受诱者在参与受指控的犯罪前有无犯罪意图或倾向,认为只要被引诱者具有犯罪意图或者存在犯罪倾向,无论警察采取何种手段进行诱惑侦查,都是合法的,这将难以有效遏制警察对侦查权的滥用。另外,普通人教唆他人犯罪的,可能构成教唆犯,而警察教唆他人犯罪的,却不会受到任何惩罚,显然是不公平的。

2. 客观标准说认为,判断诱惑侦查是否合法,应当以警察的引诱行为为标准,而不是被告人的主观心理倾向为标准。如果警察的行为引起了一个没有犯罪倾向的人实行犯罪,则诱惑侦查具有非法性。根据该说,通过发展和利用友情关系引诱、利用性关

---

[1] 参见[美]保罗·H.罗宾逊:《刑法的结构与功能》,何秉松、王桂萍译,中国民主法制出版社2005年版,第89页。

系引诱、以不相称的高额回报引诱、以过度执着的方式引诱,都是非法的。美国《模范刑法典》基本上采纳了客观标准,该法第2.13条规定,警察圈套行为不仅包括"引起准备实施该行为以外的人实施该犯罪的风险"行为,而且,警察如果"明知故犯作出错误的表述,计以诱使他人信任该行为不受禁止",也属于警察圈套。

客观标准说以"普通人的反应"或者"正常的犯罪机会"作为判断引诱手段是否适当的标准,可操作性略差一点。对于具有犯意甚至准备实施犯罪行为的人,因为警察的诱惑行为不适当就不予追究,不利于打击犯罪。另外,根据该说,如果受诱者不存在犯罪倾向则没有必要对其采取诱惑侦查,导致难以说明启动诱惑侦查的依据。

3. 对主观说与客观说的评析。无论是适用主观标准,还是适用客观标准,都涉及综合考虑被引诱人的主观因素与侦查引诱行为的客观因素。比如,在适用主观标准时,需要判断被引诱人的犯罪意图是自发的,还是经侦查机关引诱而形成的;而如果个案中被引诱人的犯罪意图并不明确,也就是说不能证明是否为自发产生之时,就要考虑引诱行为是否诱发了犯罪意图,此时必然涉及对引诱行为的合理性、适当性进行判断;这就回到了适用客观标准的问题上。同样,在适用客观标准时,通常考量的是所提供的犯罪机会是否为普通的犯罪机会,引诱行为是否超出了普通人的承受度;如果引诱行为令任何普通人都可能实施犯罪,或者是制造了日常生活中通常不可能遇到的犯罪机会,则该引诱行为为过度。

判断诱惑侦查是否合法,要结合诱惑侦查的方法和结果进行判断。诱惑侦查是合法还是非法,关键在于诱惑侦查到底是揭发、查获了原有的犯罪,还是创造、产生了新的犯罪,如果是对本无犯意之人,通过诱惑侦查使之产生了犯意并进而实施了犯罪行为,那么就是非法的;反之,如果是对已有犯意之人,通过诱惑为其提供犯罪机会,从而使其暴露出犯罪意图和犯罪行为,则是合法的。另一方面,也要结合我国的司法实践进行考量。目前我国侦查权配置的总体状况是侦查权的强制色彩过浓,对侦查权行使的自由裁量权缺乏有效束缚。在侦查程序法治化程度不高、侦查机关还保有大量未受有效约束的强制权的情况下,对诱惑侦查应当进行相对严格的控制。因此,只要引诱行为符合了主观标准或者客观标准之一,即可将其视为违法的诱惑侦查。具体的判断标准则可以设置为:当引诱行为导致没有犯罪意图的人产生了犯罪意图,或者提供了非正常的犯罪机会,令任何普通人都可能在引诱下实施犯罪时,引诱行为违法。[1]

在判断诱惑侦查的手段是否超越限度时,可以从下列角度进行判断:其一,行为人先前有无实施同类犯罪行为,在被引诱之前是否已经制定了犯罪计划,甚至开始了犯罪预备行为。其二,侦察机关的诱惑侦查方式(利诱、威胁抑或变相强制)、频率、时间等是否过度,被引诱人回应引诱行为的表现是否主动、积极,被引诱人在被引诱之后实施相应犯罪行为的时间间隔,其是否具备立即实施相应犯罪行为的条件。[2]

---

〔1〕 参见程雷:"诱惑侦查的程序控制",载《法学研究》2015年第1期。
〔2〕 参见程雷:"诱惑侦查的程序控制",载《法学研究》2015年第1期;万毅:"违法诱惑侦查所获证据之证据能力研究",载《法律科学(西北政法大学学报)》2010年第4期。

4. 本书的观点。与其他犯罪相比，毒品犯罪、白领犯罪和有组织犯罪等犯罪的作案手段和作案方式具有隐蔽性，特别是"无被害人犯罪"，侦查机关在发现犯罪和收集证据等方面存在难以克服的困难。为了及时发现前述犯罪，制止犯罪行为，抓获犯罪嫌疑人，有必要采取诱惑侦查手段。"为了重大国家刑事追诉的利益（排除高度的社会危害以建立法秩序），对于嫌犯的个人利益（例如，意思形成的真实自由）的破坏，应可以被容许。"[1]同时，应当认识到，诱惑侦查尤其是"犯意引诱"行为具有教唆犯罪之嫌，引发法益保护与人权保障之间的对立。"诱惑侦查强大的取证功能正是各种公开查证活动所不具备的，同时也是诱惑侦查必须纳入法制化轨道的根本原因。"[2]在某些特殊情况下，"通过立法排除侦查人员及其代理人'教唆'行为的犯罪性，实质上是国家对两种冲突利益权衡后作出的选择"。[3]

正因为如此，诱惑侦查的适用在任何国家都非常谨慎。例如，在美国，诱惑侦查属于"警察圈套"，"当滥用这种方法出现导致破坏法制、侵犯公民权利的结果时，法律许可将'警察圈套'作为免罪辩护的理由。"[4]日本学者认为，允许使用诱惑侦查的案件，必须是被侵犯的法益很大，侦查比较困难的无被害人犯罪案件，而且这种诱惑侦查必须是极少可能被政治利用的犯

---

[1] 林东茂："卧底警探的法律问题"，载《刑事法杂志》1996年第4期。
[2] 张凯："我国诱惑侦查相关制度的反思与规制"，载《中国人民公安大学学报（社会科学版）》2005年第1期。
[3] [意]杜里奥·帕多瓦尼：《意大利刑法学原理（注评版）》，陈忠林译评，中国人民大学出版社2004年版，第338~339页。
[4] 储槐植：《美国刑法》，北京大学出版社2005年版，第97~98页。

第九章 贩卖毒品案件中侦查手段的非法制化及其规制

罪,不包括杀人、伤害等侵犯人身的犯罪。[1]

《南宁会议纪要》(已废止)率先在毒品犯罪领域进行了突破性规定,将诱惑侦查行为视为"被使用的特情未严格遵守有关规定",并不对当事人行为的性质产生影响,只是在量刑时"应当从轻处罚"。《大连会议纪要》进一步强化了诱惑侦查的作用,不但继续肯定了"犯意引诱"和"数量引诱"的效力,更肯定了"双套引诱"在实践中的运用,即特情人员既为犯罪人提供上线,也为其提供下线的双重引诱。如果行为人之前也实施贩卖毒品行为,侦查人员为抓捕毒贩,对行为人实施"数量引诱"的,对行为人应当以贩毒罪论处,其被查获的毒品数量应当计入贩卖毒品的数量。

《刑事诉讼法》第 153 条第 1 款规定:"为了查明案情,在必要的时候,经公安机关负责人决定,可以由有关人员隐匿其身份实施侦查。"从实践看,随着犯罪活动的发展,代购这种商业运作模式已进入毒品犯罪领域,相当一部分犯罪分子在以代购毒品赚取差价或收取好处费的形式从事毒品犯罪。与直接贩卖的模式相比,代购毒品牟利方式风险小,被侦查人员抓获以后可辩解的空间大。有的贩毒分子为逃避侦查,甚至以代购毒品为名,掩饰其直接贩卖毒品之实。毒品犯罪具有隐蔽性和秘密性,如果禁止公安机关对此类犯罪活动实施诱惑侦查,则不利于对贩卖毒品案件的侦破。所以,应当在一定范围内允许侦查人员以引诱他人代购毒品的方式侦办贩卖毒品案件。

---

〔1〕 参见[日]田口守一:《刑事诉讼法》,刘迪等译,法律出版社 2000 年版,第 33 页。

在侦查程序上看，我国实践中的诱惑侦查缺乏有效的事前监督。尽管前述《刑事诉讼法》第 153 条第 1 款规定"为了查明案情，在必要的时候，经公安机关负责人决定，可以由有关人员隐匿其身份实施侦查"，但是，从刑事侦查实践来看，在贩卖毒品案件中，诱惑侦查大多数由侦查人员或"特情人员"自行决定实施，很多案件事前没有经过公安机关负责人的批准。对哪些人实施诱惑侦查，有无必要采取诱惑侦查，完全由侦查人员和"特情人员"自行决定。具体可以分为四种情形：第一种情形是，"特情人员"在办案民警的授意下向贩毒分子购买毒品；第二种情形是，民警抓获吸毒人员以后指示吸毒人员再次向贩毒分子购买毒品；第三种情形是，在民警抓获贩毒分子之后，贩毒分子为了立功，在民警的安排下联系毒品上家再次购买毒品；第四种情形是，"特情人员"通过网络等方式寻找和联系毒品交易，待毒品交易谈妥之后，再把具体情况向公安民警汇报，然后侦查人员经过布控将贩毒分子当场抓获。[1]

（三）合理限制诱惑侦查在贩卖毒品案件中的适用

丹宁勋爵指出："人身自由必定与社会安全相辅相成……每一社会均须有保护本身不受犯罪分子危害的手段。社会必须有权逮捕、搜查、监禁那些不法分子。只要这种权力运用适当，这些手段都是自由的保卫者。但是这种权力也有可能被滥用，而如果它被人滥用，那么任何暴政都要甘拜下风。"[2]为了防范适用

---

〔1〕参见李永航："新刑诉法视野下贩卖毒品案件中的诱惑侦查"，载《重庆交通大学学报（社会科学版）》2014 年第 6 期。

〔2〕［英］丹宁勋爵：《法律的正当程序》，李克强、杨百揆、刘庸安译，法律出版社 1999 年版，第 109 页。

第九章 贩卖毒品案件中侦查手段的非法制化及其规制

"警察圈套"出现的非法制化问题,各国都对此进行了严格限制。例如,在英国,只有符合下列几项原则的"警察圈套"才是合法的:其一,最后手段原则;其二,诱惑行为适度原则;其三,目的正当性原则;其四,因果关系检验原则;其五,审查监督原则。[1]美国司法部2002年颁布的《联邦调查局乔装侦查行动准则》强调,诱惑侦查必须满足以下四个条件:其一,侦查对象合理且明确地认识到行为的非法性质;其二,从侦查员与侦查对象进行的非法交易的自身特点来看,实施的引诱行为是恰当的;其三,有合理的理由相信实施引诱行为将发现违法行为;其四,符合两个限制条件:一是有合理的迹象表明侦查对象正在实施,或已经实施、可能实施警方预测的或者类似的犯罪行为,二是为实施非法行为提供犯罪机会,适用前提为有合理的理由相信,该犯罪机会提供给了已有从事非法行为犯罪倾向的人。[2]

我国学者认为:"由于侦查手段存在的根本意义在于侦查已经发生的犯罪案件,而不是为查明自己'制造出'的犯罪案件。所以,诱惑侦查本身作为一种侦查手段具有实质上的局限性。"[3]由于我国《刑事诉讼法》第153条第1款仅对诱惑侦查作了禁止引发犯罪故意的论述,没有涉及违反该规定的法律后果,实践中诱惑侦查或多或少存在启动程序随意化、适用范围扩大化、诱惑对象任意化和诱惑方式粗放化等现象。本书认为,诱惑侦查的启

---

[1] 参见杨志刚:"英国诱惑侦查制度的评析与借鉴",载《现代法学》2006年第2期。

[2] 参见程雷:"美国《联邦调查局乔装侦查行动准则》评介与译文",载陈光中、江伟主编:《诉讼法论丛》(第11卷),法律出版社2006年版,第155~157页。

[3] 宋英辉、吴宏耀:《刑事审判前程序研究》,中国政法大学出版社2002年版,第261页。

动、适用等必须遵守《刑事诉讼法》第 153 条第 1 款的规定。具体来说，可以从事前规制、过程控制和事后救济等方面对诱惑侦查进行规制。

1. 对诱惑侦查的事前规制。明确施行诱惑侦查的主体、适用案件范围、适用对象和批准程序等。《刑事诉讼法》第 153 条第 1 款规定："为了查明案情，在必要的时候，经公安机关负责人决定，可以由有关人员隐匿其身份实施侦查。但是，不得诱使他人犯罪……"公安机关运用诱惑侦查方式侦办刑事案件时理应严格遵守《刑事诉讼法》第 153 条第 1 款的规定。

（1）施行诱惑侦查的决策者和执行者。对于刑事诉讼中的侦查措施、强制措施，我国有关法律法规对决策主体进行了适度规制。例如，采取逮捕需要检察院批准；采取技术侦查措施，要求"设区的市一级以上公安机关负责人批准"。同样，由于诱惑侦查本身具有较大的风险，《刑事诉讼法（草案）》曾规定"经县级以上公安机关负责人决定"，但《刑事诉讼法》第 153 条第 1 款规定，诱惑侦查的批准主体是"公安机关负责人"，对侦查机关的审批权限不作具体要求。新修订的《公安机关办理刑事案件程序规定》规定，"经县级以上公安机关负责人决定"方可实施诱惑侦查。不过，"诱惑侦查涉及侦查人员或侦查人员指挥的特情参与犯罪，而批准采用诱惑侦查就意味着对特情或侦查人员参与犯罪给予豁免，因而行使批准权同时就附带着行使刑事追诉豁免权。从这个意义上看，应当统一将涉及犯罪参与的诱惑侦查交由检察机关审核。"[1]"当前侦查实践中，侦查机关通常会隐瞒对诱

---

[1] 程雷："诱惑侦查的程序控制"，载《法学研究》2015 年第 1 期。

惑侦查的使用,以防止未来案件起诉、审判过程中辩方对案件的质疑,同时也可以更好地保护参与诱惑侦查的特情或侦查人员的自身安全。但是,侦查机关的这一做法严重侵犯了辩方的质证权,甚至为冤假错案的形成埋下了伏笔。因此,在设计诱惑侦查的程序控制机制时,应当增强诱惑侦查审批与使用程序的透明度,由检察机关负责审批诱惑侦查的使用,强化对诱惑侦查实施过程的监督。"[1]"理想的做法是调整检警关系,使检察机关能够有效地配合与监督公安机关侦查。详言之,公安机关在实施隐匿侦查(诱惑侦查)之前,需要将事实与理由书面提交给检察机关,由检察机关根据上述确定的原则等进行审查,符合条件的批准实施,每次实施期限为3个月(可延期一次);不符合条件的不予批准,在侦查工作中不能运用。"[2]

由于特情人员大部分是混迹于具有犯罪倾向者的关系圈内的人,少数甚至是曾从事过轻微的毒品犯罪而被侦查机关逆用的人,有些特情人员急于戴罪立功,往往会不择手段,诱人犯罪,因此,侦查机关对特情人员的选定必须严格把关,任何人被用作特情,必须建立正规的特情档案,对特情人员的人品、经历、社会关系进行全面考察,经侦查机关领导批准,方可作为特情使用。坚决禁止侦查人员擅自使用特情人员或先使用后批准的行为。[3]

(2)适用案件类型和对象的范围。根据《刑事诉讼法》第153条第1款的规定,适用诱惑侦查的案件类型限于"为了查明

---

[1] 程雷:"诱惑侦查的程序控制",载《法学研究》2015年第1期。
[2] 肖军:"域外诱惑侦查比较研究与启示:以词源为切入点",载《中国人民公安大学学报(社会科学版)》2015年第4期。
[3] 参见王凯石:"论毒品犯罪中的诱惑侦查",载《四川大学学报(哲学社会科学版)》2004年第3期。

案情""在必要的时候",本书认为应当限于"采取其他侦查手段难以获取犯罪证据"的案件,主要表现为交易型犯罪。交易型犯罪是指犯罪人之间存在利益交换关系的犯罪,除了毒品犯罪、走私犯罪等之外,还包括制售假币犯罪、涉枪犯罪、涉国家安全犯罪等犯罪。此外,在有组织犯罪领域,鉴于犯罪活动的组织严密性和犯罪的严重危害性,也可以采取诱惑侦查手段。

为了防范人为地制造犯罪,诱惑侦查只能适用于具有犯罪意图的人。2002年美国《联邦调查局乔装侦查行动准则》对启动诱惑侦查设定了事实依据,该准则明确要求,仅在符合两个限制条件的情况下才能实施诱惑侦查:其一,有合理的迹象表明侦查对象正在实施,或已经实施、可能实施警方预测的或者类似的犯罪行为;其二,为实施非法行为提供犯罪机会,适用前提为有合理的理由相信,该犯罪机会提供给了已有犯罪倾向的人。[1]就毒品犯罪而言,诱惑侦查的对象必须是经常以代购毒品的方式赚取差价或者向托购人索要好处费的人。在实施诱惑侦查之前必须有一定的证据证明被引诱的对象是贩毒分子,如特情人员的证言。不得将一般的吸毒人员、没有犯罪意图的人作为诱惑侦查的对象。

(3)适用诱惑侦查的补充性或者最后手段性原则。对行为人采取诱惑侦查手段必须是侦破该案所必需的。即使有证据合理怀疑他人有犯罪倾向,如果其他传统的侦查手段能奏效,也不得使用诱惑侦查手段。[2]

---

[1] 参见程雷:"美国《联邦调查局乔装侦查行动准则》评介与译文",载陈光中、江伟主编:《诉讼法论丛》(第11卷),法律出版社2006年版,第155~157页。

[2] 参见王凯石:"论毒品犯罪中的诱惑侦查",载《四川大学学报(哲学社会科学版)》2004年第3期。

2. 对诱惑侦查的过程控制。诱惑侦查人员不得进行异乎寻常的诱惑。"任何一个国家都不会允许侦查人员使用不受限制的引诱手段,因为绝大多数人对外界引诱的抵抗力是有限的,无所不用其极的引诱手段完全可以将原本守法的公民带上违法的道路。"[1] 因此,必须对诱惑侦查的引诱程度、引诱对象进行适当的限制。根据《刑事诉讼法》第 153 条第 1 款的规定,实施诱惑侦查"不得诱使他人犯罪,不得采用可能危害公共安全或者发生重大人身危险的方法"。

其中,"不得诱使他人犯罪"是指侦查机关不得引诱没有犯罪意图的人产生犯罪意图进而实施犯罪行为。从一般人来看,侦查机关采用的诱惑行为必须没有达到足以使人产生犯罪意图的强度,即将一般人置于该案环境中,按照诱惑行为的强度,不会产生如行为人一样的犯罪意思及倾向。禁止过度诱惑。[2] 具体来说,其一,不得主动以许诺好处费等物质利益的方式引诱他人代购毒品,即好处费只能由被引诱者主动提出,或者由被引诱者主动加价。在代购者以共同分食毒品为目的帮忙代购毒品的场合,不得以支付好处费的形式代替分食毒品。其二,不得使用色情引诱等方式引诱他人代购毒品。[3]

"不得采用可能危害公共安全或者发生重大人身危险的方法"是指侦查人员在实施诱惑侦查时,为了取得对方的信任,获取相

---

〔1〕 程雷:《秘密侦查比较研究——以美、德、荷、英四国为样本的分析》,中国人民公安大学出版社 2008 年版,第 205~206 页。

〔2〕 参见王凯石:"论毒品犯罪中的诱惑侦查",载《四川大学学报(哲学社会科学版)》2004 年第 3 期。

〔3〕 参见饶远玲、李永航:"关于代购毒品行为若干问题的思考",载《广西政法管理干部学院学报》2017 年第 6 期。

关犯罪证据,即便参与实施某些违法犯罪活动,也不得危害公共安全,不得造成他人重大的人身危险。

3. 建立诱惑侦查的事后救济机制和对非法诱惑侦查的追责机制。

(1) 加强对诱惑侦查的监督。对交易的方式、时间、地点以及诱惑侦查过程中反馈的各种证据记录等进行审查。在不能明确确定是犯意引诱型还是提供机会型时,应作出有利于犯罪嫌疑人的推定。首先,公安机关应当加强内部监督。事前应当注重加强对诱惑侦查对象的合法性和诱惑侦查的必要性的审查,对于拟诱惑侦查的对象不合法或者没有诱惑侦查必要的,公安机关负责人应当作出不予批准诱惑侦查的决定。在提请检察机关审查逮捕或提起公诉之前,公安机关还应当重点审查诱惑侦查的方式是否合法,诱惑侦查的强度是否超过了必要限度。[1]其次,检察机关应当加强对公安机关诱惑侦查合法性的监督。在审查批捕和审查起诉环节,提高监督意识,认真听取犯罪嫌疑人的辩解,一旦发现案件中可能存在违法诱惑侦查的情形,应当要求公安机关对诱惑侦查的合法性进行举证,对于确实存在违法诱惑侦查的情况,应当向公安机关发出书面纠违。[2]

(2) 建立诱惑侦查的事后救济机制。当公安机关非法引诱没有犯罪意图的人实施犯罪行为时,应当赋予被引诱者无罪辩护的权利,行为人在公安机关的"犯意引诱"下贩卖毒品的,被引诱

---

[1] 参见李永航:"新刑诉法视野下贩卖毒品案件中的诱惑侦查",载《重庆交通大学学报(社会科学版)》2014年第6期。

[2] 参见李永航:"新刑诉法视野下贩卖毒品案件中的诱惑侦查",载《重庆交通大学学报(社会科学版)》2014年第6期。

者的行为应当不以犯罪论处。因为被引诱者本无犯罪意图,是受到公安机关的不当引诱之后才产生的犯罪意图,该贩卖毒品行为系被引诱者在公安机关的"编导"下实施的,被引诱者不应当为侦查机关的行为而承担刑事责任。[1]另一方面,应当完善非法证据排除机制。具体来说,公安机关通过"犯意诱发型"诱惑侦查方式获取的证据不能被采纳;非法的侦查主体通过诱惑侦查取得的证据不能被采纳;非经过必要的程序批准所实施的诱惑侦查取得的证据不能被采纳;在超过诱惑侦查的适用范围的案件中适用诱惑侦查手段取得的证据不能被采纳;在诱惑侦查中使用了未被批准的特殊侦查手段取得的证据不能被采纳等。另外,注意区分取得的证据类型,"如果诱惑侦查非法,获取言词证据时应当排除,获取实物证据则应当分情况:可能严重影响司法公正的,应当予以补正或者作出合理解释;不能补正或者作出合理解释的,对该证据应当予以排除。"[2]

从我国司法实践看,对于"犯意引诱""数量引诱"和"双套引诱",司法机关并未采取非法证据排除、中止诉讼等程序性的控制手段,也没有作无罪认定,而仅仅是在量刑上作为从轻处罚的事由(在"双套引诱"的场合,甚至可以免予刑事处罚),在可能判处死刑的案件中不适用死刑立即执行。

(3)建立对非法诱惑侦查的追责机制。侦查人员诱使他人犯罪时,是否需要追究办案警察的刑事责任,各国存在不同的做

---

[1] 参见李永航:"新刑诉法视野下贩卖毒品案件中的诱惑侦查",载《重庆交通大学学报(社会科学版)》2014年第6期。

[2] 肖军:"域外诱惑侦查比较研究与启示:以词源为切入点",载《中国人民公安大学学报(社会科学版)》2015年第4期。

法。英国的规定是警察至少应负教唆责任,除非同时具备如下三个条件:犯罪行为实施者没有造成不可挽回的显著损害;警察没有实际参与犯罪活动;这个行动事先得到了警察局长的批准。[1]如果只是一味地对被引诱者进行权利救济,不追究办案警察的法律责任,"犯意引诱"等违法诱惑侦查现象将难以得到有效遏制。本书认为可以借鉴英国的做法,建立对相关人员的追责机制,对于诱使未成年人犯罪的或诱使他人犯罪造成不可挽回的显著危害后果的,可以滥用职权罪等追究办案民警的刑事责任。[2]

(4)正因为诱惑侦查下毒品犯罪的风险通常是可控的,而且没有完成真正意义上的毒品交付,因此,应当适度作有利于被告人的处理。《大连会议纪要》第6条规定:"行为人本没有实施毒品犯罪的主观意图,而是在特情诱惑和促成下形成犯意,进而实施毒品犯罪的,属于'犯意引诱'。对因'犯意引诱'实施毒品犯罪的被告人,根据罪刑相适应原则,应当依法从轻处罚。""对已持有毒品待售或者有证据证明已准备实施大宗毒品犯罪者,采取特情贴靠、接洽而破获的案件,不存在犯罪引诱,应当依法处理。""行为人本来只有实施数量较小的毒品犯罪的故意,在特情引诱下实施了数量较大甚至达到实际掌握的死刑数量标准的毒品犯罪的,属于'数量引诱'。对因'数量引诱'实施毒品犯罪的被告人,应当依法从轻处罚。"考虑到行为人受到侦查人员的"引诱",购买毒品者即诱惑侦查实施者不是真正意义上的买方,加上行为人实施的贩毒行为处于公安机关的控制下,毒品交付不

---

[1] 参见储槐植、江溯:《美国刑法》,北京大学出版社2012年版,第86页。
[2] 参见李永航:"新刑诉法视野下贩卖毒品案件中的诱惑侦查",载《重庆交通大学学报(社会科学版)》2014年第6期。

可能在实质意义上真正地完成,诱惑侦查介入下的贩卖毒品罪不可能构成犯罪既遂。根据最高法 2017 年 3 月《关于常见犯罪的量刑指导意见》的规定,对于贩卖毒品行为,存在数量引诱情形的,可以减少基准刑的 30% 以下。《刑事诉讼法》第 52 条也规定,严禁刑讯逼供和以威胁、引诱、欺骗以及其他非法方法收集证据。如果行为人之前没有贩卖毒品的行为,若无侦查人员的特情引诱则不会实施贩卖毒品行为(犯意引诱)的,对行为人不宜认定为贩卖毒品罪。

二、提供机会型诱惑侦查的处理

(一)提供机会型诱惑侦查的现状

在毒品犯罪案件中,在侦查人员实施诱惑侦查之前,犯罪嫌疑人特别是曾有过毒品犯罪前科现又积极寻求买家的嫌疑人,已存在实施毒品犯罪的意图,侦查机关此时安排眼线、耳目等特情介入并将涉案人抓获,原则上应认定为提供机会型诱惑侦查。

最高法许永俊法官指出,对于提供机会型诱惑侦查,无论是普通的提供机会型还是数量引诱型,取得的证据均具有可采性,但在量刑时可以从轻、减轻处罚。提供机会型诱惑侦查与《刑事诉讼法》第 153 条第 2 款规定的控制下交付通常是重合关系,因为控制下交付一般认定为毒品犯罪的未遂,依据《刑法》规定可以从轻或者减轻处罚。因此,应当按照有利于被告人原则,对提供机会型毒品犯罪,比照既遂案件从轻或减轻处罚。[1]不过,提

---

[1] 参见许永俊:"略论我国诱惑侦查中的非法证据排除",载《江西警察学院学报》2014 年第 6 期。

供机会型诱惑侦查也不是天然的具有正当性。正如论者所指出的:"诱惑人员本可将处于萌芽状态的犯罪扼杀在摇篮之中为何偏要提供机会让其发生?这有何正当性?更何况,有犯罪倾向并不必然导致犯罪行为的发生,否则,我们便无法理解刑法中的中止犯。"[1]

本书认为,之所以在毒品犯罪等场合采取提供机会型诱惑侦查,是"两害相权取其轻",不得已而为之。只要对实施诱惑侦查的主体、适用范围、适用方法、适用程序等进行合理化的限定,可以在贩卖毒品罪中有限度地适用该种类型的诱惑侦查手段。同时,即便贩毒分子与侦查人员或者线人扮演的毒品犯罪分子成功进行了毒品的交付,但考虑到整个贩毒犯罪都处于侦查机关的控制之下,毒品不会流入社会并侵害公众的身体健康,宜对贩毒分子以贩卖毒品罪的未遂论处。对于可能判处死刑的案件,如果涉及的毒品数量达到或超过判处死刑的标准的,考虑到采用了诱惑侦查手段,原则上不宜判处死刑立即执行。

(二)提供机会型诱惑侦查的处理

在实践中,有的判决承认提供机会型诱惑侦查辩护,对行为人从轻处罚。例如,在张某贩卖毒品案中,公安机关出具的工作情况说明证明"本案系公安机关根据吸毒人员林某提供的线索,安排林某与被告人张某交易,并具体约定好交易数量、价格及交易时间、地点,侦查人员通过布控在第二次交易时当场抓获被告人张某"。为此,被告人张某的辩护人提出"第2、3起犯罪存在

---

[1] 孙本鹏、王超:"试论诱惑侦查合法性之证明 兼论诱惑侦查人员出庭作证",载《法律适用》2004年第7期。

特情引诱"的辩护意见。但是,法院认为:"第2、3起犯罪过程中确有特情介入,但被告人此前已主动向林某流露过售卖毒品的犯意,并进行过50克冰毒的交易,公安机关案发后还在被告人租住处查获大宗待售毒品,故本案不构成'犯意引诱'及'数量引诱'情节。"对上述辩护意见不予采纳。但是,"鉴于第2、3起犯罪存在特情介入,犯罪行为处于公安机关控制之下,大部分涉案毒品被查获,没有继续流入社会,且被告人自身吸食毒品,归案后认罪态度较好,故可对其予以从轻处罚,辩护人的相关辩护意见成立。"[1]

(三) 对提供机会型诱惑侦查的规制

对于提供机会型诱惑侦查,可以从以下几个方面进行规制:其一,只能适用于隐蔽性强的无被害人的严重刑事案件。在英美法系国家,诱惑侦查基本上仅适用于无被害人的严重犯罪。在我国,诱惑侦查只能适用于常规侦查方法难侦破的具有严重危害性的重大、隐秘、无被害人,且对社会秩序造成严重威胁的公诉案件。其二,坚持最后手段原则。适用机会提供型诱惑侦查,必须是使用通常的侦查方法无法侦破案件,不得已才使用的特殊侦查方法,即诱惑侦查应当是为发现犯罪的最后不得已之方法。[2]其三,只能适用于有证据证明的有重大犯罪嫌疑的人。例如,美国《联邦调查局乔装侦查行动准则》对启动诱惑侦查设定了事实依据,要求只能在有证据证明,犯罪嫌疑人正在、已经或者很可能

---

[1] 参见山东省烟台市中级人民法院刑事判决书,案号是(2014)烟刑一初字第14号。

[2] 参见魏汉涛、赵志福:"'诱惑侦查'的法律规制之再思考——来自'警察圈套'抗辩的启示",载《江西警察学院学报》2013年第2期。

就要实施某种犯罪活动,或者有合理的理由相信,该犯罪嫌疑人已有实施犯罪的倾向的情况下,才能实施引诱侦查。其四,实行两级审批程序。为防止司法人员过度引诱,美国《联邦调查局乔装侦查行动准则》规定了两级审批程序,"一级内部控制,由内部的专职负责人与诱惑侦查行动委员会对诱惑侦查行动实施的全程控制,另一级是外部控制,对涉及敏感事项的行动,申请批准必须取得联邦检察官的附属同意信件;对于某些复杂、重大的诱惑侦查行动,特别是涉及严重的法律问题、道德问题、起诉政策问题以及敏感问题时,联邦检察官可以应专职负责官员的申请,提供咨询意见。"[1]我们完全可以参考、借鉴美国的做法,"洋为中用",以建构和完善我国的诱惑侦查审批机制。

三、犯意引诱型诱惑侦查的处理

(一)重视犯意引诱型诱惑侦查存在的问题

对于提供机会型诱惑侦查,大多主张在严格的程序控制下承认其合法性,但是由于犯意引诱型诱惑侦查采取的诱惑手段具有主动性、攻击性等特点,[2]具有侵害公民权利与自由的危险性,因此其合法性多被否定,例如,在日本,犯意引诱型诱惑侦查被认为属于违法收集证据和公权力的滥用,从而遭到了否定。[3]在英美法系国家,也通过支持"警察圈套"抗辩予以禁止。

---

[1] 程雷:"美国《联邦调查局乔装侦查行动准则》评介与译文",载陈光中、江伟主编:《诉讼法论丛》(第11卷),法律出版社2006年版,第158~159页。

[2] 参见翟金鹏:"诱惑侦查教唆相关问题研究",载《中国人民公安大学学报(社会科学版)》2015年第1期。

[3] 参见[日]田口守一:《刑事诉讼法》,刘迪等译,法律出版社2000年版,第32页。

我国《刑事诉讼法》第153条第1款规定,实施特情侦查,"不得诱使他人犯罪,不得采用可能危害公共安全或者发生重大人身危险的方法"。《公安机关办理刑事案件程序规定》也有禁止性的表述。多数学者也认为,公安机关诱惑侦查的强度不得超过必要的限度,即不能诱使没有犯罪意图的人产生犯罪意图。犯意引诱型诱惑侦查不属于合法的诱惑侦查类型,原则上不应追究被诱惑者的刑事责任。[1]例如,魏汉涛教授认为,犯意引诱型诱惑侦查无异于教唆他人犯罪,严重侵犯了他人的权利和自由,应当加以禁止。[2]

"两高"和公安部等印发的"毒品犯罪会议纪要"、《关于公安机关管辖的刑事案件立案追诉标准的规定(三)》等规范性文件在一定程度上认可了公安机关在侦办贩卖毒品案件中"犯意引诱""双套引诱"等诱惑侦查方式的合法性。例如,《南宁会议纪要》(已废止)强调,对于"犯意引诱"应当从轻处罚,一律不适用死刑立即执行;对于"数量引诱",应当谨慎适用死刑立即执行;对于其他特情介入的毒品犯罪案件,应当考虑其社会危害性已经显著降低的事实,作为酌定量刑情节。《大连会议纪要》延续和肯定了《南宁会议纪要》关于"犯意引诱""数量引诱"处理原则,对于其他特情介入的案件,不再作为酌定量刑情节,而是在第6条第2款规定:"对已持有毒品待售或者有证据证明

---

[1] 参见朱孝清:"论诱惑侦查及其法律规制",载《人民检察》2004年第1期;黄维智、王永贵:"试论我国毒品案件中诱惑侦查的适用与监督——兼析最高人民法院'法[2008]324号'文件第六部分",载《四川大学学报(哲学社会科学版)》2011年第2期。

[2] 参见魏汉涛、赵志福:"'诱惑侦查'的法律规制之再思考——来自'警察圈套'抗辩的启示",载《江西警察学院学报》2013年第2期。

已准备实施大宗毒品犯罪者,采取特情贴靠、接洽而破获的案件,不存在犯罪引诱,应当依法处理。"亦即,公安机关在侦办贩卖毒品案件中可以通过"犯意引诱"的方式诱使原本并无犯意的人帮忙代购毒品,诱惑侦查可以适用于既不具备贩卖毒品动机也不具备贩卖毒品条件的人,这为"犯意引诱""双套引诱"披上了"合法"的外衣。[1]从实践看,受目标考核、经济利益、立功受奖、职务升迁等诸多因素的影响,基于严厉打击毒品犯罪的考虑,侦查机关大多承认犯意引诱型诱惑侦查取得的证据的合法性,大量使用犯意引诱型诱惑侦查方法。[2]

对于犯意引诱型诱惑侦查,可以区分为侦查机关实施的诱惑侦查和公民自发实施的诱惑侦查。其一,对于警察或警察控制下的人员及代理人实施的犯意诱惑型侦查,应当对由此取得的证据予以明确排除。对于特情既为行为人安排上线,又提供下线的双重引诱下实施毒品犯罪的"双套引诱",按照从旧兼从轻的法律适用原则,应当直接排除其证据,若不能定罪者,直接宣告无罪。其二,对于私人违法取证,而后被侦查机关依法取证的情形,原则上不具备排除的正当理由。但如果能够证明该公民是警方线人或受警方雇佣、指示而为者,由于涉及国家权力的链接,应当予以排除。[3]

---

[1] 参见李永航:"新刑诉法视野下贩卖毒品案件中的诱惑侦查",载《重庆交通大学学报(社会科学版)》2014年第6期。
[2] 参见徐静村:"诱惑侦查的应用与控制",载《人民检察》2011年第14期。
[3] 参见许永俊:"略论我国诱惑侦查中的非法证据排除",载《江西警察学院学报》2014年第6期。

(二) 犯意引诱型诱惑侦查的处理

在我国，出于严厉打击毒品犯罪的目的，在《大连会议纪要》中规定了犯意引诱型毒品犯罪的处罚，这间接地承认了犯意引诱型诱惑侦查的合法性。即便如此，也不能认为所有的犯意引诱型诱惑侦查取得的证据均可以作为认定犯罪嫌疑人有罪的证据。以贩卖毒品罪为例，首先，查明行为人之前并无毒品犯罪行为且未持有毒品，因特情人员的圈套引诱，嫌疑人出于获利的动机，临时从别处购得毒品然后与特情人员交易时被公安机关抓获的。根据《大连会议纪要》的规定，对因犯意引诱实施贩卖毒品活动的，此嫌疑人仍要定贩卖毒品罪。但是，此种情况从表面上来看符合了贩卖毒品罪的主客观条件，实际上是侦查人员遥控指挥下的犯罪，不可能造成法益侵害后果，将嫌疑人定罪是不妥当的。其次，嫌疑人在诱惑侦查前确有贩卖毒品的行为，但当特情介入时嫌疑人并无毒品，为了获利而临时从别处买来毒品再转手交易的，不能认定为贩卖毒品罪。最后，嫌疑人已持有毒品，在圈套引诱下将毒品出售给他人，但行为人否认自己事先有贩卖的意图，是出于特情引诱而贩卖的。如经审查嫌疑人存在曾有多次贩卖毒品前科，且持有毒品数量较大明显非系嫌疑人自己吸食等情况，则可认定其为贩卖毒品罪。如经审查嫌疑人并无贩卖毒品的前科劣迹，对其持有数量较大毒品的行为可以考虑认定为非法持有毒品罪，因为嫌疑人贩卖毒品的行为是圈套引诱的结果，故不宜认定为贩卖毒品罪。

(三) 犯意引诱型的诱惑侦查与提供机会型的诱惑侦查的区分

提供机会型的被诱惑者在被诱惑前已具有犯罪倾向，侦查人员只是提供了一定的条件,使其犯罪倾向进一步强化,最后表现出来。这种类型的诱惑侦查在美国、日本等都被认为是合法的。但是,在犯意引诱型诱惑侦查中,被诱惑者本来没有犯罪意图,只是在诱惑者的劝说、诱使下才产生了犯罪意图,并最后实施了犯罪。在这种诱惑侦查中,侦查人员对于是否实施犯罪的影响超过了嫌疑人对犯罪的影响,与教唆鼓励无罪的人犯罪无异。在我国,犯意引诱型诱惑侦查可以作为抗辩理由,而提供机会型诱惑侦查难以成为抗辩理由。因此,如何区分犯意引诱型的诱惑侦查与提供机会型的诱惑侦查就非常重要。

1. 主观说。此说认为,贩卖毒品者在受到侦查机关的诱惑行为前,如果事前已经具有贩卖毒品的故意,则诱惑侦查行为是合法的;反之,如果被告人的犯罪意图是圈套引诱的结果,则可以将诱惑侦查作为抗辩理由。我国有学者认为,区别诱惑侦查合法与否关键在于行为人的犯罪故意是产生,还是暴露。侦查机关对原无犯罪意图的人实施犯意引诱、数量引诱等,并积极促使、希望其付诸实施,这种侦查方式就是引诱无辜的人犯罪,是不合法的;反之,被诱惑者原本已有犯罪意图,只是尚且缺乏合适的实施契机,而特情侦查方式的介入,使得其犯罪意图暴露出来从而促使其实施犯罪,这种侦查方式就是合法的。[1]

主观说强调的是在被告人被引诱时其"犯罪意图"是否已经存在,而判断标准通常是被告人以前有没有类似的犯罪记录、被告人的性格和名誉、被诱惑时的表现、犯罪后的行为及言论、被

---

[1] 参见郑蜀饶:《毒品犯罪的法律适用》,人民法院出版社2001年版,第210页。

告人的犯罪能力等。但是,这种标准受到了一些指责。首先,探求行为人过去的行为事实和性格、名誉等,来推导出被告人后来是否具有犯罪意图,将一个犯过罪的人始终看作有犯罪标签和仍会实施犯罪的人,这种做法是很值得怀疑的。其次,主观说的标准具有很大的随意性,给侦查机关滥用侦查权创造了条件,且法庭中在证明被告人是否先前存有犯意时,诸如性格、名誉证据的不可靠性,使被告人的犯罪心理倾向难以确定,也赋予法官过大的自由裁量权。

2. 客观说。此说认为,诱惑侦查是否合法,关键是侦查机关的诱惑行为是否足以导致之前没有犯罪故意的人产生贩卖毒品的故意。该说着眼于从侦查机关的行为出发进行判断,要求侦查机关在案件审理过程中承担证明其诱惑行为具有合理性、合法性与合比例性等证明责任。这意味着,在证明犯罪嫌疑人有犯罪意图之前,侦查机关必须举证证明其自身行为即其在侦查过程中的诱惑手段具有合理性和合法性。如果不能排除侦查机关采取了非法、不合理的侦查手段的合理怀疑,则认定不当圈套成立,可作为被告人合法辩护的理由,不得再追究被告人的刑事责任。

但是,客观说也遭受了强烈的批评。首先,可能导致一些犯罪因为侦查人员使用了诱惑侦查方式而免于刑事责任,有的犯罪嫌疑人在主观上已经具有明显的犯罪倾向,无论是否存在诱惑圈套都不影响其实施犯罪行为,根据客观论,当侦查人员在客观上实施了不当的诱惑圈套时,则有可能使犯罪无法得到追究。其次,由于社会阅历、受教育程度、成长环境等的差异,每个人辨别和抵制诱惑的能力也有所不同,相同的诱惑圈套针对不同的人可能产生不同的效果,而客观论忽视了行为个体的不同。[1]

  国外也有类似的争议和主张。美国各司法管辖区有关"警察圈套"的成立条件,基本上可分为两种类型,第一种观点坚持客观标准或警察行为失当论,侧重于警察行为的适当性,不管被告人原本是否准备实施犯罪,只要警察的行为可能引起"原本不准备实施犯罪的人"实施了犯罪,"警察圈套"抗辩都可以成立。根据客观标准,通过发展和利用友情关系引诱、利用性诱惑引诱、以过度执着的方式引诱、利用不相称的高额价款引诱、回收式贩卖,都能成立"警察圈套"抗辩。第二种观点坚持主观标准或犯罪倾向论,着眼于被告人的主观心理状态,只有警察的错误行为引起了原本没有犯罪倾向的人实施了犯罪,"警察圈套"抗辩才能成立。[2]显然,在"警察圈套"抗辩的客观条件上,客观标准要求警察的引诱行为达到"过度引诱"的程度,而主观标准则对警察的引诱行为的程度没有特别要求。[3]

  3. 司法实践的立场和本书的观点。在指导性案例〔第639号〕包某贩卖毒品案中,裁判理由指出:"区分'机会引诱'与'犯意引诱'的关键在于特情介入之前行为人是否已经具有实施毒品犯罪的主观意图。如果行为人在特情介入之前就已经具有实施毒品犯罪的主观意图,且已持有毒品待售或者有证据证明已准备实施大宗毒品犯罪,即可认定为'机会引诱';反之如果行为

---

〔1〕 参见吴丹红:"美国规制诱惑侦查的法理评介",载《国家检察官学院学报》2001年第3期。

〔2〕 参见〔美〕保罗·H. 罗宾逊:《刑法的结构与功能》,何秉松、王桂萍译,中国民主法制出版社2005年版,第88~89页。

〔3〕 参见魏汉涛、赵志福:"'诱惑侦查'的法律规制之再思考——来自'警察圈套'抗辩的启示",载《江西警察学院学报》2013年第2期。

人的犯意是在特情诱惑和促成下形成的,并在这个犯意下实施了毒品犯罪,就可认定为'犯意引诱'。"[1]从这一表述看,裁判采取的是主观说。但是,裁判理由还提出,对于那些没有直接证据表明行为人具有毒品犯罪故意的,要综合下列因素进行判断:其一,行为人在特情介入而实施犯罪前是否有毒品犯罪行为,据以初步判断其是否有实施毒品犯罪的意图和倾向;其二,在侦查机关特情介入前,是否有足够的线索或者合理的理由确信行为人正在实施或者即将、可能实施毒品犯罪的迹象;其三,行为人实施毒品犯罪的犯意是出于其本意,还是侦查机关刻意的诱惑促成。[2]特别是其中的第三点,实际上采取了客观说的立场。因此,司法实践中判断到底是犯意引诱还是机会引诱,同时考虑了主观说和客观说的立场,具有合理之处。

　　本书认为,在实践中,判断到底是犯意引诱还是机会引诱,应当注意考察以下几个方面:其一,贩卖毒品案件中行为人在本次贩毒之前是否曾经实施贩毒行为。例如有无毒品犯罪的前科或案发前有无吸毒等涉毒违法行为,反映出被告人对毒品犯罪的敏感程度及认知能力。其二,行为人本次贩卖毒品的动机何时产生以及因何产生,是否已经着手犯罪的预备行为。其三,侦查人员对行为人实施的诱惑侦查行为的方式、频率和强度是否正常,是否在客观上足以导致一个没有犯意的人产生犯意。如果侦查机关

---

[1] "包某贩卖毒品案[第639号]",载中华人民共和国最高人民法院刑事审判第一、二、三、四、五庭主办:《中国刑事审判指导案例》(第5卷),法律出版社2017年版,第461页。

[2] "包某贩卖毒品案[第639号]",载中华人民共和国最高人民法院刑事审判第一、二、三、四、五庭主办:《中国刑事审判指导案例》(第5卷),法律出版社2017年版,第461页。

诱惑的对象是没有充分理由和依据表明其有犯罪倾向的非涉毒人员或一般吸毒人员,或者诱惑的程度是多次积极游说,提供非寻常的犯罪条件、制造非寻常的犯罪情境(如以暴利为诱饵,既提供上家又提供下家实施双重引诱等),则可认为系超出了侦查行为的合理限度范围。其四,行为人对于诱惑侦查的表现是否积极、主动,其行为与诱惑侦查行为之间的时间间隔长短。如果被告人被诱惑时的第一反应是一拍即合、当即应允,则表明其之前已隐含了毒品犯罪的犯意,犯意处于一触即发、一诱惑即确定的状态。反之,如被告人被诱惑时犹豫、观望,经多次或高价诱惑才勉强同意,反映出其犯意处于极不确定、微弱甚至没有犯意的边缘。第五,被告人的犯罪能力。如被告人在短时间内组织到大量货源,反映出其日常具有通畅的毒品犯罪渠道和途径,或进行了相关的货源信息收集和准备,可作为认定其被诱惑前已有犯意的佐证。[1]

如果行为人之前有实施贩卖毒品的行为或者犯罪记录,本次贩卖毒品很大程度上是行为人基于牟利等考虑而实施,侦查人员对行为人的诱惑行为通常难以使一般人产生贩卖毒品的犯意,很大程度上可以认定为提供机会型诱惑侦查;反之,则倾向于认定为犯意引诱型诱惑侦查。倘若现有证据难以证明侦查机关究竟实施了犯意引诱型诱惑侦查还是提供机会型诱惑侦查,则应当坚持"存疑时作有利于被告人处理"的原则,认定为犯意引诱型诱惑

---

[1] 参见石春燕:"毒品案件中诱惑侦查的合法性审查",载《人民司法(案例)》2017年第17期。

第九章 贩卖毒品案件中侦查手段的非法制化及其规制

侦查。[1]

（四）严格限制犯意引诱型诱惑侦查的范围

在实践中，既不能以存在公安特情为由，一概认为存在"犯意引诱"，对于行为人主动提出购买毒品，并主动就毒品种类、毒品数量、毒品价格、交易时间和地点等进行沟通、协商的，不宜认定为"犯意引诱""机会引诱"；另一方面，实践中也大量存在"举报群众"为了获得物质奖励，积极、主动地设置圈套，自发性地实施诱惑侦查，等到他人实施贩毒行为时再向公安机关举报的现象。为此，如前所述，应当从诱惑侦查的决策者和执行者、案件范围、操作程序、诱惑方式和诱惑强度等方面限制诱惑侦查的范围。

1. 如果行为人之前从未实施毒品犯罪行为，也并未持有毒品，由于特情人员实施诱惑侦查，行为人出于获利的动机，购买毒品然后与侦查人员或者侦查人员安排的第三人（线人）进行交易被抓获的。根据《大连会议纪要》的规定，对因犯意引诱实施贩卖毒品活动的此嫌疑人仍要定贩卖毒品罪。[2]这种做法并不妥当。原因在于，尽管传统上容许使用犯意引诱型诱惑侦查手段，但是，现行法律已经禁止采用该种诱惑侦查手段。例如，《刑事诉讼法》第52条规定，严禁刑讯逼供和以威胁、引诱、欺骗以及其他非法方法收集证据。第153条第1款规定："为了查明案

---

[1] 参见王凯石："论毒品犯罪中的诱惑侦查"，载《四川大学学报（哲学社会科学版）》2004年第3期。

[2] 《大连会议纪要》第6条规定："行为人本没有实施毒品犯罪的主观意图，而是在特情诱惑和促成下形成犯意，进而实施毒品犯罪的，属于'犯意引诱'。对因'犯意引诱'实施毒品犯罪的被告人，根据罪刑相适应原则，应当依法从轻处罚。"

情,在必要的时候,经公安机关负责人决定,可以由有关人员隐匿身份实施侦查,但是,不得诱使他人犯罪。"根据公安部《公安机关办理刑事案件程序规定》(2012年12月发布,2020年7月修订)第271条第2款的规定,"不得……诱使他人犯罪"是指"隐匿身份侦查时,不得使用促使他人产生犯罪意图的方法诱使他人犯罪",即不得实施犯意引诱型诱惑侦查。如果行为人之前没有贩卖毒品的行为,若无侦查人员的诱惑侦查则不会实施贩卖毒品行为的(犯意引诱),对行为人不宜认定为贩卖毒品罪。反过来看,这种情况尽管从形式上看符合贩卖毒品罪的构成要件,[1]实际上是侦查人员教唆他人实施毒品犯罪,如果行为人成立贩卖毒品罪,则对侦查人员也应当以贩卖毒品罪的教唆犯或者滥用职权罪、玩忽职守罪等论处。

2. 即便行为人在侦查人员实施诱惑侦查前曾经贩卖过毒品,但在特情介入时并未持有毒品,为了获利而购买毒品再转手交易的,也不宜以贩卖毒品罪论处。例如,在蒲某贩卖毒品案件中,辩护人提出"本案系公安机关通过特情引诱而破获的毒品案件,应依法对被告人蒲某从轻处罚"等辩护意见,法院认为:"证人王某某的证言以及公安机关出具的到案情况说明均证实,公安人员系根据贩毒人员的举报而布控抓获被告人蒲某,且被告人蒲某在被公安机关抓获前已受'阿明'雇佣为其贩卖毒品,故辩护人所提本案系通过特情引诱而破获的毒品案件依据不足,不予采

---

[1] 参见童伟华:"犯意诱发型诱惑侦查中被诱惑者的罪与罚",载《河南财经政法大学学报》2014年第3期。

纳。"[1]本书认为上述判决并不妥当。

3. 行为人原本持有毒品，在诱惑侦查下出卖毒品，但行为人否认自己事先有贩毒意图，主张是出于特情引诱而贩卖的。如果有证据证明行为人之前曾经多次贩卖毒品，且本次持有毒品数量较大，明显不属于自己吸食，并且正在发布信息寻找下家等，侦查人员或者侦查人员安排的第三人（线人）与其进行联系，进行毒品交易的，可以认定为贩卖毒品罪。对此，《大连会议纪要》规定："对已持有毒品待售或者有证据证明已准备实施大宗毒品犯罪者，采取特情贴靠、接洽而破获的案件，不存在犯罪引诱，应当依法处理。"但是，如果嫌疑人并无贩卖毒品的前科，侦查人员许诺以高价购买毒品的，可以将持有数量较大毒品的行为认定为非法持有毒品罪，而非贩卖毒品罪。

4. "特情"一般是公安机关在破获贩毒案件中将贩卖少量毒品的违法人员发展起来的，这些人员本身都是有违法犯罪倾向的危险分子，加之得到公安机关的保护，在担任"特情"时有可能引诱他人贩卖毒品，增加毒品犯罪的"机会"，加剧毒品犯罪的严重态势。"引诱他人犯罪，完全符合教唆犯的构成要件，只是因为是在公安机关的安排下进行的，对这种严重侵犯人权的犯罪行为得不到法律的制裁。在这个问题上，我们不一味地片面强调毒品犯罪的打击功能，忽视人权的保护，加剧毒品犯罪的严峻形势。"[2]

---

〔1〕参见广东省中山市中级人民法院刑事判决书，案号是（2014）中中法刑一初字第6号。

〔2〕李邦友："惩处毒品犯罪的'宽'与'严'"，载《华中科技大学学报（社会科学版）》2006年第6期。

5. 实践中主动引诱他人代购毒品的情形较多。有的民警在侦办贩卖毒品案件时，指使"特情人员"隐匿身份，以某种物质利益为诱饵主动引诱他人代购毒品，待毒品交易完成后，再以涉嫌贩卖毒品罪将被引诱者当场抓获。有的女性特情人员通过微信、陌陌等网络交友工具认识陌生男子，在与对方聊天的过程中得知其吸毒或能够买到毒品，随后提出向其购买毒品或让其帮忙购买毒品。在这种情形下，特情人员并不认识被引诱者，只是知道被引诱者吸食毒品或能够买到毒品，便利用其性别优势予以引诱。[1]为此，必须重视被告人提出的诱惑侦查抗辩，通过犯意引诱型的诱惑侦查取得的证据原则上不宜作为指控他人实施贩卖毒品罪的证据。[2]对于既引诱犯罪人产生贩毒意图，又安排上线和下线进行毒品交易的"双重引诱"甚至"多重引诱"，可能导致实行贩毒行为的人丧失对犯罪的支配，当然更不能以犯罪论处。

四、数量引诱型诱惑侦查的处理

（一）数量引诱型诱惑侦查的概念和类型

数量引诱型诱惑侦查，是指行为人原本只有实施较小数量的毒品犯罪的故意，但是在侦查人员的引诱下贩卖了较大数量甚至达到实际掌握的死刑数量标准的毒品犯罪。数量引诱主要有三种类型：其一，引诱购毒者购买达到非法持有毒品罪数量要求的毒品，以致购毒者构成非法持有毒品罪；其二，引诱贩卖者贩卖数

---

〔1〕参见李永航："新刑诉法视野下贩卖毒品案件中的诱惑侦查"，载《重庆交通大学学报（社会科学版）》2014年第6期。

〔2〕参见万毅："论诱惑侦查的合法化及其底限——修正后的《刑事诉讼法》第151条释评"，载《甘肃社会科学》2012年第4期。

量超过贩卖者想要贩卖的数量,以致能够提升对其惩罚的法定刑等级,甚至适用死刑;其三,引诱"以贩养吸"者购买大宗毒品。

除了增加贩毒数量的情形,数量引诱型诱惑侦查还应当包括引诱他人贩卖不同性质的毒品,例如引诱原本意图贩卖大麻的行为人实施贩卖海洛因的行为。

(二)数量引诱型诱惑侦查的处理

在数量引诱的场合,行为人原本具有实施毒品犯罪的故意,侦查人员为抓捕毒贩,对行为人实施"数量引诱",应当对行为人以贩卖毒品罪论处,被查获的毒品数量(扣除被引诱的毒品数量)计入贩卖毒品的数量。当然,如果侦查人员所进行的"数量引诱"并未超过行为人意图贩卖毒品的数量上限,则难以认定为数量引诱型诱惑侦查。例如,在杨某某贩卖毒品案中,对于辩护人提出本案存在特情引诱的问题,法院认为:"经查,'彩虹'在QQ群内发布贩卖毒品的信息,后特情人员予以接洽,因'彩虹'贩卖毒品的意图在前,故不存在犯意引诱的问题。又因'彩虹'要求购买3公斤以上毒品才送货,特情人员接洽后仅商定购买500克,特情人员购买的毒品数量远低于'彩虹'意图出售的毒品数量,故亦不存在数量引诱的问题。"[1]

在数量引诱的场合,考虑到侦查人员在毒品犯罪侦查过程中实施特情诱惑,而且整个犯罪过程是在侦查人员的监控下进行的,应当将相关犯罪作贩卖毒品罪的未遂处理,并且在未遂的处

---

[1] 参见山东省济南市中级人民法院刑事判决书,案号是(2015)济刑一初字第27号。

罚基础上再从轻处罚；如果涉及的毒品数量达到或超过判处死刑的标准的，原则上也不应判处死刑立即执行。对此，《大连会议纪要》规定："对已持有毒品待售或者有证据证明已准备实施大宗毒品犯罪者，采取特情贴靠、接洽而破获的案件，不存在犯罪引诱，应当依法处理。""对因'数量引诱'实施毒品犯罪的被告人，应当依法从轻处罚。"考虑到行为人受到侦查人员的"引诱"，加上行为人实施的贩毒行为处于公安机关的控制下，通常不会流入社会，侵害法益的危险较小，应当从轻处罚。根据最高法2017年3月发布的修订后的《关于常见犯罪的量刑指导意见》的规定，对于贩卖毒品行为，存在数量引诱情形的，可以减少基准刑的30%以下。

五、控制下交付的非法制化及其规制

（一）"控制下交付"的概念

从毒品犯罪侦查实践看，"特情引诱"通常与"控制下交付"一并使用。"控制下交付"是指侦查机关发现毒品等违禁品后，在相关部门知情或者监管下，不立即抓捕嫌疑人，而是通过对其进行秘密监控，允许该违禁品或者替代物继续搬运，等到违禁品送达有关犯罪嫌疑人时，再实施抓捕。"控制下交付"显然也是一种特情侦查手段。

由于毒品犯罪具有隐秘性等特点，"控制下交付"是各国司法机关侦查毒品犯罪案件的重要侦查方法。联合国1988年《禁止非法贩运麻醉药品和精神药品公约》第1条规定："控制下交付是一种技术，是指在一国或者多国的主管当局知情或监督下，允许货物中非法或者可疑的麻醉药品、精神药品、本公约表一和

表二所列物质或者它们的替代物质运出、通过或者运入其领土，以查明涉及本公约第三条第 1 款确定的犯罪的人。"2000 年的《打击跨国有组织犯罪公约》和 2003 年的《反腐败公约》就"控制下交付"的启动条件、程序、原则等作出了详细规定。

根据前述《联合国禁止非法贩运麻醉药品和精神药品公约》的规定，"控制下交付"是指在一国或多国主管当局知情或监督下，允许货物中非法或可疑的麻醉药品、精神药品或它们的替代物质运出、通过或运入其领土，以期查明涉及毒品犯罪的人。"控制下交付"侧重于对犯罪活动的监视和控制，但侦查人员并不参与犯罪活动，不主动引诱他人实施犯罪行为。"诱惑侦查"虽然也包括对犯罪行为的控制和监视，但更侧重于对犯罪行为的主动引诱，是一种主动侦查行为。[1]

为规范"控制下交付"，公安部于 1997 年发布了《关于毒品案件侦查协作有关问题的通知》（已废止）；2002 年 5 月 15 日，公安部禁毒局发布实施了《毒品案件侦查协作规定》，作为国内实施控制下交付的法律依据和操作规程。2018 年新修订的《刑事诉讼法》第 153 条第 2 款明确规定："对涉及给付毒品等违禁品或者财物的犯罪活动，公安机关根据侦查犯罪的需要，可以依照规定实施控制下交付。"

（二）"控制下交付"的贩卖毒品行为的既遂与未遂问题

关于"控制下交付"的适用，主要涉及"控制下交付"的贩卖毒品行为能否成立贩卖毒品罪的既遂。对此，理论上有的主张

---

〔1〕 李永航："新刑诉法视野下贩卖毒品案件中的诱惑侦查"，载《重庆交通大学学报（社会科学版）》2014 年第 6 期。

至多成立贩卖毒品罪的未遂;[1]还有的观点主张区分"无害的控制下交付"与"有害的控制下交付",认为前者的场合成立贩卖毒品罪的未遂,后者的场合成立贩卖毒品罪的既遂。[2]

在实践中,有的判决主张以既遂犯论处。例如,在晏某、宣某贩毒案中,法院认为:"关于宣某的辩护人提出本案系在公安机关控制下交易,属犯罪未遂的意见。经查,虽本案属在公安机关控制下交易,但被告人贩卖毒品的行为依法应承担法律责任,本院在量刑时予以充分考虑;宣某的辩护人提出属犯罪未遂的辩护意见与法律规定不符,本院不予采纳。"[3]

本书认为,在控制下交付的场合,尽管形式上看起来满足了犯罪既遂的要件,但是原则上不应当以犯罪既遂论处。主要理由是:其一,在"控制下交付"的场合,侦查人员已经对犯罪现场进行严密的布控,毒品交易是在警方的秘密监视和控制下进行的,毒品不可能流向社会,不可能侵害公众的身体健康这一毒品犯罪的法益。[4]例如,在指导性案例[第208号]苏某清贩卖毒品案中,裁判理由指出,由于本案中出面与被告人进行所谓的"毒品交易"的实际上是公安特情和公安机关,不可能真正将毒品卖给被告人,被告人不可能实现为贩卖毒品而购买毒品的目

---

[1] 参见黄维智:"控制下交付法律问题研究",载《社会科学研究》2007年第2期。

[2] 参见陈京春:"控制下交付案件中犯罪既遂与未遂的认定——以贩卖毒品罪为研究对象",载《法学论坛》2012年第3期。

[3] 参见云南省文山壮族苗族自治州中级人民法院刑事判决书,案号是(2014)文中刑初字第124号。

[4] 参见张小贺、马欣:"贩卖毒品的控制下交付若干问题探析",载《湖南公安高等专科学校学报》2009年第1期。

的，因此仅构成贩卖毒品罪的未遂犯。[1]其二，"控制下交付"的目的在于查获犯罪人，在"控制下交付"的场合，侦查人员能够控制毒品交易的既未遂状态，如果侦查人员采取的抓捕策略不同，对被告人毒品犯罪的既未遂状态的认定就不同，从而产生量刑上的差异，这对被告人而言是极不公平的，[2]因而不宜将既遂结果归责于行为人。其三，在有些场合，警方也会采用"替代品的控制下交付"。这种控制下交付，是为了保证毒品的安全，防止毒品在运输过程中失控，由禁毒执法机关将查获的毒品完全或部分取出，然后用形状、颜色、大小、数量相似的非毒品伪装成毒品后所进行的控制下交付。对于在交易时根本就没有毒品的，只能以贩卖毒品罪的未遂犯论处。其四，当然，对于虽然事先进行布控，行为人在秘密监控下进行交易，但警方对于交易失去控制，贩毒人员和买毒人员交易成功并成功逃避抓捕的，对贩毒人员应当以贩卖毒品罪的既遂犯论处。

（三）"控制下交付"的贩毒行为的毒品数量问题

以嫌疑人最后交付的犯罪对象为标准，可以将"控制下交付"的实施方式分为原物交付与替代交付。替代交付是指侦查人员在毒品交付之前，通过秘密方式用其他物品将毒品替换掉，在嫌疑人交付时，将双方一网打尽的侦查方法。对于替代交付，侦查人员可以在放行之前对毒品进行检查、替换以及数量上的调

---

[1] 参见"苏某清贩卖毒品案[第208号]"，载中华人民共和国最高人民法院刑事审判第一、二、三、四、五庭主办：《中国刑事审判指导案例》（第5卷），法律出版社2017年版，第334页。

[2] 参见綦元乐："毒品犯罪疑难问题研究"，载《山东法官培训学院学报（山东审判）》2015年第3期。

整。一方面，将毒品替换成无害的物质必然影响对行为的定罪量刑；另一方面，因为在毒品犯罪中毒品的数量以及涉案金额往往是决定量刑轻重时着重考虑的一个因素，对数量的调整也直接关系到将来追诉犯罪人刑事责任时量刑的轻重，换言之，侦查人员可以通过对控制下交付手段的运用影响犯罪嫌疑人的定罪和量刑。这包括两种情况：其一，侦查人员可能为了减少违禁品流转监控中的风险，从而减少违禁品的数量，那么在案件侦破后，对犯罪人的处置就应当以减少后的数量作为量刑的基准。其二，侦查人员人为地增加违禁品数量。由于这种增加数量的行为极易带来加重犯罪人刑罚处罚的结果，是一种变相的数量陷害行为，应当严格禁止。